傲雪红梅

厉华 陈莎 / 著

重庆出版集团 重庆出版社

图书在版编目(CIP)数据

江姐：傲雪红梅 / 厉华，陈莎著．—重庆：重庆出版社，2021.6
ISBN 978-7-229-15877-4

Ⅰ.①江… Ⅱ.①厉… ②陈… Ⅲ.①纪实文学—中国—当代 Ⅳ.①I25

中国版本图书馆CIP数据核字(2021)第105324号

江姐：傲雪红梅
JIANGJIE: AOXUE HONGMEI
厉 华 陈 莎 著

策　　划：郭　宜　郑文武
责任编辑：夏　添　王　娟
责任校对：李小君
装帧设计：夏　添　刘　洋

重庆出版集团
重 庆 出 版 社　出版

重庆市南岸区南滨路162号1幢　邮政编码：400061　http://www.cqph.com
重庆出版社艺术设计有限公司制版
重庆天旭印务有限责任公司印刷
重庆出版集团图书发行有限公司发行
E-MAIL：fxchu@cqph.com　邮购电话：023-61520646
全国新华书店经销

开本：890mm×1240mm　1/16　印张：13.5　字数：170千
2021年6月第1版　2021年6月第1次印刷
ISBN 978-7-229-15877-4
定价：58.00元

如有印装质量问题，请向本集团图书发行有限公司调换：023-61520678

Jiang Zhujun

江姐（本名江竹筠）

1920 — 1949

策划单位

中共自贡市委党校

中共自贡市大安区委员会

中共自贡市大安区委党校

中华儿女革命的典型——江竹筠

革命，多少中华儿女为之奋斗、流血，甚至牺牲自己的生命！

革命，中国共产党带领人民艰苦卓绝，创建了一个新中国！

革命，中华民族屹立于世界东方，实现伟大的民族复兴！

歌乐山下的渣滓洞、白公馆集中营，记载了革命烈士“为有牺牲多壮志，敢教日月换新天”的革命斗争事迹。小说《红岩》的创作问世，许云峰、江姐、小萝卜头等革命英雄的名字被世人所铭记。尤其是江姐，一曲《红梅赞》使她的名字家喻户晓。新中国成立以来，几乎任何一个文学领域都曾以她作为创作的对象。歌剧《江姐》、电影《烈火中永生》、报告剧《红岩魂形象报告展演剧》等，不断地从党性、人性的高度统一去展现红岩英烈的辉煌。经久不衰的江姐形象，穿越时空，在960万平方公里的中国大地上，成为坚定共产主义信仰、忠诚革命事业的典型代表。江姐在铁窗黑牢里用鲜血与生命谱写了一曲动人的正气之歌，它昭示着什么是革命！什么是为共产主义理想而奋斗！为人们提供一种行为坐标的参照系。

在我2000多场的《红岩魂——信仰的力量》报告演讲中，每次都要讲到江姐，江姐感人的事迹令听众肃然起敬，这，促使我不断地去收集史料，不断地去研究开发，坚持“内容为王、编织细节”，以增强研究成果的吸引力和感染力，使更多的人走进红岩。

江姐，这个名字不是文学创作，她是狱中难友对江竹筠的尊称。

江竹筠被捕时川东地下党遭受严重破坏，如刘国定等主要领导干部相继叛变。被叛徒出卖的江竹筠手上掌握有地下党游击队的重要信息，国民党特务要从江竹筠口中挖出组织情况和人员名单。先于江竹筠被捕的人员都清楚江竹筠失去丈夫的悲痛，更清楚她对儿子健康的纠结。大家都担心，江竹筠在特务威逼和情绪低落的情况下会不会坚持不住？大家关注刑法下的江竹筠的表现。当江竹筠被刑法摧残不能够行走，特务用布单子裹住她抬回牢房的时候，大家为她的坚持、为她的顽强而钦佩不已。江姐战胜刑法折磨的坚不吐实感动了大家，候在牢门的难友们叫出了：江姐！后来，江竹筠从单独关押转入女牢房后，大家都以“江姐”称呼她。

新中国成立以来，关于渣滓洞、白公馆革命烈士斗争事迹的宣传从未间断，一直被人民所信仰，一直有新的作品在问世。我在歌乐山烈士陵园任馆长期间，现已经去世、在渣滓洞工作了30多年的谭毅，给我生动地描述过“文革”红卫兵在渣滓洞的情况：“各地的造反派到重庆开着广播车，喊着‘要砸掉宣传刘少奇白区路线的渣滓洞、白公馆’，却在罗广斌现场滔滔不绝的演讲中接受了英雄、革命烈士、革命历史的洗礼！红卫兵那时是一批又一批地来，几乎都是读过小说《红岩》的学生。他们找江姐、许云峰、华子良、小萝卜头被关押的牢房，根据小说的内容不断向我们提问。罗广斌、杨益言、刘德彬等也被红卫兵请到现场讲《红岩》中的故事。特别是罗广斌，经常是上午在渣滓洞讲，下午又到白公馆讲。红卫兵搞串联到重庆，有一个非常重要的原因就是要看渣滓洞、白公馆监狱旧址，特别是要见一见真正的‘红岩’人。与其说那时红卫兵到这里来是‘批判白区的错误路线’‘革白区叛徒的命’‘砸烂有封、资、修毒素的渣滓洞、白公馆’，不如说是来听罗广斌滔滔不绝、颇具感染力的‘现场教学’。最终，红卫兵怀着一种革命的崇高敬意离开了渣滓洞、白公馆监狱旧址。这也是渣滓洞、白公馆监狱旧址在‘文革’中没有被破坏而完好地保留

接受采访的彭云

下来的一个重要原因。”谭毅，1964 年 8 月从部队复员被安排在渣滓洞当管理员、讲解员，一直到退休都没有离开过那里。他也参加过造反派，但是他没有离开过渣滓洞的工作岗位。他说：“我白天是管理员、讲解员，晚上是保卫员、防火员，这里就是我的家。”他在渣滓洞结婚、生子，他陪伴母亲在那里走完人生，他的一家都住在牢房里，直到 2000 年分配了房子才结束了住在牢房里的日子。今天，一批又一批的青年人选择了渣滓洞、白公馆文物保护的职业岗位，管理和宣讲着革命先辈的革命斗争历史。

作为连续在红岩岗位上工作了 30 多年的人，我与今天仍然在那里工作的每一个职工都认为：职业的光荣，人生的骄傲。

1988 年，一个嫌弃家乡贫穷的青年女子到重庆转车到广州打工，因为没有买到火车票，于是她坐一元钱的旅游车到白公馆、渣滓洞参观。她在渣滓洞听导游解说，自己又转看了许久后，在出口的留言处翻阅留言。最后她提笔写下了这样一段话：我看了展览里有这么多我家乡的烈士，觉得自己嫌弃家乡穷要出去打工很可悲！我不走了，我要回去……

1995年在渣滓洞出口留言簿上有这样一段留言：我在人们眼中是大款，但是每次来重庆我都要抽空来看看这里，可以得到一种力量的激励。

红岩魂全国巡回展览的留言里，一位观众留言：以前嫌房子小了，钱也少。今天看了展览我什么都不愿去计较了。

2003年我在采访江竹筠儿子彭云和他妻子时，彭云说了这样一句话：作为她的儿子我热爱她！作为中国公民我崇敬她！

这是中国人的共同心声。

目　录

一　走进江姐故里

——四川自贡大安区大山铺

江姐故里

自贡，地处四川盆地南部，幅员达 4372.6 平方公里，在漫长的历史演进中，它与盐有着休戚与共、唇齿相依的关系。自贡是因盐而生的城市，“盐，就像一位无所不能的造物主，铸就了这座被誉为‘川省精华之地’的千年盐都的身躯及魂灵”[①]。曾几何时，在这个城市，天车林立，笕管纵横，井灶密布，云烟蒸腾，卤气冲天，盐味浓酽，盐工船民号子震天，构成一片繁荣的盐场景象。关于自贡的地名，从导游的解说中得知：自贡的得名渊源于两座古老的盐井“自流井”和“贡井”。“自流井”位于富顺县，因盐水自流得名。“贡井”位于荣县，原名“公井”。传说，由于“贡井”里产的食盐味道很好，常常被作为贡品献给皇帝，所以，到清代初年就把“公井”改名“贡井”了。据说“自流井”与“贡井”一水相隔，富顺县与荣县又是县县相连。当地人便把富顺县的“自”与荣县的“贡”联系一起，“自贡”由此得名。一副对联生动地描绘出千年盐都自贡的魅力——

① 政协自贡市委员会：《因盐设市》，四川人民出版社 2009 年版，第 1 页。

上联：流光溢彩彩灯照照亮南国灯城

下联：百味有盐盐文化化尽千年盐都

横批：魅力自贡

在从古到今万千年的历史进程发展变化中，自贡成为国家历史文化名城和中国优秀旅游城市。特别是改革开放以来，当地人引以自豪的大三绝“千年盐业、彩灯文化、恐龙化石”，为自贡赢得了“千年盐都、南国灯城、恐龙之乡”的美称。小三绝“龚扇、扎染、剪纸”，是千年盐文化的重要组成部分，它们凝聚了工匠心血，彰显民间智慧，传承工匠精神和传统文化，是自贡的又一张名片。

自贡东北部的大安区，文旅资源丰富，素有“龙之乡”“盐之都”的美誉，既有全国首个、亚洲最大恐龙遗址博物馆——恐龙博物馆，又有世界上第一口人工开凿超千米深井——燊海井，全国唯一保持传统制盐工艺的盐井。大安人杰地灵，英才辈出，曾与彭德怀元帅并肩战斗的红军著名将领、被评为“100 位为新中国成立作出突出贡献的英雄模范人物”邓萍烈士也是大安人。

在大安，还有一个至今当地人也没有忘记的人物，她就是出生于大安大山铺的农家女子江竹筠（原名江竹君）。她的名字穿越时空，从 399 平方公里的大安到 960 万平方公里的中国大地，无人不知，无人不颂。一部文学小说《红岩》使她的事迹广为流传，一曲《红梅赞》使她的名字家喻户晓，一句“共产党人的意志是钢铁”的豪言使她成为革命英雄主义的代表。她，就是文学小说《红岩》里面描写的江雪琴、江姐，就是革命英烈江竹筠。

童年江竹筠

自贡市大山铺江家湾，这个小小山村里的一个普普通通的农舍，与中国的革命历史结下了不解之缘。

1920 年 8 月 20 日下午 4 时许，在江家湾的一间破旧草房里，传出了一阵初生婴儿的啼哭声——这个女婴，便是后来名扬中华的巾帼英雄江竹筠。在这片钟灵毓秀的土地上，江竹筠度过了她的童年岁月，英雄 29 个春秋的人生之旅就是从这个小小山湾起步的。

在这个山湾里，居住着十来户人家，全都以务农为生。江竹筠的父亲江上林在本地的农户中算是个颇通文墨的人，少时曾读过多年私塾，人称“江秀才”。这江家在祖上曾一度较为富裕，有田有土，还在三多寨、牛佛镇等地开有绸缎庄，但传至江上林这一代时，已不幸家道中落，原有的田土几乎已变卖殆尽，日子过得相当拮据。为了改变家中的窘况，江上林一直没有放弃过努力。他当过长途贩运盐巴的“挑盐客”，干过卖麻糖的行贩儿，开过小米行，办过小餐馆。民国初年，江上林娶了自流井关刀石木匠李焕章家的三姑娘李舜华为妻。婚后李舜华连着生了两胎男婴，只是因家里生活条件太差，均未能养活。江竹筠是李舜华的第三胎。生下女儿后，李舜华的身子极为虚弱，没有奶水喂养孩子。眼看着刚出生的奶娃又有夭折的危险，然

读高中时的江竹筠

而，幸运的是，住在隔壁的四嫂陈玉琳生了孩子还不出四个月，这位仁惠的四婶娘见没有母乳吃的小竹筠十分可怜，便断了自家儿子的奶水，主动去哺喂她三个多月，直到奶水绝了方止。这才使小竹筠没有遭到像她前面两位哥哥那样出生之后不久便夭折的命运。

这件事在江家湾一带传为了美谈。乡邻们无不夸赞陈玉琳的仁义与贤惠。其实，打陈玉琳十六岁嫁到江家湾做媳妇后，在山湾里就有着极好的口碑。她勤劳俭朴，温厚善良，乐于助人，凡见哪家有什么难事苦事总是倾力相帮。她的仁惠，她一贯的薄己厚人，赢得了乡亲们的交口称誉，大伙儿都说江四娘有菩萨心肠，一定会长命百岁。由于有了当小竹筠奶娘的这一段特殊经历，陈玉琳对这个小女孩自然也就格外地疼爱，她身上的好品德对江竹筠幼小的心灵也起到了浸润的作用。

在困苦的生活环境中，小竹筠长到四五岁时，已经很懂事了。因家里穷，父亲为了多挣点钱，常奔走于外，跑些小买卖，家中的一切大小事情全都由母亲一人撑持着。小竹筠见体弱的母亲忙里忙外，整天几乎没有停歇过，便主动帮母亲做一些事情。每天清晨，母亲上山坡侍弄菜地，她总是跟着去除草、摘菜，返回时还要顺便割兔草、打猪草，回到家里又主动帮母亲收拾屋子，成了母亲得力的小帮手。

小竹筠满五岁之后，已到了发蒙读书的年龄。尽管这时家里的境况并无多大改善，李舜华与丈夫商量后，还是决定让小竹筠到她三伯伯江玉麒开设的斑竹林学馆去读书，并且经过再三斟酌，郑重地为女儿取了一个很有气概的名字“江竹君”（后改名“江竹筠”，又名“江志炜”），含竹中最好之意。夫妻二人认为，竹子是有品行之物，他们希望女儿进学堂后能好好念书，将来能像江家湾山坡上那挺拔的翠竹一样，做一个有志向有品节的人。在旧时的乡下，由于受传统思想的影响，一般庄户人家都只送男孩上学读书。斑竹林私塾自开馆以来，还从未收过女孩子，答应让小侄女进自己办的私塾读书，江玉麒也算是开了一个先例，小竹筠便成了斑竹林私塾里第一个女学童了。

上学后，鉴于江竹筠尚年幼，江玉麒安排的课程是由先识“方块字”开始。他将要教的字用楷书写在一寸见方的纸上，然后一个个地教她认识。江竹筠在入学前已由父母教认了一些简单的常用汉字，入学后她学习十分用功，加上记忆力又好，所以很快又新认得了好几百个字。接下来，她便与其他几位学生一道，可以由塾师教读《三字经》《百家姓》《千字文》等蒙学教本了，只不过她是女孩子，塾师又单独加了《女儿经》一门功课。

在私塾里，学生在学过了起初的蒙学教本后，接着就要读“四书”“五经”之类的了。其教法大多仍是教学生熟读背诵，然后在适当的时候由塾师逐句讲解。除读书背诵外，还有专门的习字课，从塾师扶手润字开始，再描红，再写映本，进而临帖。江玉麒是一位颇有书法功底的塾师，篆、隶、行、草诸体都很有造诣，尤其是他那手颜体正楷，雄健浑厚，骨力遒劲，不仅为本乡村民们所称道，即便是大山铺、仙市、牛佛那样的大集镇，也有为数不少的商家慕名前来江家湾求他书写招牌店名什么的，可谓是本乡较为有影响力的一位书家。他对自己塾里的习字课历来十分重视，在学生们写字基础训练的每一个环节上，他总是认真施教，从不马虎，特别是对江竹筠，更是要求从严，别的学生练习一遍，江竹筠往往得练上两三遍。江玉麒经常对小侄女讲：“人们都爱说，文如其人，字如其人。这话是很有道理的。因为作文写字跟一个人的习性有很大的关系，跟做人处世也有颇多相通之处。为人之道最重要的一条，就是要端直正派。习字也是一样，要做到端雅正楷，绝不能苟且随便，这样，才能为日后的发展打牢根基。”正是在这种严格要求下，江竹筠的习字课取得了非常优异的成绩，她写的字工整端丽，常常在同学中间传为样板。而江玉麒由习字所言及的做人之道，对于开启江竹筠童蒙期的人生教育、引导小侄女端方的品行修养乃至她成人之后选择正确的人生之旅，无疑都起到了不可忽视的积极影响。

江竹筠读了两年私塾，为了让已满五岁的弟弟江正榜能进学堂念书，她只好辍学在家，帮助母亲做家务，有时也上自流井关刀石的外婆家小住一段时间。她非常喜欢尚未出嫁的小姨李泽华。李泽华读过私塾，也上过教会办的新式学堂，属当时社会上新知识女性一类，较之旧式女子，知识面广，眼界更开阔，思想更活跃。她不仅给江竹筠讲了许多历代少年英才的故事和民国初年的一些社会见闻，还特意带小外甥女去逛了一趟自流井城。

当时的自流井是四川最大的井盐生产基地，被誉为“盐都”，江

江竹筠(右)与女友的合影照

竹筠跟着小姨进城后，看见繁华的街头商号店铺是很多，绸布百货店、日杂店、山货铺、银楼、钱庄以及茶房、酒肆、饭店、烟馆什么的，一家挨着一家，人来人往，十分热闹。如此繁华的市井，对于乡下来的小竹筠，自然是满眼的新奇。然而这一路上走来，她也见到了从未看到过的怪现象：到处都是叫花子，衣衫褴褛，蓬头垢面，还伸着脏兮兮的手逢人便哀哀地乞讨；又见着几个头上插着草标，准备卖给有钱人家当丫头的小姑娘，而她们身后的人却像是她们的父母，一个个面容憔悴，神情黯然；隔不了多远就有一个赌博摊摊，鸦片烟馆比饭馆、酒馆还多，光着上身的搬运工吃力地拉着载满盐包子的架架车，在上坡的时候，前倾着的身子几乎匍匐在地，而那些衣着光鲜的有钱人则坐着滑竿、轿子，一个肥胖的外国人坐的大轿甚至需要由四个中国人来抬；在离卖猪的市场不远处，还有卖人的市场。

通过这次短短的自流井之行，江竹筠见识了城中的“西洋景”，更多地了解了人世的艰辛，心底留下了极难抹去的印痕，直到成人之后，她还常常向友人谈起七岁那年逛自流井时的所见所感。李泽华的心思没有白费，她感受到外甥女对于是非善恶的辨识和那颗虽然年幼却充满了悲悯与同情的心，她以其独特的方式关爱着小外甥女，她是引导江竹筠对当时置身的社会进行观察与思考的极难得的富有远见的启蒙者。

1928 年，自流井及其周边地区发生数十年不遇的大旱，江家湾一带受灾尤为严重。乡下人没有吃的，只得剥树皮、挖草根，甚至最后靠掘白泥充饥，不少人都因吃了“观音土”腹胀而死。年仅八岁的江竹筠亲睹了这场大灾荒的悲惨情景，对农村的苦难生活有了更深切的感受。随着酷旱的持续，广大饥民已被逼得走投无路，他们暗中串联，准备搞“吃大户[①]”的行动，江竹筠也想随母亲李舜华一起参加。然而就在这时，李舜华在重庆的三哥李义铭[②]来信了，信上说，李家好多亲戚都逃荒到了重庆，李义铭要妹妹一家人也赶快过去。李舜华见灾情日益严重，江家湾这个地方已实在无法再待下去了，于是告别了江家的亲戚和众乡邻，带上江竹筠姐弟俩，逃荒到了重庆。

五年之后，江竹筠回过一次江家湾。那时，十三岁的她已在重庆南岸大同袜厂做过两年童工，后来在三舅李义铭的帮助下，进了一所教会办的孤儿院，一边做工一边读书。有一次，快要过年的时候，她

---

① 吃大户是饥饿的农民成群结队到地主家强行吃饭的反抗行动。

② 李义铭（1894—1956），四川自贡人，1920 年毕业于私立华西协合大学，是西部地区第一批学西医的学生之一。1935 年，李义铭在重庆创办民营义林医院，随后集资修建了一栋中西合璧式的义林医院大楼。1937 年抗战爆发，国民政府迁都重庆，便将这幢古色古香的建筑征为立法院、司法院等办公之用。1948 年李义铭托人用十根金条营救江竹筠未果，还被抓去坐牢几天。解放后李义铭将医院捐给了国家，并在医院担任副院长，1956 年去世。

李义铭（1894—1956）

得知三舅的一位姓张的朋友要回家乡自流井办事，便征得母亲的同意，随同这位张先生一道回了趟老家。回乡后，正值春节期间，江竹筠先去江家老祠堂拜祭了江氏家族的先祖，继而分别去仙滩、何市、三多寨等地看望了还健在的一些族亲前辈。然后，她又按照离开重庆时母亲的嘱咐，去关刀石一带，拜望了李家的几位长辈亲戚。而三舅的那位朋友张先生，是个干练之人，做事干净利落，从不拖泥带水，回家过完春节后，不出一月就把要办的几件事情全部办妥。他因不能在这自流井久作停留，便赶去江家湾接了江竹筠一起返回重庆。这次江竹筠离乡，江沛洲护送堂妹和那位张先生到大山铺后，叫了一辆马车将二人载到了牛佛水码头，再换乘木船经富顺、泸州抵达了重庆。

这一走，江竹筠就再也没有回过老家了。

但江家湾这片故土依旧是江竹筠魂牵梦绕的地方。这里曾留下她

李义铭夫妇和江竹筠儿子的合影

儿时艰难成长的足迹，留下了她的泪水与欢笑，也留下了她那些令世人无限感慨、难以忘怀的故事……（注：《童年江竹筠》出自刘仁辉、杨源孜著《红岩英雄江姐》《江姐童年故事》）

此后，江竹筠在重庆读书求学，而后加入中国共产党，成为一名优秀的革命战士。她跨进时代波涛的洪流，立志要做一个有作为的知

李义铭的女儿和江竹筠的儿子的合影，其二女儿(中)由江竹筠引导参加了革命

识女性，积极投身到革命的浪潮中，她用行动践行着对党的诺言："凡是有利于党的话就说"，我是党的人信念执着；"凡是有利于党的事情就做"，敢于担当义无反顾。

山里的草花儿年年盛开，她选择用自己的生命去绽放血红的花。

家乡坡上的竹子青又青，她与大安人时时在交换着愉悦的微笑，她用精神遗志浸染着这片绿林，滋养着这片土地！

大安人民永远怀念她！并用大安人自己的方式传颂着她的故事、弘扬着她的精神！

红岩大义　担当大安

2020年，在江竹筠烈士诞辰100周年之际，为讲好江姐故事，用江姐精神凝练力量，四川省自贡市大安区面向关心支持江姐故里大安区发展的社会各界人士进行了为期5个月的征集提炼“江姐精神”大安表述语活动，进一步弘扬江姐精神，传承红色基因，推动大安区的高质量发展。活动共收到全国各地28个省、自治区、直辖市918条表述语或宣传语。经初审和网络投票，专家组评审，最终区委常委会审定表述语为“红岩大义、担当大安”。组委会对选中的表述语“红岩大义、担当大安”做出这样的说明释义：

1. 红岩精神是以周恩来为书记的中共中央南方局在长期领导国统区广大共产党员和革命志士的斗争实践中培育铸就而成。用“大义”取代“精神”作表述语，是因为“大义”一词更磅礴，更有气势，又能包含信仰、忠诚、担当、坚韧等品质，这种品质是由像江姐这样的众多革命英烈用鲜血共同谱写。“红岩”与“大义”相结合，则凸显了江姐为代表的众多红岩英烈的精神，“红岩大义”由此而生。

2. “担当”是时代最重要的气息，缅怀先烈，勇于担当理应成为当代大安人至死不渝的追求。而“大安”作为这次提炼表述语的归宿，一是要体现大安发展的精、气、神；二是要体现区委提出的“三看三干”（一看有无法律规定，有则依法依规干；二看有无先进经验，有则学习借鉴干；三看是否两者皆无，无则探索创新干）工作理念，旨在破除“盆地”意识、“盐井”意识，重塑干部“精、气、神”，变“要我干”为“我要干”；三是大安本身包含和谐社会、天下大安的丰富寓意。

3. 较为含蓄，有意境美，能给人留下想象的空间。

4. 对仗、工整、上口。

另外，关于“大义”与“大安”，虽有两个“大”字前后出现，但感觉既不影响对仗的工整，也不影响意境的美，似不伤大雅。关键在于找不出一个词既能包含“大义”的全部意境与内容，又能达到“大义”本身具备的磅礴气势，故挑选一个词取代“大义”，似乎太难。①

① 资料来源：中共自贡市大安区委组织部。

二　一个独特的文化现象

《红岩》小说现象

1961 年，小说《红岩》等描写革命英雄主义的文学作品相继出版。罗广斌[①]等人把讲述自己亲身经历的《在烈火中永生》，在众多著名文学家的帮助下，改编成为小说《红岩》。罗广斌作为从白公馆脱险的革命志士，为宣传死去的战友的革命精神，从一个讲故事的人转变为一个专业作家，体现了倡导革命英雄主义、树立远大理想的国家行动。小说《红岩》描写了关押在国民党渣滓洞、白公馆的革命志士，他们面对国民党的审讯和折磨，绝不屈服，绝不背叛，绝不怕死的斗争事迹，表现出“生当作人杰，死亦为鬼雄”的大无畏精神，他们用自己的热血和生命展现出信仰的力量。

中国青年出版社为建国十周年准备出版计划时，从罗广斌等人口述报告《在烈火中永生》发现了这里面的人物事件非常感人。因此，中国青年出版社就派人到重庆找到罗广斌等人，要求他们把自己的故事稿改写成长篇小说。从现在能够找到的众多资料来看，罗广斌等人创作小说《红岩》经历了很长的一个过程。从他们自己写到上级部门组织人指导帮助他们写，从情节内容的设计到具体人物的塑造，个人

① 罗广斌（1924 年 11 月 22 日—1967 年 2 月 10 日），重庆忠县人，作家。合著革命回忆录《在烈火中永生》、长篇小说《红岩》。

的写作行为变成了一种思想文化建设和开展传统教育、革命文化教育、共产主义教育的国家行动。

当这本书稿在全国许多知名的文学家、川东地下党老同志的关心支持下定稿后，这本书的名称还经过当时的重庆市委常委会的审定。1961 年，重庆上清寺中山四路重庆市委常委会议室，市委常委们正在就一本即将要出版的图书名称进行讨论。之所以这样重视一本图书的书名，是因为图书内容已经在全国产生了极大的影响：作者罗广斌、杨益言和参与者刘德彬当时在全国所作的《渣滓洞、白公馆革命烈士在狱中斗争事迹》的报告产生了始料未及的效果，根据他们的报告编辑而成的《圣洁的白花》《在烈火中永生》《禁锢的世界》在人民群众中也产生了极大的反响。这本书的创作出版已受到社会的极大关注，茅盾①、巴金②等知名作家对书的创作提出了许多有益的建议。因此，书名在反复讨论设计数次都不满意的情况下，提交到市委来讨论。当时的市委书记任白戈认为：这本书不仅是狱中斗争，而且是国统区党的工作的缩影。看了这本书就会想到重庆，牺牲的革命烈士是在当年南方局教育培养下成长起来的，一定要注意这段历史的连续性，因此书名可以考虑用“红岩”，这在重庆乃至在全国都是有影响的。

最后，市委常委会决定用抗日战争时期中国共产党在重庆的八路军办事处所在地的地名——“红岩”作为书名。市委书记任白戈说：“今后人们看了这本书就会想到重庆，提起重庆就会说到红岩。”③

1961 年出版的文学小说《红岩》是历史与艺术的最典范的结合，它立即被脍炙人口的快板书、评书、京韵大鼓所改编，诗歌、散文、

---

① 茅盾（1896 年 7 月 4 日—1981 年 3 月 27 日），原名沈德鸿，中国现代著名作家、文学评论家、文化活动家以及社会活动家，五四新文化运动先驱者之一，中国革命文艺奠基人之一，代表作有小说《子夜》《春蚕》和文学评论《夜读偶记》。

② 巴金（1904 年 11 月 25 日—2005 年 10 月 17 日），本名李尧棠，字芾甘，中国当代作家，代表作有《家》《寒夜》《随想录》。

③ 选自厉华 1991 年采访记录。

长诗、连环画、木刻、剪纸紧随其后。于是，小说《红岩》的内容迅速地被文学艺术领域所涉足，国内争先恐后地开展二度创作，一大批红岩作品相继问世，极大地传播了红岩精神。首先是重庆歌剧院改编为歌剧《江姐》，其后空政文工团到重庆体验生活，1964 年又创作出乡音极其浓厚的大型歌剧《江姐》。话剧、京剧、豫剧、汉剧、黄梅戏、川剧等各剧种纷纷将其改编。1965 年，长春电影制片厂又推出以小说《红岩》改编的电影《烈火中永生》。甚至一些地标、企业也以“红岩”冠名，如红岩汽车、红岩墨水、红岩街道、红岩影院等，许多企业、社区均以“红岩”冠名。

小说《红岩》中的许云峰、江姐等烈士在歌曲《红梅赞》的赞美下成为一个个共产主义信仰无比坚定的杰出代表。文学艺术的社会引导作用在中国社会发挥着空前巨大的作用，烈士形象几乎成为每个人的奋斗价值坐标参照系。

1964 年，毛泽东观看空政文工团演出的歌剧《江姐》时，看到江姐壮烈牺牲那场戏，他禁不住动了感情，曾感慨而又不无遗憾地对身边的工作人员说：“为什么不把江姐写活？我们的人民解放军为什么不去把她救出来?”

小说《红岩》再出版立即在全国引起了热销和改编创作的高潮，形成了一个强大的文学艺术活跃的高潮。中国几乎所有的文学艺术形式都以红岩作为资源进行二度创作，问世了一大批作品，形成了全国的革命文化的一种高潮，而且《红岩》被翻译成外文在全世界发行。

《人民日报》1962 年 12 月 2 日，李希凡在《剪裁、集中和再创造——谈中国铁路文工团话剧团〈红岩〉的改编》一文中写道：

> 《红岩》，这本公认为撼动心灵的“共产主义科学书”，在它出版将近一年的时间里，已经风行全国，有口皆碑，虽然书的累计印数突破了三百万册，达到了解放以来长篇小说

发行量的最高数字，却仍然不能满足读者的需求。大概也正是这样的缘故吧，阅读的热潮又开始寻找新的出路——有力地冲击着戏剧艺术，不少戏剧工作者满怀热情地把《红岩》搬上了不同剧种的舞台。据统计已经有二十几种有关《红岩》的戏在全国各地演出。

《浙江日报》专门开设了《红岩风格赞》专栏，其中1962年4月7日第三版，阎纲写的《共产党人的正气歌》一文中说：

《红岩》没有把最容易追求离奇的情节惊险化，没有把最特殊、最尖锐的斗争一般化，没有把人物神化或丑化。它忠实于生活真实的描写，忠实于人物形象以及人物与环境关系的真实描写，把这作为自己作品的命意和艺术创造的基础和出发点。《红岩》里描写的生活和人物，原来在作者的心里就是活生生的，因而才可能有作品里一系列的具体描写：具体的环境、具体的人物、具体的关系与具体的矛盾。最后，用具体的斗争方式解决了集中营里（具体的一连串的、大大小小的、此时此刻的）冲突，既不同于战场、工厂、学校，又不同于其他时刻、其他地方的集中营。

《四川日报》1962年8月19日，殷白在《读红岩》一文中写道：

《红岩》艺术创作上的几个主要的特点：第一，塑造了一组具有共同精神品质的英雄人物，从而形成了强烈的形象的集体感；第二，通过尖锐的敌我矛盾冲突的描写，展示了英雄人物性格的光辉灿烂和政治上的高度成熟；第三，围绕监狱斗争和革命者的狱中生活的富于革命精神的抒情和人物特写。

《云南日报》专门开设了两个专题：笔谈《革命烈士诗抄》和《红岩人物赞》。其中1962年12月6日第三版，黎方写的《革命的坚定性》一文中写道：

> 小说《红岩》的封面是引人注目的：在一座红色的山岩上，屹立着一株挺拔的苍松，它象征着共产党员大义凛然的革命气质和威武不屈的光辉形象。正是他们，用英雄的热血，染红了山岩，染红了祖国的大地。这深厚的意境，给了国防文工团、云南人民艺术剧院话剧团和云南省川剧团[1]的戏剧编导者、表演者以很大的提示。以话剧来说，话剧《红岩》第一场的环境，安排在重庆江北，窗外嘉陵江的对岸，就是有名的红岩村，戏一开始就借成瑶之品点了题："我一看到红岩村，就想起了中共办事处。红岩村，这是一个多么富有诗意的名字啊！红岩，红岩，你象征着革命的意志，你引导着广大的青年……"戏接演下去，随着斗争的深入开展，矛盾冲突的更加尖锐，编导者和表演者更把这如苍松一般的光辉形象，一次又一次地再现在舞台上。

《新华日报》1962年11月4日第二版《观众爱看优秀现代剧目——文艺界座谈话剧〈红岩〉演出盛况》一文中报道：

> 南京市话剧团在宁上演的现代剧《红岩》连满四十余

[1] 1958年，根据云、贵、川三省文化协作会精神，应云南省委要求，四川省委将成都新光川剧团调至昆明，于9月30日正式组建成立云南省川剧团。1962年初，小说《红岩》改编成川剧上演。

场，观众达四万五千多人。最近，南京市剧协特为《红岩》的演出邀请省、市文艺界和驻宁部队戏剧工作者举行了座谈会。南京市话剧团已于六月结束在宁演出，他们将《红岩》稍加整理后，将带往苏州、无锡、常州、镇江等地巡回演出。

《红岩》出版后，受到了广大读者的热烈欢迎。书中英雄人物的光辉斗争事迹，气势磅礴，惊心动魄，悲壮感人，是一部向青年进行革命传统和共产主义品德教育的生动教材。

1962 年 2 月 17 日，中国青年报组织了部分读者举行座谈会，在会上，机关干部陆石发言“不怕鬼的英雄谱”，他说：“这是一部写斗争的作品，写革命和反革命的斗争，人和鬼的斗争，共产主义者与反动派的斗争作品……中国人民是有理想、有志气的人民。只有有最远大理想的人，有革命志气的人，最不怕鬼，最不怕死。”

时任北京农业大学团委副书记林黎奋在“思想改造贵在自觉”的发言中说：“小说《红岩》中的人物参加革命，有一定思想基础。他在大学里，从马列主义著作中，懂得了社会发展规律，知道无产阶级最有前途，也晓得阶级出身不能决定一切，只要加强改造，一个资产阶级出身的青年，同样可以变成真正的无产阶级战士。他一找到了共产主义的真理，就决心为这个真理奋斗到底。”

红岩精神是中国共产党在国民党统治地区革命实践中形成的具有代表性的革命精神，它具有丰富的历史内涵和巨大的思想价值。小说《红岩》以重庆解放前夕、狱中共产党人同国民党反动派进行严酷的革命斗争为主要内容。小说《红岩》的出版在社会上引起了强烈反响。它以真实人物为原型，书中人物通过各种形式被演绎为一个个艺术形象走进社会、走进群众、走进生活，传递着红岩精神，在各个时期影响人们的思想和精神生活。从战争年代转入和平时期的新中国，对革命英雄、革命烈士、革命先辈的崇敬铸就了一个时代的道德水平，对一个民族的思想和精神境界进行了极大的提升。红岩精神是一个历史过程的反映，是在民族传统道德继承、积淀中升华的、最积极向上的一种民族精神；是党走向成熟，走向发展壮大时期的产物；是党提出统一战线、党的建设、武装斗争三大法宝的具体表现。

围绕小说《红岩》而展开的持续不断的创作，形成了独特的《红岩》小说现象，彰显了广大中华儿女对红岩精神的传承与弘扬。红岩精神影响了几代人，在今天依然是人们强大的精神力量源泉。

《红岩》小说中的江姐

我们来看一下小说《红岩》中的江雪琴："这个女同志是个安详稳重的人，不到三十岁，中等身材，衣着朴素，蓝旗袍剪裁得很合身。"江雪琴的原型就是烈士江竹筠。

小说中描写她目睹了丈夫被害，头颅挂在城门上示众的情节："是眼神晕眩，还是自己过于激动？布告上怎么会出现他的名字？她觉得眼前金星飞溅，布告也在浮动。江姐伸手擦去额上混着雨水的冷汗，再仔细看看，映进眼帘的，仍然是那行使她周身冰冷的字迹：华蓥山纵队政委彭松涛。老彭他不就是我多少年来朝夕相处，患难与共的战友、同志、丈夫么！不会是他，他怎能在这种时刻牺牲？"小说中创作设计这一情节，是为了突出江竹筠坚毅内忍的性格，以及压制悲痛继续坚持斗争的革命精神。历史上，彭咏梧被杀害后，头颅被敌人砍下，挂在城门楼上示众，这是真实的情节。但是江竹筠由重庆返回下川东时并没有见到，而是通过彭咏梧亲戚家的联络站得知这一噩耗的。

小说当中真实地描绘了江姐在丈夫牺牲以后，她内心无比悲痛却又坚毅而隐忍，如小说中描绘的这样一个情节："华为拿着酒瓶回来了。老太婆斟了一个满杯，递给江姐，又斟了两杯，一杯给华为，一杯自己举起来：‘江姐，这杯酒，我代表同志们，也代表老彭，给你洗尘。’江姐没有想到对方又提到老彭，她心里一时竟涌出阵阵难忍的悲痛，嘴唇沾了苦酒，默默地把酒杯放下了。她悲痛地感触到对方也有隐藏的苦衷，她不忍心当面刺伤老太婆苦苦的用心，勉强吃完那碗说不出滋味的菜饭，便轻轻放下了筷子。”[①]

小说《红岩》中关于江姐得知彭咏梧牺牲后的情感塑造，向我们还原了江姐的真实情感世界。小说中是这样描绘她内心的坚持，“我希望，把我派到老彭工作过的地方……‘前仆后继，我们应该这样。’回答的声音，是那样的刚强”[②]，事实上，江姐正如《红岩》中所描绘的那样坚定而决绝，“临委考虑江竹筠不能再去下川东，因为她去很容易暴露，而且孩子太小，需要她照顾。再三要她留重庆工作。好心的朋友也劝她接受组织的安排。她自己也知道此去有危险，可是她坚持要去：‘这条线的关系只有我熟悉，别人代替有困难。我应该在老彭倒下的地方继续战斗。’临委只好同意她的要求”[③]。

我们再来看看江姐的战友卢光特的回忆，彭咏梧牺牲后，战友老吴告诉了江姐，“关于不幸事件的传说。她极力镇定自己，只在夜间禁不住隐隐啜泣”。后来江姐和战友小卢从万县搭轮船回重庆的途中，“在船上，竹筠沉默少言，尽量抑制悲伤。晚上他们和衣躺在船舷走道上，共盖一条被子，上有寒风刺骨，下有铁板冰人。她把被子的一半推给小卢，自己睡在外边挡风。小卢的脚露在外面，她又脱下毛衣给搭上。小卢咳嗽，她询知小卢患有慢性病，仍在农村艰苦斗争，心疼地说：‘你身体不好，到重庆后一定要去医治一下。’并立即写了一张条子，叫他去找陈作仪——竹筠的一个联络点，要陈负责给小卢检查治疗。她强忍住自己的巨大悲伤，像往常一样用极大精力去关心别

① 罗广斌、杨益言著：《红岩》，中国青年出版社 1961 年版，第 75 页。

② 罗广斌、杨益言著：《红岩》，中国青年出版社 1961 年版，第 77 页。

③ 卢光特、谭正威执笔：《江竹筠传》，重庆出版社 1982 年版，第 76 页。

人。她把减轻别人痛苦作为战胜自身痛苦的一种力量”[①]。

小说当中还真实还原江姐在面对敌人的严刑拷打后，表现出的坚贞不屈的革命精神，战友们为之钦佩，受之鼓舞。渣滓洞的难友们纷纷给江姐写信表达他们的敬佩之情，其中何雪松代表难友们写给她的《灵魂颂》[②]在渣滓洞集中营里久久流传。

你是丹娘的化身，
你是苏菲亚的精灵，
不，你就是你，
你是中华儿女革命的典型……

江姐给难友们写了回信，表达了视死如归的革命豪情，留下了“竹签子是竹做的，共产党员的意志是钢铁”[③]的铮铮誓言！[④]

小说《红岩》的作者之一罗广斌是1949年重庆“11·27”大屠杀的亲历者，也曾是江姐被关押在渣滓洞监狱时的难友。罗广斌的一篇回忆文章《我们的丹娘江竹筠》，其中有这样一段描述，进一步印证了小说《红岩》中江姐英勇顽强的真实性[⑤]。

在杀人魔窟中美合作所的极刑拷问下，她受尽了老虎凳、鸭儿浮水、夹手指、钉竹签等等各种各样酷刑，特务匪

---

① 江竹筠档案，A23。

② 罗广斌、杨益言著：《红岩》，中国青年出版社1961年版，第276页。原话为：“下面是六楼写给江姐的《灵魂颂》”。

③ 罗广斌、杨益言著：《红岩》，中国青年出版社1961年版，第279页。

④ 卢光特、谭正威执笔：《江竹筠传》，重庆出版社1982年版，第92页。原话为：“……毒刑是太小的考验。筷子是竹做的，共产党员的意志是钢的……”

⑤ 公安部档案馆编注：《血手染红岩——徐远举罪行实录》，群众出版社1991年版，第120页。

徒没有从她身上找到丝毫线索。她晕死三次，每次，被冷水喷醒转来时，又继续受刑。凝望着连自己也认不出来被摧残的身体，和凝结着仇恨的遍体血污，嘴唇倔强地抽动着，她说："我是共产党员，随你怎么处置！"

的确，没有人能用肉体抵抗毒刑而不晕厥痛绝；但一个优秀战士的阶级仇恨和战斗意志，却应该熬过任何考验而始终不屈！江竹筠同志，就是这样一个忠诚和老实的共产党员，在敌人面前表现了无比的英勇。

1962年2月17日，中国青年报组织了部分读者举行小说《红岩》的读者座谈会。中共中央高级党校学员陈家骏在"江姐在生活中"的发言中说："我和江竹筠同志相处过一年，真可说是一年相处，终生难忘……1947年6月，国民党在重庆制造了'六一'事件，逮捕了一千多名共产党员和进步同学。当时江姐非常镇静，她叫我们仍然留在重庆，但是给我们每个人改姓名，换职业，重新分配了工作。当时有的同志很急躁，认为应该马上回到原来的学校去，组织群众与国民党直接斗争，否则就对不起被捕的战友。江姐就亲切地说：共产党人是需要有前仆后继的革命精神的，但是也要讲斗争的策略；在地下党组织已经暴露的情况下，要求回到原单位去并非勇敢，而是一种冒险的行为，可能给党带来更大的损失。有的同志又担心，既然敌人正在搜捕共产党员，我们不离开重庆是否很危险？江姐又耐心地说明，党的工作要求我们继续留在重庆；敌人虽然到处搜捕，但重庆是有一百多万人口的大城市，只要我们改姓名，换职业，敌人想抓我们就好比海底捞针。结果，把大家都说服了。"

《中国青年报》1962年6月14日，读者昭凯在《飞翔吧，永远朝着东方》一文中写道：

> 永远朝着东方，永远向着党，是每一个革命者应该首先解决的政治问题，是革命的坚定性问题，它表现在对党、对共产主义事业、对革命前途具有无比的信心，能够经受得住任何艰难困苦的考验，能够在哪怕是天空充满了乌云、革命遭受到挫折的时刻，也坚信革命的星星之火，终会成为燎原之势……她（江姐）做到了像自己所说的那样，在风险面前，决不退缩，一往向前；在考验面前，脸不变色，心不跳！这就是无产阶级革命坚定性的具体写照，也是革命烈士用他们的鲜血描绘出的光辉形象。

不论是读者的文章，亲属的回忆，还是战友的叙述，红岩在加速传播，成为脍炙人口的话题。为了满足社会和人民群众热议红岩的需求。从 1962 年 6 月开始，《中国青年报》就开设了《红岩精神礼赞》专栏。有读者在座谈会上说："江姐和其他男同志一起，挺立在囚车上面，像迎接庄严的战斗，像迎接即将到来的光明。看，他们的脸上充满着胜利的欢笑，洋溢着圣洁的光辉……"这段话给人的印象非常深刻。这段话写出了革命者面对死亡毫不畏惧的样子，表现了江姐等革命者视死如归宁死不屈的乐观主义精神，使人深受感动。

多年以来，像以《红岩》人物江姐为题材所进行的文学创作持续不断，这在中国绝对是一个不可不研究的文化现象。

人应该怎么去奋斗？人应该怎么去追求？我们无法去统计有多少人看了江姐的剧目、听到江姐的事迹后，自己的内心被净化，灵魂被升华，以及怎样影响了自己的人生作为。

万人敬仰红梅赞、大安故里革命魂。大安出生的江竹筠，她热爱生活、向往幸福，但是为了新中国的解放事业，为了免除下一代的苦难，她坐穿了牢底而奉献出自己的青春和生命乃至于家庭。她的事迹为人们提供了一种行为坐标的参照系。

功成不必在我、有我勇于奉献。在江竹筠身上，寄托了革命的英雄主义和革命的浪漫主义两种精神的融合。她结了婚，有了自己的孩子，但是为了执行党的任务她义无反顾走上前线。坚守在地下党联络岗位上时，她不断写给亲人的书信中体现了她“以天下为己任、舍小家为大家”的革命情怀。她是一位坚强的战士，也是一个好妻子和好母亲，最后为了革命事业她又舍弃了难舍的一切。一个人要抛弃自己的家庭、抛弃自己的儿子，在这个痛苦的抉择中，是什么东西在支撑着她？那就是中华道德文化中的以天下为己任，修身齐家治国平天下，牺牲我一个人，换来万人的幸福，生而为英，死而为灵的崇高价值追求。

小说《红岩》中塑造的“江姐”是革命文物史料与艺术形式最有效地结合创作出来的英雄人物形象。小说《红岩》及其后各种文学艺术形式的改编创作体现了国家倡导的主流意识形态价值取向。人民有信仰、国家有力量、民族有希望，文学艺术形象所塑造的革命英雄主义为大众提供了人生行为坐标的参照系。以江竹筠为代表的革命烈士人生奋斗事迹，通过各种文学艺术形式的传播，形成了红岩文化。

当前，文化发展与旅游发展深度融合，文化是旅游的灵魂，旅游是宣传文化的载体。

红色旅游是把红色人文景观和绿色自然景观结合起来，把革命传统教育与促进旅游产业发展结合起来的一种新型的主题旅游形式。

从小说《红岩》到红色旅游——红岩从文学作品到红色旅游，彰显了革命英雄主义文化的魅力和独有的红岩文化特色。这种革命英雄主义是中华民族昂奋达观、坚毅内忍、弃旧图新、勇于奉献的精神延伸、发展，它凝固着我国人民、我们先辈优秀的文化传统，这个传统所固有的精神力量和思想价值远远超过历史上任何阶级、任何个人所能达到的高度。江竹筠烈士就是革命英雄主义的典型代表，是红岩历史中重要的英雄人物。提到《红岩》小说就要说到江姐，说江姐就要提起红岩，红岩成为中国革命历史文化中的一个显著的标志。

“红色旅游”打造的红色旅游线路和经典景区，既可以观光赏景，也可以了解革命历史，增长革命斗争知识，学习革命斗争精神，培育新的时代精神，并使之成为一种红色文化。

这种红色文化，它有什么样的特征？

作为反映和表现革命英雄主义的红色文化有三个明显的特征：

一是信息集中——大量甚至全部的内容是关于理想、信念、奉献、忠诚、担当等。

二是方式明确——表现的是国民党统治区地下党斗争、秘密战线、武装起义以及监狱这个特殊战场的斗争。

三是可复制性——能够被各种文学艺术形式转换为小说、电影、歌曲、快板书、卡通等。

小说《红岩》主要取材于解放战争时期川东地下党的斗争，运用人物、事件的史料及各种回忆记载资料进行的源于生活、高于生活的文学创作。

小说《红岩》以惊心动魄的斗争画面和崇高的革命精神展现了共产党人信仰的力量，表现了革命者坚定的理想信念和对党的绝对忠诚，它被称为一部共产主义精神和革命气节的教科书。其后的各种文学艺术形式，从各自特点出发进行的再创作，进一步从不同的角度揭示了革命者“失败膏黄土、成功济苍生”“为免除下一代的苦难，我们愿把牢底坐穿”的无私奉献精神。伴随着共和国的步伐，江姐成为家喻户晓的革命英雄主义代表人物之一，《红梅赞》的歌曲、《绣红旗》的舞蹈从未消失在时空，而是成为革命文化的经典。

三　红岩史料中记载的江竹筠

投身革命　一心向党

江竹筠档案中记载："1948 年云阳起义，丈夫彭咏梧同志殉难后转到万县地方法院作职员，在党内任下川东地委委员，6 月在万县被捕后押'渣滓洞'监狱。"[①]

"江竹筠在狱中表现极为顽强，面对徐远举、陆坚如、张界[②]、王仁德等一连串的侦讯，遭受夹筷子、吊打等酷刑威逼，受尽人间痛苦，始终保全革命组织，毫不动摇。"[③]

国民党重庆绥靖公署军法处法官张界的交代材料中记载：……江竹筠她是伪万县地方法院的系事[④]，她是藉伪法院的系事身份来掩护其从事地下党活动……，江竹筠被捕后，特务就对她用了刑讯，她没有承认。到了重庆，徐远举首先问她组织关系，她没有承认……[⑤]

---

① 江竹筠档案，A23。

② 张界，化名张宝兴，江苏浦江人，主要负责国民党军统特务系统的军法、司法审判，人称"催命判官"，重庆集中营三号刽子手。1949 年 10 月 28 日，张界亲自监督特务们杀害陈然、成善谋、华健等烈士；11 月 14 日杀害江姐、李青林等 30 位革命志士。1957 年秋，张界被枪决。

③ 江竹筠档案，A23。

④ 系事，旧时通称"法官"或"审判官"。

⑤ 张界交代材料。

被難烈士登記表

姓名	江竹筠	化名		性別	女	年齡	卅岁	籍貫	自流井	成份出身	
學歷	川大農藝系肄業					職業	万县地方法院職員				
略歷	[illegible]										
參加何黨派及政治團體	一九四七、十一月 [illegible]										
生前爲革命事業的活動情況											
被捕 1948 年 6 月 14 日	時地點 万县			被難 1949 年 11 月 16 日			時地點 [illegible]				
被捕原因及獄內經過情形	[illegible]										
遺物及著述											

工作年譜	何年月日至何年月日	在何機關	任何職務	何年月日至何年月日	在何機關	任何職務	備考

直系親屬代表人	譚竹安	住址	渝 [illegible] 大公報				
烈屬情況	父親	無	職業	存歿	母親	無	職業	存歿
	妻		職業		學歷		現在住址	
	子女姓名及其年歲學歷職業及現在住址	[illegible]						
	家庭經濟情況	[illegible]						
	有何困難	[illegible]						

具填人	譚竹安	簽名蓋章		鑑定人		簽名蓋章		批准人		簽名蓋章	

重慶各界追悼楊虎城將軍暨被難烈士籌備委員會製 一九五〇年 1 月 9 日

000003

被难烈士登记表

国民党重庆绥靖公署军法处法官张界的交代材料(1)

国民党重庆绥靖公署军法处法官张界的交代材料(2)

史料中的江竹筠是怎样的一个人？她又是怎样走上革命道路的呢？

江竹筠原名江竹君，竹子的竹，君子的君，取“梅兰竹菊”四君子之意，寄托着家人和自己对高洁品质的追求。8岁时，她和弟弟江正榜随母亲来到重庆。1930年，10岁的江竹筠投靠了她的舅舅李义铭。江竹筠的母亲李舜华找到在轮船上办伙食的丈夫江上林“多少给家里帮助一点，勉力让十岁的竹筠和八岁的正榜去上小学，但只读了半年。轮船公司破产，江上林失业，独自回家乡做小生意去了，几年后病死在家乡”[①]。

由于生活的艰辛，10岁的江竹筠和母亲又被介绍到舅妈负责的南岸大同袜厂找到了工作，竹筠去当童工。她才10岁，没有机器高，袜厂老板特为她制了一个脚凳。她很快学会了技术，产量赶上了成年人，但仍只能得到童工的低工资。

1932年，江竹筠做童工已近两年，因年龄太小，每天做工十二小时，身体拖垮了。妈妈和弟弟也生了病。她们便被袜厂辞退。妈妈又去帮三舅带小孩和干家务劳动，三舅凭他与教会的密切关系，送竹筠姐弟到教会办的孤儿院小学免费入学。[②]得到读书机会的江竹筠“特别勤奋，成绩优异，连升三级后，到五六年级还能稳得班上第一名，按成绩总分也是全校第一名，荣获学校银质奖牌”[③]。

在江竹筠的成长道路上，有两个人对她曾经有过重要的影响，一个是舅舅李义铭。由于家境贫困，江竹筠曾经想去打工挣钱减少母亲的辛劳，特别是母亲还带着自己的弟弟。但是，舅舅李义铭却坚持要她读书，“在城市里没有文化，没有知识，根本待不下去。只有知识才能改变自己”。在舅舅的一再要求之下，江竹筠继续读书。后来，李义铭的子女也在江竹筠影响下走上革命的道路。

① 江竹筠档案，A291。

② 江竹筠档案，A291。

③ 江竹筠档案，A23。

江竹筠与母亲及弟弟江正榜合影

另一个人就是收留江竹筠在孤儿院小学的实业家、慈善家刘子如[①]。刘子如创业艰辛，事业成功后举办慈善事业。他虽然富裕，但坚持“绝不留金钱给儿孙买辱”。因此在开办慈善事业的教育中要求学生：扎实学习，一切靠自己努力。

“天下万般苦、唯有读书高”，这是江竹筠在读书时非常强烈的认识，她读书异常勤奋，立志要通过知识改变自己的命运。其实，江竹

① 刘子如，当时经营代理缝纫机生意，投资办有基督教教会孤儿院。抗战时率川军上前线参加抗战。

筠天资并不特别聪明，但是她却有坚强而惊人的毅力。这毅力根源于：

她向往读书太久了，十二岁才如愿，她有明确的学习目的，艰难的处境和硬气的母亲时刻教导，她决心要真正学点本事，将来能够找到工作，独立生活，不让母亲长久当佣人。因而她学习非常勤奋。勤能补拙，她跳级之后算术课困难很大，她和一同跳级并成为挚友的何理立等订下一条规矩：在教室做完当天的习题，不做完不出门。[①]

她特别珍惜时间，一刻一分都不放过。她什么书都看，课堂上的书本不能满足她如饥似渴的求知要求后，她就与好友何理立等同学一道去向老师借课外书来读，饥不择食，她几乎看完了几位老师的全部藏书，增长了知识，也开阔了眼界。

在孤儿院小学，江竹筠遇到了一位对她产生重要影响的老师丁尧夫。丁老师是一名地下党员，以教师公开合法的身份在学校秘密开展进步活动。在课堂上，有的教师不遗余力宣传“共产党共产共妻”等等，部分教师也添油加醋，恶毒攻击，唯独丁老师从不作类似讲话，并且还经常给学生们看创造社出版的《鸭绿江上》、太阳社出版的《匪徒的呐喊》以及鲁迅的《狂人日记》等读物，这些书中强烈的反抗民族压迫和阶级压迫的思潮激发着青年人的正义感……[②]

在教学中丁老师发现江竹筠这个学生学习非常刻苦努力，就是吃饭、走路，甚至上厕所都在看书，较之其他同学求学、求知的发奋引起了他的关注。

丁老师与江竹筠接触，了解到她要通过知识改变自己的命运，于

① 卢光特、谭正威执笔：《江竹筠传》，重庆出版社 1982 年版，第 9 页。

② 江竹筠档案，A23。《何理立回忆》，第 29 页。

是就经常启发江竹筠认识社会问题，并且与她一起分析社会问题：一个人可以通过发奋学习用知识改变自己的命运，但是天下那么多的穷孩子，又应怎样去改变他们的命运？如果不改变社会制度，不推翻剥削阶级，永远都无法彻底改变现状。丁老师的启发教育，使江竹筠懂得为什么要读书、读书为什么等问题。同时，在与丁老师的不断深入交往中，她逐步在思考和认识人与自然、人与社会、人与人这些问题。个人命运离不开社会，社会离不开个人，人与社会的关系，必须与社会结合才能够有所解答。这是江竹筠当时的想法。

舅舅李义铭的严格要求，慈善家刘子如的影响，老师丁尧夫的教育启发，使江竹筠在发生着变化。

1935 年，丁老师在上课的时候，突然被冲进教室的国民党当局逮捕！江竹筠等学生非常气愤，问“为什么抓我们的老师？”结果学校说：丁老师是“共产党”“共匪”！

共产党这个名称第一次进入江竹筠的头脑。

丁老师，这么有学识，这么好的老师是“共产党”，这“共产党”是干什么的？她决定要做像丁老师那样的共产党人。“共产党是好人”的结论在学生心中再也无法抹灭。“要寻找共产党”的信念在他们几个幼小的心中扎了根。[①]

1936 年秋，江竹筠小学毕业后考入重庆南岸中学读书，免缴学费，并且她成绩优秀，每期都获得奖学金。

1936 年西安事变爆发，江竹筠和戴克宇[②]心中仍然挂念着丁老师，她俩“私下窃喜，杀了蒋介石，丁老师会放出来”，不久蒋介石不但未杀还放出来了，还要开什么庆祝会，她俩愤而拒绝参加。[③]

---

① 江竹筠档案，A23。

② 戴克宇 1938 年加入中国共产党，辗转于重庆、贵州、四川等地乡村小学教书，其丈夫李培根为地下党负责人。

③ 江竹筠档案，A23。

1937年，全民族抗日战争爆发，蒋介石在全国人民抗日怒潮的逼迫下，接受了共产党停止内战、联合抗日的要求，释放了因积极从事抗日救亡运动而被捕的爱国会领导人沈钧儒、邹韬奋、李公朴、章乃器、王造时、史良和沙千里等，放松了对学校和社会团体的爱国活动限制。全国各地抗日运动迅速高涨。在这民族存亡的时刻，学生们纷纷走上街头宣传抗日，江竹筠怀着满腔的热情，与同学们一起组织了歌咏队、宣传队，上街宣传、演剧、唱救亡歌曲、办壁报，积极投身抗日救亡运动之中。在募捐寒衣运动中，江竹筠一个人为前方将士做了五件棉衣，给领导这一活动的地下党员曾丝竹老师留下很深的印象。他说："江竹筠并不是个出风头的学生，她那扎实的态度，在当时的爱国青年中，也不多见……"①

在江竹筠档案中对她有如下记载②：

> 江竹筠通过学习的思想变化："1937年，全民族抗日战争爆发后，竹筠同志和当时广大的青年一道，积极热情地投入抗日救亡运动，办壁报、演戏、阅读各种救亡书报，如《中国的新西北》《全面抗战》等书刊。她的思想领域愈渐宽广了，开始由'个人学好本领，独立生活'的志愿，扩大到为了民族的解放。"
>
> 小学毕业的江竹筠1936年又在南岸中学读书。1939年再考入何鲁之办的中国公学，在那里她加入了中国共产党。江竹筠的舅妈回忆说："……在南岸中学读书，后来中学迁浮图关。毕业时江姐得过银盾，奖励她学习好。"

1938年秋冬，国民党撤出武汉、长沙，并借口焦土抗战，火烧长

① 卢光特、谭正威执笔：《江竹筠传》，重庆出版社1982年版，第14页。

② 江竹筠档案，A23。

沙，引起人民极大义愤。由于学生参加爱国活动，学校当局与学生发生矛盾。南岸中学以防空疏散为理由，宣布学校迁往江津。江竹筠没有随学校迁移，1939 年春天，她考进巴县兴隆场中国公学附中读高中，她依然力求上进，刻苦钻研功课、喜欢阅读课外书籍；也关心时事政治、热心社会活动。

戴克宇在回忆材料中写到江竹筠学习情况时记载："我和竹筠同志认识是 1939 年寒假在重庆巴蜀中学投考高中的时候，我们第一次见面是在考场的走廊里，彼此作了自我介绍和简单谈到过去和考试的情况。当时她给我的印象是：中等身材、面庞圆润、衣着朴实、举止稳重、对人诚挚、和蔼可亲。"

"当她和我在一起读书时，给我深刻的印象是她沉静好学、没有当时女孩子具有的那种娇气和虚荣心。她苦心钻研功课，但不读死书。她既关心政治，也认真读书，而且能批判地接受老师所教的功课。有的教师在讲课时散布了反动的思想观点，她当时就记下，一下课我们就议论起来。记得有个教员有时讲课内容反动而庸俗，竹筠同志听课时很生气，在上课就提出疑问。"

江竹筠在学校不仅喜欢读书，而且求知欲很强，戴克宇曾描述江竹筠学习的细节："由于她学习认真，所以学习成绩优良。她还经常关心时事，热心参加社会活动，我们曾一起办壁报，到场镇上宣传。她喜爱阅读党在重庆出版的《新华日报》和《群众》杂志等报刊，还尽量利用假日和课余时间学习革命理论。当时党分配我保管了许多革命理论书籍，如关于毛主席的著作，关于抗日救国的理论，关于哲学、政治经济学以及介绍苏联的著作等。竹筠同志经常向我借阅这些书籍。她的求知欲很强，遇到不理解的问题，就随时提出来与周围的朋友进行讨论，力求得到解决。她每看一本书都要谈谈自己的感想和看法。记得她读高尔基的小说《母亲》和绥拉菲谟维支的小说《铁流》后，对小说中革命英雄人物英勇斗争的形象很感动，她对我

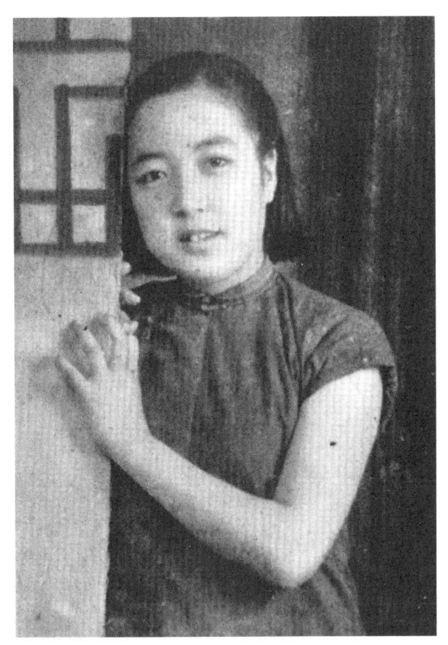

戴克宇

说：‘是什么力量支持和鼓舞她们?’那时我们班上六个女同学，除我以外，还有一个是党员。根据原来熟悉竹筠的同学介绍和她在校的实际表现，在第一学期的中途，党组织就确定她为党的积极分子，并指定我和那位党员同志经常和她联系。”

1939年，正是国民党策划发动第一次反共高潮时期，“当时很多人对形势看不清，对前途悲观失望而苦闷消沉，少数原本自命为进步分子则经不起困难的考验而颓废堕落了，而竹筠同志的觉悟却一天比一天提高，革命意志更坚强。她说，唉声叹气有什么用，有志气的青年应该投入实际的革命斗争”。

对于加入中国共产党江竹筠意志坚定，戴克宇回忆：“一天，她对我说：‘这里环境太黑暗了，我想不读书去参加革命斗争，去找党的组织。’当我告诉她在国民党反动统治区，处处老鸦一般黑，在哪

戴克宇与李培根夫妇（江竹筠的入党介绍人戴克宇以及当时批准其入党的支部书记李培根）

里都可斗争，学校就有党组织时，她立即提出了入党的要求。党组织根据她的觉悟和平时的表现，很快批准了她入党，这使她感到异常的兴奋和鼓舞。那天晚上夜很深了，她还和我摆谈她将怎样为革命而斗争的一些想法。我告诉她，入党后是会遇到各种艰难困苦，也可能牺牲的呵！你是否再三考虑过这些问题？她断然回答说：‘要革命还怕什么？革命本身就不是安乐与享受，我既然决定入党，就是把自己的一切贡献给革命事业，甚至宝贵的生命。’记得是 1939 年夏天，在一个晴和的星期日，我们和党支部书记一道，走到一个小溪旁的竹林里，她举起左手，面部呈现出十分庄严肃穆的神情和坚定的目光向党宣誓：我志愿加入中共，坚决执行党的决议，遵守党的纪律，不怕困难，不怕牺牲，为共产主义的实现而奋斗到底！……”[①]

入党后的江竹筠感到“增添了新的力量，精神更充实、更乐观，

① 江竹筠档案，A23。

生活更有意义”[①]。

有了党组织关系，江竹筠的革命活动更加坚实，她积极服从组织安排，当时有三个党员同学住在学校附近的群众家里，成为党的一个联络点。为了避免引起别人的注意，组织上要她尽量少去，她认真照做，每次约好地点开会，她总是准时到达，而且不引人注意。她平易近人，善于联系群众，肯帮助人，凡是和她接近过的人，都乐于和她结交，党内外的同学朋友，都亲昵称呼她“江竹”，大家都觉得她表面看起来冷静不多说话，心里却热得像一团火在燃烧。

① 江竹筠档案，A23。

年轻的革命战士

1940 年 8 月，巴县兴隆场中国公学附中因经费困难而停办，江竹筠在这里并未读完高中，所以学校只颁发给她一张修业文凭。

抗日战争时期国共两党合作，中央对国民党统治区地下党组织要求实行“隐蔽精干”的原则。南方局贯彻中共中央“隐蔽精干”原则的具体措施是采取“三勤三化”。

“三勤三化”系南方局在国统区独特的工作方法和斗争策略。南方局一成立，红岩共产党人面临着全新而复杂的局面：国共合作开始，国民党秘密制定了一系列防止异党活动的措施。形势决定策略，南方局书记周恩来向国统区党组织发出了“三勤三化”工作指示。

什么叫“三勤三化”？党员干部勤学习、勤工作、勤交友，职业化、公开化、合法化，巧妙地把公开工作和秘密工作、合法斗争结合起来。抗战时期，周恩来要求“党员发展必须重质量，不追求数量”。对于进步以及要求入党的群众可以通过建立据点的方法来组织领导。建立“据点”是周恩来同志对做群众统战工作的一个要求。据点是一种没有统一名称，也没有章程，也无固定形式的组织，遇事则聚。党员要能够埋伏在群众中去发挥作用，因此，据点是经过党的骨干分子深入细致的群众工作而形成的。

在中华职业学校会计专业学习时的江竹筠

时年20岁的江竹筠为了寻求一项可以掩护地下工作的职业，同好友何淑富按照上级指示于1940年秋考入了重庆中华职业学校会计专业学习，同时担任该校和附近地下党组织的负责人，主要做青年学生工作。江竹筠在职校学习刻苦，那时学校没有电灯，晚上，江姐便同几个同学围着一盏桐油灯自习；清晨，天刚蒙蒙亮，就到山头上阅读课文。在这样艰苦的学习环境下，江竹筠的考试成绩总是名列前茅，并获得了奖学金。职校的语文老师庞翔勋回忆说："江竹筠那时学习很刻苦，文章写得好，我印象很深。"

1941年1月4日，党所领导的新四军，为了团结抗日，根据国民党的要求和双方协议，从江南向江北转移，行至安徽南部茂林附近，

證明書

查學生江竹君年廿歲四川富

順人曾在本校高中一年級修業

期滿特此證明

私立中國公學附屬

校長唐國楨

中華民國　年　七　月

学生证明

突然遭到背信弃义的国民党军队袭击，新四军军部遭受重大损失。这就是全国人民痛心疾首的“皖南事变”。国民党顽固派阴谋得逞后，反动气焰嚣张，开动一切宣传机器，倒打一耙。在报纸上污蔑共产党新四军“不听军令政令”。1 月 17 日悍然发布所谓命令，取消新四军番号，将新四军军长叶挺“交付军法审判”，并向新四军在大江南北的部队进攻。由此掀起了臭名昭著的第二次反共高潮。在国统区实行白色恐怖，严密封锁消息。迫使《新华日报》常常“开天窗”；又指使伪工会以抓捕殴打报童，拒售、没收报纸等手段来阻止《新华日

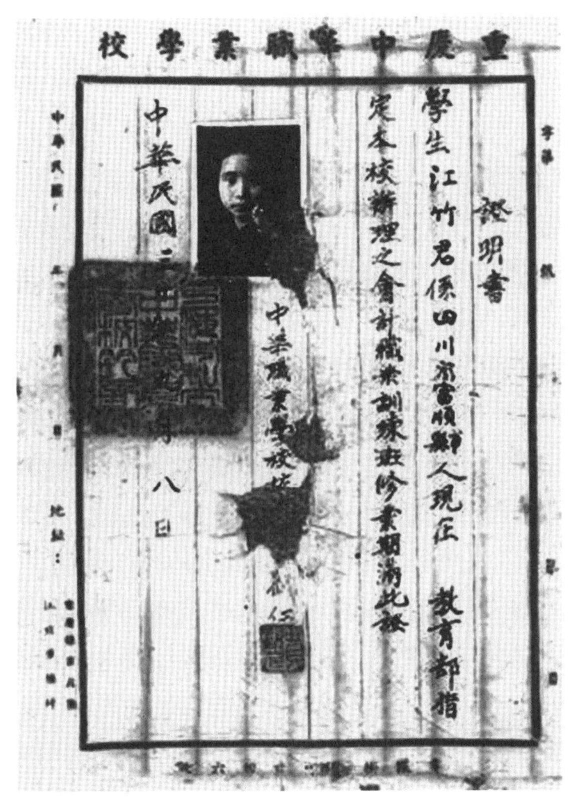

重慶中華職業學校

證明書

學生江竹君係四川富順縣人現在教育部指定本校辦理之會計職業訓練班修業期滿此證

中華職業學校校長

重庆中华职业学校的学生证明

报》发行，中华职校师生得不到真实消息，“三青团”趁机活跃，妄图用《中央日报》《扫荡报》捏造的“异党暴乱”等欺骗宣传来蒙蔽群众，打击进步群众。

为了打破国民党的新闻封锁，让群众了解事变的真相，周恩来领导南方局在重庆，对国民党顽固派从政治上和宣传上进行了猛烈反击。周恩来同志在《新华日报》开天窗处题词：“为江南死国难者志哀”，并题了首诗“千古奇冤，江南一叶，同室操戈，相煎何急!”对国民党进行了有力的声讨，同时秘密印发传单。[①]

“皖南事变”期间，江竹筠积极投入到革命工作中，为了打破敌人的新闻封锁，她约了在一起学习的挚友何理立，在该校秘密散发地下党交给她的传单——十八集团军的声明和宋庆龄、柳亚子、何香凝的声明，做得巧妙利索。她还将部分传单交表妹杨蜀翘拿到精益中学和菜市场去秘密散发。在这次新的反共逆流中，不少党组织暴露或遭到破坏。竹筠虽然只有二十一岁，但工作踏实稳重，态度冷静沉着，善于联系群众。她在班上也参加进步学生的活动，但不突出个人。所以她和她所领导的党组织，不但未被破坏，而且工作还有进展。[②]

从中华职业学校毕业以后，江竹筠被地下党组织安排到宋庆龄、邓颖超领导的中国妇女慰劳总会工作。

“皖南事变”发生后，中共中央南方局按照中央“隐蔽精干，长期埋伏，积蓄力量，以待时机”的十六字方针，作出调整重庆地下党组织、紧缩党员数量的决定。当党组织疏散一些人员去延安时，江竹筠提出要求去延安。为了表示自己坚决的态度，她写了一首《到解放区去》的诗表明决心：

我要到敌后，
到解放区。
我厌恶，住在腐烂了的城市，
跟着烂下去。
我恨不得，早点离开
那政客们所玩弄，
就是特务的盯梢，
狞笑和狂吠的这些学校。

① 卢光特、谭正威执笔：《江竹筠传》，重庆出版社 1982 年版，第 20 页。

② 江竹筠档案，A23。

江竹筠(左)与同学的合影

烈火，在地面燃烧；
烈火，在我心里燃烧呵！
我已经，决定了
我就要到敌后，
到解放区……

江竹筠的诗，也让我们了解到国统区的现实情况：前方吃紧、后方紧吃，官僚主义、贪污现象严重，整个城市在灯红酒绿中“烂下去”。特务横行，压制民主，监视学校学生。青年们在呐喊，在抗争！同时，她也表达了她内心迫切想到前线参加斗争的愿望。

但是，地下党组织没有批准她去延安，而是要求她继续留在重庆工作，地下党组织考虑到江竹筠虽然参加了进步活动，但在斗争中她不突出个人，不太引人注意，严格地执行地下党纪律，因此她和她领导的组织始终未暴露。因此没有批准她去延安的请求，并且向她说明

2016 年 9 月 23 日江姐之子彭云(左 2)、儿媳易小治(右 1)到医院看望戴克宇(左 3)。左 1 为戴克宇长子李晓滨、左 4 为李培根。

原因：一是她在重庆工作这么多年，又没出现过任何问题，适合在国统区工作；二是她熟悉重庆的大街小巷，也熟悉重庆组织的联络情况，需要她在重庆工作；三是她对党忠诚，口风很紧，办事干练。江竹筠服从地下党组织的安排，决定留在重庆继续工作。随后，她被川东特委指派担任重庆新市区区委委员，负责单线联系沙坪坝一些高校的党员和新市区内的党员。后来又按党组织安排在綦江铁矿工作了一段时间。

在綦江铁矿工作期间，江竹筠为了隐瞒身份，她在填写履历时特意虚报 4 岁，将出生日期写为“民国五年 8 月 20 日”，实际上她的出生日期是民国九年（1920 年）。

江竹筠在綦江铁矿任会计两个月左右，1942 年春，因再次受到特务监视，组织上为了保证她的安全，让她迅速转移，于是她离开了綦江铁矿。綦江以“綦（32）字第162号文”呈钢迁会，通报准予江竹筠辞去司事一职。

在国民党反共的逆流中，江竹筠毅然执行重庆地下党交给她的各项工作任务，明知道等待她的是艰难险阻和动荡不安，但她毅然义无反顾、坚持斗争，并且逐渐成长为一名成熟稳重的共产党员。为了贯彻好“十六字”方针，她在川东特委宋林的帮助下，正确领会和掌握了一整套在反共高潮条件下的地下工作方法。

> 如：言行举止要符合自己的社会身份；两人开始接头就要约定公开的社会关系是什么，见面的时候就要准备被逮捕，被捕后两个人说的应该一致；被捕时要尽量把事情张扬出去，给党一个信息；被捕了就要准备牺牲自己，保护组织。在敌人的监狱和刑讯中，心要横，口供（随时都要预先编好）要少，要一成不变；……对群众进行领导要不现形，要蒙蔽在群众之中，“看不出领导才是最好的领导”，“最普通的人就是最秘密的人”。这些工作方法，对于作风朴实，对党忠诚，不爱出风头的江竹筠，是容易接受并能认真实行的。她也经常向她所联系的同志传授这些方法并用恰当的方式进行革命气节教育。①

1943年后重庆地下党又调她到国民党政治部第三厅所属合作社工作任会计。

江竹筠的好友何理立回忆：

① 江竹筠档案，A23。

……1941年秋，江到妇女慰劳会工作，由于形势不断恶化，1942年秋江即离开妇女慰劳会去綦江，1943年初返渝，我们又同去国民政府军事委员会政治部第三厅所属合作社工作，当时，合作社要所有人员均参加国民党，我们向组织呈报后，四月底组织决定我们撤离该处，江返渝后即做党的通联工作，只在道门口一单位，冬去建国书店做会计。①

江竹筠的入党介绍人戴克宇是这样评价她的：“我和竹筠同志相处只有一年时间，但她留给我的印象是那样深刻，永不磨灭。……解放后我回到重庆，满以为可以和竹筠同志见面了，没想到当我们兴高采烈地欢庆胜利的时候，竹筠同志已为革命牺牲了，这使我感到无比的悲痛和悼念！现在竹筠同志英勇就义已经13年了，她在艰苦的革命斗争中，经受了严峻的考验，她履行了入党时的誓言，把自己的一切献给了伟大的无产阶级革命事业。竹筠同志生的伟大，死的光荣，她忠贞不屈的革命战士的英雄形象，将永远活在我们心里，像挺立红岩的苍松一样的万古长青。”②

---

① 江竹筠档案，A23。

② 江竹筠档案，A23。

四　敢于担当、执行纪律

从假扮夫妻到革命伉俪

为落实南方局“建立坚强的西南党组织”的决定，开展整风学习，加强重庆党组织领导力量，建立发展“据点”，地下党组织决定把云阳县书记彭庆邦调重庆工作并将原名“彭庆邦”改为“彭咏梧[①]”。

1943 年 5 月党组织交给江竹筠一项特殊任务：与地下党负责人彭咏梧假扮夫妻。

地下党组织为什么要做出这样的决定？

万县党史工作者陈汉书、杜之祥写的《彭咏梧烈士传略》中记载：“1941 年秋，在国民党顽固派进行第二次反共高潮前后，彭咏梧接受党的指示，移交了云阳县委书记的工作，从下川东来到重庆，充实重庆市委……老彭调来重庆后，任市委委员。……组织上便通过市委委员莫达（即何文逵）的关系，给他找到了公开的职业作掩护。先在南岸海棠溪大陆运输当会计，半年后，莫达又设法把彭咏梧弄到他工作的伪中央信托局做雇员。后来，局里的产物保险处办训练班，彭

① 彭咏梧，原名彭庆邦，1915 年出生于四川云阳县红狮坝彭家湾的一个贫苦农民家庭。1938 年加入中国共产党。1940 年任云阳县委书记，1941 年调任重庆市委任委员，负责组织宣传工作，领导重庆学运和负责《挺进报》的工作。

咏梧去参加学习，结业后，于1942年8月，转成为中央信托局的正式职员。……1939年夏天，党的万县中心县委曾派彭咏梧到重庆，到中共中央南方局党训班学习。”[①]

《彭咏梧烈士传略》中记载了彭咏梧保护红岩村主人饶国模的事情：“1947年5月，国民党反动派决定6月1日在全国各大城市对共产党员，进步学生和民主人士进行一次大逮捕。彭咏梧从内线得知反动派抓人的部分名单，其中有饶国模老太太。‘决不能让敌人对饶国模下毒手。’老彭当机立断，跑到职业妇女托儿所，找到地下党员金蕙若要她立即通知饶国模老太太迅速转移。饶老太太十分激动，深深感到党组织对她的关怀和爱护。她拿出一把非常好的纸扇交给金蕙若，要金转交给党组织作个纪念。”[②]

彭咏梧是如何得知这样的情况的呢？[③]

在银行界做高级职员的地下党员何文逵，一次偶然的机会，发现了原来的一个同学在重庆枣子岚垭的国民党二处当特务，还负有一定责任。他立即向彭咏梧汇报了这件事，并提出：与特务的这种关系，是不是要回避。两个人几经磋商，反复地权衡利弊，彭咏梧说：“这种关系不宜回避。你回避他，他晓得你是银行界的高级职员，一定要来找你，那样反而被动。倒不如你借故专门去找他，和他拉拉关系，这样一来，他不仅不会怀疑你，相反，还可以说明你在政治上很幼稚，是个‘糊涂虫’。”

在老彭的筹划下，一天，老何到特务那里去玩时，故意傻头傻脑地问那个特务：“喂！你们把那个许晓轩捉来，关

①江竹筠档案，A23。

②江竹筠档案，A23。

③江竹筠档案，A23。

在哪里的呀？闹得个满城风雨！”原来我们党的负责人许晓轩同志被特务逮捕后，很久不知道下落。老何的问话，使特务大吃一惊，他赶忙走到门口，看看附近有没有人偷听，立即转过身来，用眼睛死死盯着屋里这个问话的人，但这个人似乎是随便说说，还傻乎乎地望着他哩。

“你几个脑袋？这件事，你可不能问。”特务训斥着面前这个政治“糊涂虫”。但他后来，还是把“不足为外人道”的秘密，告诉给这个“糊涂虫”了。

“糊涂虫”便毫不含糊，立即找到彭咏梧，一起研究起对策来。

1943 年秋，根据南方局贯彻延安整风学习的精神，彭咏梧从南方局组织部带回《中共中央关于增强党性的决定》的重要文件。按照要求，彭咏梧要组织所联系的 70 多名党员学习，每人的学习思想汇报材料要亲自审读，还要形成报告上报南方局。当时彭咏梧虽是中央信托局的中级职员，但因为没有家眷，只能住在单身宿舍，十几个人住在一起，这样的环境，很不利于领导整风学习。恰巧这时中信局刚修好职工宿舍，于是党组织决定给彭咏梧派一位女同志来协助工作，与他假扮夫妻，可借口有了家庭，分到一套住房，更好地开展工作。

其实，彭咏梧已经有了家室，并且还有了一个近四岁的儿子。其妻子谭正伦[①]正在老家云阳。彭咏梧到重庆不久，即经过组织同意，给妻子写了一封信，叫她带上儿子到重庆来。但是，因当时儿子彭炳忠正在出麻疹，谭正伦举债在云阳办的一个家庭纺织作坊刚刚开张，于是她给彭咏梧写了封回信，希望过段时间，到重庆团聚。谭正伦的回信，引起了市委同志的担心和警惕。当时重庆正处于白色恐怖之

---

① 谭正伦原名谭政裂，云阳县故陵镇人。谭家兄妹五人，她排行第三，而女子中她又是老幺，故人称幺姐。1933 年谭正伦与彭庆邦结婚，1939 年，谭正伦生下一子彭炳忠。

中，形势极其险恶，特务四处搜捕地下党员，稍有不慎，即可能给组织造成很大破坏。彭咏梧来重庆时，市委委员莫达在公开介绍彭咏梧时，说他是中央大学的毕业生，又在北平银行当职员，如果特务因此截获了他的信件，那后果将不堪设想。因此当时市委委员莫达建议彭咏梧立即断绝与下川东的一切联络，包括与妻子的通信。莫达的建议得到了其他同志的赞同。并计划在适当的时候，派人将他的妻儿接到重庆。然而，随着形势的不断变化，这一计划成为泡影。

现在，需要有家庭作掩护时，彭咏梧提出是否把妻儿接来。考虑到彭咏梧的工作性质，他所做的每一件工作都涉及地下党组织的核心机密，特别是整风期间，有大量的文字工作和联络工作需要处理，一个普通的家庭是不能起到帮助彭咏梧工作的作用的。尽管彭咏梧在云阳从事地下工作时，谭正伦也进行了大量的掩护工作，但毕竟她还不是党员，更不要说有从事地下工作的经验。因此同志们提出，能够掩护彭咏梧的，应该是稳健而有学识、能应付各种复杂环境、有斗争经验的党内的女同志。

这些建议，无疑是很有道理的，因此，彭咏梧虽感到无奈，但根据党的少数服从多数的组织原则，他也只好面对现实。把对妻子的内疚深埋于心底。

在人选的问题上，市委经过讨论，选中了虽然年轻但却有着丰富斗争经验的江竹筠。

根据整风运动的学习安排，要求每个党员秘密阅读整风文献，联系实际，写出思想、工作、生活总结。这些材料逐层转到彭咏梧手中，由他弄清每个人的情况，记入脑海，并提出问题与市委的其他同志研究解决，然后，再把这些材料销毁。

在如此繁重、秘密的工作中，彭咏梧需要一个党性强、办事干练的人做助手。

这就是党组织会选择江竹筠的理由。

经过多岗位的锻炼，对党忠诚，熟悉重庆情况，这就是党组织选中江竹筠去做这个特殊任务的原因。

然而，对江竹筠来说，“假扮夫妻、掩护组织，对内上下级、对外是夫妻”，我什么任务都接受过，但去做一个男人的假妻子怎么做？自己没有谈过恋爱，完全没有单独与男人相处过的阅历，她实在是找不出任何经验去支持这个任务的完成，甚至她完全不知道该怎样去做这个内外有别的人！

一向坚决服从党组织派遣和调动的江竹筠，面对这次地下党组织派遣的工作任务，她不但面有难色，而且完全没有任何的心理准备，所以她拒绝了。

党组织对江竹筠说明了实际的情况：党组织为了落实南方局“建立坚强的西南党组织”的决定，将地下党云阳县书记彭庆邦调到重庆充实党组织的领导工作，担任地下党市委委员。为了安全起见，将他名字改名叫彭咏梧，切断他与外界的一切的关系，并且花重金给他“安排”了一个国民党中央信托局房产处高级主管职位的公开合法身份。但是，他的妻子，没有地下党活动的经历，也不熟悉重庆的情况，显然不适合调到重庆来进行掩护市委机关的工作。而江竹筠在城市多岗位工作过，非常熟悉了解重庆的情况，有在地下党的经历，无疑是最合适的人选。

“凡有利于党的话才说，有利于党的事才做”，这是在读书时加入地下党组织的江竹筠所奉行的座右铭。当她知道了党组织这样决定的理由后，她没有再拒绝。她回到重庆执行特殊任务“假扮夫妻、掩护市委领导”。

23 岁的姑娘江竹筠开始了“假妻子”这个工作。江竹筠的主要任务是为彭咏梧做通讯联络工作。

邻居称呼她“彭太太”时，她差一点忘了自己已“为人妻”，以为不是叫她。她立即警觉起来，时时刻刻提醒自己要有强烈的掩护组织领导的责任感。

为了使自己真正进入到“妻子”这个角色，江竹筠毅然决然地把“丈夫”彭咏梧介绍给自己所有的亲朋好友，称呼他为彭四哥，亲友也跟着她这样称呼。

为了使这个“家”绝对安全和“合法”，江竹筠有空的时候，总是把亲朋好友约到“家”中一起聚会。

在这个“家”里，江竹筠关起门来就能自由地阅读党的文件，不懂的地方可以随时得到彭咏梧的指点。她总是不断地向他的“假”丈夫、“真”领导虚心求教，彭咏梧也不厌其烦地向她说明解释。他们相互交流学习的心得与体会，他们一起讨论加强地下党组织建设的方法，他们一起憧憬共产主义未来的美好……

江竹筠来到彭咏梧身边工作后，彭咏梧感觉工作的安全性、保密性大大提高，几十名地下党员的名字不用做任何记录，江竹筠都烂熟于心，所有的会议决定江竹筠只做口头表达，不留片言只语。江竹筠除了做他的得力助手，搞好通讯联络工作外，还特别关心彭咏梧的身体健康，彭咏梧有肺病，她每天早晨都要买些有营养的食物给他调理身体，把生活安排得有条理，他的身体逐渐好转。而江竹筠也发现，自己到彭咏梧身边工作以后，以前弄不清楚的问题、想不明白的道理，经彭咏梧一点拨就豁然开朗，她感觉自己进步得非常快。所以，随着时间的推移，他们二人在工作上是志同道合、在情感上也慢慢地情投意合。

江竹筠发现自己不但崇敬老彭，而且有了那么一丝爱意在里面。老彭也非常欣赏江竹筠，不仅工作仔细，而且保密性很强，许多组织机密情况她都牢牢地记在心中，不留任何片言只语。这种感情、这种在工作中建立起来的默契是非常真挚的。

何文逵（莫达）回忆说：“互敬互爱，为党忘我工作。竹筠同志身体瘦弱，勤俭朴实，经常穿一件阴丹士林蓝的布旗袍，天冷时加上一件红色的绒线衫。为了创造一个为人容易理解的环境，她在繁忙的革命工作之余，尽量做家务事，倾心地照顾好老彭，一一料理得井井有条，处理好邻居关系，人人夸奖她是一位贤淑的好主妇！”[①]

但是江竹筠清楚地知道，彭咏梧是有妻子、有家庭、有孩子的人，自己不能这么做，她要控制自己的感情，于是她向党组织提出请求：请组织另派他人来替代她的工作。组织上觉得江竹筠说的也是实情，所以拟重新物色人选，接替江竹筠。然而还没有等到合适的人选出现，更严峻的客观现实摆在了她的面前。

江竹筠在执行工作任务过程中，整风文件的传送、组织的要求以及通知等等均由她亲自完成。所以，江竹筠外出工作联络的路线是基本上固定的，尤其是她还经常利用回家的路上去《新华日报》营业部看书。1944 年的春天，江竹筠同挚友何理立一道去《新华日报》营业部买苏联小说《虹》，从报社出来，被特务跟踪。她们发现后，想了很多办法才甩掉了“尾巴”。党组织知道后，为了保障市委机关的安全，决定她俩先后转移到成都去躲避。

1944 年 5 月，江竹筠转移到成都。没有找到就业机会，组织上来信同意她投考大学。她苦战了两个月，复习和补习了高中三年的课程，考上了四川大学农学院植物病虫害系。此时，江竹筠改名为江志炜。[②]在国立四川大学学生入学登记表上有她本人填写的姓名、籍贯、学号等信息。

到四川大学后，她对自己提出严格要求：“既要完成党的任务，又要做一个好学生。”

“在学习上，大学的化学课起初感到困难，因为她高中只读了一年半，未学过化学。但她利用假日自学，虚心向同学请教，很快补足

① 江竹筠档案，A23。

② 江竹筠档案，A23。

江竹筠亲手填写的国立四川大学学生入学登记表(四川大学供图)

了弱点，各科都取得了较好成绩。还能主动帮助别的同学学习。”[1]

在四川大学，史地系的赵锡骅是学校进步活动的积极分子，也是与江竹筠志同道合的好朋友。她对江竹筠的回忆：“江姐按党的指示考入川大。由于白区工作的复杂性，她进川大时，‘转地不转党’，组织关系仍在重庆。‘她经常给学生运动的骨干和领导人当参谋，和他们一起研究斗争策略，总结斗争经验。’我感到她是‘最能和党保持

① 江竹筠档案，A23。戴克宇《忆江竹筠同志》。

赵锡骅

默契的人’。”[1]

在生活上的江竹筠，赵锡骅这样写道：“在生活上，江姐十分朴实勤俭。她吃饭从不加菜，连酱油豆瓣都不加一点。有时错过吃饭时间，便到女生院围墙外的小棚里买一碗面条就算了。平常穿着整洁、朴素，生活虽然艰苦，但她却乐观健壮，心广体实。”[2]

但是，江竹筠和彭咏梧一向被邻居街坊认为是天生一对，这个“家庭”突然没有了主妇，邻居们对此有所议论；单位的人许久没有见到“嫂子”了，是不是他们感情出了问题？议论多了、流言多了，对于有着双重身份的彭咏梧的这个“家”不能不说是一种危险的存

① 江竹筠档案，A23。《赵锡骅》，第 113 页。

② 江竹筠档案，A23。

在！彭咏梧作为地下党的领导人，日常生活中应当尽量不要成为焦点人物，现在却成为人们关注的一个中心，显然必须改变这种状况，才有利于隐蔽开展工作和确保党组织的安全。眼下的解决之道，第一是要调江竹筠回到彭咏梧身边，恢复夫妻形象，第二必须让两人做成真夫妻，才能不露任何破绽，堵住旁人口舌和猜疑。

党组织立即决定：江竹筠办理休学返回重庆，并且批准他们结为夫妻。

1945 年夏，江竹筠与彭咏梧从假扮夫妻转为真夫妻。这一切都是根据地下党工作的需要，在组织利益高于一切的地下党时期，党员服从组织、牺牲个人一切这是绝不含糊的。

抗战胜利后，江竹筠又回到了四川大学继续读书。

在四川大学期间，她收到了一份意外的礼物，她和彭咏梧爱情的结晶也悄然来到了。当知道自己怀孕的消息后，她激动不已，她想把这个消息及时告知远在重庆的彭咏梧。但当时不能通信，为了让丈夫及早知道，她甚至步行几十里路从成都九眼桥到金牛坝，将这一喜讯告知在四川省驿运管理处的好友何理立，希望她能有机会带信给彭咏梧。但何理立此时已回重庆，不再到成都。当时身边只有好友王珍如，她把这个消息告诉了她，两人一起分享着她即将做母亲的幸福。怀孕后的江竹筠，克服了妊娠反应带来的痛苦，一如既往地投身于学运之中。

这个寒假，江竹筠自己却没有返回重庆与丈夫彭咏梧团聚，留在了成都。

1946 年春天，江竹筠要生孩子了。她借住到四川大学附近文庙街姓丁的中学女同学家里。4 月初的一天，江竹筠难产了。她的同学找了一辆黄包车，把她送到华西医科大学协和医院妇产科住了下来。因为是难产，需要做剖宫手术。手术前，江竹筠做出了大胆的决定，请求医生做剖宫手术的同时做绝育手术。

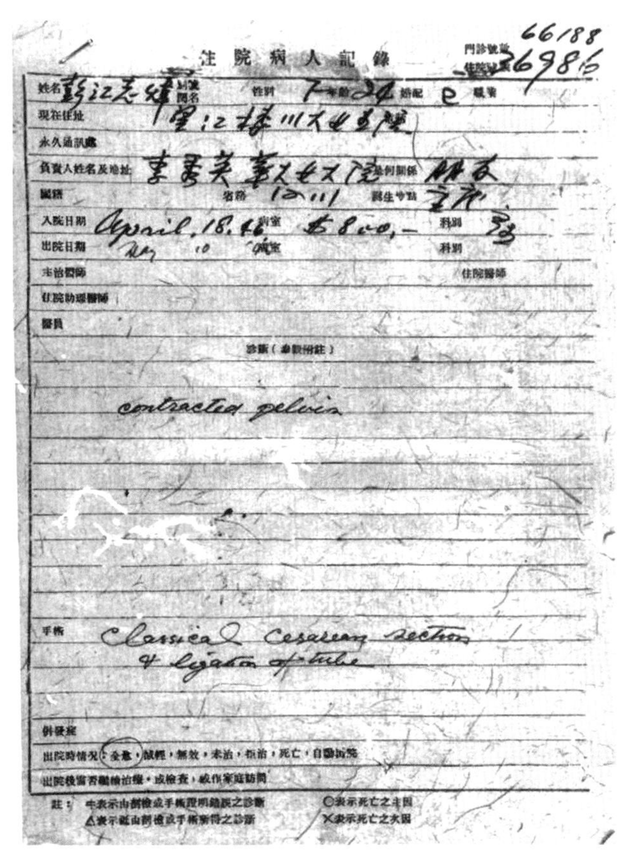

住院病人記錄

門診號數 66188
住院號數 269816

姓名　性別 F　年齡 24　婚配　職業

現在住址

永久通訊處

負責人姓名及地址　與病人關係

籍貫　省籍　出生地點

入院日期 April. 18. 46　病室 $800.–　科別

出院日期 May 10　病室　科別

主治醫師　住院醫師

住院助理醫師

醫員

診斷（參閱附註）

contracted pelvis

手術 Classical Cesarean section & ligation of tube

併發症

出院時情況：全愈，減輕，無效，未治，拒治，死亡，自動出院

出院後當否繼續治療，或檢查，或作家庭訪問

註：表示由剖檢或手術證明錯誤之診斷　○表示死亡之主因

△表示祇由剖檢或手術所得之診斷　✕表示死亡之次因

江竹筠住院生产及绝育手术记录

当时医生听了她的这个想法，大吃一惊，她们还没有碰到过刚生了头胎就做绝育手术的，除非是夫妻关系不好。陪护她的同学更是不能理解，当时的社会风气都是多子多福啊，哪有生一个就不想要了的？

江竹筠何尝不想多要孩子，享受儿女绕膝的天伦之乐。可是如今斗争越来越残酷，前方的道路更加艰辛，为了今后工作的方便，只能忍痛割爱。

为了不让这种影响工作的情况再发生，在她再三坚持下，好友黄芬签了字，医生才给她做了绝育手术。这就是江竹筠革命意志的一种决绝，这就是她为了革命敢于献出一切的做法。

半个月后，彭咏梧才闻讯匆匆赶来。得知江竹筠做了绝育手术，彭咏梧虽然很难过，但对江竹筠的行为表示了理解和称赞。当时孩子还未取名，彭咏梧看了看一旁的董绛云，说："孩子是云阳人，又出生在这风云变幻的年代，又是在董绛云她们的帮助下生的，就叫彭云吧!"彭咏梧不能久留，很快回了重庆。江竹筠出院后，继续住在文庙街。婴儿用品很简单，婴儿的衣裳是用旧的改制，盖的垫的也是由一床小棉絮一剖为二而成。彭云有丁同学的婆婆带着，江竹筠很放心，但还是叮嘱带婴儿的婆婆不要娇惯了孩子，不要听见孩子啼哭就抱着走动或喂糖水，她认为娇惯会养成婴儿不良习惯，既增加大人的麻烦，又无益于婴儿的健康。

生下彭云四十天后，江竹筠就回校上课了。学校的课程落下了很多，她抓紧时间赶着课程，让黄芬和董绛云帮她补习。

在四川大学读书期间，江竹筠以饱满的热情投入到学运中，她甚至还抱着小云儿去参加了一次"文笔会"的活动。卢光特曾回忆她在四川大学期间开展的学运状况：她在四川大学的两年，正是抗战胜利前后的民主高潮时期。她投身到波澜壮阔的学生运动中，精神特别振奋。但她不能随心所欲地安排自己，川东地下党组织决定她不转组织关系，不发展党员，以普通学生身份，做好群众工作，主动配合当地党组织壮大革命力量。按这个要求，她置身于进步同学和中间同学之间，更多地接近中间同学。仅作为一般成员参加了"女声社"和"文学笔会"两个进步团体。她参加"民协"（川西党的外围组织"中国青年民主救亡协会"），但没有担任"民协"的领导职务。她避免在学生运动中占据显眼地位，实际上密切注视着运动的整个进程，发现问题就与进步同学互相商量，提出自己的见解。

例如，她发现有些进步同学的政治活动过多，经常缺课，因而脱离了班上的群众，就向“民协”的一位骨干摆谈化学系一位同学因为功课很好，在中间同学中威信高，中间同学很听他的话，参加民盟后，能带动很多中间同学共同进步。她的意见引起“民协”组织的重视。

在进步团体吸收新成员时，考虑全局不够，她提醒“文笔”负责人，注意帮助其他进步团体的发展，加强各团体之间的团结，关心整个进步阵营的壮大，以便孤立敌人。①

当时，江竹筠听说学校正在举行第三届学生自治会选举，那时，她还在月子期间。她想，如果能够让进步同学担任学生会理事长，这将是学运的一个多大的成果！

江竹筠和学运骨干考虑到，为了更好地领导全校同学开展民主运动，必须尽力把学生自治会的领导权争过来。关键是团结更多的中间同学和物色、培养理事长候选人。

“民协”发现女同学陈光明思想进步，在政治上又不太红，办事能干，在中间同学中很有吸引力。江竹筠主动协助“民协”加强对陈的培养。②

她顾不得坐月子期间不能下床的忌讳，赶到城里找到同学黄芬，希望她们动员相好同学支持进步学生陈光明当选。卢光特描述当时的情形：“一九四五年同学们准备选陈当女生院伙食团的年度经理，主持推动全年的伙食管理工作。陈怕耽误时间太多，不愿意干。竹筠给她做了思想工作，她终于乐意接受了这个任务，在竹筠等人的帮助下，她把伙食团工作管理得很好。因此，陈光明在同学中声望更高。”③经过积极运作，一九四六年春，陈光明在普选中一举当选为理

① 江竹筠档案，A23。

② 江竹筠档案，A23。

③ 江竹筠档案，A23。

事长，进步学生第一次争得了合法的领导权，从而促进了学运的开展。[①]

陈光明后来回忆这段往事，很感慨地说："我们在当年学生运动中，能出头露面做点事情，是依靠进步同学，特别是'民协'组织的支持，也与江姐对我的精心扶持分不开。她差不多在每一个关键问题上都给我出主意，态度谦和诚挚，在无形中给人以感染。她是那么平易，当时，我甚至未察觉到她的特殊作用。她不过是一位普通的支持者，在游行中也只是一个最不显眼的参加者。她的思想水平和文学修养比我们高，但她宁愿去做抄写壁报等费力的工作，不计较自己的地位和名义。"[②]

1946 年 3 月，在国民党六届二中全会上，蒋介石、国民党撕毁政协会议关于和平民主建国的五项决议。1946 年 6 月，全面内战爆发。此时彭咏梧既要按照省委"大胆、放手"的方针，组织和推动国统区反内战、反独裁学运工作，同时还要分管川东部分地区清理和恢复各地党的地下组织。工作压力巨大且相当繁忙。江竹筠毅然放弃在大学读书，立即返回重庆执行党组织交给的任务。回到重庆的江竹筠在亲戚的帮助下，在兼善中学任兼职会计作为掩护。她具体负责协助搞宣传和学运工作。

1946 年底，彭咏梧和江竹筠与刘国鋕、罗永晔等同志，按照省委"大胆、放手"的方针，放手发动群众，使各校的运动迅猛开展起来，后来在省委领导下组织了全市学生抗暴联合会，举行声势浩大的抗议美军暴行[③]的示威游行，并组织小分队在街头、郊区开展反对美军暴行、反对内战的宣传活动。对蒋介石集团的卖国、独裁、内战政策是

---

① 江竹筠档案，A23。

② 卢光特、谭正威执笔：《江竹筠传》，重庆出版社 1982 年版，第 44—45 页。

③ 1946 年底美军在北平强奸女大学生沈崇，引起全国抗议游行活动。

一次广泛的揭露和沉重的打击。[1]

1947年，四川省委、中共代表团被国民党强迫撤回延安，在国统区公开发行的共产党机关报《新华日报》被查封。为冲破国民党"黑云压城"的雾霾，根据组织决定，江竹筠继续在市委机关与老彭在一起工作，她具体负责协助搞宣传和学运工作。卢光特、谭正威《江竹筠传》中写到江竹筠的主要工作[2]如下：

> 江竹筠负责联系重庆育才学校、国立女子师范学院、西南学院。她按具体情况，分别采取不同的领导方式。
>
> 育才学校党的力量强，师生政治觉悟高，有一批经过锻炼的骨干。支部书记廖意林（人称意姐）是老党员，能独立作战。竹筠找到意姐后，关系密切，互相信赖。竹筠只与意姐保持单线联系，传达上级指示，让该校党支部和广大师生发扬革命的主动性和创造性，做了多方面的工作，育才党组织在教育界、文艺界和青少年中影响较大。"六一"事件后，还输送了一批干部到农村。
>
> 国立女子师范学院，在南方局青委领导下，通过赖松等骨干学生的积极活动，掌握了学生自治会的领导权，在抗暴运动中走在前列，被誉为"火车头"，涌现了大批积极分子。但党的组织薄弱。江竹筠与赖松接头后，不久就吸收她入党，接着又发展了新党员，建立了支部。公开的学生自治会和秘密的党支部紧密结合，有力地领导了"反饥饿、反内战"运动。"六一"大逮捕后还发展了党的外围组织"六一社"。
>
> 西南学院是民主人士办的私立院校，进步力量占优势。

① 江竹筠档案，A23。

② 江竹筠档案，A23。

抗暴运动前，竹筠已与该校学生党员罗永晔直接联系，一九四七年春又吸收了几个新党员，依靠他们去团结进步学生开展学生运动，并进行校际间的联络活动。“六一”事件以后也组织了一些同志支援农村武装斗争。

竹筠在领导学运期间，经手发展了十多个党员，四五十个六一社员。这些同志后来都为党的事业作出了贡献。

后来，江竹筠又协助彭咏梧搞《挺进报》的收发工作。这一年，江竹筠 27 岁。

为《挺进报》奔波

《挺进报》是怎么回事呢？

1945年10月10日，国共双方正式签署了《政府与中共代表会谈纪要》，即“双十协定”。

1945年12月，蒋介石同意按照“双十协定”的规定，在重庆召开政治协商会议。

1946年1月10日，中国共产党同国民党正式达成停战协议。同日，政治协商会议召开，会议通过了和平建国纲领、关于军事问题、关于宪法草案问题、关于政府组织问题、关于国民大会问题等五项决议。

1946年3月1日至17日，国民党在重庆召开的六届二中全会通过了“对于政协会议报告之决议案”，从根本上推翻了政协决议。

1946年6月26日，国民党反动派悍然撕毁停战协议和政协决议，大举围攻中原解放区，发动了全面的内战。

1947年2月，国民党下令封闭中共驻上海、南京、重庆办事机构，并且还查封了中国共产党在国民党统治区公开发行的《新华日报》。第二次国共合作彻底破裂。

为了使国统区的群众了解共产党的政策，在中粮公司重庆南岸野猫溪修理加工厂工作的陈然和《彷徨》杂志的蒋一苇[①]、刘熔铸等同志，利用香港地下党寄到彷徨杂志社的《新华社电讯稿》的消息，用复写纸复写成若干份在他身边的工人中秘密传看。

陈然是怎样的一个人？

早在抗战期间，陈然就在湖北参加了著名的抗战孩子剧团，16 岁就加入了中国共产党。

1942 年，领导孩子剧团的地下党组织遭到破坏，陈然接到通知前往延安，却因为交通问题而改道重庆，组织关系也随之转到红岩村。

在这期间，由于出现叛徒，党组织立即安排他到江津暂时隐蔽。

因为生病，陈然又回到重庆治疗。当他再度返回江津时，党组织已经转移，陈然就这样和组织失去了联系。

陈然只好只身再来重庆，直接到红岩村八路军办事处要求接上关系，却没有得到同意。当时出于抗日民族统一战线大局的考虑，南方局实行“隐蔽精干、积蓄力量、长期埋伏、以待时机”的十六字方针，陈然在当时属于“暂时停止组织关系、自谋职业”的一般党员，何况，按照地下党组织的纪律规定，上线不找，下线是不能够乱动的。1943 年，为了维持生活，陈然经人介绍在中粮公司修配车间找到一份工作。

难能可贵的是，失去了组织关系的陈然，仍然按照一名党员的标准要求自己。他用读书会方式组织公司的青年朋友阅读《新华日报》，向他们讲解时事政治，帮助失业青年找出路谋职业，组织他们参加一些进步团体的活动。

抗战胜利后，国民党不可能把这个工厂设备人员全部迁回到南

---

① 蒋一苇，青年时期曾投入到抗日救亡运动、中共南方局领导的民主青年活动中，从 20 世纪 50 年代起就从事企业管理的研究和教育工作，为中国经济改革理论和实践作出了重大贡献，是中国著名的经济学家。

挺進報

《挺进报》(1)

京。国民政府当时要求所有不可能迁走的工厂企业单位人员，一律自收自支，然后任命陈然为这个机修车间的经理。

由陈然、蒋一苇、刘熔铸等人制作的这份“无名小报”发送了几期后，立即引起地下党重庆市委的重视，地下党员刘国鋕经与吴子见接触了解情况后，地下党组织立即派市委委员彭咏梧与陈然等同志联系。组织经过研究决定将这份小报办成市委的机关报，并命名为《挺进报》，主要在党内同志间进行内部学习。同时，市委决定建立“挺进报特支”和“电台特支”（提供稿件广播稿来源）两个支部，并且由彭咏梧具体负责《挺进报》工作。彭咏梧的战友吴子见[1]回忆：

> 为了办好《挺进报》，彭咏梧做了一系列安排。第一是报纸的内容。彭咏梧明确指出，主要是传播我军胜利的捷报，宣传党的政策……。第二是报纸的组织……为了地下工作需要，《挺进报》仍旧采取单线联系的方式。他的指示、意图都是通过我传达的……。第三是报纸的发行。彭咏梧多次指示，为了安全，直接从事报纸工作的同志，不要再搞发行，发行由组织上去办。每次报纸印出后，都由我交给老彭，后来则交给江竹筠同志，由他们去分发……[2]

《挺进报》，一张用毛边纸油印的地下党机关报，用极为简单的钢版、蜡纸刻写，用油墨、油印机来制作，通过邮局和地下秘密交通来发行；它的内容含量之大，宣传战斗力之强，影响覆盖面之广，是地下党坚持斗争、敢于斗争的伟大创造！因此，《挺进报》在解放战争时期被称为“小《新华日报》”。它登载的每一条捷报，都给读者精神上带来无限的安慰和巨大的鼓舞，坚定了他们的信心，增强了他们和反动派斗争的勇气。报纸不但发到城市的各个领域，还邮寄到了部分农村地区，所以影响是相当广泛的。

1947 年，《挺进报》的发行对象主要是川东地下党领导和管辖的地下党组织及进步团体，并通过地下交通秘密传递，已经形成了一个严密庞大的发行网络。

---

① 吴子见由彭咏梧、江竹筠介绍加入中国共产党，并为党的机关报《挺进报》作编辑。全国解放后，吴子见被留在广州南方日报社工作，经数年申请，才调回四川，被西南局安排在四川省德阳市 9 号信箱（国防厂）工作，60 年代末调北京国防科研单位工作。

② 史红军：《巴山英魂——彭咏梧传》，解放军出版社 1987 年版，第 6 页。

《挺进报》(2)

当年参加《挺进报》工作的吴子见回忆[①]：

……这个报纸的主要任务是向广大党员和进步群众宣传党的政策和主张，报道解放军的战绩和解放区的消息，同时也反映一些蒋管区革命斗争的情况。《挺进报》是由江姐的爱人彭咏梧同志领导的，陈然和我等几位同志都参加了报纸的编辑出版工作。我们虽然组成了一个特别支部，但是严酷斗争环境，不容许老彭和报纸的所有成员见面，因而老彭仅通过我来进行领导，报纸不断地出下去，老彭的工作也越来越繁重，于是组织上又指派了江姐作他的助手。

一个初秋的下午，在重庆小什字一幢大楼的三楼上，我

① 江竹筠档案，A23。

第一次见到了江姐……（她）穿的是毛蓝布旗袍，外面罩一件红色的薄呢短大衣，虽然是一个城市普通妇女的打扮，可是她安详、沉静的仪表，她眼神里流露着的坚定而充满自信的光辉，都说明了她有一颗坚强战斗的心。沉默了一会儿，江姐用非常朴实的口气对我说："报纸工作会有不少困难，这困难是大家的，你碰到了尽管提出来，我们共同来承担。"她接着说："以后你们不要再收听广播了，全部记录稿由我提供给你们。"老彭又嘱咐道："特务早已注意这个报纸了，为了安全，你们只管编辑和出版，不要再搞发行工作了。"报纸除了交给刘国鋕同志（他也是后来被捕、牺牲的一个烈士）一部分外，其余全部交给江竹筠同志去分发，这样一来，《挺进报》的组织工作就更加严密了。

到1947年冬季每期出到2400～2500份，其中，经过江姐分发出去的大约有1600～1700份，她用不同的方式，通过不同的途径按约定时间把报纸准确地送到有关同志的手中，在严酷的白色恐怖下，单是这一项工作，已经是非常繁重的了。可是江姐操心的还不止这一些。组织收听新华广播电台的广播，也要她付出很多心血，她要精心地选择收听的人和收听的地点，而且，反动派的电波干扰很厉害，很不容易听清楚。这就需要几个地方同时收听。送给我们的记录稿，她要求是完整无缺的……

我屋角放着一只衣箱，便是我存放稿件资料的地方，江姐对这一只衣箱很不放心。她经常帮我清理，要我烧毁一些不是很必要的东西，必要的东西也要我迅速处理。"要时刻警惕着！"她提醒我要准备应付特务的突然袭击。

地下工作有这样一条纪律，只有工作关系，没有社会关系，除了拟定的时间和地点外，不能随便公开来往。有一

江竹筠使用的皮箱

天，我偶然在街上碰见她，正好有事要同她商量，便满心高兴地和她打招呼，可是她像不认识我似的立即将脸转开，避免同我打照面，于是，我马上意识到自己做错了。

《挺进报》发行了两三期，特务机关就发现了，曾经数度限期破获，可是到 1947 年冬天，敌人还是找不着它的踪影，报纸能够安全地继续出版下去是和江姐在工作中坚持革命的原则性，以及细心、机警、灵活的作风分不开的。

江竹筠在负责联络《挺进报》时，要求：稿源和油印工具耗材由她提供尽量减少中间环节。她对陈然、蒋一苇十分关心。江竹筠非常清楚他俩为《挺进报》殚精竭虑所受的艰苦，每出版一期，都要苦战几个通宵，为此，她常常关心他们的健康，三番两次托同志转达她的慰问，并希望刘镕铸能设法减轻陈然的负担。其实江竹筠的辛苦不亚于陈然，她常常要通宵达旦地分装转发的报纸。然后亲自向市中区一些邮局信箱、邮筒变换着地方投寄。除了邮寄，她还布置了一些转发站，专门发送《挺进报》。

《挺进报》创刊和斗争的历史，是重庆地方党史上的重要篇章，其具有深刻的历史意义和重要的经验教训。在江竹筠负责联络《挺进报》期间，严格执行发行的原则：寄发不能够在一个邮筒；传看必须保密；严格控制传看范围。但是，13 期后的扩大发行，甚至利用《挺进报》开展对敌攻心，把《挺进报》寄给国民党的党政要员违背了秘密工作的原则，引起了国民党高层的监视。有一次，陈然居然弄来了几个美国新闻处的信封，装进了《挺进报》，这期报纸竟然通行无阻，其中一份直接到达了重庆市市长杨森的办公桌上。杨森气得暴跳如雷，大骂特务们是“饭桶”。真正让特务们暴跳如雷并下大决心采取行动的，是《挺进报》另一次更大胆的发行。国民党军事委员会副参谋总长，当时的国民党重庆行辕主任，朱绍良，在办公室竟然也收到了一份《挺进报》。他大发雷霆，立即召开党、政、军、警、宪、特首脑会议。在会上，他劈头盖脸对徐远举一顿训斥。

国民党重庆行辕主任朱绍良要求徐远举限期破案。徐远举是国民党军统中的得力干将，在重庆屡次破坏地下党组织，由上校提拔为少将。徐远举在狱中所写的《血手染红岩》材料中交代：“限期破案对我来说是一个沉重的压力，顶头上司的震怒、南京方面的责难，使我感觉到有些恐慌，也有些焦躁不安。当时特务机关的情报虽多如牛毛，但并无切实可靠的资料，乱抓一些人解决不了问题，栽赃陷害又怕暴露出来更麻烦。我对限期破案不知从何下手，既感到愤恨恼怒，又感到束手无策，但在无形战线上就此败下阵来，又不甘心。”①

在“限期破案”的压力下，他苦思冥想，认为采取守点跟踪、突击检查完全是大海捞针、无的放矢，要破坏共产党组织，只有从内部打开缺口，堡垒最容易从内部攻破。

于是，徐远举制定了一个“红旗特务”计划，使《挺进报》案件被彻底破获。他让一些曾在日本、德国留过学或在美国参加过培训的特务伪装成进步人士，在书店、学校、公共场所说一些进步的话，做

① 公安部档案馆编注：《血手染红岩——徐远举罪行实录》，群众出版社 1991 年版，第 7 页。

一些进步的事儿，然后搜集蛛丝马迹，给予汇总分析，然后有目标地进行侦破。徐远举交代：

> 破坏《挺进报》，最初的线索是渝站渝组长李克昌在文成书店的一个内线提供的。李克昌是渝站的一个“红旗特务”……混入工农群众中，迷惑工人，发展军统特务……[①]

特务李克昌掌握的内线姚仿恒当时在民盟的一个书店卧底，而民盟书店的店员陈柏林是中共地下党员，姚仿恒就介绍了一个失业青年曾纪刚伪装成重庆大学被开除的一名学生，为了完成学业到书店里来读书，书店一开门就拿书本看，看到中午，吃块馒头继续看，到晚上书店关门仍然不愿意走。一天、两天、三天……陈柏林觉得，这是多好的同志、多好的青年啊，如果把他吸收为外围成员，协助我工作，一定是得力助手。所以，曾纪刚的种种假象使陈柏林受骗上当，最后陈柏林竟然要求自己的上级任达哉（地下市委交通联络员）对曾纪刚进行当面考察。任达哉严重违反党的组织纪律，擅自作出决定对曾纪刚进行考察，结果一去即被国民党逮捕。后来任达哉叛变，暴露出市委机关，整个地下市委被破坏。

国民党特务徐远举的交代：“中共地下党组织之所以遭到破坏，主要是叛徒经不起考验，在临危时丧失了革命的意志。否则特务们将一筹莫展，瞎碰一气。由于许建业的志成公司被发现，重庆市委副书记刘国定的叛变，《挺进报》的盖子才揭开了。”[②]

由于任达哉的被捕，地下党就此被打开缺口，而叛徒的出卖，使

---

① 公安部档案馆编注：《血手染红岩——徐远举罪行实录》，群众出版社 1991 年版，第 20 页。

② 公安部档案馆编注：《血手染红岩——徐远举罪行实录》，群众出版社 1991 年版，第 25 页。

这个缺口越撕越大，徐远举在重庆全城开始了对地下党组织的大破坏、大逮捕，危及整个川东地下党的《挺进报》事件发生了，重庆地下党遭受了严重的损失！

临别托孤　姐妹情深

1947年10月，根据上级的决定，成立川东临时工作委员会，以更好地执行中共中央上海局“发动游击骚扰，牵制国民党兵力出川”的具体要求。彭咏梧任临委委员兼下川东地工委副书记。按照党组织把工作重点转向农村武装斗争，建立游击队和根据地，破坏敌人的兵源和粮源，牵制敌军，配合解放军作战的指示，党组织决定彭咏梧立即去万县地区开展农村武装斗争，发动武装起义。江竹筠作为重庆和下川东的交通联络员。许多地下党的重要文件、药品、器材都是她冒着生命危险秘密地通过敌人的严格检查而送到乡下的。夫妇俩愉快地接受了这一艰巨的任务，但是，一道难题摆在了他们面前。

要去乡下搞武装起义的活动，孩子怎么办？孩子是不能够带到乡下去的。他们四处托人带孩子，一天、两天可以，时间长了，任何朋友都感到勉为其难。就在他们托人照顾孩子没有结果的时候，一个突如其来的情况出现了！

远在农村的彭咏梧前妻、幺姐谭正伦却是在苦苦地等待自己在重庆工作的弟弟谭竹安，希望他能够带给她有关自己丈夫的消息。弟弟谭竹安在重庆大公报社资料室工作，并且参加了党的外围组织“中国职业青年社”，而且有幸结识了中共中央南方局经济组织负责人许涤新的夫人、地下党员方卓芬。只要有空，谭竹安就不断地四处打听姐夫的消息，但原来的彭庆邦已改名彭咏梧，所以一直是找不到的。

1946 年 11 月 7 日晚上，彭咏梧去参加国泰影院苏联电影会，突然遇见了谭竹安。谭竹安非常惊奇地遇见了姐夫！因为姐姐谭正伦带着孩子到重庆找他，最后在《大公报》登“寻人启事”都没有结果，突然在这里相遇，谭竹安既惊奇又兴奋！但是，出于地下工作的纪律的要求彭咏梧没有多与谭竹安交谈，只告诉了他地址，再约时间见面。

与谭竹安有联系的地下党员方卓芬，鉴于谭竹安已经参加了党的进步外围组织，同时和彭咏梧的特殊关系，和组织上经过慎重考虑，同意有保留地告诉他一些情况。党组织甚至还安排谭竹安向江竹筠去汇报工作。

江竹筠接到谭竹安要向自己汇报工作的消息时，她感到意外！她与谭竹安之间既没有平行的组织关系，也没有上下级的组织关系，他为什么来跟我汇报工作？后来江竹筠想来想去，觉得既然是组织上这么决定的，那一定有组织的安排意图。

江竹筠在与谭竹安的交谈中，当得知这青年就是谭竹安时，她立刻明白组织暗中安排的意图，她更明白这对自己也是一种考验。谈完工作拉起家常时，江竹筠坦然地向谭竹安讲述起自己和彭咏梧从“假扮夫妻”到“真夫妻”以及有了孩子的一切过程……谭竹安不敢相信自己的耳朵，不敢相信眼前这个女人所说的一切。最后江竹筠坦诚地对他说：“地下工作的特殊性太复杂，不是一两句话就可以说明白的。但是，我可以明确地告诉你，这次任务完成后，我一定清理自己的感情，让老彭回到你姐姐身边。但是，希望你能够帮一个忙，孩子彭云也是彭家之骨肉，我想请你姐姐来重庆帮我照看一段时间，等我完成任务后就把孩子接走，你们一家人团聚……”

谭竹安完全没有想到竟然是这样一个情况：寻找的姐夫就这样找

谭正伦

到了！但令他十分惊愕的是姐夫又结了婚，还有了孩子！面对江竹筠的坦白真实，他几乎是无话可说，他只是表示：一定劝说姐姐来帮助江竹筠带孩子。

后来，谭正伦带着自己的孩子彭炳忠来到重庆，看着自己丈夫与江竹筠的孩子彭云，她怒火三千丈！她等，她要等待着彭咏梧、江竹筠来面对自己，她要三人面对面把事情讲清楚！

江竹筠随丈夫老彭去了下川东组织武装起义，她在期盼完成任务后去面对老彭的前妻，妥善地处理老彭的事情。

谭正伦在重庆帮助江竹筠带孩子。可是，在重庆等待的谭正伦等来的却是一个噩耗：自己的丈夫彭咏梧在武装起义中不幸被国民党打死，并且头颅被砍下挂在竹园坪城楼上示众！谭正伦悲痛欲绝。她从地下党同志那里又得到一个消息：党组织要调江竹筠回重庆工作，以便照顾自己的孩子。但是，江竹筠却向组织表示：老彭在什么地方倒

谭正伦和彭云及彭炳忠

下，我就在什么地方坚守岗位，没有人比我了解这里的情况。

谭正伦知道情况后百思不得其解，这是什么女人啊，怎么连自己的亲生儿子都可以不顾？要去革命，这革命含义究竟是什么？……

她对江竹筠开始慢慢地解读……

江竹筠之所以要坚持在下川东万县坚守，一则她要负责组织联络各游击队以及失散的战友，二则是她希望自己能够为丈夫报仇。后来，党组织同意把江竹筠的关系转到万县，地下党的负责人雷震给她在万县地区法院谋了书记员的职业。

又过了一段时间，由万县传来消息，江竹筠在万县不幸地被川东临委副书记兼下川东地工委书记涂孝文出卖，被捕入狱，关进了重庆渣滓洞监狱，备受酷刑摧残，而她坚不吐实……谭正伦在狱外得到地下党组织传来的一个又一个消息，她对江竹筠的那种恨开始慢慢消解。

谭正伦和彭云

出于一个母亲对另一个母亲的同情和心心相印，谭正伦把江竹筠的孩子彭云带到照相馆照了一张相片，托地下党组织把照片带到监狱中，这成为江竹筠在狱中战胜刑法的一个精神支柱。

江竹筠烈士敢于担当，严格执行纪律，放弃个人名节，掩护市委机关和领导，这是她的坚定信仰、这是她的忠诚。她襟怀坦白面对事实，正确处理情与爱的关系，以坦诚得到对方的理解和释怀，为我们塑造了一个光辉的楷模形象。

解放后，谭正伦带着自己的儿子彭炳忠和江竹筠托付的彭云急赴歌乐山，生不见人死要见尸。江竹筠是 1949 年 11 月 14 号被杀害的，根据特务的交代，在电台岚垭发掘被害的江竹筠等 32 名殉难者的遗骸的时候，谭正伦极度震惊！那身材如此矮小，却有如此钢铁般的意志。面对遗体，她说了一句话：我一定把你的儿子抚养成人。

新中国成立后，重庆百废待兴，生活极度困难，谁也没有想到，

彭咏梧殉难处

谭正伦被分配在市委办公厅机关工作，而她给组织写了份请调她到托儿所工作的报告。1952 年秋，谭正伦加入中国共产党，实现了她多年的愿望。按照优抚政策，彭炳忠和彭云两个烈士子女，都应享受国家优抚。谭正伦考虑到当时国家的困难，虽然自己的工资才 30 多元，但她做了一件谁也没有料到的事情：把自己的亲生儿子彭炳忠送进了孤儿院寄养，而专心抚养江竹筠的遗孤彭云。为把彭云、彭炳忠培养成人，她写下 700 余字的“教子篇”。

教子篇

谭正伦

咏梧生在旧社会，一无势力二无依，父亲教书维家计，一家四口度日期。父死咏梧刚五岁，祖母年迈七十虚，从此生计无依靠，孤苦伶仃够惨凄。母亲万般无可奈，独挑双肩

1948年江姐在万县住地(原万县地方法院)

过日光，眼看孤儿年已长，设法让他上学堂。朝暮读书勤苦练，母亲辛苦乐心间，可恨老天不长眼，十四未满母长眠。咏梧接过重担挑，艰难困苦一人承。三餐茶饭自己办，衣服破了动手缝，祖母晚年多疾病，朝夕侍奉在眼前，要想读书难如愿，忧愁愤怒藏心间。婚后想把学校进，学费叫人胆颤惊，东拉西扯凑足款，身负重债进校门。缴进白洋多费劲，吃的盐水老菜根，沙子霉米煮成饭，这些享受归学生。为了求学不计论，忍气吞声求学问，立志求得高知识，扫尽乌云见光明。想开夜车办不到，来到时间早关灯，等到人们齐睡尽，披起衣衫往外行。站在一根电杆下，路灯下面将课温，寒风刺骨浑身冷，冻疮腐烂痛在心。日以继夜勤发奋，期末总在前三名。旧社会苦述不尽，乌云遮日不见天。忽然一声春雷响，革命种子撒四方，学校园地齐种下，不到一年遍开花。革命担子肩上放，从此更加日夜忙，不料校方觉察到，说他弄事乱学堂。三言两语不对劲，开除学籍又返乡，这时咏梧十八岁，人小志大人人夸。反动统治如山压，想就职业海捞沙，生活艰苦他不怕，开展活动无钱花。组织群众干劲大，三伏太阳不怕它，为了人民得解放，忍饥挨饿走天涯。不怕风吹和雨打，不惧枪弹钢刀杀，虽然牺牲屠刀下，终于推翻蒋王八。万年铁树开了花，千年苦根连根拔，三座大山齐搬走，劳动人民当了家。要知幸福哪里来，千万烈士躺地下。亲爱孩子记心上，社会主义要栋梁，风里雨里去磨炼，一代更比一代强。劳动锻炼不怕脏，刻苦学习无虚晃。主席著作要常学，艰苦朴素切莫忘，今日吃得苦中苦，将来接班才算强。终生革命不动摇，帝修反坏齐扫光。共产主义早实现，幸福生活赛天堂。

谭正伦说：要用毕生的精力把母爱全部给彭云。彭云后来成为一个计算机领域的专家。他说：“母亲江竹筠在我不到一岁就离开了我，实在是找不到一点感觉和印象。但是养母谭妈妈对我是恩重如山，她不但是一个了不起的女性，更是一个让我终生敬仰的伟大的母亲。”

五　心存敬畏，绝对忠诚

夫妻永诀

1947 年 11 月，彭咏梧接到组织安排，到下川东领导武装起义，江竹筠向组织申请并和丈夫彭咏梧一起下川东。夫妇去下川东前，与儿子彭云在重庆千秋照相馆留下了唯一一张全家福。

地下党为什么要发动武装起义？为什么要选派彭咏梧去组织武装起义并让江竹筠担任重庆和下川东的交通联络员呢？

1947 年 10 月，中央决定建立川东临时工作委员会，由书记王璞，委员刘国定、涂孝文、彭咏梧、肖泽宽等五人组成，形成四川省委撤走后统一的党组织领导。按照上海局党组织把工作重点转向农村武装斗争，建立游击队和根据地，破坏敌人的兵源和粮源，牵制敌军，配合解放军作战的指示决定：彭咏梧以临委委员兼下川东地工委副书记，部署云（阳）奉（节）两巫（巫溪、巫山）的武装斗争，江竹筠作为重庆和下川东的交通联络员；派邓照明[①]为上川东第一工委书记，加强梁（山）、达（县）、大（竹）边区游击根据地的建设；派出一批干部和青年积极分子到华蓥山区，与当地党组织配合，准备武装斗争。同时，通知川东各地党组织积极做好发动武装斗争和支援策应的

① 邓照明，青年时期投身抗日救亡运动，后加入中国共产党，著有《〈巴渝鸿爪〉——川东地下斗争回忆录》一书。

准备。

发生在四川、重庆 1947 年到 1948 年由地下党组织的武装斗争有三次：

第一次是 1947 年秋冬之交，在下川东由彭咏梧指挥，以奉节、巫溪（又叫大宁）、巫山的农民和云安盐厂的盐工为主要力量举行起义。以彭咏梧 1 月殉难告终。

第二次武装起义在梁山、达县、大竹边境的虎城、南岳、大树地区和大竹后山区，以及开县境内，也遭到国民党军队的“围剿”，经过一个多月迂回游击，终因寡不敌众，武装起义也以失败告终。

第三次是在重庆地下党组织机关报《挺进报》遭国民党特务机关破坏情况下举行的。1948 年 7 月至 9 月在华蓥山地区的合川、广安、岳池、武胜、渠县等地举行武装起义。最终以川东临委书记王璞殉难告终。

1947 年 12 月初，江竹筠随老彭到云阳农坝乡炉塘坪召开重要军事会议，决定成立中共川东民主联军（后改为川东游击纵队），由彭咏梧任纵队政委，赵唯任纵队司令，蒋仁风为参谋长。决定起义定于 1948 年 1 月 28 日。

卢光特回忆①：

> 川东临委领导的这次下川东暴动是同年春天开始筹备的。一年来，已形成四个暴动区域，组织了群众，筹集了枪支。老彭大胆地提出了用党的名义迅速发动大规模暴动的方案，首先在云、奉、两巫拉开，其余地区继起响应。这个方案得到临委和地工委的同意和支持，并指定老彭直接指挥，因他是云阳人，人地都熟。

① 江竹筠档案，A23。

彭、江在万县稍事停留，即赴云阳。竹筠担任联络，她沿途细心地设点布线。在轮船上找了个同志协助渝万之间的运输，在万县、云阳、云安镇设了交通站，还为过往的同志在各地选择了些便于掩护的茶馆旅社。

炉塘坪会议后，彭咏梧、江竹筠随即奔赴武装起义的大本营奉节青莲乡，彭咏梧以新聘教师身份住进青莲中学。

吴子见回忆记录：1948 年 1 月，我们到了奉节县属的青莲乡，便在这里举行了武装起义，起义队伍有 120 多人枪，一举攻下了云阳县商业重镇兰溪，缴获到不少枪支弹药，江姐非常高兴，更加积极地在群众中展开宣传组织工作，动员基本农民群众参加和支援起义队伍。

彭咏梧、江竹筠在奉节分别开展统一战线工作，成功地将当地的一些实力人物动员到参加游击武装起义的队伍中。如：“昙花乡的陈太侯是个年轻的袍哥大爷，出身于小地主家庭，失学失业，思想烦恼。有时便干犯禁令，与政府冲突的事，一次因私人气愤，击毙了国民党官员。这条人命逼得他与袍哥绿林中人交往益深，以求自保。因其临危勇敢，待人义气，颇得兄弟伙信赖，逐渐当上舵把子。他只有十来支短枪，但敢作敢为，邻近几乡的豪绅不敢惹他，国民政府既不好软办（他绝不受委做官），又不能硬碰。明知他是个暗中把持乡政权的潜势力，也无可如何。”[①]后来，陈太侯成为奉大巫支队司令员，走上革命的道路。

江竹筠深入农户家中了解情况，与农户拉家常，宣传革命思想，动员大家起来干革命。

1948 年的新年刚过，彭咏梧对江竹筠说：

---

① 《川东地下党斗争》，卢光特“1946—1949 年下川东党的组织与活动”。

你看革命形势发展得比我们估计的要快得多，游击队的旗帜一树，我们就有了人，有了枪。但需要的是政治工作干部。你回重庆向临委汇报一下，要带干部来，还要筹备一些经费，作游击队的给养，还有，……带小云儿的消息来。

你说的事，我去重庆一定尽力办好。这两天一劳累，你又咳血了。我走后，你，要保重自己……[1]

江竹筠多么想在下川东和战友们共同战斗啊！可是新的任务又要她离开此地。[2]

江竹筠携带着几张青莲中学的聘书，扮作学校工作人员，恋恋不舍地离开即将点燃战火的前线，独自回重庆去了。[3]

吴子见回忆江竹筠被派回重庆的情况[4]：

我们面临着许多问题，最突出的是缺乏干部。于是老彭派江姐回重庆去，一方面调几个干部来，同时兼筹一笔经费。老彭要求她在一月之内将干部送到云阳县他的外婆家里，等候山上派人去接。

江竹筠回重庆，她没有立即到朋友王珍如家去看自己的孩子，而是向川东临委去汇报了工作，要求加派人员和保证活动给养。然后，又找到跟社会上层关系好的沙磁区学运特支书记刘国鋕，请他帮助筹措一些给养以及医药品。她找到办《挺进报》的蒋一苇，转达吴子见的问候，告诉了下川东武装斗争的情况和动向，蒋一苇、陈曦夫妇都

① 江竹筠档案，A23。

② 江竹筠档案，A23。

③ 江竹筠档案，A23。

④ 江竹筠档案，A23。

特别高兴。蒋一苇告诉了她云儿的近况：王珍如带着小云很困难，学校怀疑小云是她的私生子，要解聘她；如果没有别的好办法，蒋一苇希望把小云儿放到自己家里带养。

据史料记载，江竹筠那天很晚才去看望自己儿子。朋友王珍如带养云儿，作为一个未婚年轻女性，遭人猜疑，蒙受了不白之冤，她委屈、痛苦过，常常独自以泪洗面，但是她一点都没有后悔，她已经把云儿当作自己的孩子了，情同母子，云儿离不开她，她也离不开云儿。但是，在谭正伦还没有来接管云儿前，江竹筠实在不忍心再让好朋友受到伤害，她说服了王珍如把儿子暂时送到了蒋一苇家中。

1948 年 1 月 18 日，江竹筠带上杨建成、刘本德、罗曙南、周毅四名干部起程返回下川东。23 日，他们一行到达云阳彭咏梧外婆家，按约定在这里等待和接头的人见面，可万万没有想到，等来的却是彭咏梧牺牲的消息。1 月 31 日，卢光特、吴子见带来彭咏梧殉难的消息！吴子见这样记录道："二月下旬，估计江姐已返川东，我便由齐跃山区出发，渡江去龙洞坝。这时江姐带着两个同志，已经到老彭的外婆家好几天了……我虽然尽量隐藏自己的悲痛，可是神情和语气总瞒不过她锐敏的眼睛。她沉静而恳切地说：'老关，相信我，究竟发生了什么事，早点告诉我吧！'我说：'江姐，我是永远信任你的，我知道你是坚强的，应该告诉你……'我沉痛地向她陈述了不幸事件的经过。江姐没有放声痛哭，她极力镇定着自己的情绪，悄悄地用手帕擦去满眶的热泪。她沉默了一会，然后说：'让我一个人呆一会。'"

由于敌人对彭咏梧组织的武装起义准备情况有所察觉，彭咏梧于 1948 年 1 月 8 日提前举行了武装暴动。由于敌我力量悬殊，加之我方的力量准备和暴动时机都不成熟，暴动遭到失败。1 月 16 日，也就是江竹筠他们自重庆起程前 2 天，彭咏梧在突围时阵亡。后来，国民党军队找到彭咏梧的遗体后，将其头颅砍下挂在竹园坪城楼示众。

卢光特曾回忆过当时的战况："竹筠走后，敌我情况发生变化。

暴动计划提前到一九四八年一月八日实行，在云阳巫溪同时发动，两地首战告捷，共产党游击队的旗帜插上了大巴山！两支队伍穿插在云奉巫地区，日夜袭击各乡镇武装。一月十一日会师青莲乡，在蒋仁风等同志指挥下，于铜钱垭击溃奉节一个保安分队，生俘敌队长，敌军震慑。各路进犯军均后退三四十里。游击队集中在老寨子休整了三天。老彭和工委研究了局势，一致认为敌军已布成四面合围态势，兵力大我军十余倍，我们应迅速转移到外线作战。于是我军兵分两路出击。十六日老彭率领的队伍在鞍子山与敌正规军581团发生遭遇战，敌强我弱。突围时，老彭英勇牺牲。队伍大受损伤，由王庸带领余部转移到巫溪潜伏……”①

我采访过当年参加武装斗争起义的人员梅运家，他描述了当年彭咏梧殉难的情况：“我们游击队从巫溪撤到奉节的时候，遭到叶和尚的告密。我们到黑趟沟在山坡的一间房子煮包谷糊糊的时候，听见枪声，彭政委就指挥大家赶紧撤走。他和警卫员冲到坡下后，警卫员腿上遭了一枪，彭政委要背他走，警卫员推他走，结果彭政委也遭打了。彭政委把警卫员背的包包里的一份游击队的名单拿出放到嘴巴里吃了。他们遭机枪打趴了。国民党的兵冲上来，我躲在树林里看到国民党的兵把彭政委翻来翻去，又取下帽子看。最后听到吼声：是游击队的彭咏梧！只见国民党的兵立即就用枪上的刺刀去割脑壳，但是弄不下来……”

当年把彭咏梧的头颅挑到竹园坪镇城楼上示众的挑夫李大云、李大荣向我描述了当年的惨景：“国民党的那个排长要我们找把刀来。我们拖了把轧猪草的大刀。那个排长喊：砍下来，快点！那些兵又砍又用刺刀剁，脑壳遭整了下来。那个排长，喊我们吃了二碗帽盖头（指碗装得满满的），找了根杆杆从山上把脑壳抬到山下的竹园镇门楼

---

① 江竹筠档案，A23。

2012 年厉华采访 87 岁的梅运家

上挂起。路上，嘴巴还在流包谷糊糊，好惨……”

在这惨痛的时刻，江竹筠从各方面的情况分析，目前武装起义难以再展开。她要求暂时停止武装暴动，就地待命，绝不能再做出无畏的牺牲。而且江竹筠明确地向游击队的同志表示：“我是决不离开川东的。”接着，她又严肃地说：“我希望你接受这次教训，首先要扎扎实实地组织群众，打好基础，尽量避免青莲乡那样的损失。”随后，江竹筠立即与卢光特返回重庆向临委报告武装起义失败的情况。

1948 年 2 月 7 日晚，江竹筠和卢光特到了重庆。向川东临委领导汇报了下川东武装暴动失败及彭咏梧牺牲的情况后，江竹筠表示：希望派她继续到下川东去工作。

江竹筠的战友卢光特记载了当时的情况：

2019年春节，采访94岁的梅运家

临委考虑江竹筠不能再去下川东，因为她去很容易暴露，而且孩子太小，需要她照顾。再三要她留重庆工作。好心的朋友也劝她接受组织的安排。她自己也知道此去有危险，可是她坚持要去："这条线的关系只有我熟悉，别人代替有困难。我应该在老彭倒下的地方继续战斗。"[①]临委只好同意她的要求。

竹筠的决心是如此坚定，在重庆只住了十几天就回到万县。并且把返回重庆的后路都自己斩断了：她异乎寻常地把住址暴露给小卢（卢光特），存心不再住下去；将自己的家具什物赠送给别人，甚至结婚时购置的衣柜也送给了办《挺进报》的刘镕铸……真是破釜沉舟啊！少年时曾使她铭心动容的诗句——"风萧萧兮易水寒，壮士一去兮不复还"，不

① 江竹筠档案，A23，第65页。

正是她此时的胸怀么？[①]

江竹筠离开重庆前，她到蒋一苇、陈曦夫妇家看望自己的孩子时触动了她对丈夫牺牲的哀伤，抱着云儿痛哭了很久。当时蒋一苇、陈曦到亲戚家做客，回来后，陈的母亲说："江竹筠才怪呢，老大初一见了小云就哭，又不说什么。"陈曦去对何理立说了上述情况。晚上，江竹筠到何理立家住宿，何问她："今天大年初一你到人家那儿哭哭啼啼干什么?"何很生气，不理她。过了一阵，江竹筠拍着何的肩说："理立呀！两岁的小孩能记得父母吗?"何不懂她的意思。她才说："你的爱人还关着，负担已很重了。所以我没有告诉你……"她才说出老彭已牺牲了，两人抱头痛哭起来。[②]

1948 年 2 月中旬，春节还没过完，江竹筠就轻装上阵，连被子行李都没带，只怀揣着从竹安弟那儿拿的那本《联共（布）党史简明教程》，离开重庆，乘船去了万县，表现出一个革命者的义无反顾的决绝。4 月下旬，临委和下川东地工委决定：留江竹筠在万县，暂时与万县县委书记雷震、副书记李青林等一起工作。后来通过雷震的帮助在万县地区法院谋得书记员的社会职位。

① 江竹筠档案，A23，第 65 页。

② 江竹筠档案，A23，第 65 页。

家书寄情

江竹筠在万县期间，配合万县地下党组织联络失散的游击队员和帮助游击队转移，只要有空，她就不断地写信给彭咏梧前妻谭正伦的弟弟谭竹安，抒发心中对自己战友、丈夫，以及孩子和谭正伦的思念和牵挂。

江竹筠一家三口

江竹筠在万县期间写给谭竹安的信，现在有 7 封被保存。第一封信是在 1948 年 2 月 27 日发出的，信中她告诉谭竹安“我（职）业还未成功，所以住址也没有定，定了以后再告诉你”。

3 月 19 日寄给谭竹安的信中诉说了她的状况，流露出她对战友、良师、爱人彭咏梧的深深怀念：“我下来已经快一月了，职业无着，生活也就不安定。乡下总是闹匪，又不敢去，真闷得难受，何法？由于心情不好，总提不起笔，本来老早就想给你信了。”在这段时间，彭咏梧总是不断在她心中出现，她忘不了他，她在思念的痛苦中不得不面对事实。

> 四哥，对他不能有任何的幻想了，在他身边的人告诉我，他的确已经死了，而且很惨，“他该会活着吧？”这个唯一的希望也给我毁了，还有甚（什）么想的呢？他是完了，“绝望”了。这惨痛的袭击你们是不会领略得到的，家里死过很多人，甚至我亲爱的母亲，可是都没有今天这样叫人窒息得透不过气来。
>
> 可是，竹安弟，你别为我太难过，我知道我该怎么样子的活着，当然人总是人，总不能不为这惨痛的死亡而伤心，我记得不知是谁说过，“活人可以在活人的心里死去，死人可以在活人的心中活着”，你觉得是吗？所以他是活着的，而且永远的在我的心里。

彭咏梧牺牲以后，对他的一切思念江竹筠都寄托在云儿的身上，云儿就成了她心灵的寄托，她怀念老彭，更深爱着年幼的彭云，因此每封信中，她总是不能忘怀对云儿的思念。

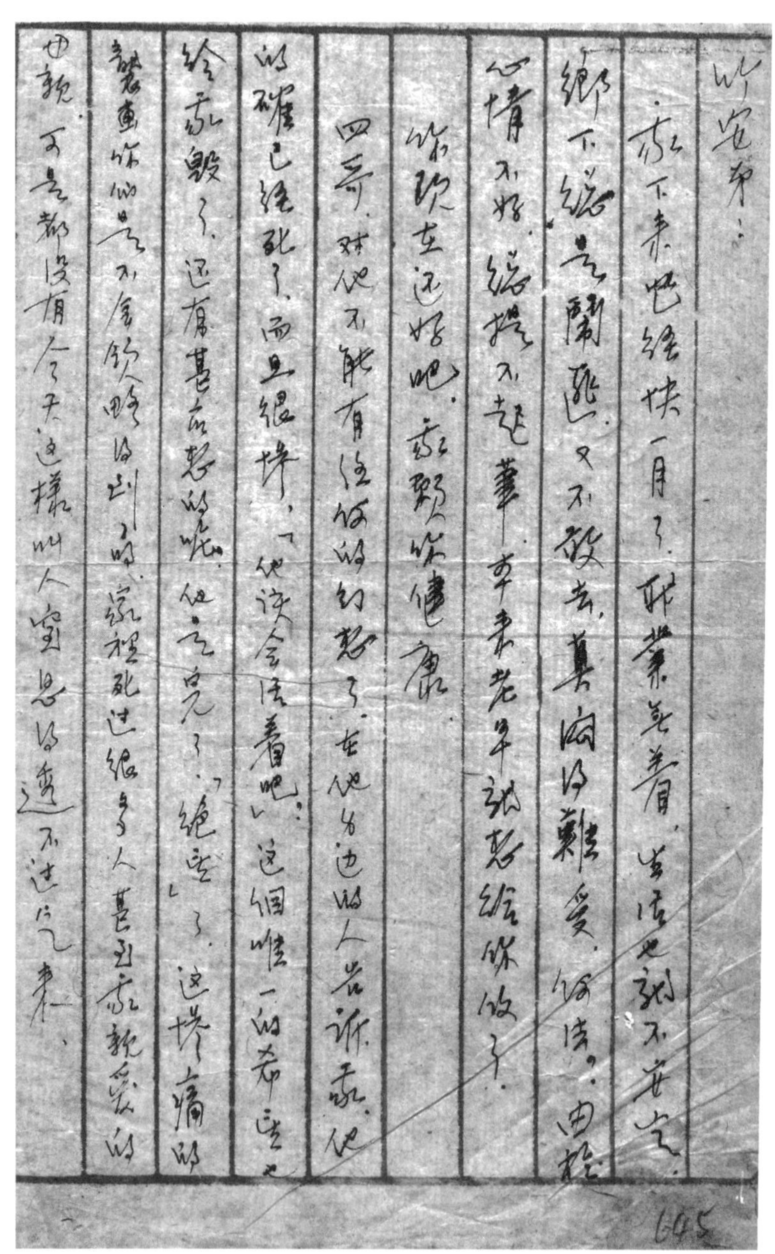

竹安弟：

我不来信很快一月了。职业是有着，生活也就不安定。乡下总是闹匪，又不敢去，真的好难受。你信，由于心情不好，总提不起笔来，早来老早就想给你信了。

你现在还好吧，我默祝你健康。

四哥，对他不能有任何的幻想了，在他身边的人告诉我，他的确已经死了，而且很惨。"他说会活着吧"这个唯一的希望也给我毁了，还有甚么希望的呢。他是完了，"绝望"了，这样惨痛的袭击你们是不会领略到的。我就想起过很多人甚至我亲爱的母亲，不是都没有今天这样叫人窒息得透不过气来、

645

江竹筠3月19日给谭竹安写的信(1)

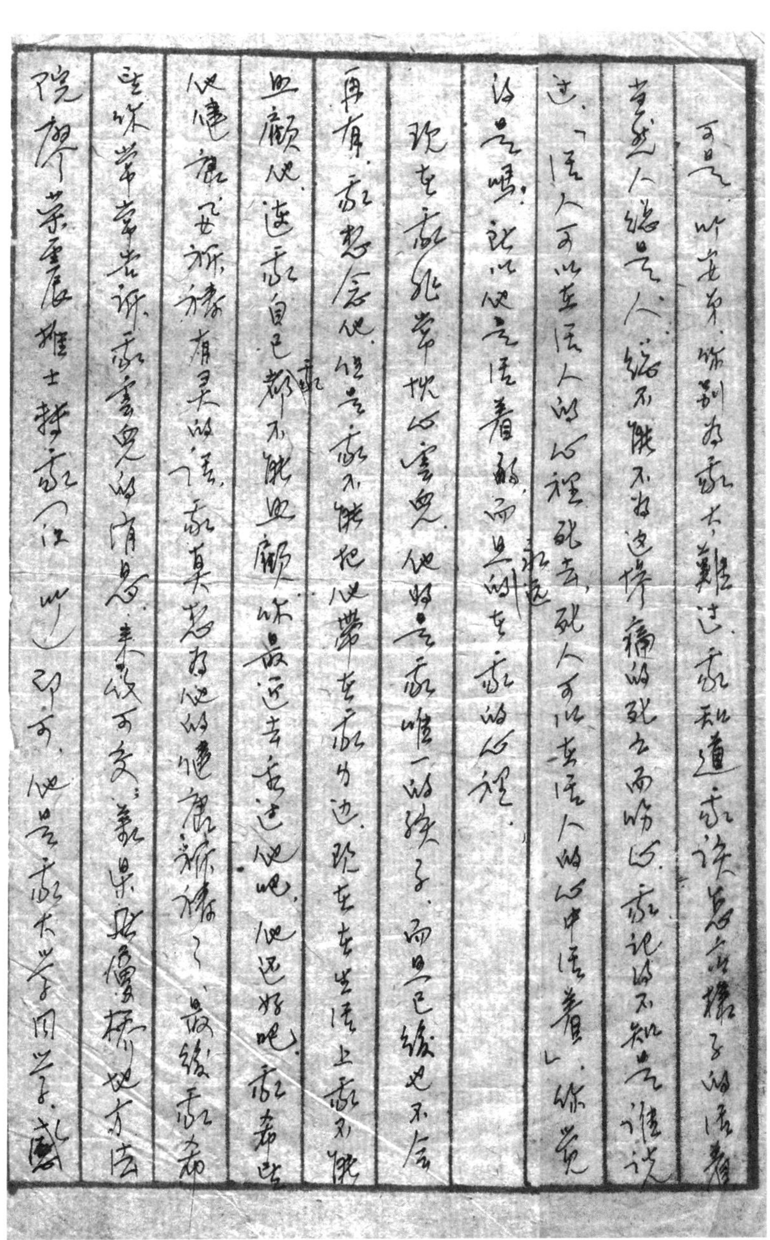

可是，竹安弟，你别为我太难过，我知道我该怎样子的活着。首先人总是人，总不能不为这样痛的死去而痛心，我记得不知是谁说过「活人可以在活人的心里死去，死人可以在活人的心中活着」，你觉得是吗，就让他这样活着，而且永远活在我的心里。现在我非常担心云儿，他将是我唯一的孩子，而且已经也不会再有，我想念他，但是我不能把他带在我身边，现在在生活上我不能照顾他，连我自己都不能照顾，你最近去看过他吧，他还好吧，我希望他健康、平安、活泼、有良好的教养，我真想看他的健康活泼了，最后我希望你常常告诉我云儿的消息，来信可交：[illegible]地方法院廖荣重庆推士转我（江竹）即可，他是我大学同学。盛

江竹筠 3 月 19 日给谭竹安写的信(2)

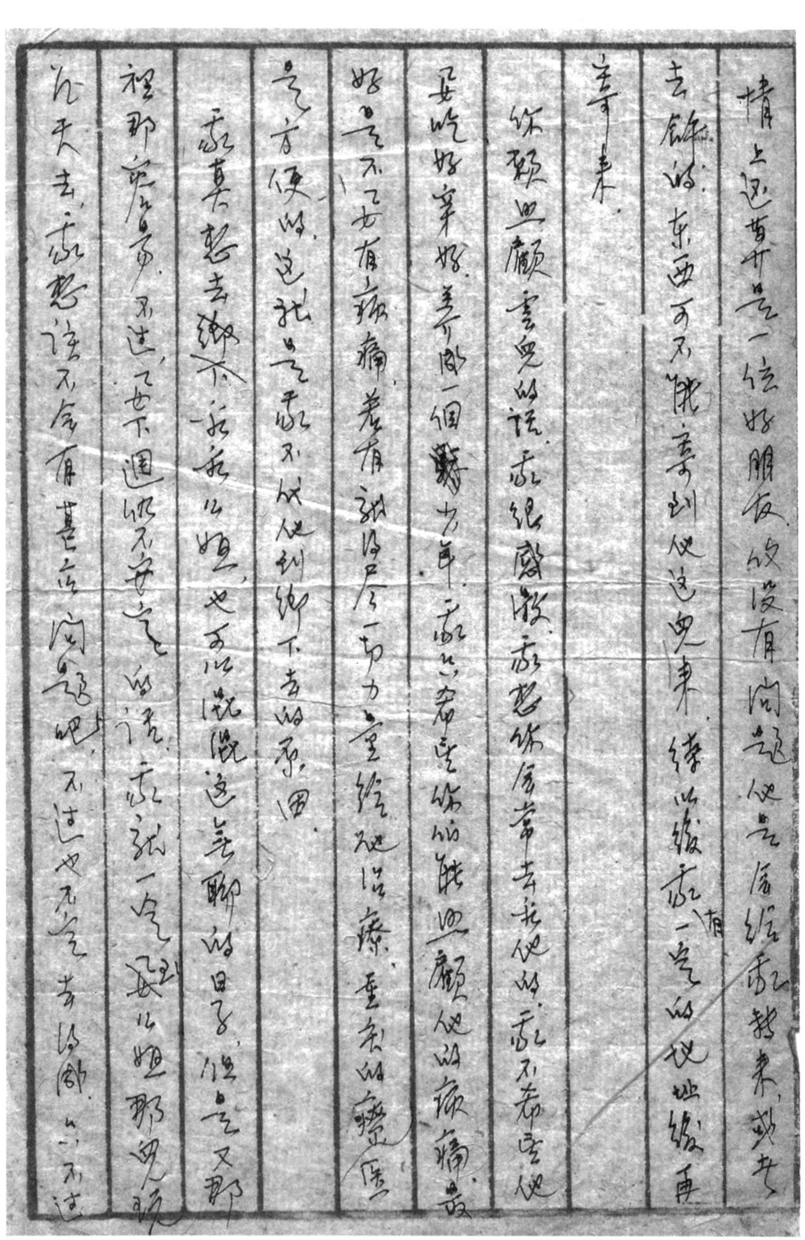

情上还算是一位好朋友，他没有问题，他是会给我们转来，或者去铸的，东西可不能寄到他这儿来，往后我们有一定的地址后再寄来。

你愿照顾云儿的话，我们很感激，我想你会常去看他的，我们不希望他安吃好穿好，希望做一个好少年，我们只希望你们能照顾他的疾病，最好是不要有疾病，若有就请尽一切力量给他治疗，重庆的医疗是方便的，这就是我们不叫他到乡下去的原因。

我真想去乡下看看幺姐，也可以谈谈这无聊的日子，但是又那裡那麽容易，不过下学期你不走了的话，我们就一定到幺姐那儿玩几天去，我想这不会有甚么问题吧，不过也不一定去得了，不过

江竹筠 3 月 19 日给谭竹安写的信(3)

前途更光明了。就此握别，愿你好

竹筠

三月十九

江竹筠 3 月 19 日给谭竹安写的信(4)

现在我非常担心云儿，他将是我唯一的孩子，而且以后也不会再有，我想念他，但是我不能把他带在我身边，现在在生活上我不能照顾他，连我自己我都不能照顾。你最近去看过他吧，他还好吧，我希望他健康。要祈祷有灵的话，我真想为他的健康祈祷了，最后我希望你常常告诉我云儿的消息，来信可交：万县两层桥地方法院廖荣震推士转我（江竹）即可，他是我大学同学，感情上还算是一位好朋友。信没有问题，他是会给我转来，或者去拿的，东西可不能寄到他这儿来，待以后我有一定的地址后再寄来。

你愿照顾云儿的话，我很感激。我想你会常去看他的，我不希望他要吃好穿好，养成一个骄（娇）少年，我只希望你们能照顾他的病痛，最好是不要有病痛，若有就得尽一切力量给他治疗。重庆的医疗是方便的，这就是我不代（带）他到乡下去的原因。

……

由于生活不定，心绪也就不安，脑海里常常苦恼着一些不必要的幻想。他，是越来越不能忘了，云儿也成了我时刻惦记的对象。我感谢你和其他的朋友，云儿是生龙活虎的，我知道他会这样在你们的抚育之下，他是会健康而愉快的成长的。可是，我不愿意他过多的耗费你们的金钱和时间，吃得饱、穿得暖足矣，可别娇养，但是得特别注意他的病痛。春天来了得严防脑膜炎。

……你去看云儿没有呢，他还好吧，这个月（四月）十八日他满两岁了，他鞋子衣服有穿的吗？由于生活得无聊，很想念他的。生活安定，我很想同他在一块儿的，奈何不得，我现在都寄食在朋友家里，没事来信吧。……

……今日进城来二哥处，看是否有你的信。的确我非常想能快点看到云儿的像，他的像照了吗？寄来了没有呢？仍寄原处可收到……

老彭牺牲了，留下两个他爱过的女人踽踽而行。在江竹筠心里，幺姐，真是一个了不起的女人。对于自己非常念想的彭咏梧的前妻谭正伦，她很想当面向这位自己心中有欠的“么[①]姐”说明与老彭之间的一切，期望得到她的谅解。但是，她做不到，因此信中江竹筠这样写道：

……我真想去看看么姐，也可以混混这无聊的日子，但是又哪里那容易。不过，要下周仍不安定的话，我就一定会到么姐那儿玩几天去，我想该不会有什么问题吧。不过也不定去得成，只不过我在这儿想罢了。就此握别。

……么姐，也成了我不能忘记的人。可是我能给她一些甚么帮助呢？我想去看她，而且很想在春假里去，但是又有多大的好处啊？除了感情上大家得到一些安慰而外，而且，我的身子多病，恐怕在路上出毛病，所以去不去都叫我很难决定。

我知道她会像亲生的孩子一样的爱云儿，就像我对炳忠一样，基于人类的真诚的爱是不能否认的，我尤要相信，更何况她的孩子的父亲也就是我的孩子的父亲呢？

---

① 么，读 yāo，同“幺”。

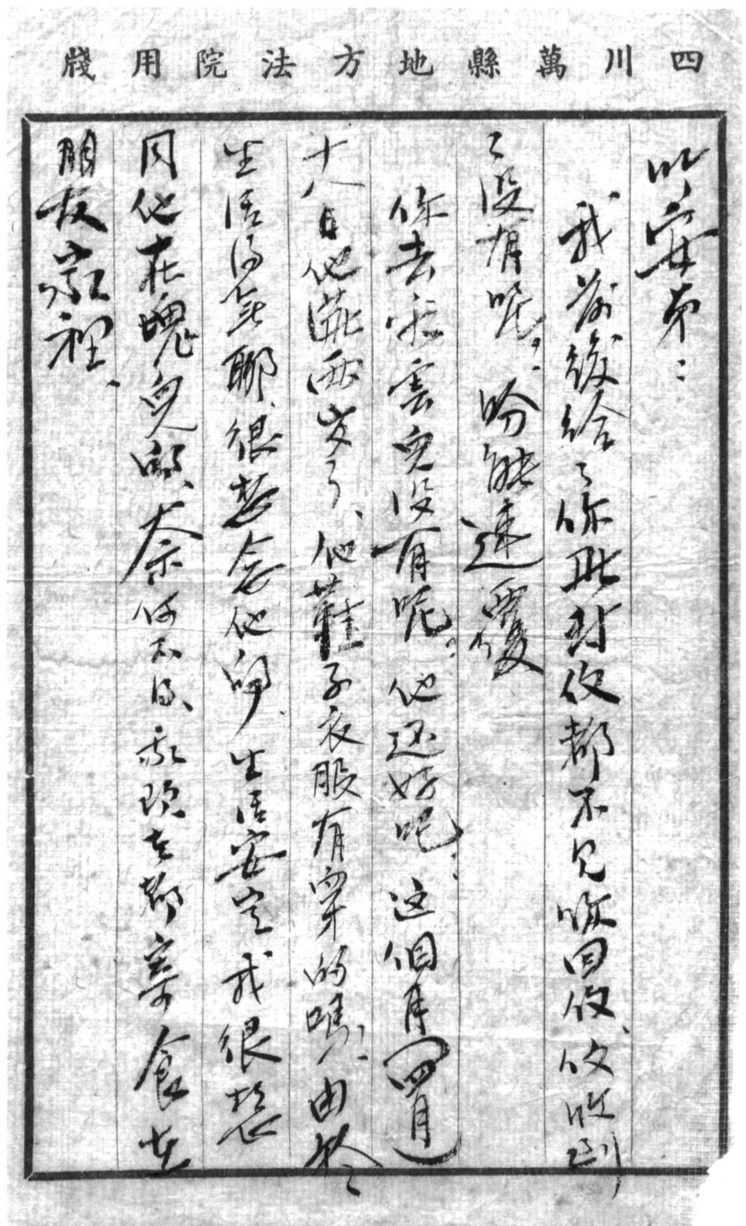

四川萬縣地方法院用箋

竹安弟：

我前后给了你那封信都不见收回信，你收到了没有呢？盼能速覆。

你去宋云宾没有呢？他还好吧！这個月

十八日他就要去了，他鞋子衣服有穿的吗？由於

生活的无聊，很想念他们，生活安定我很想

同他在一塊见面，奈何不能，就跟去就寄食去

朋友家里。

江竹筠3月30日给谭竹安的信(1)

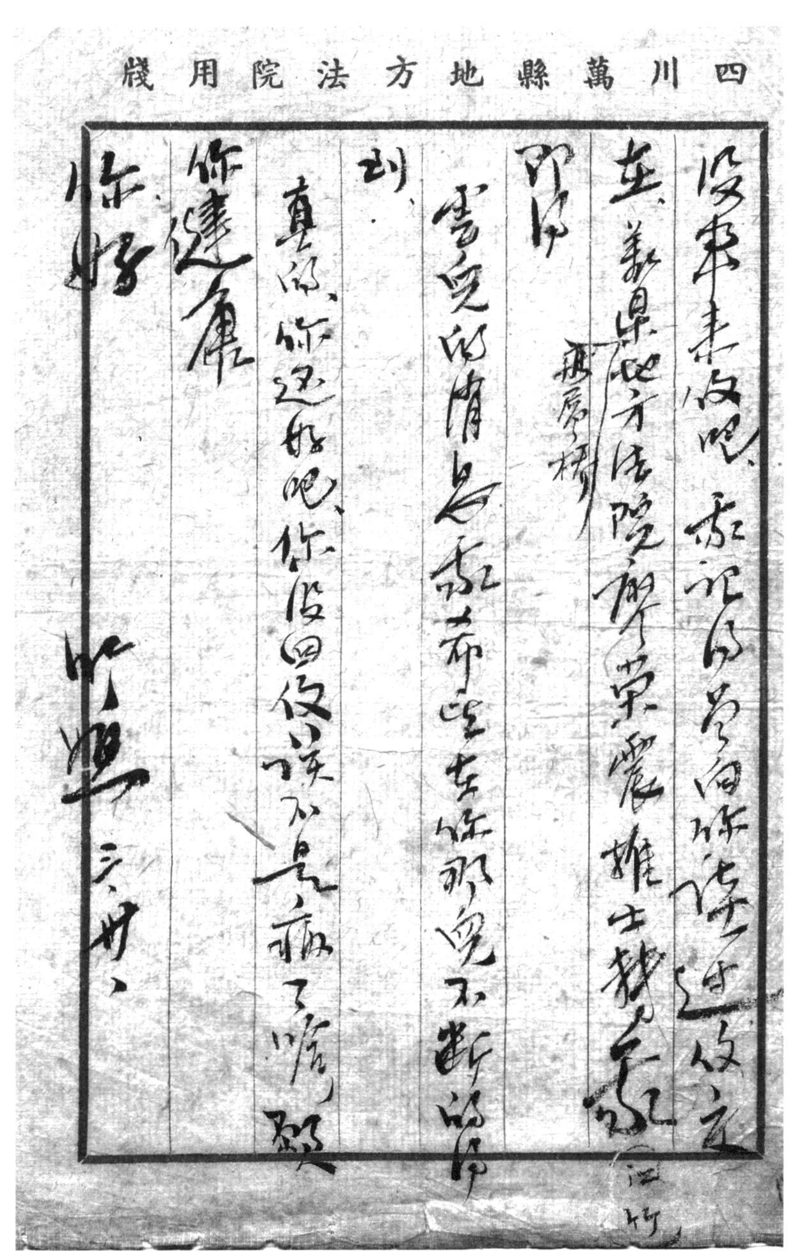
四川萬縣地方法院用箋

江竹筠3月30日给谭竹安的信(2)

谭竹安的信，成为她痛苦生活中的很大慰藉，她在信中这样写道：

你三月廿四日的信我收到了，谢谢你。信给了我温馨，也给了我鼓励，我把它看了两次，的确，我感到非常的愉快。

她在给谭竹安的回信中谈到下川东的情况：

……乡下的情形我也不怎么太清楚，政府尽力围剿以后四乡都比较清静，最近几月以内可能没有事情发生，正反省从前的错误另定新策，以后乡下人可能少吃一点苦头了。

虽然自己一直处于痛苦之中，但是她时刻关心着谭竹安的成长和幺姐及炳忠的健康。自从没能说服弟弟江正榜离开国民党投身革命阵营后，她就把谭竹安当成亲弟弟一样关心培养，总是能从竹安弟这里得到一些补偿似的慰藉。来下川东之前，她曾找到重庆地下党组织的联系人，谈了自己介绍谭竹安入党的情况，联系人很尊重她的意见，答应很快就派一个化名李清的同志找谭竹安落实。这位同志的确很快去找了谭竹安，只因谭竹安太过谨慎，遗憾地错过了这次机会。当江竹筠从信中知道此事，她立即回信给谭竹安，对此表示了深深遗憾。

她在4月15日的信中写道：

李表兄的事就这样放过了，真是遗憾得很。他既然表明姓李谈到四哥和我，当然是李表哥无疑，怎么你竟不相信？竟没有把他认得出来？他是否说过再来看你，以后你如何再和他见面我也不知道了。现在我没有办法看到他，记得走的

香味醇和
皆大欢喜

CHELSEA
CIGARETTES
CHELSEA

吉而喜牌
具圖名煙

通用股份有限公司總經理

竹安弟：

你三月廿四日的信在收到了，谢谢你给了我温暖，也给了我鼓励，我在受过了两次的嗟叹，我读到你的信非常的愉快。

由于生活不定，心绪也就不安，脑海里常常苦恼着一些不必要的幻想。他，是想来想去不能忘了。云儿也除了我时刻怀念的对象，我那谢你，和其他的朋友，云儿是生活得很好的。我知道他在这样在你们的抚养之下，他是会健康而愉快的那无疑。可是，我不愿意他过多的耗费你们的金钱和时间，给他能穿得暖足也，可别骄养。但是你特别注意他的病痛，春天来了得预防脑膜炎。

幺姐，也除了我不能忘记的人啦。可是我能给她一些甚么帮助呢！我关心她，而且很想去看看她，但是又有多大的好处呀？除了感情上大家得到一些安慰而外，而且，我的去了多麻烦。要比去乡上去麻烦。所以去不去都叫我很难决定。要是阿姨她们那个说究竟能帮助她，幺姐能在那里帮忙的话，那是最珍贵的了。你和朋友们给她一些鼓舞，她就会走上正路的。你说是吗？我知道她会像我一样的爱云儿，就像我对彭云一样。基于人类的真挚的爱是不能否认的。我甚至想，更希望她的孩子的父亲也就是我的孩子的父亲呢！是吧！我本想给他们通信，但是我并没有写。我不知道该写些甚么？

四哥处据说程的情况仍旧很好，但是由于阿[illegible]的原因，总程人都很累很苦。你回去，我要比你吃不消，不过，我可以向你。要总程人同意而且需要的话，我再告诉你，我想机会有的是。不过，你既然叫幺姐来，你又要回去，这怎么好办呢？你能自己考虑、考虑。

重庆只有你给我通信，其他的没有，我也不要。因此通信处别给他们。

真的，我走时曾托李表兄来看你，他来过吗？

握别

你好

竹姐 1/4

江竹筠 4 月 1 日给谭竹安写的信

时候跟你说的很清楚，他既是姓李为甚（什）么不追问他是否叫李清，不是就把问题弄清了吗？

……李表兄是否再来看你？他讲过没有？希望你们能见面，那（哪）怕是一个偶然的机会也是很好的，要是能见面，一切事可以同他商量。

据你信上说来，么姐恐怕已到渝了，她和炳忠都好吧？愿她们健康。托儿所能够办起来，当然是非常好的事，愿能多照顾么姐和几个孩子。我虽然很穷，但亦不需用甚（什）么钱。假若么姐要去托儿所帮忙，不防（妨）和何姐（胜利电影院那位）商量。她是我的好朋友，说明么姐和四哥的关系盼她能帮忙，若暂勿（无）去处，也没有关系，再不久的将来总会有适合于么姐所能（做）的事，你觉是吗？我等着云儿的照片。就此握别。

你好

竹姐　四·十五

在 6 月 10 日写给谭竹安的信，也是江竹筠在万县发出的最后一封信：

没有好久以前（记不清日子了）曾给你一封信，信以前给你由和成银行电汇了贰百万元，想你已经收到了吗？由于事情忙和家庭的拉累，没时间是吧？所以没有回信。

近来你们还过得好吗？明日端午了，“每逢佳节倍思亲”，今以思亲的心情*[①]给你们这封信并遥祝你们的快乐和健康。我呢，还是这样不太快活也不太悲伤。当然有时也不禁悽然的为死了的人而流泪。

① 此字暂无法准确释读。

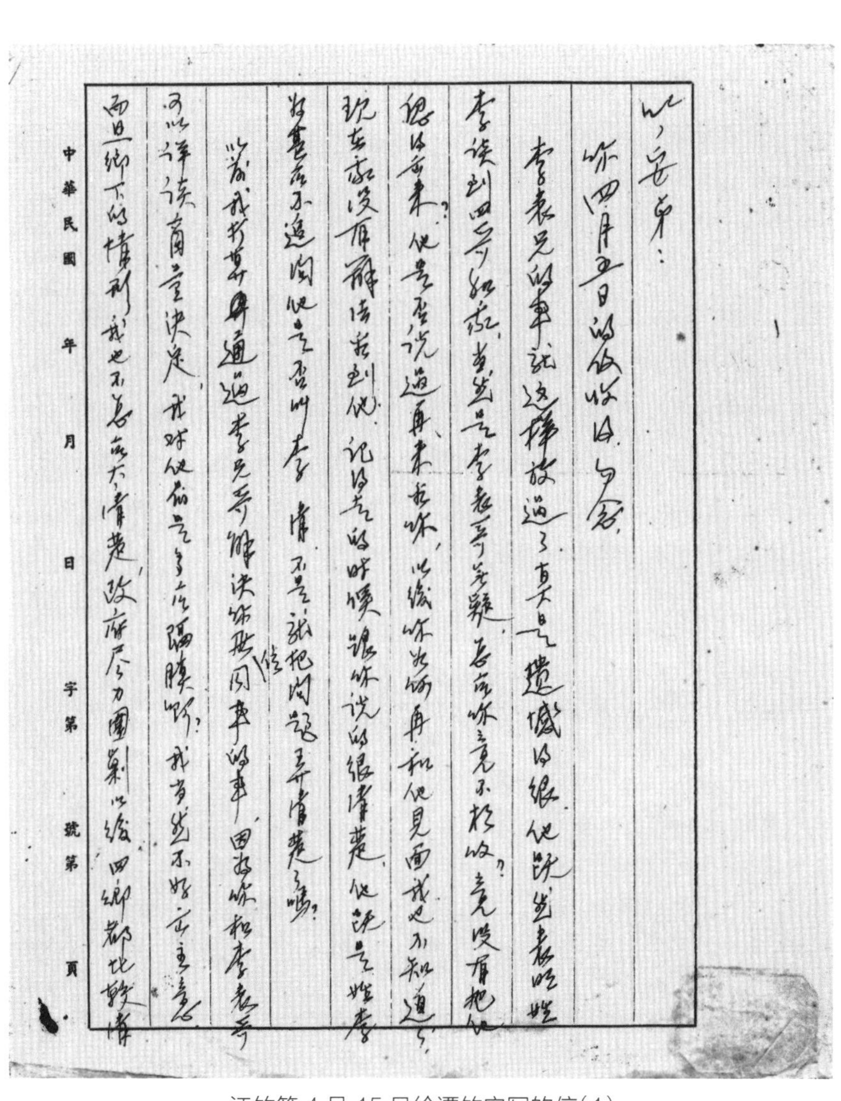
竹安弟：

你四月五日的信收悉，白公，

李表兄的事就这样放过了，真是遗憾的很。他既然表明姓李，谈到田介绍的，当然是李表哥无疑。为何你竟不接收，竟没有把他留下来？他当面说过再来找你，以后你没有再和他见面，我也不知道了。现在就没有办法去找到他。记得走的时候跟你说的很清楚，他既是姓李，为甚么不追问他是否四川李情，不是就把问题弄清楚了吗？

[illegible]我打算再通过李兄弟解决你们间[illegible]的事，因为你和李表哥可以详谈商量决定。我对他们是多么隔膜呀？我当然不好出主意，而且乡下的情形我也不怎么太清楚，政府尽力围剿，以后四乡都比较情

江竹筠 4 月 15 日给谭竹安写的信(1)

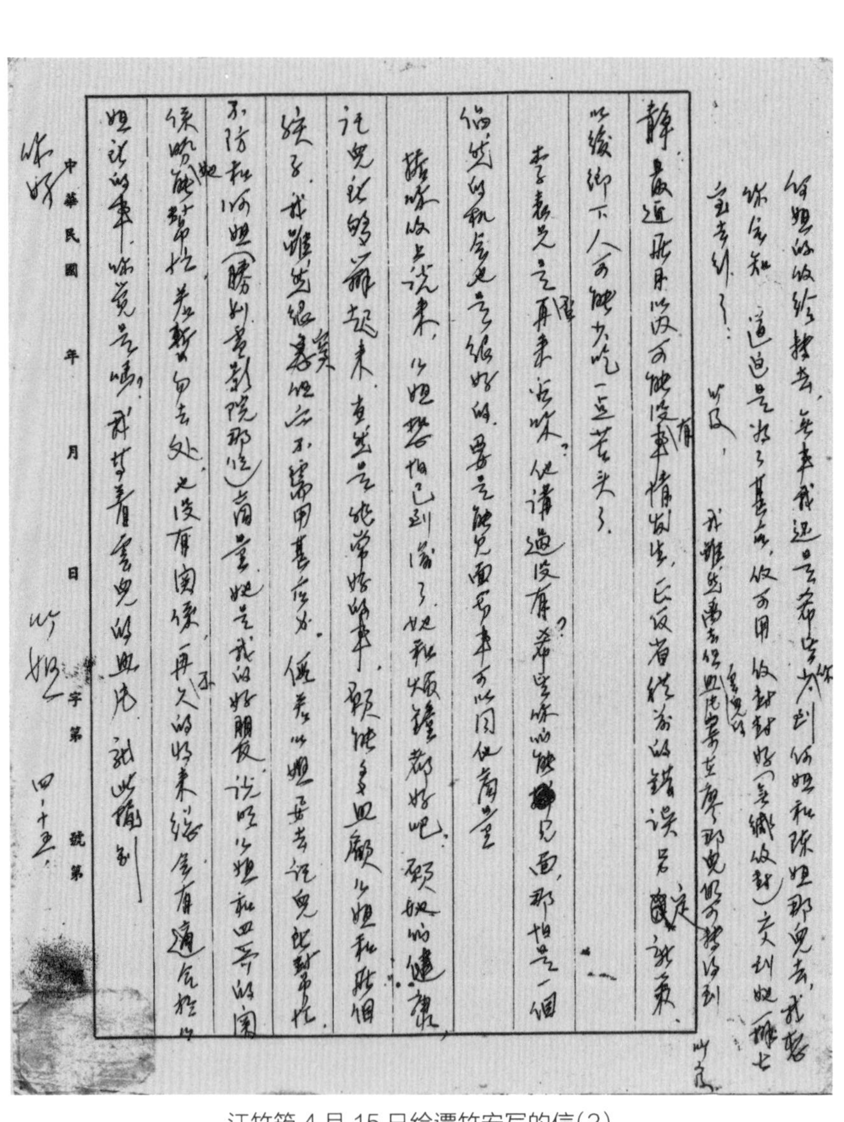

中華民國　年　月　日　字第　號第

江竹筠 4 月 15 日给谭竹安写的信(2)

你们每个人都健康吧？云儿复原了没有呢？没有生其他的病吧？我惦着，云儿是否拖累你们了，尤其是累你。不要客气，若需要他离开的话，我可以把他接来，我现在的生活比较安定，而且和我在一起不会有好多困难，你们觉得怎样？

老实，你作家庭教师，该不会教我的云儿吧。我绝不容许在他这么小的年纪在知慧上给他以启发，注意，知慧，别启发他，让他自己长进，启发早了是不好的。

你近来生活安定了些吧？清闲了些没有呢？若老实像你上封信样的忙碌，那才是件糟糕的事呢？

以后我想按月给你们一点钱，稍为津贴一下。只是我的被子等行李又没有了，还得以我的薪津来制，真是糟糕。好在天气热了，需要不急，到了秋天，几月累积制一床被我想总归制得起了吧。

以上信件见江竹筠档案，A23。

把信寄出去以后，她动过这样的念头，到重庆看看幺姐，看看云儿，她甚至买好给炳忠的礼物，一封漂亮的速报，然而，她再也没有这个机会了。就在端午节发出给谭竹安的信时，重庆的叛徒就带着一批特务到了万县城。

地下党工作时期的有些事情，在今天看来难以理解。但在那个年代，为在白色恐怖下开展地下党工作而放弃个人的一切，包括对家人的责任与情感，乃至于牺牲个人的名节，就是因为党的利益高于一切。

江竹筠为什么有那样坚定的意志和信仰？她的同事谢若英回忆说：“我和江竹筠认识是1942年的春天，我失业后被反动派追迫，经朋友介绍去她家。那时只有她一人住在观音岩一间小屋子里，每天一早便步行到曾家岩妇女指导委员会办公。我们相处得非常融洽。她坦

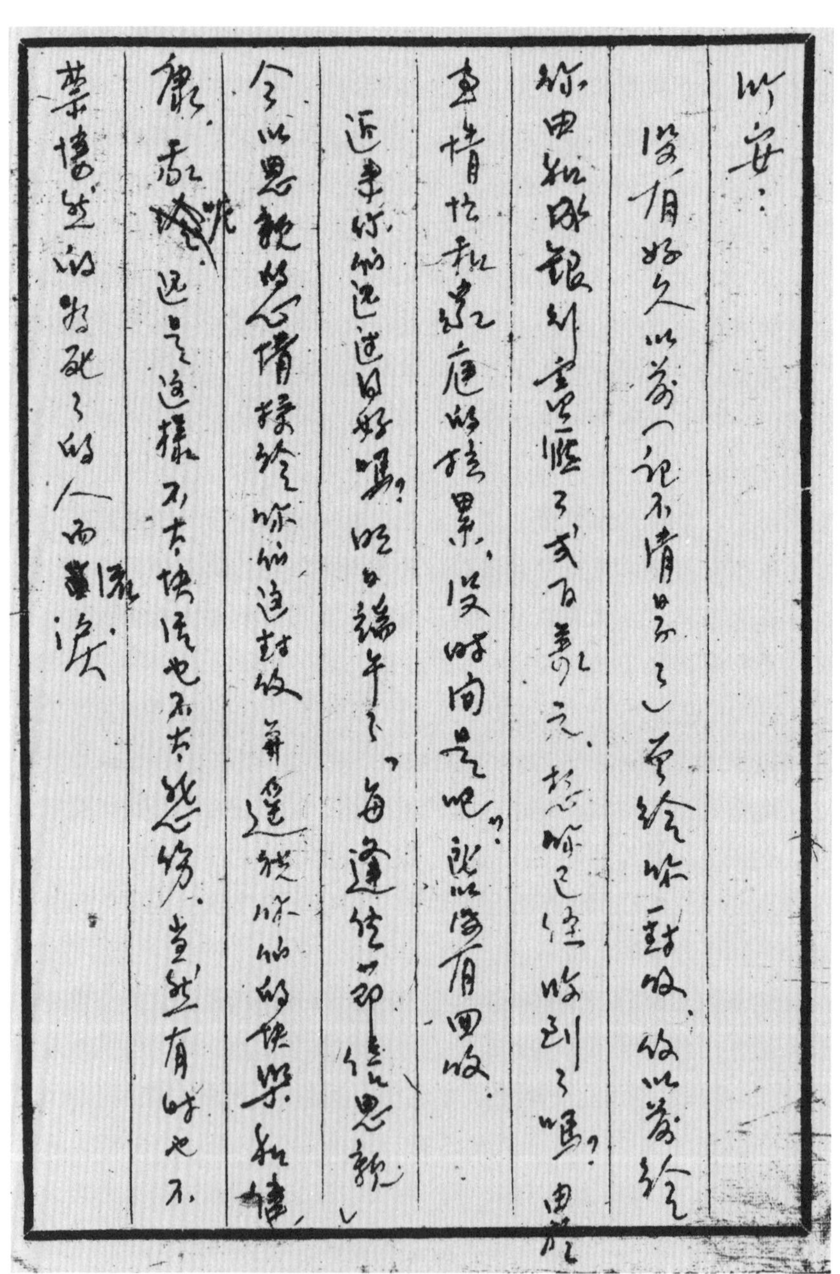
竹安：

没有好久以前（记不清日子了）曾给你一封信，很久以前给你由叔叔银行里汇了贰百万元，想你已经收到了吧？由于事情忙和家庭的结果，没时间写吧？所以没有回信。近来你们过得好吗？明日端午了，每逢佳节倍思亲，今以思亲的心情来给你们这封信，并遥祝你们的快乐和幸福、康。我还是这样不太快活，也不太能悲伤。当然有时也不禁悽然的想死了的人而流泪。

江竹筠6月10日给谭竹安写的信(1)

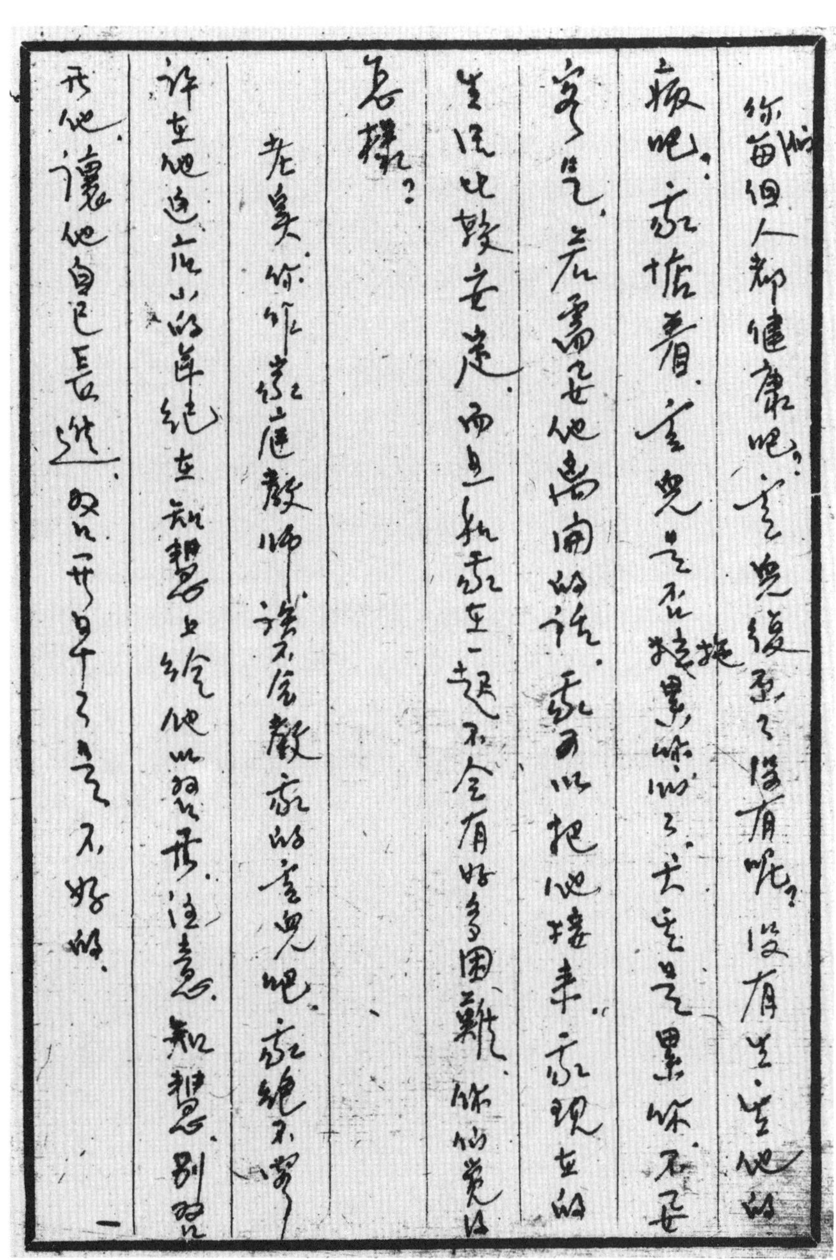

你们两个人都健康吧？宝宝復原了没有呢？没有生，生他的病吧？我估着，宝宝是不是拖累你们了？大意是累你不安宁吧？老雷要是他带回的话，我可以把他接来，我现在的生活比较安定，而且和我在一起不会有好多困难，你们觉得怎样呢？

老吴你作家庭教师，该不会教我的宝宝吧？我绝不要许在他这么小的年纪在知识上给他以很多注意，知识，别的我他，让他自己长进，好比一些早了是不好的。

江竹筠6月10日给谭竹安写的信(2)

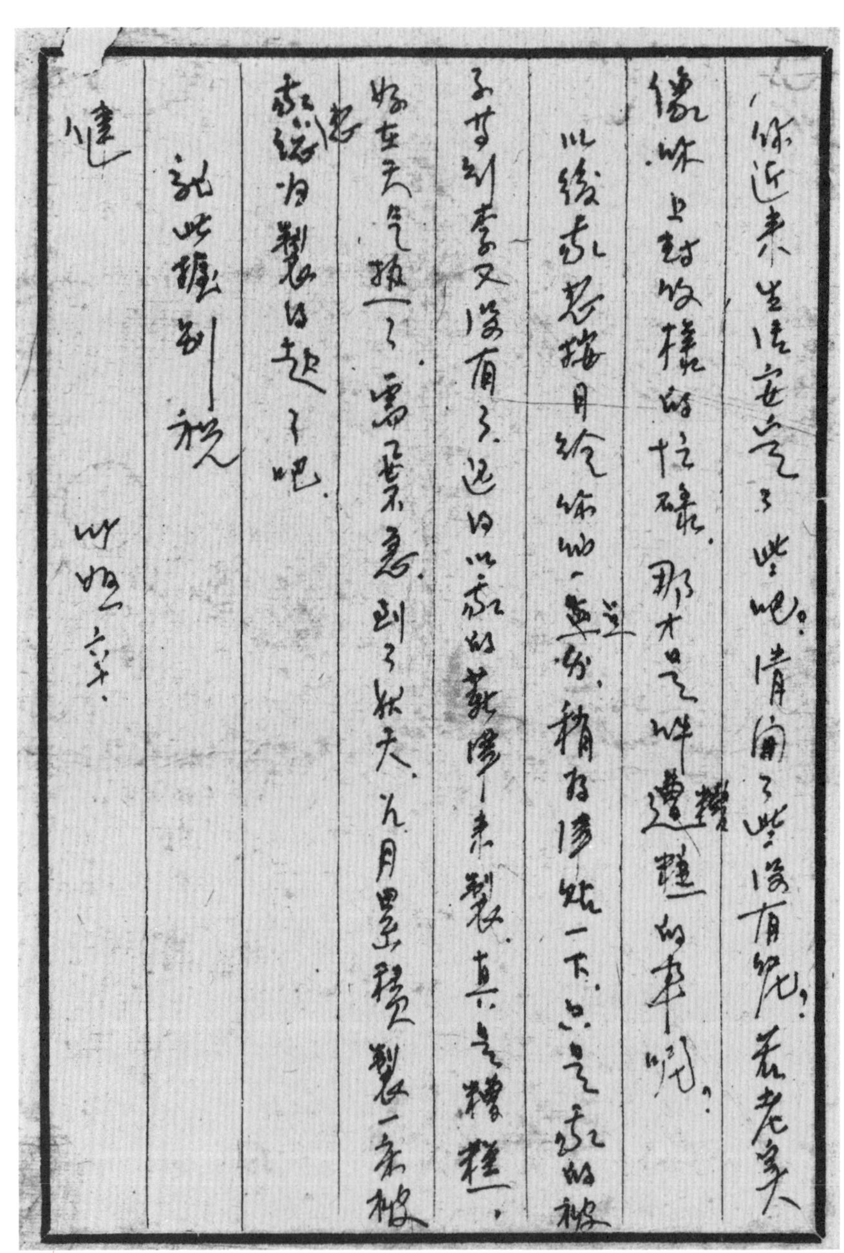

你近来生活安定了些吧？情闲了些没有呢？若老实讲，你上封的横的拉杂。那才是件糟糕的事呢？以后我总按月给你的一点分，稍有修改一下，只是我的被子甘到夏天没有了，还得以我的薪俸来制衣，真是糟糕。好在天气热了，需要不急，到了秋天九月里再制一条被，我的被总可制起了吧。

就此握别——祝

健

竹姐 六.十.

江竹筠6月10日给谭竹安写的信(3)

直，有劳动习惯。她常常说：‘我自信能够遭受得起打击，因为我是在冷漠中长大的。’……不愿自己永远愚昧地被人奴役，这倔强的性格使她走上了革命的道路。”[①]

贫困的家世，使江竹筠立志要通过知识改变命运。追求知识接受共产主义理论，使她有了为党工作奋斗的崇高理想，崇高理想的坚定使她对党绝对忠诚。

① 江竹筠档案，A23。

酷刑拷打　钢铁意志

1948 年 4 月以来，重庆地下党组织遭到巨大破坏，市委书记刘国定和副书记兼组织部长冉益智等先后叛变。冉益智叛变后亲自带领特务到万县，于 6 月 14 日抓了江竹筠等人。

万县地区党史办的杜之祥记载：冉益智叛变后带人到万县抓了川东临委副书记兼下川东地工委书记涂孝文，“涂向敌人告密，说江竹筠就是下川东游击纵队政委、下川东地委副书记彭咏梧的妻子。江竹筠现改名江志炜，在伪万县地方法院作雇员掩护等等”。后来，冉益智随特务到万县法院逮捕江竹筠。1948 年初，江竹筠从重庆回到万县。先是和她带到万县地区来的育才中学学生周毅一起，暂住在党员李承林家里，后来，两人在一个小学教课作掩护。不久，她把课程让周毅全担了，并叮嘱小周注意隐蔽，有事她会来找。为了工作的方便，她通过原四川大学同学廖威的关系，介绍到伪地方法院作雇员，在收费处收讼费作掩护，和雷震等战斗在一起，暗中联络下川东暴动地区的同志。五月份，卢光特从重庆来万县找到江竹筠后，谈了重庆敌人疯狂捕人的情况，江竹筠感到情势危急，便周密地安排同志们转移。转移周毅时，江竹筠亲自为她置备行装，送她上船，把她交给在船上当“二副”的“表弟”。临别时并鼓励小周说：“只要你坚持革命，革命组织一定会找到你!”

6月14日，江竹筠吃过午饭，趁同志们在睡午觉，她从伪地方法院出来，准备去找一个可靠的“交通”给百里外龙驹坝的地委委员唐虚谷[①]带个信，这几天重庆、万县的气氛都不大对，要他特别警惕。江竹筠走完法院街，刚跨上一马路，突然有人叫她：“江姐!”听声音很熟。江竹筠回头一看，叫她的人原来是冉益智。江竹筠知道冉是地下党重庆市委副书记，在重庆时因工作关系，曾与老彭有过交往。最近重庆形势紧张，这个人突然来找她干什么？马上警觉起来，便问冉：“你怎么来了?”“三哥……呵，老王他叫我来……”三哥就是川东临委书记王璞。按党的地下工作纪律，在大街闹市绝对不许可谈党的事，更何况把川东临委书记老王直接提出来。江竹筠判断冉肯定出了问题，便不理他，直往前走。冉益智马上原形毕露，伸开双臂在前头将江竹筠拦住。江竹筠掀开他，愤恨地说：“光天化日之下，你想干什么?”正在这时，两个特务涌上来，江竹筠就这样被捕了。[②]

国民党特务抓住江竹筠后，逼她说出游击队的情况，因为川东临委副书记兼下川东地工委书记涂孝文把一切都推到江竹筠的身上。涂孝文叛变后，敌人追问他关于游击队的事，要他交出游击队的组织。涂孝文因原来过问这方面的事不多，怕越说越不清楚，影响敌特对他的信任，出于个人的利害关系，他便把一切都推在彭咏梧和江竹筠身上。

江竹筠等在万县被叛徒出卖的十几个人全部被带上民贵轮的大餐间押往重庆。途中，江竹筠告诉同被捕的刘德彬等人：啥子都不能讲，一切往我身上推!

特务从叛徒口中得知，江竹筠曾经担任过重庆地下党机关的机要

---

① 唐虚谷，四川渠县人，1939年在渠县加入中国共产党。1949年11月14日，被国民党特务杀害，殉难于重庆电台岚垭。

② 江竹筠档案，A23。

文书，又是下川东地委副书记彭咏梧的妻子，手里肯定少不了川东地下党的组织机密，特务们不禁一阵狂喜，妄想从她身上找到“大缺口”，可以大面积破获重庆的地下党组织。

敌人的这些妄想，也正好是渣滓洞监狱难友们的极大担心。

这种担心，首先基于当时重庆地下党的严酷现实和渣滓洞的沉闷空气：江竹筠被捕前，由于重庆市委书记刘国定、副书记冉益智以及川东临委副书记兼下川东地工委书记涂孝文等相继叛变，许多共产党员和革命志士被出卖而被捕入狱，他们对叛徒的出卖感到十分义愤，同时又对领导的变节感到茫然，平时崇拜的上级怎会如此背叛信仰，出卖同志？有的人甚至对革命产生了怀疑。所以，整个狱中的气氛非常沉闷。

其次，难友们的担心还出自江姐曾经的状况：老彭牺牲后的一段时间里，她难以从悲痛中恢复，一想起老彭总不免要伤心流泪，遇到自己人也总是控制不住情绪，甚至还到帮她带儿子的战友家中去大哭了一场。

她刚刚失去了挚爱的丈夫，儿子还那么小，身材又是这般瘦弱，她能扛得住吗？如果江姐再出问题，那么，下川东地下党就可能遭受灭顶之灾，后果不堪设想！

后来的事实证明，难友们的担心其实是多余的，江竹筠用自己的实际行动作出了坚定的回答，也正是从她的身上，难友们重新看到了希望和坚定了信念。

史料对江竹筠被捕后备受酷刑折磨的记载：

> 坚贞不屈，严守党的机密，被狱中难友称赞为“中华儿女革命的典型”，并亲切地称之为“江姐”。为鼓舞狱中战友斗志，提出“坚持学习、锻炼身体、迎接解放”的口号，组

织难友学习、讨论。[1]

当时在渣滓洞监狱被誉为黑牢诗人的蔡梦慰[2]发誓要把狱中的情况记录下来，写了《黑牢诗篇》的长诗。大屠杀的时候，他将诗稿抛入荒草丛中。解放后，人民解放军在清理刑场的时候发现了这份诗稿。诗中有一段是记录狱中刑法的经过：

热铁烙在胸脯上，
竹签子钉进每一根指尖，
用凉水来灌鼻孔，
用电流通过全身……
人的意志呀，
在地狱的毒火里熬炼——
像金子一般的亮！
像金子一般的坚！
可以使皮肉烧焦，
可以使筋骨折断；
铁的棍子，
木的杠子，
撬不开紧咬着的嘴唇，
——那是千百个战士的安全线呵！
用刺刀来切剖胸腹吧，
挖得出的——
也只有又热又红的心肝！

① 江竹筠档案，A23。

② 蔡梦慰被捕前是《工商导报》的记者，民盟盟员。

这是对于狱中刑法的真实写照！在敌人的酷刑威逼之下，江竹筠承认自己是共产党员，但是组织关系情况是我们党的秘密，绝对不可能告诉敌人！

曾经在渣滓洞监狱担任过看守的梁述昌，解放后在交代材料中记载江竹筠“她在监狱中，在女的遇难中，是一个有说有笑的人”“就是她在备受残酷的刑具拷打时仍未发出难过的呻吟”“特务们给予的无情的磨折，（她都）视若无事随时都流露满脸的笑容，从未看见她有过伤感的表现。在狱中春节联欢会中，她当时表现是很积极活跃，舞蹈歌唱她都出场表演”。[①]

1948 年 4 月入党的曾紫霞，与未婚夫刘国鋕烈士一起被国民党反动派逮捕，和江竹筠等一起被囚于渣滓洞女牢。于 1949 年 8 月被营救出狱。解放后任华西医科大学社会科学部教授，1988 年 3 月 19 日 6 时 30 分不幸逝世，终年 60 岁。她是小说《红岩》中孙明霞的原型。她在《战斗在女牢》一书中记载[②]：

……监狱是座大熔炉，一切懦夫、胆小鬼、投机分子……终将在熔炉里被烧成灰烬、化为残渣，被抛进历史的垃圾堆；一切善良、正直、先进的人们却会在熔炉里锻炼成长，在那里哪怕是短时间形成的品格、气质常常会在他们的一生中闪光。监狱是个大学校，在那里极端残酷的斗争逼迫人们一次又一次地经受熬煎，把他们锻炼得坚强异常；在那里复杂的斗争迫使人们必须保持清醒的头脑、独立地分析和处理各种意外事件，把他们培养得聪慧灵巧；在特殊条件下培育了他们的特殊才能，使他们显得不同寻常。

---

① 江竹筠档案，A23。

② 曾紫霞：《战斗在女牢》。

……在渣滓洞，难友们对遭受酷刑的战友特别关怀。对许建业、刘国鋕、杨虞裳、李青林等受重刑的难友有过许多相互关怀的动人情景，但对江竹筠的关怀更能说明难友之间的友爱。当江竹筠被提出女牢去审讯时，渣滓洞十八间牢房的人没有片刻心安：有人把头伸出牢房风门口的洞在探望；有人不断在设法打听情况；有人在向刚入狱的难友介绍江竹筠怎么不同于一般；有人在估计这次审讯会延长到什么时间；女牢的难友则在打听受了什么刑，准备着怎么让她回牢后舒服一点，使她伤痛减轻一点。江竹筠被带回女牢时，几个人把她抬到床上，有人抱着她喂糖水，有人在用盐水清洗她的伤口……她没有在受刑时落泪，却在难友的怀里哭了，伤心地哭了，还骂了声：特务龟儿子真狠！

……难友在为江竹筠揩脚时，生怕碰痛她的镣伤，动作十分轻柔，就在这时出现了一个奇迹：江竹筠的脚小得出奇，在角度恰当时，她的脚可以从上了锁的脚镣脱出来！女犯们几乎惊叫了起来。从此，江竹筠在脱下脚镣之后，除大小便外，几乎整天都用被子盖在身上坐着，或躺在床上。有的女犯也不知道她在床上时根本没有戴上脚镣，只要有特务喊女牢的人出去或进女牢时，自有女犯早已机灵地把江竹筠的脚放入了脚镣。这件当初对敌特保密的事几十年都无人知晓。

在谈到狱中通过学习来坚强革命意志时，曾紫霞写道[①]：

① 曾紫霞：《战斗在女牢》。

女牢的政治学习开始是三三两两一块讨论，以后牢里基本上分为三个组，三个组的主持人是江竹筠、黄玉清和我。我们三人拟定学习计划、讨论内容等，李青林、胡其芬当参谋。实际许多事都是大家商量，我们三人主要是作具体安排，最麻烦的是没有书，我们三人先把自己记忆的东西一块凑出来，用竹签蘸红药水或墨写在草纸上（当然以江竹筠为主，她记得又多又准），写好后给李青林、胡其芬、张静芳等较老、文化也较高的难友看后提出补充，然后我们又重抄一遍。

内容反复学习过的有《中国土地法大纲》、刘少奇《论共产党员的修养》、毛泽东《新民主主义论》等。

当年曾与江竹筠在一个牢房关押，后来在大屠杀的火海中逃生的盛国玉回忆说："江姐知识丰富，文化较高，在女牢狱中是一个坚强的领导骨干，她组织难友学习政治经济学，稳定同志们的情绪。她还经常与男室楼上 5 室取得联系。放风时在窗口传纸条，谈内战消息和各方面的生活情况。"

在狱中被称为中国丹娘化身的江竹筠，在丈夫遭到敌人惨杀之后，没有在悲愤痛苦中沉溺，强压着对儿子的眷念之情而毅然回到丈夫老彭倒下的地方继续战斗。这义无反顾的决然需要多大的精神支撑力啊！为了党组织的安全、为了同志们的安全，她超越了生理承受力的极限，以顽强的精神意志，战胜酷刑、压倒恐惧，严守党的秘密，又以对革命必胜的信念和自己的聪明才智继续为党工作，展现了她对党组织的绝对忠诚。

曾紫霞写道[①]：

---

① 曾紫霞：《战斗在女牢》。

江竹筠，这个在狱中被难友称为“中国丹娘”的人，在丈夫遭到敌人惨杀之后，没有沉溺于悲愤苦痛之中，还毅然同不满两岁的幼儿分别，只身来到丈夫工作的地方，艰苦战斗，这该要经受多大的痛苦？当她为了党的利益、同志们的安全，身受酷刑而闭口不吐一字真言时，难道她没有考虑过，如果她牺牲了，云儿岂不就成了无父无母的孤儿？不，她什么都想过了。她什么都想到了，她已经打算好了当这一天出现时该怎么办。她用竹签作笔、红药水当墨在草纸上写的一封信就是由我出狱时带出的。她只要求我给她设法带一张云儿的照片到狱中去。这些都办到了。呵！云儿的母亲！我只知道云儿的照片温暖着你受尽折磨的心，不知道敌人是否让你把它揣在怀里走上刑场去慰藉你的英灵！在我出狱后，并没有中断这一关系。我出狱后就由我通过黄茂才同江竹筠联系，云儿的照片也是由此渠道给江竹筠带去的。我离开重庆、江竹筠牺牲后，女牢还通过黄茂才于11月带过一封信出来。这封信由刘康同志保存现交到了档案馆。

曾紫霞在这所提到的女牢带出去的信，是在江竹筠被杀害后，胡其芬通过策反争取过来的看守黄茂才送出的，被称为《最后的报告》：

……10月28日，歌乐山难友（被）公开枪决十人后，11月14日又秘密于白宫附近电刑房内烧死50人（实为30人），竹姐（指江竹筠）亦在其中，我们无限沉痛。又闻所内传说即将结束，除17人决定释放外，其余还有第三批第四批或将处决。每个人都笼罩着死亡的阴影。兰先生（指黄茂才）归来又带给我们一线生的希望。这就全靠你与朋友营救我们了。第三批传命令已下，可能周内办理!!!

……其次，提供我们的意见，作营救我们参考。公开争取切实保障政治犯安全，秘密谈判方式，以保障张群及徐远举将来优厚待遇，作为将来交换条件。将来如点交政治犯（确数兰可告知），阻止屠杀，徐于执行命令有大权，可以拖延处决，等待大军到来。

……兰此次见你时，定将外面情况，对政治犯处理消息，组织上的准备，以及盼望我们在这里进行的事项，详细告知。不日他将离所，不能再带你的回信与我们了。

以后，万一兰先生离开，我们必要与你接头又有妥当人时，我们代表人（用）“周梦华”名称。

第二批人是秘密处决，可慎重，不必要说即不说，以免引起朋友麻烦。但是对组织上可作秘密谈判材料。

吉祥　十一月二十一日

这封信是在11月22日由黄茂才送到指定的联络点，重庆大学学生况素华的手里。由于地下党组织所遭受的严重破坏，这封信没有能够被转交出去。

2007年，重庆出现了前所未有的特大山洪，渣滓洞监狱瞬间被山洪倾泻冲毁。在抢修的过程中，国家文物局要求必须修旧如旧。因此，地面不能够用水泥，必须用原来三合土铺地。由于三合土是炭渣、石灰、沙子混合的，铺地面必须要夯实。工人就用夯土机来压实地面，结果在女牢江竹筠的床位，夯土机突然掉了下去。工人把夯土机取出时，发现是一个挖掘过的坑，坑底和坑壁明显散落一些碎瓦片。我们仔细发掘，发现土罐子碎片中有不少的铁器，门钉、抓钉、小铁棍等等。经过清理有几十件铁器。

我们立即意识到：这就是在采访脱险志士时，他们所谈到的准备

2007 年洪水过后，修复渣滓洞监狱时发现烈士遗物的现场(1)

2007 年洪水过后，修复渣滓洞监狱时发现烈士遗物的现场(2)

2007 年洪水过后，修复渣滓洞监狱时发现烈士遗物的现场(3)

2007 年洪水过后，修复渣滓洞监狱时发现烈士遗物的现场(4)

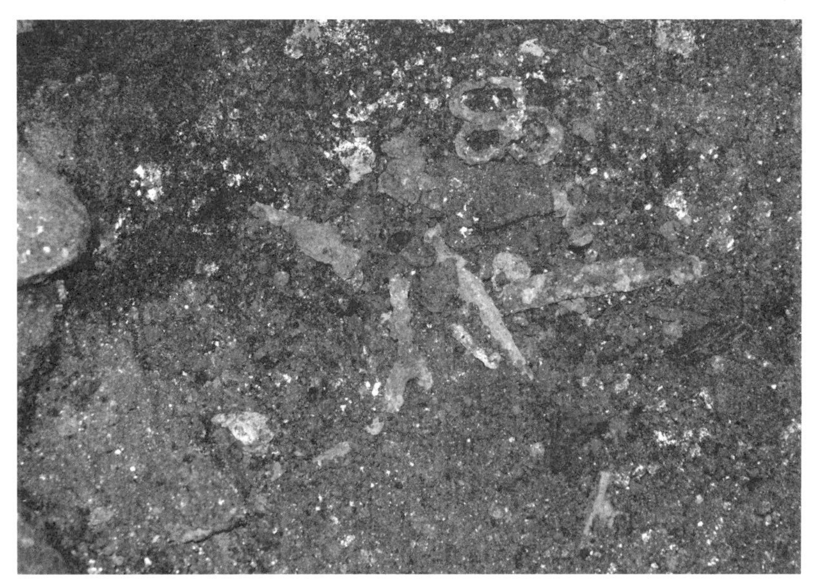

2007 年洪水过后，修复渣滓洞监狱时发现的烈士遗物(1)

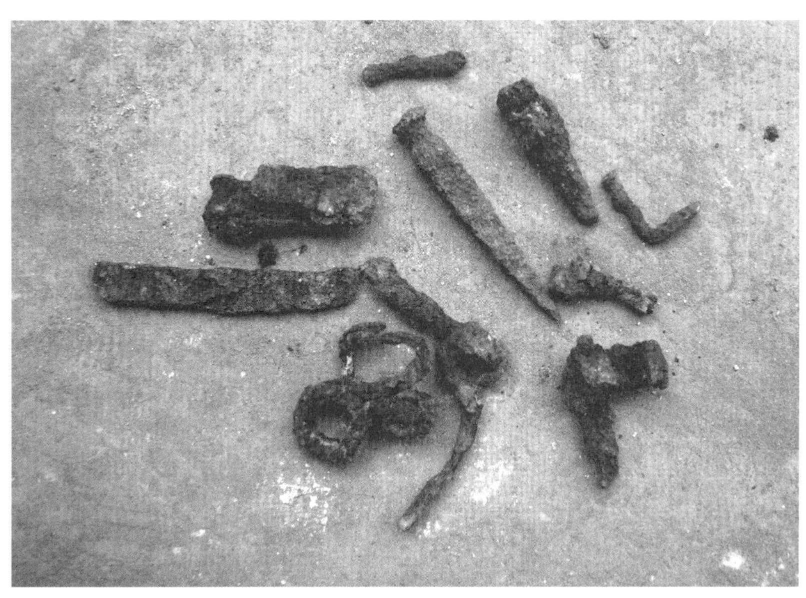

2007 年洪水过后，修复渣滓洞监狱时发现的烈士遗物(2)

越狱的工具。曾经在渣滓洞监狱与江竹筠一起被关押过，大屠杀时脱险的盛国玉说："当时狱外组织要求我们，营救的时候你们要先把自己脚镣、手铐想办法打开，否则拖着脚跑起来难啊。所以我们在放风的时候，轮流在厕所里的木板板上抠钉子，在过道柱子上去找铁的东西。要取出一根钉子和找到一个铁棍棍要好几回、好几个人去干，有的手都抠出了血……。我们牢房找到的东西，就在江竹筠的床下挖了个坑坑，装在尿壶里面埋起来，弄些浮土盖到，取的时候方便……"①

这些物证，可以看出革命志士当年的那种求生欲望，他们不想死，他们想活着出去建设新中国。但是，为了捍卫自己的信仰，他们选择了去死！

盛国玉，1944 年在垫江师范附小毕业后，到大石乡教书，两年后在县第一小学教书。1947 年与地下党员余梓成结婚后，开始从事地下秘密活动。1948 年由于垫江地下党组织被国民党西南长官公署第二处驻垫江侦防组破坏，不幸与傅伯雍一起被捕。1949 年 11 月 27 日，国民党特务屠杀革命志士后，放火焚烧渣滓洞监狱，只有 15 个人从大火中逃生脱险成功。谈到江竹筠，老人激动地说："烈士们流了血，啥子都没有享受到，同江姐比起来，我今天实在是太好了。我一直想写一篇文章纪念他们，但是眼睛看不清楚了，文化又不高，表达不出好的语言。"②

傅伯雍，1947 年 8 月在垫江女中任教时入党，主要做了掩护地下党人员和筹集经费支援武装斗争的工作。1948 年 11 月被国民党特务机关逮捕。他回忆狱中的江竹筠："……她一进渣滓洞就被刑讯，我们都担心她承受不了。老彭惨死、孩子又小，她经常伤心流泪。我们大家都关注她能够挺住吗？直到她被拖回了牢房，大家的担心才被她

① 采访脱险志士——盛国玉。

② 采访脱险志士——盛国玉。

江竹筠 8 月从狱中托人带给谭竹安的信

的勇敢行为所打消。于是大家发起慰问。她，又一次鼓舞了我们！特别是老彭的殉难日，我们决定停止一切娱乐活动。但是，她却坚强地走出牢房，要大家欢乐地庆祝胜利日的即将来临，她的行为太使人崇敬。我们写纸条给她：严刑拷问，并没有能使你屈服。我们深深知道，一切毒刑只有对那些懦夫和软弱的人，才会有效；对于一个真正的共产党员，它是不会起任何作用的。”[①]

看守黄茂才回忆：“江竹筠被捕入狱是1948年6月份，报监后就关押在楼上第四室，单独一人。当时表现很自然，毫不畏惧，进监时她手提白布帕包裹，上身穿浅蓝色长旗袍，脚上穿高跟皮鞋。她身材矮小，很爱清洁，一进四室就把里边打扫得干干净净。没有几天就把她合并进女室。”黄茂才所写的《渣滓洞监狱》中记录了江竹筠、曾紫霞对他的策反[②]：

> 1948年6月江竹筠被押送到渣滓洞监狱来关押，在填写入狱登记表时看见她是自贡市大山铺人，与我都是自贡市人，相隔不远，还是家乡人。……后来曾紫霞就跟江竹筠说我的情况，同时也是自贡市人，因此以后她常同曾紫霞同我接触摆谈，有时还谈到家乡关系，从此我们接触往来就更密切，谈话也随便，任何人也不过问。由于我是管理员身份，可以入牢房查监，这样我们谈话机会很多。有一天，我入女牢了解她们生活情况，曾紫霞、江竹筠就围拢来谈话。江竹筠说：我据曾紫霞介绍你家里情况和目前处境，我们都很同情你。（我说）哎呀，你们还同情我，说实话我现在比你们好得多嘛，比你们自由得多嘛！应该说是我同情你们，为什么年轻轻来坐牢。（江说）黄先生，既然你同情我们，以后

① 采访脱险志士——傅伯雍。

② 黄茂才材料。

有什么事还望你多多关照。我说有什么事尽管找我，你我都是家乡人。没有相隔好久，我午后6点钟入女牢接班点名，江竹筠看没有其他人，顺手放一张纸条在我衣服包里，我回寝室看，她写道：黄先生，你还年轻，不懂，共产党革命目的就是反对地主压迫剥削农民，反对资本家压迫剥削工人，使他们能当家作主，现在得到广大工人、农民和爱国知识分子拥护，根据往后发展，民心所向，资本主义灭亡，是必然规律，望你多学习。我从她对我的启发，结合我出生佃农家庭，亲身经历过地主老板对我一生难忘的一件恨事：我还在读书时代，父亲因劳累过度去世，祖父带我去跟老板娘拜孝，哀求她讨块地安葬我父亲，得到的不是同情怜悯之心，反而恶意说我的地方哪里会答应你埋人呢！多次求她开恩，总是不答应，迫使我们向邻居买块地才安埋我父亲。回忆起这段心痛事，就激起我思潮，大大启发我觉悟，我决心要弃暗投明，……选择这条路是我唯一出路。从此我更同情，更关心他们，凡是我当班值日那天，只要在可能条件下，我尽量维护他们，掩护他们，放风规定15分钟，而我就可放到20或30分钟，眼看他们传递条子也不管。

在江姐她们的教育帮助下，黄茂才转变了。经过试探性地让他送信出去和送信回来，狱中正式决定，开始利用黄茂才为狱内外党组织传递消息。就这样，狱内外党组织的联系通道终于形成了。

通过看守黄茂才，狱外党组织为狱中送去了学习材料，使狱中的同志感觉到了党的温暖；而狱中同志送出了特务看守人数、武装警卫部署情况，又为狱外党组织开始制订秘密营救方案提供了第一手材料。同时，狱中也按照里应外合的要求，开始为营救时能够把铁镣、脚铐打开而秘密寻找铁钉、铁器的工作。渣滓洞的所有政治犯利用放风将铁门闩等坚硬器物悄悄地拔出带回牢房。为了防止监狱突击检查，难友们在牢房床下挖坑，将铁器埋了进去。

黄茂才还专门为江姐送去了家人为她送来的儿子彭云的照片，这给江姐在狱中战胜情感痛苦带来了极大的精神慰藉。

重庆解放前夕，国民党耍弄求和谈判阴谋时，黄茂才还带出了狱中难友提出的“必须保证在押政治犯绝对安全”的意见。

罗广斌在《关于重庆组织破坏经过和狱中情形的报告》中记载江竹筠：“江竹筠受刑昏死三次，杨虞裳失明月余，李青林腿折残废，是每个被捕的同志所共同景仰的。江曾说过：‘毒刑拷打是太小的考验。’在被捕同志们当中起了很大的教育作用。”[①]

江竹筠被捕入狱的时候，在狱中被关押八个月的重庆区委书记李文祥主动要求投敌叛变。他受不了狱中的煎熬，恐惧生命的毁灭，认为活着总比死了好。因此这个不曾在刑法下变节的人，不顾同志们的强烈劝阻和压制，无论如何要去投降叛变，以求生存。当时，狱中同志非常气愤而且有所沮丧，“最后能坚持的一个领导干部也叛变了”。大家的情绪非常低落，甚至有的消沉。但是，大家都担心要出事的江竹筠在遭受酷刑折磨后并没有屈服，反而敢于斗争，她的事迹一下子扭转了渣滓洞监狱的气氛。被关押者从她的身上看到了一种力量！

我们再看一下叛徒冉益智在解放后交代材料中的记录[②]：

> 特务“法官”张界曾告诉他：江竹筠被用筷子夹手指头就昏死过去了，要用凉水喷醒，再夹，又昏死，后来张界想出个办法，用筷子夹她的指头时，慢慢加劲，到了她快痛昏死时就松开，然后又加劲……如此反复折磨江竹筠，但她仍不肯讲什么。彭咏梧，江竹筠的爱人，地下党川东临时工作

① 罗广斌：《关于重庆组织破坏经过和狱中情形的报告》第三部分。

② 特务叛徒交代材料——冉益智。

委员会委员兼下川东工作委员会副书记，已于1947年冬在下川东武装斗争中牺牲死了，江竹筠也是死了心了，什么也不肯讲。

我们再看国民党军法处的法官张界交代材料当中记载[①]：

一天上午，徐远举在他的办公室，把江竹筠提来侦讯，江竹筠着的布衣布鞋，态度非常镇静……

徐问：在万县担任什么工作，领导那些人，有多少武器弹药？

江答：我没有担任什么工作，也没有领导过人，武器不知道。

徐问：你已被捕了，你的情况我完全清楚……你是一个妇女，起不到什么大作用，只要把组织交出来是可以给你自新的……

江答：我有啥子组织不组织，万县地痞流氓多得很，他们是在整我，胡说八道，我没有组织，谁给我领导？我是一个妇女，也不懂打仗，根本不知道有什么武器弹药。

徐：冉益智你知道么？他已经自新了，并且参加我们的工作，你只要把组织说清楚了同样是可以自新的，愿意参加我们的工作也是可以的。

江：啥子自新？我根本就不懂。他们自新关我啥子事，我认不得什么冉益智不冉益智，我没有组织，这是他打胡乱说。

徐：今天不交组织，就不行，一定要你交组织，你交不交？

---

① 特务叛徒交代材料——张界。

江：有组织没有组织是我的事，你们可以逮捕我，但不可叫我交组织。什么是不交不行，不行又怎么样，不行还是不行，我说你们今天一定要放我，不放不行，行不行还不是同样的不行，那为什么你就非要我交组织不可呢？老实告诉你，我没有组织，任凭你怎么样。

徐：你在下川东一带干些什么和那些人在一道干的？你的领导是那些人，把他们的姓名、住址一一交出来！

江：我问你，你为什么逮捕我，我为什么要向你交组织，你为什么不向我交组织？我的领导人有，就是全中国的人民，你去逮捕吧！我在下川东革命，我领导的人是穷苦的劳动人民，你们的户口册子都有。

国民党的少将处长徐远举和国民党的军法官张界解放后都被我们人民解放军逮捕，而徐远举先就关在白公馆监狱。共产党对他们这些人制定了“不审、不判、不杀”的政策，徐远举感受对比颇为强烈。在他被转囚到北京功德林看守所后，写下了十几万字《血手染红岩》的交代材料。

其中，徐远举交代[①]：

我对中共党员的严刑审讯有三套恶毒的手段：1. 重刑，2. 讹诈，3. 诱降。利用他们不堪严刑拷打，利用他们贪生的心理，利用他们的家庭观念，利用他们身上的弱点，用各种威胁利诱和欺骗讹诈来诱惑，以动摇他们的革命意志。如说，你的上级将你出卖了，你不说不行……。施以种种欺骗诱惑，以及生与死的威胁。我认为只要他们说一个字，松一

① 公安档案馆编注：《血手染红岩——徐远举罪行实录》，群众出版社 1991 年版，第 23 页。

句口，就有办法。

国民党特务的手段不可谓不恶毒，分析也是那么合于常理。在江竹筠身上，这三种手段，敌人都用到了，而且她身上的弱点和她的家庭情况，徐远举也抓得很准，但为什么依然不能奏效呢？因为，徐远举的错误在于：他的这种特务逻辑，在信念坚定的共产党人面前，是完全行不通的！

徐远举不甘心失败，他做梦都想着从江竹筠身上扩大战果。于是当天下午，他命令特务继续对江竹筠审讯，一定要撬开她的嘴，挖出下川东游击队的组织情况。但是，从一点到四点，特务始终没有从江竹筠嘴里得到任何一点他们想要的情况。

一天两次动刑，毫无收获。面对江竹筠的坚贞不屈，国民党特务非常沮丧，我们来看看国民党军法官张界的无奈[①]：

> 一天我和余海文一道到了渣滓洞，对江烈士进行侦讯迫害，江烈士很镇静，毫不畏惧，我问她最近有些什么想法，组织没有交，肯定是还要问你的，你不交，又要用刑……。她说：我一点没有考虑，这些事有什么可考虑的呢？我没有可说的！随你们，用刑也随你们，杀我也随你们。我问你在万县做什么事，怎么逮捕你的……？江烈士说：我是在万县地方法院当书记的，逮捕我的时候，也不知是什么事……刑的痛苦我已受够了，我的手到现在都是痛的，你们要杀我就快一点，不要这样的来迫害人，有什么用处呢？……我实在是对她没有办法了……！

① 特务叛徒交代材料——张界。

恰好相反的是，敌人的绝望和沉闷，带给整个渣滓洞监狱难友们的却是希望和感动。狱中的沉闷空气散开了，取而代之的是难友们重新燃起的坚持斗争、保持气节的信念。

渣滓洞难友们对江竹筠这种机智勇敢坚强而不可摧毁的革命意志深为敬佩，于是集体对她发起了慰问活动。他们有的靠着牢房门口挥拳致意，有的双拳紧握牢门晃动。当时，最多的慰问方式就是用一些纸条写称赞、鼓励的话语，其中，渣滓洞男牢房何雪松代表难友创作了一首诗赞美江竹筠的革命意志，慰问诗中写道："你是丹娘的化身，你是苏菲亚的精灵。不，你就是你，你是中华儿女革命的典型！"诗歌把江竹筠比作苏联卫国战争时期的女英雄丹娘和沙俄时期反抗强暴的苏菲亚，对江竹筠顽强不屈的意志给予由衷的赞扬。躺在牢里听着难友读着慰问信和这样的诗句，江竹筠心里得到巨大的安慰。但是敌人不肯罢休，仅仅是两天后，法官张界第三次对她进行审讯。这次，特务一上来就用竹筷子夹住她的双手，要她说出组织关系。双手已经严重受伤的江竹筠咬紧牙关，拒绝回答一切提问，特务甚至还用卑鄙下流的语言刺激她，逼她招供，江竹筠却抱着一个主意：打死不说一个字！特务一次次拉紧了竹筷子，直到她又昏死过去，仍然没能从她嘴里得到一个字。

敌人的失败，就是革命者的胜利。

当江竹筠受完刑被拖回牢房时，所有的难友都挤到门口，呼喊口号、唱歌以示敬意。这时，不知哪一个牢房喊了一声"江姐"，从此，"江姐"就成了大家，也是今天的后人们对江竹筠的一个尊称，因为，她确实让人肃然起敬。

罗广斌在他《关于重庆组织破坏经过和狱中情形的报告》中写道[①]：

---

① 罗广斌：《关于重庆组织破坏经过和狱中情形的报告》第三部分。

1949年1月16日，是彭咏梧同志死难的周年纪念日，为了鼓舞士气，渣滓洞的全体难友决定举行纪念活动，以缅怀这位为党的事业忠贞不屈、肝脑涂地、壮烈牺牲的战士。难友这一天停止了一切娱乐活动，一封封安慰信秘密地送到了江竹筠的女牢，一首首化悲痛为力量，乾坤不扭转牢底必坐穿的豪情诗歌送到了江竹筠的手中。江竹筠哭了，她的热泪如泉涌，在这铁窗黑牢里，她享受到了人间的真情。她对同室的难友说："我的丈夫，同志，战友，是被敌人打死而割下首级的，今天来纪念他，愿与大家继续努力，来完成我们的最后任务……"

……毒刑、拷打是太小的考验，算不了什么。当天，她起草了一份学习讨论的大纲，希望渣滓洞全体难友进行讨论和自我总结。这份讨论大纲的主要内容有三个部分，1. 被捕前的总结，2. 被捕时的案情应付，3. 狱中学习的情形。每项有详细的提纲，后来各室分别酌量进行了讨论。不久，蒋引退，局势好转，各室的学习便展开了。

江竹筠知道自己不可能在狱中有多少生存时间，当曾紫霞出狱的时候，江竹筠托曾紫霞带出了一封信，对自己的儿子做出了这样的交代[①]：

竹安弟：

……假如不幸的话，云儿就送给你们了，盼教以踏着父母的足迹，以建设新中国为志，为共产主义革命事业奋斗到底！孩子们决不要娇养，粗茶淡饭足矣！么姐是否仍在重

① 江竹筠档案，A23。

庆？若在，云儿可以不必送托儿所，可节省一笔费用，你以为如何？就这样吧，愿我们早日见面。握别。愿你们都健康！

这封由竹筷子磨成的笔，棉絮烧成的灰兑水成墨，写在泛黄的毛边纸上的信，成了江竹筠生命里最后一封家书。这封家书表达了她对孩子的思念和殷切的希望，读来感人至深，催人泪下。

徐远举在《血手染红岩》材料中交代[①]：

1949年8月，蒋介石偕毛人凤到重庆布置屠杀。毛人凤分别向张群、杨森、王陵基及卢汉将军传达了台湾的决定，谓："过去因杀人太少，以致造成整个失败的局面。"又谓："对共产党人一分宽容，就是对自己一分残酷。"饬令军统西南特务机关立即清理积案。

在歌乐山业务资料B—144中有徐远举、周养浩关于在电台岚垭屠杀江竹筠等30多名革命志士的一段交代：

10月底，徐匪又派雷天元及渣滓洞看守所长李磊，行动组长熊祥等将决定秘密杀害的32名烈士以转移地点为名骗离渣滓洞监房，分别捆绑押赴"中美合作所电台岚垭"，由刽子手熊祥、徐贵林、王少山等七八人用卡宾枪分别射杀，刑场外围由中美交警大队及伪西南长官公署警卫连严密警戒，在屠杀前台湾方面曾指示将屠杀烈士情况摄成照片送往备查。

① 公安部档案馆编注：《血手染红岩——徐远举罪行实录》，群众出版社1991年版，第66页。

这是当时国民党屠杀革命志士的请赏书：

一、奉令密裁匪谍案，遵奉准预定计划于本（卅八）年十一月十四日执行完竣。

二、依从前签第五项六款，“于任务完毕后另核给奖金”一节，并本准在案，谨将办理该案人员分列于后：

1. 主办人员六员。（雷天元、李磊、张界、熊祥、漆玉麟、龙学渊等同志）

2. 执行人员十员。（警卫组组员四人，行动组组员六人）

3. 押解警卫军士廿名。[由抓（渣）滓洞至转运站至南（岚）垭全长五里徒步]

4. 挖坑掩埋军士十名。（在刑场工作四天）

三、上列各员拟请分别核给奖金若干，以示激励。

四、拟将办理情形签呈毛先生校阅（附稿）

当否乞

核示

为屠杀江竹筠等革命志士，国民党特务制定了详细的计划。在歌乐山烈士陵园的档案B—10中有一份国民党西南特区关于在电台岚垭屠杀30名“政治犯”的密件：

奉令密裁匪谍三十名一案，遵照指示会同二处二课课（科）长雷天元同志、警卫组组长漆玉麟同志、第二看守所所长李磊同志、本区行动组组长熊祥同志等，研究商讨乃于本（十一）月七日先赴造时场实地勘察并即研究执行技术问题，谨将研商结果与意见分陈（呈）于后：

一、执行主官拟由本区二处二科、科长共同负责主持。

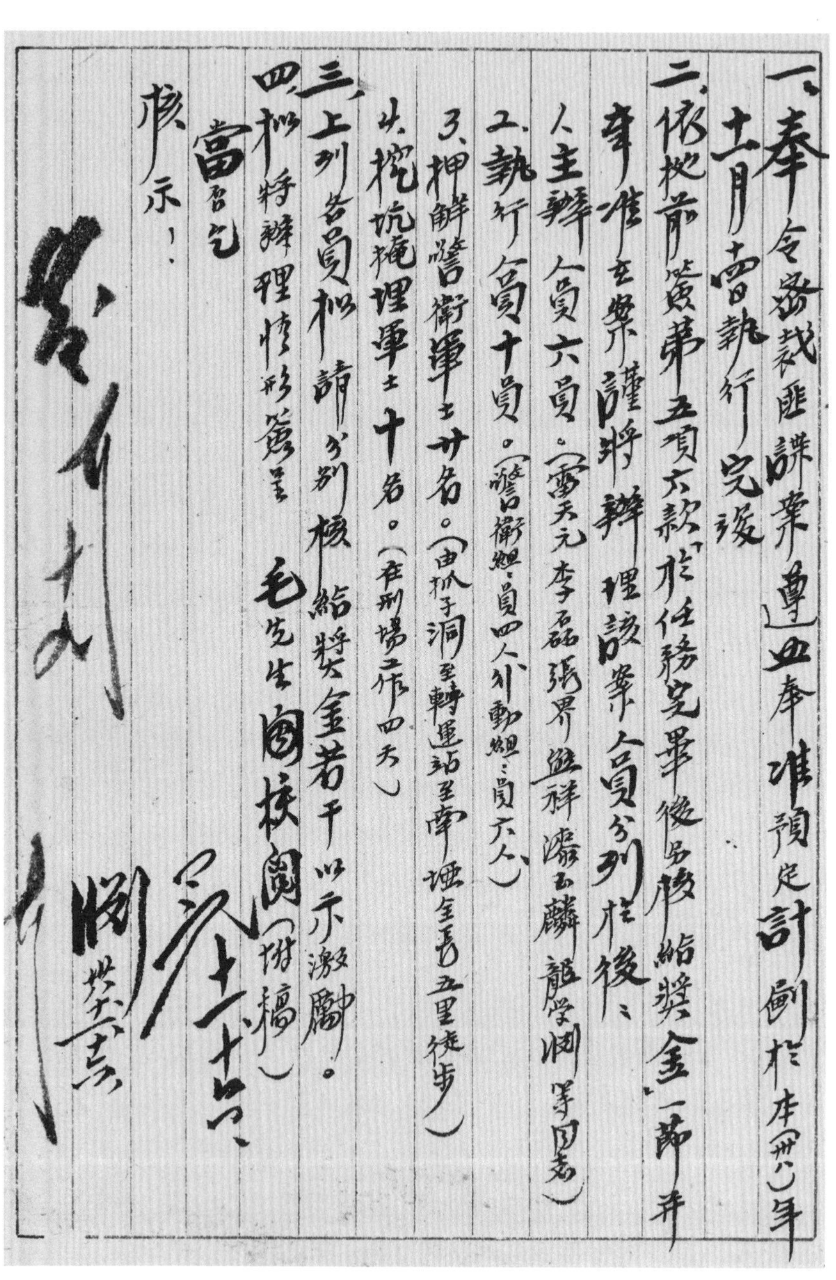

一、奉令將戕匪諜案遵照奉准預定計劃於本（卅八）年十一月十四日執行完竣

二、依照前簽第五項六款「於任務完畢後分別給獎金」一節并簽准在案，謹將辦理該案人員分別列後：

1、主辦人員六員。（雷天元 李磊 張界 熊祥 漆玉麟 龍學渊 等六員）

2、執行人員十員。（警衛組員四人 行動組員六人）

3、押解警衛軍士廿名。（由渣滓洞至轉運站至電臺嵐埡全長五里徒步）

4、挖坑掩埋軍士十名。（在刑場工作四天）

三、上列各員擬請分別核給獎金若干以示激勵。

四、擬將辦理情形簽呈 毛先生閱核（擬稿）

當否乞

核示。

十一、十六

屠杀江竹筠等特务请赏书

二、执行地点经实地勘察结果拟以造时场山后南垭（即前本局电信总台）为最适宜，该地区无人居住，仅有卫兵二人，事前可先调离，由挖坑组人员驻守，以保机密。

三、执行工具拟用手枪予以击毙。

四、执行时间拟于挖坑工作完成后之次日开始执行。为便利拍照起见仍以白天执行为宜。

五、执行布置与准备：

1. 拟设挖坑组，由警卫组派警卫六名，本区派警卫二名，以出公差名义携带行李，事前不告知其任务与地点，由熊组长祥偕事务员易大清率领，赴指定地点开始掘坑工作。在工作期与外界隔离，食宿由区负担，膳食由易大清同志负责办理（购炭米自办）。挖坑三个，每个一方丈宽，二丈深，预计二日至三日完成。

2. 拟设执行组，派熊祥组长负责，以本区行动组六人、警卫组二人担任执行。

3. 摄影工作拟由张法官界担任，为免照坏慎重起见，借备相机两部，并购备胶片，每机对匪尸连拍两次，以免冲洗不清之虞。

4. 拟分三批执行，以十人为一批，于一日内完成密裁任务。

5. 拟请发购置挖坑工具、相机、胶片、膳食等费用五百元，并拨卡车壹辆，事后报销。

6. 拟于工作毕后，会同二处签请核给奖金。

六、执行步骤，拟以新设立第三看守所名义将第二看守所移解三所藉以掩护，免在押人犯骚动，于提解时，由张法官界、李所长磊讯明正身制作笔录并签名后提至刑场枪毙，并由主官莅场验明无讹，于尸身标识姓名摄成照片后由掘坑组掩埋，又于执行时其警戒由挖坑组担任，掩埋时由执行组担任警戒，事毕报备。

七、执行时之受刑名单由二处二课（科）造册办理。

八、拟执行时地报台局备查，执行完毕检具照片名册报台局核备。

……

1949年11月14日晚，特务们突然对着女牢喊：“0384号收拾行李，转移地方。”0384号，就是江竹筠——小说《红岩》中江雪琴江姐的囚徒编号。大家知道，敌人所讲的“转移”，实际就是下毒手的惯用说法。为了麻痹政治犯，敌人往往还故意煞有介事地打招呼“都把自己的东西带好，不要忘记了”。

这一天，一群武装特务突然出现在女牢门口，高声叫着江竹筠、李青林等人的囚徒号码，要她们赶快收拾行李。江竹筠、李青林等人以转移为名被押出渣滓洞监狱。江竹筠换了一身干净的衣服，她劝慰难友不要哭，从容地走出牢房，挥手向男牢的难友们微笑地告别。她知道，最后的时刻到了，为自己的信仰献身的时刻到了。虽然自己没有看到胜利，但是，新中国早在一个月前就在北京宣告成立了，敌人的举动恰好说明，重庆解放已是指日可待。她把自己的东西全部送给了难友，唯一带走的就是儿子彭云的照片。

她轻轻地亲吻了一下照片上的云儿，然后脱下囚衣，把照片放进贴胸的口袋，穿上自己的蓝色阴丹士林布旗袍，再罩上自己的红色毛衣，梳好头发，以这样从容而美丽的姿态走向牢门，走向了一个年轻生命的尽头，也走向了一个伟大灵魂的永恒和不朽。

江竹筠和难友们一一告别。难友们知道，江姐这一去就再也不会回来了，她们哭了。江竹筠轻轻拂去她们眼角的泪水，微笑着点头，昂首跨出牢门。她还搀扶着受刑断腿的李青林，往外走去。听到哭声，两人又回头向站在门口凝望的难友挥手告别。

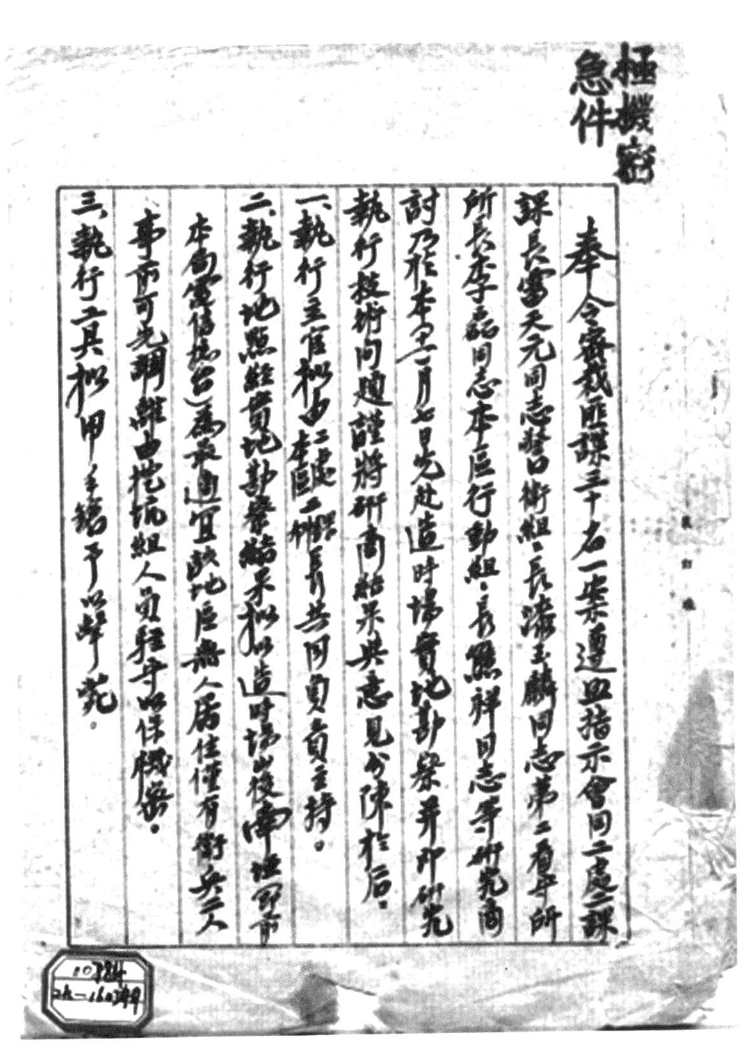

極機密
急件

奉令審裁匪諜三十名一案遵照指示會同二處三課課長富天元同志暨警衛組組長潘玉麟同志第二看守所所長李磊同志本處行動組組長熊祥同志等研究商討乃於本年十一月七日先赴造時場實地勘察并即研究執行技術問題謹將研商結果與意見分陳於后。

一、執行主官擬由二處本處二科科長共同負責主持。

二、執行地點經實地勘察結果擬以造時場山後電台嵐埡（本局電訊總台）爲最適宜該地區無人居住僅有衛兵二人事前可先調離由總台組人員駐守以保機密。

三、執行工具擬用甲式手槍予以處決。

屠杀江竹筠等烈士的计划书(1)

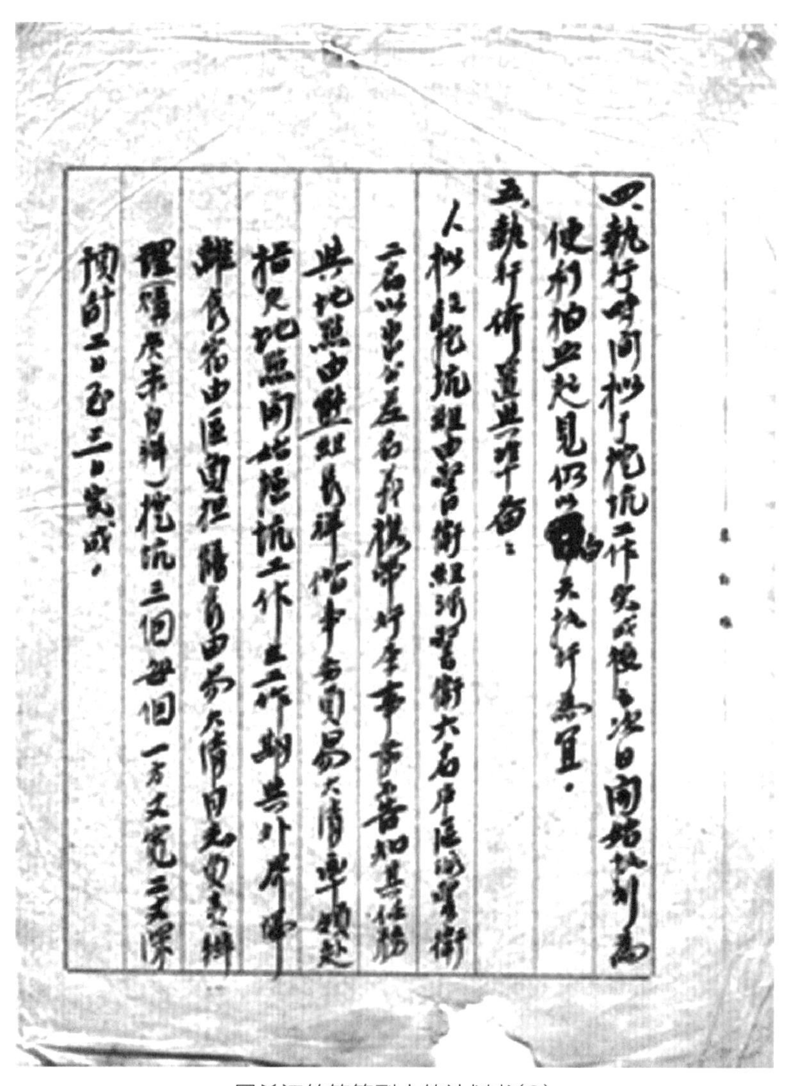

四、執行時間於了挖坑工作完成後之次日開始執行為
使彼們相無起見仍以[illegible]夫執行為宜。
五、執行佈置與步驟：
人犯之挖坑組由警衛組派警衛六名押往區隊警衛
二名以出公差名義携帶行李等事前不告知其任務
其地點由監組組長詳作事前周密之情準備赴
指定地點開始挖坑工作其工作期其外存備
雜食宿由區隊部隨同由承大情自先負責辦
理（伙食來自辦）挖坑三個每個一方丈寬三丈深
預計二日至三日完成。

屠杀江竹筠等烈士的计划书(2)

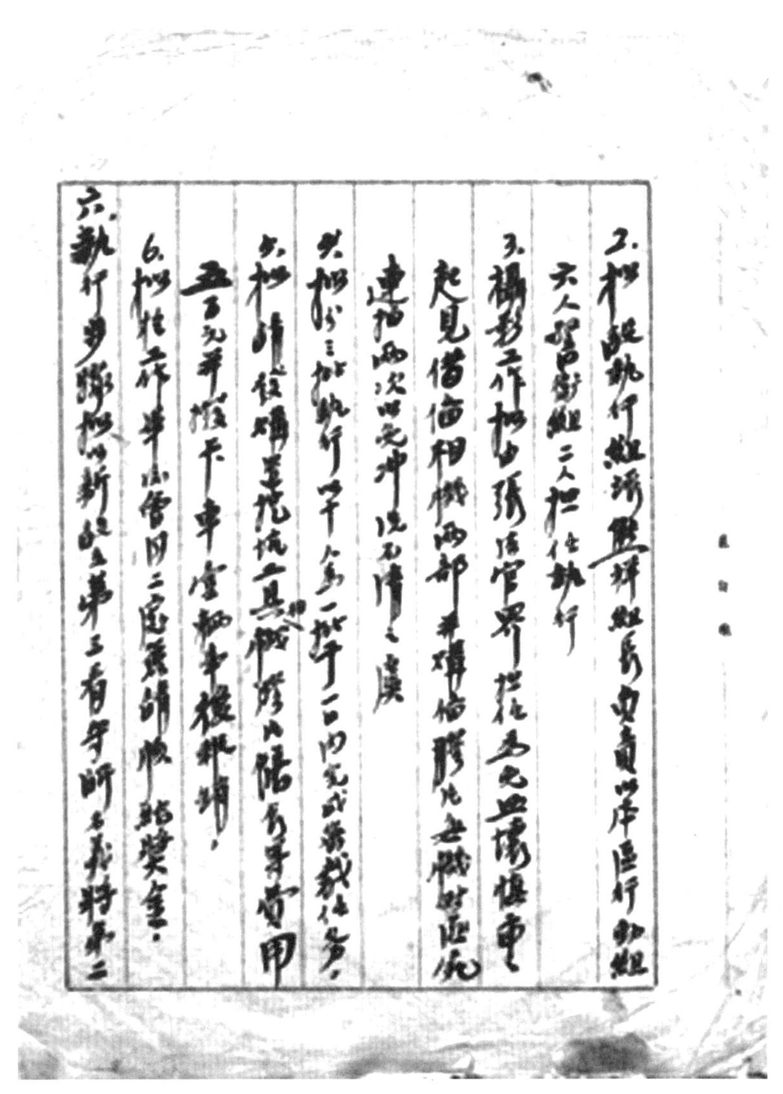

屠杀江竹筠等烈士的计划书(3)

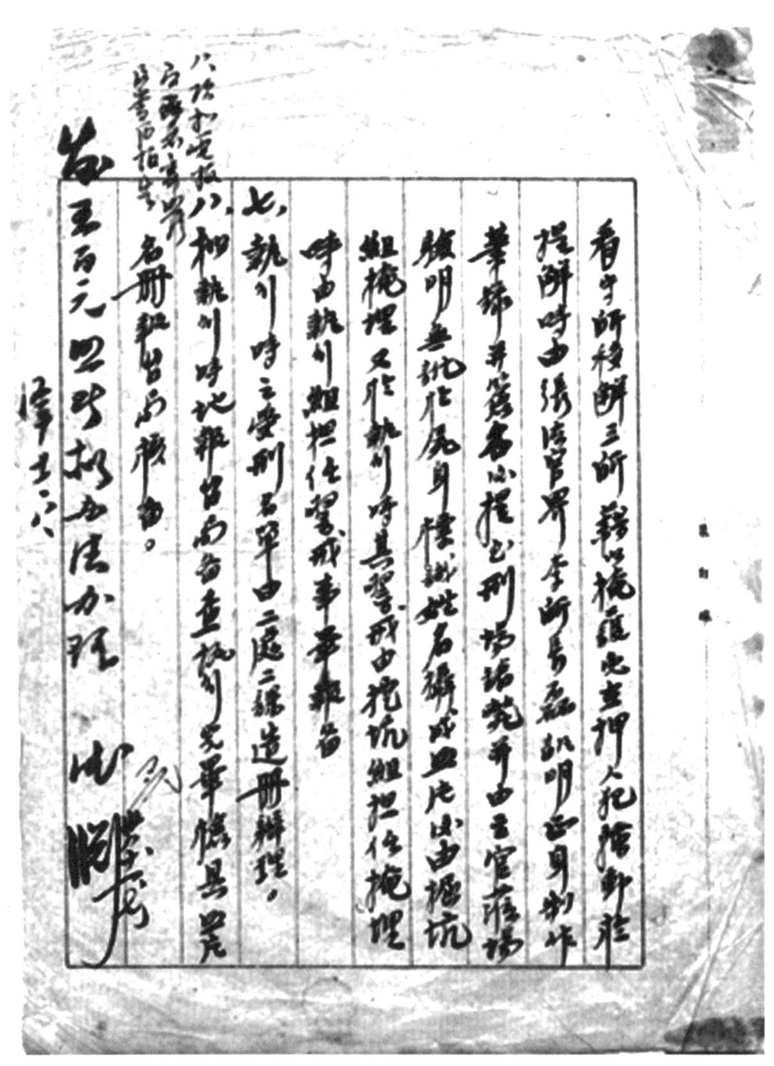

屠杀江竹筠等烈士的计划书(4)

在电台岚垭刑场，江竹筠环视四周的松林，远眺高高的青天，她深深地吸了一口气，眼泪止不住从她的眼里流了出来！她就闭上了双眼，她想到了老彭，她仿佛看到了她的儿子在红旗下成长，她……罪恶的枪声响了，江竹筠倒在了血泊之中，鲜血染红了她身边的小花。

国民党军法处法官张界解放后的交代材料中记录了江竹筠在刑场上的情况[①]：

> ……徐匪远举制定了杀人计划，要我去拍照，当匪特将江烈士押上山坡，江烈士看出了反动派即将杀害他们的阴谋，便高呼“中国共产党万岁！”“打倒反动派！”……的壮烈口号。刽子手听她喊口号，十分惊恐，不到指定的地方，枪都响起来……

她，爱她的儿子，爱她的丈夫，她渴望有一个温馨、安定的小家庭。但她也忠诚和热爱为大多数人谋幸福的共产主义壮丽事业，她无怨无悔地为自己追求的事业抛弃个人的一切，以极大的精神力量去战胜内心里的那种情感的眷念和痛苦，勇敢地面对死亡而“面不改色心不跳，就像回家一样”！

这样的情怀，值得我们永远景仰，也永远珍藏！

江竹筠在给家人写的书信中表达了对丈夫的思念：

> “活人可以在活人的心里死去，死人可以在活人的心中活着”，你觉得是吗？所以他是活着的，而且永远的在我的心里。

---

① 特务叛徒交代材料——张界。

就像彭咏梧永远活在江姐心中一样，江姐也永远活在人们的心中，成为共和国永不褪色、耀眼的红色记忆！

在红岩英烈中，有很多像江竹筠这样的人。在真理与邪恶之间，他们选择了真理；在生与死之间，他们选择了死；不为利禄所诱惑，不为酷刑所屈服，高度的气节建立在高度的理性之上；他们有七情六欲，他们也是血肉之躯，他们大多是风华正茂的青年人，他们渴望爱情的温馨，他们有着自己爱好的天地，他们热爱生活，向往自由；但是，他们更懂得人活着的意义！为了免除下一代的苦难，他们抛弃了一切而义无反顾；为了人民，为了理想，为了真理，在烈火与热血中，他们像“夸父逐日”直至死去！他们的躯体倒下了，他们的人生价值却获得了最充分的展现。

习近平总书记指出：“解放战争时期，众多被关押在渣滓洞、白公馆的中国共产党人，经受住种种酷刑折磨，不折不挠、宁死不屈，为中国人民解放事业献出了宝贵的生命，凝结成‘红岩精神’。”红岩精神中最重要的就是坚如磐石的理想信念。人只有献身社会，才能找出短暂而又永恒的生命意义，这也是红岩英烈们用生命铸就的伟大人生实践。红岩精神已成为了中国历史文化传统和优秀的人文精神的一部分。

这种历史文化传统和优秀的人文精神积淀一直推动着中华民族不断地探索前进。

我曾讲过 2000 多场红岩魂《信仰的力量》《忠诚与背叛》的报告，报告会后听众与我讨论最多的就是：“今天的人不可能像他们那样敢于去献出生命！”“现在的人难有他们那样的信仰！”当前社会有不少人认同这种观点，但是，庚子年的一只“黑天鹅”，彻底搅乱了中国人上百年来的传统喜庆，“新冠肺炎”威胁中国人的生命！一个震惊世界的动作就是：国家一声动员：4 万多名医生连夜奔赴武汉，一省包一市，全国所有医疗物资和设备向湖北集结！一个号召：14 亿国人春节不出门，不计得失也不添乱！一份责任：数百台挖掘机同时上阵，10 天建成了火神山医院，12 天建成了雷神山医院，很多工人不要工资就走了！

当时许多医院领导、科室主任大多都是在与家人团聚，突然接到电话去参加紧急会议。在返回医院途中就迅速通知能够回来的立即在医院集结，要去武汉抗疫。所有回来的人都写了上前线的申请书，最后规定党员先上。虽然有紧张，不知前面会是怎样，但没有胆怯，没有人去想生死问题，没有考虑有什么危险。传统文化思想道德中的生命至上，驱使着医生护士的良知行动，国家利益至上激发着每个专业人士的使命感积极投身到战疫前线去。

新冠肺炎疫情犹如一场风暴席卷而来，让人猝不及防，它追问生死，也拷问人心。面对这场没有硝烟的战争，中国人民在灾难面前表现出高度的自觉性和服从性，令世人震撼。这种高度自觉的背后所体现的是中国人民在民族大义面前所作出的正确选择，体现的是“天下兴亡，匹夫有责”的家国情怀。对广大共产党员而言，抗击新冠肺炎疫情就是要担负起党和人民赋予的责任，实现当初入党宣誓时的承诺，做到对党和人民的绝对忠诚。

什么是绝对的忠诚？个人服从组织、下级服从上级、全党服从中央。共产党员是置国家民族利益于个人之上的先进分子，在庄严宣誓那一刻起，“绝对忠诚”就镌刻于心。

红军时期的“永不叛党！”

抗日战争时期的“为共产主义事业奋斗到底！”

解放战争时期的“百折不挠永不叛党！”

新中国成立初期的“随时准备牺牲个人的一切，为全人类彻底解放奋斗终生！”

十二大以后的入党誓词“随时准备为党和人民牺牲一切，永不叛党”。

各个时期的入党誓词反映了时代的特征，但“永不叛党”是共产党员最基本也是最重要的要求，是绝对忠诚的集中体现，是共产党员对党作出的一生承诺。

六　临刑寄语

——狱中八条

1949年11月，歌乐山下，悲声壮绝！

从1949年10月1日新中国成立到11月27日被屠杀的最后五十七天的日子里，革命志士从大喜到大悲，从盼望出狱到面对死亡，从要死得其所到血与泪的嘱托，他们要用死亡捍卫生命的意义，他们要用生命表达自己的绝对忠诚。

生命的存在，死亡的出现，是客观存在的自然规律。

试图把生命个体的物质现象予以永恒的努力，在人类历史发展的过程中没有成功的记录。

生是物质运动的必然，死也是一种必然。

在死亡这个问题上，有的人不考虑它，也不存在恐惧，该干什么就干什么，该死的时候就死；

有的人害怕它，尽量地回避，很小心地过生活，保护自己，但最后也躲不了死亡的来临；

有的人把死看成是自己的终极，故十分看重生的作为和活的质量，死亡来时也无悔；

还有的人，对死却是有准备的，毫不畏惧，或者是主动的，白公馆、渣滓洞被关押的革命志士就是面对死亡，死得其所。

“五星红旗”、新中国成立！这一消息使狱中的难友们无比兴奋，他们梦寐以求的目标变成现实，多少人为之奋斗的目标今天终于实现，他们互相拥抱、在地上打滚，他们用铁镣、脚铐相互碰撞，发出清脆的声响，以表达对人民共和国成立的崇敬之情。胜利的来临使难友们暂时忘却了身陷囹圄，喜悦的心情使他们对未来产生许许多多的憧憬。每一个人都在猜想新社会的种种，每一个人都在想象新社会适合自己的工作，每一个人都在判断能够出狱的时间和方式……

白公馆的脱险志士郭德贤回忆说[①]：

那一段时间，我们每一个人都很开心，每一个人都很高兴，有的说要出去当教师，有的说要出去当工人，也有的说要回家去种田……总之，那个时候已经开始在为个人的一些计划做考虑……

白公馆的脱险志士杜文博回忆说[②]：

新中国成立的消息使那些特务、看守也不敢像平常那样对我们严加管束了，他们也在为自己的后路作打算，所以，我们有相对的自由了，我们在一起讨论最多的就是怎样被放出去，或是谈判移交或是集体释放，当然，我们也对敌人最后的疯狂有一定的准备，但更多的却是相信我们能够活着出去……

渣滓洞的脱险志士刘德彬回忆说[③]：

那个时候，我们通过与狱外党组织的联系，知道了人民解放军解放大西南的一些情况，同时也发现看守所里的情况有些不对，搬东西、烧文件，一副要撤退的样子。新中国的消息传到牢房，我们是无比的欢呼，大家是敲碗敲盆子，甚至是高声呼叫，我们当时最大的希望是狱外党组织对我们的营救，也想过解放军打起来，把我们救出去，总之，对活着

① 采访脱险志士——郭德贤。

② 采访脱险志士——杜文博。

③ 采访脱险志士——刘德彬。

出去大家是很有信心的……

渣滓洞的脱险志士盛国玉回忆说[①]：

胜利的消息传来，我们拥抱，我们欢呼，出现了牢房里从来没有过的一种气氛，我也在想，我们终于可以解放了……！

狱中的难友根据报纸上和特务看守的嘴里获得的有限消息，仔细分析战况，计算着重庆还有多少时间解放；有的难友甚至还趁看守的不注意，跑到办公室收听新华社的广播，了解人民解放军进展的情况；难友们压抑不住心中的喜悦，对新中国有许许多多的想象，甚至对出狱也是抱有希望。从他们留下的一些只言片语中，我们可以感受到他们对生的渴望！但是在死亡面前，他们没有因向往胜利而转变立场、他们没有因新中国成立而放弃斗争，“绝不叛党”是他们不可动摇的信念。

新中国成立的消息传到渣滓洞、白公馆以后，难友们无限喜悦，为之奋斗的新中国终于成立，五星红旗高高飘扬！为表达对共和国成立的崇敬之情，狱中同志拆下一床红色的被面做了一面想象中的五星红旗，罗广斌还为此写诗一首：

我们有床红色的绣花被面，
把花拆掉吧，这里有剪刀。
拿黄纸剪成五颗明亮的星，贴在角上，
再找根竹竿，就是帐竿也罢！

① 采访脱险志士——盛国玉。

瞧呀，这是我们的旗帜！
鲜明的旗帜，猩红的旗帜，
我们用血换来的旗帜！
美丽吗？看我挥舞它吧！

别要性急，把它藏起来呀！
等解放大军来了那天，
从敌人的集中营里，我们举起大红旗，
洒着自由的眼泪，
一齐出去！

革命志士倾注自己的全部情感在监狱这个战场制作了五星红旗；革命志士多么盼望打着红旗去迎接解放！

可惜，这面红旗最终未能打出去①。

在国民党溃逃重庆之际，对关押在渣滓洞、白公馆的革命志士进行了惨绝人寰的屠杀！

屠杀从 1949 年 9 月开始，分批在进行。面对新中国成立而无限兴奋的革命志士感觉到了死亡的逼近。新中国的成立，使他们感到死得其所，无上荣光。但是，地下党组织被破坏造成的惨痛损失，又使他们无限地悲伤。

---

① 红旗做好后被难友们藏在了牢房的地板下。1949 年 11 月 27 日，保密局下令对关押在白公馆、渣滓洞的革命者实行屠杀！解放后，在清理烈士遇难现场时，罗广斌回到牢房，从牢房地板下取出这面红旗。解放初期，这面红旗随着白公馆、渣滓洞革命烈士狱中斗争的事迹一同展览。在重庆展出以后，又被调到北京、天津、大连展出，后应首都观众的要求，再次回北京展出。后来，因为筹建国家博物馆，这批展品包括红旗、血衣等物品放在一个大缸中密封保存，当之后再次开缸时却发现全部物品已经霉变、破损。所以现在白公馆监狱展出的那面红旗，是根据脱险志士的回忆复制而成的。

党内今后还会出现像刘国定、冉益智等那样的叛徒吗？我们被捕不都是由于叛徒的出卖吗？

狱中同志明白：

胜利之日就是死亡的逼近！

狱中同志认为：

死亡无所谓，关键是要死得其所！

狱中同志坚持：

在任何情况下绝不玷污党的荣誉！

狱中同志提出：

要分析讨论总结地下党的经验教训，为执政了的党作参考！

在狱中，张国维[①]分析：

罗广斌的哥哥罗广文手握重兵，是固守四川、重庆的主

① 张国维（张文江），1939 年加入中国共产党。1940 年高中毕业后，赴重庆江北地区兵工署第五十工厂做工运工作，担任民建、蜀都中学教师。1942 年考入四川大学经济系。1947 年 12 月成立了由重庆市工委直接领导、以学运中心沙磁区为基地的沙磁学运特别支部，刘国鋕任特支书记，张国维任支委。1948 年 4 月被国民党特务逮捕，关押在渣滓洞监狱。他曾领导过罗广斌从事学运工作。

力部队，受蒋介石倚重。罗广文本人与国民党特务头子徐远举又有私人交情。因此，罗广斌是被捕的人中最有可能活着出去的。

张文江告诉罗广斌：……以前在外面搞地下党，成天风风火火，一切听从组织的安排，领导怎么说就怎么干，对上边交办的事很少去想过“为什么”。这次进来了，也闲了，就常常回忆过去的工作经历，这才发现是有很多问题的，解放战争我军节节胜利，我们的农村武装斗争却搞一次败一次，大形势越来越好，而我们的直接面对的环境却越来越坏！我们秘密工作都要求单线联系，不准有横的联系，按理出几个叛徒不应该造成这么大的危害，可这次几乎是被一锅端了！你看现在渣滓洞，过去想见见不着的人，现在天天见着了，过去不想见的人，现在天天也在一起了，重庆地下党的各级领导和各个机关的干部大多到齐了！

江竹筠以她在领导机关工作的所见所闻深刻地提出：不要以为组织是万能的，我们的组织里还有许多缺点。崇拜上级，迷信组织，以为组织对任何事情都有办法，把组织理想化了，加上上级领导人，高高在上，不可捉摸，故意说大话，表示什么都知道，都有办法，更使下级干部依赖组织，削弱了独立作战的要求。我们要相信的，不是经常以组织的代表、组织的化身等面貌出现的领导人，而是组织的目标(这个目标是组织中个体的共同意愿)，以及为实现这个目标而通过有效的组织形式和组织方法产生的巨大的组织力量。这个组织力量，远远大于组织内个体力量的简单相加；个体力量增强，组织力量则会增加；个体力量减弱，组织力量则会削弱；小部分个体力量的损失，会削弱组织的力量，却不足以摧毁组织的力量。因此，在狱中对她慰问时她就指出要从被捕前的情况、狱中问案情况和狱中学习情况三个方面认真讨论总结。

彭咏梧牺牲后，江竹筠压抑心中的悲痛，全身心投入到新的斗争。她尽自己的力量来处理彭咏梧牺牲后的善后工作，总结经验教训。1948 年 4 月 15 日，江竹筠在给友人的信中写道："政府尽力围剿以后，四乡都比较清静。最近两个月以内可能没有事情发生，正反省从前的错误另定新策，以后乡下人可能少吃一点苦头。"这时，离彭咏梧牺牲已整整 3 个月。

许晓轩在狱中被关押十多年，从所见所闻的分析中提出：

要严格整党、整风，保持组织的纯洁性。

许建业以自己轻信看守，送信到狱外而被告密所造成的损失沉痛地提出：

切勿轻视敌人。

刘国鋕、陈然等人提出：

党组织有的领导人，存在有严重的两面性，要防止今后党内出现刘国定、冉益智这样的叛徒！

狱中同志结合自己为什么被捕等情况，分析总结了大量的经验和教训。

狱中同志要求出身豪门的刘国鋕和有军阀家庭背景的罗广斌记住狱中同志讨论总结的所有情况，因为他们两个人的家庭都在不断地采取各种方法营救他们出狱。

在大屠杀中，刘国鋕首先被押出枪杀。罗广斌最终策反看守杨钦典脱险成功。

1949年11月27日，重庆解放的前三天，屠杀达到了高潮。屠杀首先从白公馆开始，到下午4点左右开始分批屠杀。到晚上9点左右，渣滓洞看守所所长李磊按照“天亮前必须枪决完全部人犯”的要求打电话要白公馆的枪手先到渣滓洞增援，一时特务们全部聚集于渣滓洞去执行屠杀。罗广斌突然发现白公馆的枪手一下子全部撤走了，只剩下看守班长杨钦典。罗广斌等人以为是不是解放军打到重庆，敌人全跑了，于是罗广斌喊叫问：杨班长是怎么回事？

杨钦典如实相告：上面有通知，先到渣滓洞，去把那边的人全部解决。你们怎么办，我没有接到通知。

在这千载难逢的机会面前，罗广斌对杨钦典做起了攻心策反工作。“我平常对你说的，解放军打到重庆不出三五天就要变成现实，你要想活命，你要想回河南老家孝敬父母、养家糊口，你现在就必须要有立功的表现，否则你今后跑不出重庆，回不了老家，你双手沾有我们共产党人的鲜血，你不立功赎罪，你是死路一条！”

杨钦典心里是乱七八糟，国民党团以上的干部发机票去台湾，团以下的发遣散费，而我们这些小班长无人过问、前途不明啊！

杨钦典痛苦、矛盾、难以抉择，他在挣扎。

罗广斌加速对杨钦典进行策反教育：“给你的时间不多了，我们死无所谓，但是你的父母怎么办？你的家庭怎么办？不要犹豫了，站到我们这边，跟我们一起行动吧！”听了罗广斌的话，杨钦典横下一条心对罗广斌说：“行！我干！”

为了慎重起见，杨钦典对罗广斌等人说：“我到楼上去观察一下，看看外面的动静，你们听见我在楼上跺脚，你们自己就跑出去。”

在白公馆的楼上，杨钦典看着白公馆外漆黑一片，听见渣滓洞监狱那边枪声不断，他望着天空，紧闭双眼，抬起脚来往木地板上使劲地跺了三下，然后靠在栏杆上，看见罗广斌他们19人全部跑出了白公馆。

死里逃生越狱脱险后的罗广斌奋笔疾书，整理狱中同志讨论总结的情况，在 1949 年的 12 月 25 号，他将狱中同志讨论总结的情况，整理形成了一份《关于重庆组织破坏经过和狱中情形的意见》的报告。罗广斌的报告第七部分记载了狱中同志讨论总结的八个方面的经验教训，也就是“狱中八条”意见：

（一）防止领导成员的腐化；

（二）加强党内教育和实际斗争的锻炼；

（三）不要理想主义，对上级也不要迷信；

（四）注意路线问题，不要从右跳到左；

（五）切勿轻视敌人；

（六）重视党员特别是领导干部的经济、恋爱和生活作风问题；

（七）严格进行整党整风；

（八）惩办叛徒、特务。

这八条意见是革命烈士对党绝对忠诚的体现，这八条意见是革命烈士对执政了的党的殷切忠告，这八条意见的核心观点就是五个字——忠诚与背叛！

当江竹筠面对丈夫被害、孩子尚幼的残酷现实时，她谢绝组织的照顾安排，克服自己对孩子的思念，战胜自己情感的悲伤，毅然决然地留在武装起义的第一线担任联络工作，不幸被叛徒出卖，她坚贞不屈，留下了“活人可以在活人的心中死去、死人可以在活人心中永存”的豪言壮语，表现出了一个共产党员的高尚情操，体现了她对信仰的坚守，对共产主义的坚信，对党的事业的执着追求，对国家和人民群众利益的勇敢捍卫。这就是江姐的忠诚。正如罗广斌同志所言[①]：

> 江竹筠同志，你是死了，但你的忠诚，已经成为英勇的共产党人的荣誉。数不清的年轻人，将在你宝石一样发光的名字前面宣誓：我们永远地学习你的高度的气节……

立政德，就要明大德、守公德、严私德。明大德，就是要铸牢理想信念、锤炼坚强党性，这是领导干部首先要修好的“大德”。

忠诚自己的政治选择是共产党人基本品质，是共产党人应该拥有的最重要的“德”。江竹筠就拥有这样的品质，她做到了党性与人性的高度统一，严于律己、心存敬畏、敢于担当、绝对忠诚。

① 公安部档案馆编注：《血手染红岩——徐远举罪行实录》，群众出版社 1991 年版，第 122 页。

七　附录

大安人民的纪念——江姐故里

江姐故里[①]现今已成为红色文化精神传承地，成为国内著名的红色旅游景点。它主要由江姐故居、官印山江姐塑像广场、渣滓洞影视拍摄基地三部分组成。

革命烈士江竹筠的故居位于大安区大山铺镇江姐村江家湾，《大山铺镇志》记载：此地原名朱家沟，明洪武二年（1369），大批湖北、广东民众迁入四川，江家祖先由湖北迁来此地“插标占地”，已居此地繁衍23代，故后改为“江家湾”。

江姐故居原宅为三合院合围，北侧厢房20世纪70年代失火烧毁，现存正房、偏房两部分建筑。2007年维修后向游人开放，总共分成实物厅和展览厅两个部分。故居建筑整体呈L形分布，穿斗木结构，悬山屋顶，正房面阔四间13.7米，进深6米，偏房面阔三间13.5米。故居建筑属川南农家小院，背靠官印山，下拥一汪碧潭，周围是茂密的竹林，屋前庄严地竖立着江姐铜像。

江姐故居占地面积300平方米，坐北朝南。江姐于1920年8月20日诞生于堂屋左侧的一间小瓦房里。由于1928年的大天干，江姐

① 资源来源：中共自贡市大安区委组织部。

举家搬迁到重庆。1940 年江姐的父亲江上林回乡养病，将家具搬到了亲戚家寄放，故居后作为知青下乡的伙食团和保管室，于 1970 年毁于大火。2006 年 11 月 14 日，在烈士江竹筠牺牲 57 周年纪念日之时，为缅怀先烈，自贡市大安区委、区政府决定修复江姐故居，并开始新修大山铺至江家湾 5000 米的旅游公路。2007 年 9 月，江姐故居修复完成并正式开放，同时新修了江姐汽车客运站、5 公里的乡村水泥路及 2.8 公里长 11 米宽的旅游快速通道。2011 年江姐故居先后被列为四川省爱国主义教育基地和四川省红色旅游景区。

江姐故居所在的江姐村东临千年古镇牛佛镇，西邻国家 4A 级景区恐龙博物馆，北靠川南古寨堡之冠三多寨，此地交通条件优越，东有成自泸高速公路、西接东环线、南通东延线、北有内宜高速公路。随着成自泸高速连接线、川南城际铁路、成都新机场到自贡高铁的兴建，江姐村的交通及地理位置将更加突出。在江姐村，村民们为这里走出的共和国两位“双百人物”感到自豪。2009 年 9 月 14 日，江竹筠和同是大安籍的邓萍烈士同时被评为 100 位为新中国成立作出突出贡献的英雄模范人物。

官印山江姐塑像广场：官印山山体高 90 多米，从空中俯视下来，形似一方官印。官印山江姐塑像广场约 1000 平方米。2008 年初，江姐白玉塑像在官印山上正式落成。通往山顶江姐塑像的台阶共 290 梯，象征江姐 29 岁时牺牲。江姐塑像高度是按照江姐 1949 年 11 月 14 日牺牲的时间，定为“11.14 米”高。塑像巍然屹立在官印山上，望着远方，象征着形象伟大，精神永放光芒。

渣滓洞影视拍摄基地：以重庆渣滓洞集中营为基准，按一比一的比例设计在大安区大山铺镇的江姐村建造渣滓洞影视拍摄基地，专门用于拍摄剧中江姐被捕、狱中受刑、狱中坚持革命到最后被特务残酷杀害的剧情，即电视连续剧《江姐》的狱中部分从 23 集到 30 集的全部镜头，后基地又接拍《烈火红岩》电视连续剧。该基地于 2009 年建成，占地 6670 平方米，建筑面积 5400 平方米。洞内还分内、外两院，内院有一楼一底的男牢 16 间，另有 4 间平房作女牢，外院为特务办公室和刑讯室。2020 年 6 月，渣滓洞影视拍摄基地被拆除。

近年来，江姐村以“打造文化旅游强村”为总体思路，围绕弘扬红色文化、传承民俗文化、挖掘科举文化，倾力推进文化旅游产业的培育，江姐村以红色旅游为主题元素的乡村生态旅游得到了蓬勃发展，烈士故乡旧貌换新颜，群众的生产、生活环境有了质的飞跃。游客接待量：每年组织中小学生集体参观 2.5 万人次，组织集体参观 1.2 万人次，组织零星参观 1.3 万人次。并且，每年清明节，到江姐故居和江姐塑像广场瞻仰、缅怀江竹筠烈士的民众不计其数，江姐故里已成为进行革命传统教育、宣扬爱国主义精神，以及对党员干部党性教育的重要基地。

关于江姐的评论

当年从渣滓洞大屠杀中脱险的15名革命志士中，孙重、李泽海两位老人至今健在。他们都是国民党酷刑的受害者和见证者。

孙重老人如今就住在渣滓洞所在的歌乐山上。当年大屠杀时，他躺在床上躲过了敌人机枪的扫射，越狱后在山上躲藏3天侥幸生还。他对记者说：

> 渣滓洞的男女牢室不在一处，江竹筠具体受过多少刑我不清楚，但我可以肯定她不止一次受过酷刑。有一次，我看到江竹筠走路一瘸一拐，并且手指红肿，应该是刚受了老虎凳、夹手指之类的酷刑。
>
> ——摘自：《一片丹心向阳开　地下党江姐的工作及爱情堪比〈潜伏〉》，载《解放军报》2015年06月25日。

> “盼教以踏着父母之足迹，以建设新中国为志，为共产主义事业奋斗到底。”江姐的最后一封书信，展现了共产党人的理想信念和钢铁意志。初心和使命是我们党的政治灵魂所在，是激励一代代共产党人英勇奋斗的根本动力。广大党

员干部缅怀历经艰难而初心不改的革命先烈，以红岩精神洗涤心灵，让政治信仰融入情感之中、内心深处，必将凝聚起推动新时代重庆改革发展的强大力量。

——摘自:《从红岩精神中汲取信仰的力量》，载《重庆日报》2019 年 06 月 18 日。

江姐是一位坚定的革命斗士，早已将生死置之度外；她也是一位柔情的母亲，格外思念她那幼小的云儿。1949 年 8 月，在给亲人谭竹安的托孤信中，她写道:“假若不幸的话，云儿就送你了，盼教以踏着父母之足迹，以建设新中国为志，为共产主义革命事业奋斗到底。孩子们决不要娇养，粗服淡饭足矣。”这是江竹筠留给儿子最后的遗言。

1949 年 11 月 14 日，年仅 29 岁的江竹筠被秘密杀害于歌乐山下的电台岚垭刑场。江竹筠没有亲眼看到重庆的胜利解放，但她忠贞革命、宁死不屈的革命形象永远活在人们心中。

——摘自:《江竹筠：入党之初就决定把一切献给党》，载《学习时报》2020 年 09 月 07 日。

就在彭咏梧遇难的当天，毫不知情的江竹筠带着一大箱药品和 4 名干部从重庆顺江而下。当她到达约定地点——云阳董家坝见到卢光特和吴子见后，才知道彭咏梧牺牲的噩耗。形势危急，江竹筠默默地将个人悲痛情感隐藏，立即召集会议。经讨论，决定游击队先分散、暂时隐蔽，只由卢光特与江竹筠一道回重庆向川东临委汇报情况。

安排隐藏好其他同志后，1948 年 2 月 5 日，江竹筠和卢光特一道登上了去重庆的客船。当时正值腊月，船上很冷，两人都只带有一套衣物，晚上就和衣睡在走道上。他们正像小说《红岩》里描写的江姐和华为一样，还要小心翼翼地躲避着搜查。尽管丈夫的牺牲让江竹筠无比悲痛，但她在船上还在关心着游击队的工作，不时地向卢光特询问下川东的情况。

——摘自：龚道鹏《彭咏梧江竹筠的战友——巫山龙溪地下党组织创建人卢光特》，载《红岩春秋》2012 年第 4 期，第 62 页。

江竹筠是那个时代优秀地下工作者的一个缩影。在恐怖高压之下，他们必须化身为普普通通的职员、教师、学生、工人、农民，甚至挑夫、苦力，在为个人衣食奔波之际，还得时刻把完成革命工作放在第一位；他们还要像《沙家浜》中的阿庆嫂一样，“垒起七星灶，铜壶煮三江。摆开八仙桌，招待十六方”，在广交朋友中隐蔽自己。让人难以适应的是，他们不得不常常辗转各地、变换职业、更新身份，这或是因为组织需要，或是受到敌特怀疑，或是环境所迫；更考验人的是，这样的生活不是一天，而是一周、一月、一年，周而复始，似乎没有尽头。

大浪淘沙始见金，正是经过长期隐蔽生涯的熔炼和摔打，她才成为人们熟知的稳重大方、沉着机智的“江姐”。

——摘自：杨新《“江姐”的成长人生》，载《红岩春秋》2019 年第 2 期，第 47 页。

“江姐在‘遗书’中写下：‘我有必胜和必活的信心，自入狱日起我就下了两年坐牢的决心。’”张蕾蕾说，从信中可以感受到江姐对革命取得胜利抱有坚定不移的信念，做好了为革命信仰牺牲的准备，是革命先烈对共产主义信念执着追求的高度概括；是革命先烈坚持真理，改造社会的人生伟大实践；是革命先烈为国家、为人民无私奉献的真实写照，“同时也是改革开放发展建设过程中不可缺少的一种精神支柱”。

在这封信中，江竹筠还表达出积极乐观的心态，展现了不断求学的精神——“我们在牢里也不白坐，我们一直是不断地在学习。”同时，她还对谭竹安提出了愿望，“希望我俩见面时你有更惊人的进步”。

1949 年 11 月 14 日，重庆解放前夕，江竹筠壮烈牺牲，为共产主义理想献出了年仅 29 岁的生命。“江姐就是红岩精神的生动写照。”张蕾蕾说。

——摘自：《柔情慈母的挚爱家书　革命斗士的坚定信仰》，载《中国青年报》2019 年 07 月 04 日。

共产党人是用特殊材料做成的，同时革命者也是普通人，也是普通的母亲，也会有伟大而平凡的母性。当母亲的角色与革命者的身份发生冲突时，江姐舍小家顾大家，但还是想尽可能地履行母亲的职责，她用那双在渣滓洞惨遭刑法摧残的手写下了托孤遗书。

——摘自：郑林华《“是否不要江姐死”　学习和弘扬江姐坚贞不屈的精神》，载《新湘评论》2015 年第 23 期，第 31—32 页。

2008 年，重庆红岩革命纪念馆采访唐永梅时，刚提到江姐，老人便号啕大哭，她回忆道：江姐从来不摆领导架子，很关心我的困难，我要负担母亲的生活，她常问我是否按月寄钱回家，是否缺钱，如果缺钱组织可以帮助。她还多次询问我对婚姻问题的想法，为我设法在党内物色对象。有时还带点食品来和我共进一餐。她说话简短，但事情交代清楚，一丝不苟。我们收转信件，没有出过一次差错。

在白色恐怖的年代里，江姐就像一个热水瓶，温暖着我这样的普通地下党员，给我关怀和温暖，驱散我的孤寂，给我力量，使我愉快地坚持通联工作。

——摘自：杨宏《说不尽的江竹筠》，载《红岩春秋》2016年第3期，第50页。

烈士何雪松在狱中曾专门为江竹筠写过一首题为《灵魂颂》的诗：你又镣铐着回来了/毒刑没有屈服你的忠贞/许多同志因你的忠贞而安全了/革命工作因你的忠贞会开展飞腾/你，你是丹娘的化身……

诗中的“丹娘”，是指苏联故事片《丹娘》中，在敌人酷刑下毫不屈服的主人公卓娅。江竹筠学过俄语，读过很多苏联的书籍和报刊，她对卓娅特别欣赏。

轻声诵读诗歌，崇敬涌上心头。面对“自首便可获释”的诱惑，江竹筠选择在酷刑中坚持。她的坚韧不拔，保住了党的秘密，保全了很多革命志士，也不断激励着狱中战友。

——摘自：杨彪、张放《一片丹心向阳开——江竹筠烈士事迹再寻踪》，载《雷锋》2015年第1期，第26—27页。

老一辈革命家也深深为江姐的英雄事迹所折服。据《红岩》作者之一的杨益言回忆，当年毛泽东观看空政文工团演出的歌剧《江姐》时，看到壮烈牺牲那场戏，他禁不住动了感情，曾感慨而又不无遗憾地对身边的工作人员说：“为什么不把江姐写活？我们的人民解放军为什么不去把她救出来？”

江姐就像红岩上傲立雪中的红梅花一样，在中国的革命史上永放光彩。

——摘自：黄莺、莫细细、刘绍卫、张丽红、林苹《江竹筠 红梅傲雪红岩上》，载《广西党史》2005 年第 4 期，第 41 页。

一九三七年七月七日，日本发动全面侵华战争，抗日怒潮席卷全国，共产党成了民族救星。平日沉静好学，探求社会解放的江竹筠立即响应共产党号召，投身抗日救亡运动。一九三九年以后，反动当局指斥搞救亡工作就是“异党活动”。江竹筠以“异党”为荣，顶逆流而进，在这一年的秋天（时值第一次反共高潮），毅然参加了共产党。入党后，江竹筠同志酷爱马列主义理论，向往革命圣地延安。但这时党却要她留在重庆作通讯联络工作。这需要一个不为人注目的职业作掩护，因此，党组织指示她要学习会计，学拨算盘珠子，她毫不犹豫，听从组织安排。一九四〇年秋天考入中华职业学校会计训练班。经过艰苦的努力，掌握了会计专业。

一九四一至一九四三年期间，江竹筠严格执行南方局关于对付反共逆流的指示：“勤学、勤业、勤交友”，在几个地方先后坚持了三年会计业务，把自己成功地隐蔽于群众之中，顺利完成了通讯联络任务。

历史把江竹筠同志推到了另一条战线。一九四四年，国统区民怨沸腾，地下火正在燃烧。学生运动势如破竹，这时党组织决定调她去搞学运，并对她下达了必须考进四川大学的任务。对于只读过一年高中的人，不能不说是一个难题。“为了完成党交给的任务我愿意拼命”，她以这种决心挥汗复习了三个月，一九四四年秋天，果然考上了四川大学，并有意选了一个冷门——植物病虫害系。

一九四八年六月，江竹筠同志因叛徒出卖被捕，关在中美合作所渣滓洞监狱。她刻苦学习的成果得到了最珍贵的用场。狱中难友急需读共产党的书，但在这个法西斯监狱里哪能找到敌人最害怕的书呢？有了，它就藏在敌人无法查找的地方，她向黄玉清、曾紫霞同志提议：“让我们凭记忆把它们背写下来。”不久，用草纸、红药水、棉杆写成的《新民主主义论》就在女牢房传开了。大部分是江竹筠同志背出的。最叫人难忘的是开头一天，她们背完《中国向何处去》一章后，江竹筠同志反复地吟诵着：“科学的态度是‘实事求是’，……唯有科学的态度和精神，能够引导我们民族到解放之路。真理只有一个……只有千百万人民的实践，才是检验真理的尺度。”

——摘自：卢光特《江竹筠同志生活片断》，载《贵州文史丛刊》1981年第2期，第139—140页。

大安区“弘扬江姐精神打造江姐故里”掠影

盐泉喷涌，龙乡儿女励精图治历春夏秋冬；红旗漫卷，大安人民拜谒英灵扬江姐精神。红色情结在这里持续升温，红色硕果在这里不断累积。

2004 年 12 月，中共中央办公厅、国务院办公厅发布《2004—2010 年全国红色旅游发展规划纲要》，全国红色旅游风起云涌，迎来了 2005 年不平凡的“红色旅游年”。

2005 年 3 月 15 日，吴玉章、卢德铭、邓萍、江竹筠等自贡“红色”历史人物事迹，与盐、龙、灯地方特色一道，在人民大会堂“纪念中国工农红军长征经过四川 70 周年暨‘四川旅游宣传月’”展示中心整体亮相。

2005 年 3 月，大安区十五届人大三次会议期间收到人大代表刘永泰《打造“江姐”旅游品牌》的议案。

2005 年 4 月 14 日，大安区人大常委会党组书记、副主任裴建成率队到江家湾视察，研究打造“江姐”品牌、启动红色旅游线事宜。

2005 年 5 月，区旅游局按照区委、区府的要求，制定启动了红色旅游线方案，修复江姐故居、建江姐事迹陈列室、塑江姐像、建江姐衣冠冢等工作进入日程，全区收集和整理江姐的各种资料，丰富江姐文物的内涵，挖掘和提炼江姐精神的亮点，引导群众思江姐、爱江姐、学江姐等活动全面展开。

2005 年 5 月 18 日，《自贡日报》推出《自贡红色之旅》系列报道，寻访自贡的爱国主义教育基地和革命遗址，为自贡红色旅游升温助力。

2005 年 5 月，在保持共产党员先进性教育活动学习动员和分析评议阶段，实施江姐故居改造工程成为区委挂牌督办的 19 个重点之一。

2005 年 6 月 2 日，四川省红色旅游发展研讨会在成都举行，时任区委常委、区委办主任刘义撰写的《打造“江姐”品牌，促进自贡红色旅游产业发展》荣获优秀论文奖，并入选《四川省红色旅游发展研讨会论文集》。

2005 年 7 月 18 日，中央电视台电影频道《流金岁月・相聚》栏目走进江家湾的江姐故居现场拍摄、采访。江子刚夫妇接受邀请，与电影《烈火中永生》中江姐的扮演者于蓝、江姐的孙儿彭壮壮一道，录制深情回忆江姐光辉事迹的专题节目。加速江姐故居建设引起国人瞩目。

至此，“引爆”红色旅游黄金线，46 万大安人高举“江姐大旗”，用江姐精神凝聚人气，激发活力，奋力打造江姐故里 400 平方公里宏伟画卷的大幕即将拉开。

2006 年 9 月，新任区委书记未也深入全区 16 个乡镇（街道）开展调研，走访辖区企业、居民住户，详细了解区情、民情，分析了全区六大优势，提出了强工业，加快园区建设；抓三产，加快物流产业发展，强化专业市场培育，着力挖掘旅游资源特色，形成“商贸+旅游”的特色旅游经济；推进新农村建设，调整农业产业结构，推进农村城镇化进程，促进农业增长、农民增收和农村富裕；化解区乡债务等一系列思路。

在这一思路的策动下，全区经济和社会事业发展全速推进，一个个令人瞩目的“动作”悄然而来。

2006年11月14日，大安区召开纪念江竹筠烈士牺牲57周年活动，启动“弘扬江姐精神，建设和谐大安”主题系列活动，“寻、知、学、做、捐”红色教育活动在全区上下广泛开展。

2006年11月底，江姐故居修复工程动工，2007年7月1日正式对外开放，广大干部群众、中小学生缅怀先烈有了新去处。

2006年11月30日，大山铺小学正式命名为江姐小学。同时，区教育局启动全区中小学生“弘扬江姐精神，永做革命传人”主题系列教育活动，江姐精神普育新花。

2006年12月7日，大安区第九次党代会胜利召开，区委向全区人民发出“以人为本、同心同德，为加快建设富裕文明和谐新大安而努力奋斗”的号召，要求全区上下未来五年围绕建设“富裕文明和谐新大安”目标，促进“两大转变”、把握“三大关系”、推进“四大战略”、强化“五大举措”，全面加强党的执政能力建设和先进性建设，实现大安经济又好又快地发展。

2006年12月12日，大安区第十六届一次人代会胜利召开，区政府立足当前，着眼未来，抢抓机遇，紧紧围绕建设“富裕文明和谐新大安”这一总体目标，提出了优化经济结构，壮大经济总量，着力打造“实力大安”；优化发展环境，增强发展活力，着力打造“魅力大安”；坚持以人为本，注重协调发展，着力打造“和谐大安”；加强自身建设，提升政府形象，为“三个打造”提供组织保障等新举措。

2007年3月28日，一尊高约2米的江姐铜雕像在江姐故居落成。

2007年6月12日，政府举资、社会捐助的大山铺镇直达江姐故居5.6公里红色旅游通道竣工。

2007年8月18日，大安区举行首届“江姐家乡助你上大学”活动。

2007年10月12日，大安区首届江姐文化艺术节开幕式暨江姐艺术团成立大会隆重举行。

2007 年 11 月，大山铺永和村正式更名为江姐村，江姐村人以崭新的姿态进入公众视野。

2008 年 4 月，江姐村官印山山顶 1000 余平方米的江姐雕像广场落成。上山台阶 290 级，寓意江姐牺牲时的年龄 29 岁；雕像高 7 米，底座高 4.14 米，总高度 11.14 米，寓意江姐牺牲的时间 1949 年 11 月 14 日。

2008 年 5 月 12 日 14 时 28 分，汶川 8.0 级地震袭来，全区上下众志成城抗震救灾，灾后重建、驰援灾区全面展开。

2008 年 6 月 1 日，大安区举行"'情系灾区，共庆六一'我们与你在一起"慰问活动，对全区少年儿童和来自灾区的 43 名小朋友进行节日的问候。

2008 年 6 月 7 日凌晨 5 时许，大安区 121 名应急民兵集结开往地震重灾区北川、安县前线奋战 35 天。7 月 10 日，召开赴灾区抗震救灾总结表彰大会。

2009 年 3 月，在大安区委、区府的支持下，刘仁辉、杨源孜合著的《江姐童年故事》由湖北少儿出版社出版发行。

2009 年 4 月 18 日，中央电视台、重庆电视台和大安区在重庆红岩革命纪念馆广场举行 30 集电视连续剧《江姐》开机仪式。

2009 年 4 月 28 日，大安区首届乡村旅游文化节在团结镇土柱村村民活动中心广场拉开帷幕。

2009 年 6 月 18 日，历时 48 天建设的大安"渣滓洞"影视拍摄基地建成。7 月 16 日，迎来《江姐》剧组，11 月又迎来《烈火红岩》剧组。

2009 年 6 月 29 日下午，大安区庆祝建党 88 周年大会暨大安党建先锋网开通仪式在凤凰乡政府举行。该网站分组织工作、反腐倡廉、宣传思想工作、统战群团、党建务实、党建资料、远程教育、党建专题、基层动态9大板块。

2009年7月8日，自贡十中正式命名为江姐中学，解放后党和政府创办的自贡市第一所高中掀开了新的一页。

2009年7月17日，大安区向丁柳元颁发“大安区形象大使”聘书，《江姐》狱中部分从23集到30集在大安开机。《江姐》全剧经过110天紧张拍摄，8月4日上午10时30分在大安“渣滓洞”影视拍摄基地封镜。

2009年9月8日，大安区隆重举行庆祝第25个教师节暨优秀教师表彰大会，会上大安区江姐教育艺术团成立并授牌。

2009年9月19日晚，大安区庆祝新中国成立六十周年暨自贡市设市七十年红歌会在仁和路社区广场隆重举行，重温红色记忆，抒发爱国情怀。

2009年11月14日，大安区纪念江姐同志殉难60周年祭奠仪式在江姐村官印山江姐雕像前隆重举行，从北京远道回来的江姐孙儿彭壮壮与社会各界一道参加祭奠活动。

2009年11月24日，大安区江姐精神征集研讨会在江姐村举行，自贡市文化界知名专家、学者应邀参加。

2010年2月11日，全长2.8公里，宽11米的江姐村红色旅游快速通道如期通车，并于3月26日开通公交中巴车。

2010年3月12日，大安区面向全社会广泛开展“我为江姐故里植棵树”活动。

2010年7月1日，坐落于江姐村的川南民俗馆正式对外开放。

2010年7月29日至8月12日，在江姐诞辰90周年之际，《江姐》在央视一套黄金时间播出。全市设置了东方广场、人人乐广场、两口塘宏丰广场以及江姐村四个集中观看点，大安区再次成为国人关注的焦点。

2010年7月29日，未也书记撰写的《弘扬江姐精神努力推动大安实现新跨越》在各大媒体转载，文中高度概括出“忠于理想、坚定信念，坚韧不拔、团结奋斗，无私无畏、一生为民”的新时期江姐精神。

2010 年 8 月 1 日，江姐村红牌坊落成，牌坊高 8.7 米，宽 20.4 米，跨度 11 米，主体外饰采用藏红色金属氟碳漆，文字为烫金毛体，牌身梅花采用浮雕工艺。

2010 年 8 月 25 日，大安区社会各界齐聚一堂，共话《江姐》，并启动大安区“纪念江姐文学作品征文”活动，并于 12 月底出刊《龙乡文学·纪念江姐文学作品征文专号》。

2010 年 9 月，大安区为期两年的“唱红歌、读经典、树正气”系列活动拉开序幕。

2010 年 9 月 17 日，江姐小学建校百周年庆典暨自贡市人民政府授予丁柳元“荣誉市民”称号仪式在江姐小学校内隆重举行，市委常委、市委秘书长谭豹代表市政府向丁柳元颁发“自贡市荣誉市民”证书和“自贡市形象大使”聘书。

为纪念江姐诞辰 90 周年，大安区深入开展“创先争优”活动，在全区范围内开展了为期两年的“唱红歌、看红剧、读经典、树正气”系列活动，2010 年 10 月 22 日晚，在凤凰乡山水名苑社区广场开展系列活动之“红色经典歌曲大家唱”比赛，10 支代表队 20 首经典红色歌曲奉献给在场 4000 余名观众。

2010 年 12 月 14 日，CCTV-7《和平年代》栏目大型电视纪实片——《血总是热的》剧组一行 8 人抵达大安，拍摄中国共产党在中国革命战争时期的宋绮云、江姐、叶挺等 8 位优秀历史人物。该片共 8 集，每集 21 分钟，江姐为第 2 集《圣洁血花》，2011 年七一前夕在中央电视台黄金时间播出。

2011 年 3 月 13 日，“自贡市老干部林”在江姐村川南民俗文化园正式启动，首批种下 100 株桂花树，全年将植树 1000 株纪念建党

90 周年。

2011 年 3 月 17 日，大安区召开党建工作专题会，在“七一”前 100 天集中开展唱响红歌颂伟绩、万名党员学党史、多种比赛展成就、瞻仰参观坚信念、系列座谈念党恩、专题表彰促先进、走访慰问送温暖、宣传巡礼学先进、学习讲话增干劲等 9 项丰富多彩、形式多样、富有特色的主题活动，着力营造庆祝中国共产党成立 90 周年的浓厚氛围。

2011 年 5 月 25 日，江姐故居被授予全省政法系统“发扬传统、坚定信念、执法为民”主题教育实践活动基地，全省 26 个之一。

2011 年 6 月 21 日，大安区举行纪念中国共产党建党 90 周年座谈会，老党员、老干部、优秀的代表、助推新农村工作老干部代表欢聚一堂，重温党的光辉历程，回顾人生历程，抒发革命情怀，建言大安跨越发展。

2011 年 6 月，四川卫视新闻部《重访先辈足迹》剧组在大安开展为期两天的拍摄，先后拍摄江姐故居、渣滓洞影视基地、永和大学堂、新农村新面貌等，采访江姐的侄子江子刚，江姐村社区党委书记张俊，以及游客、村民，集中展示江姐村的新风尚、新变化、新面貌、新成绩。该专题报道 5 分钟，6 月 20 日在四川电视台和四川卫视播出。

2011 年 6 月 20 日，江姐小学四年级 1 班被教育部命名为“江竹筠班”，并到北京国家博物馆接受授牌，学生代表朱祥恺在授牌仪式上发言。

2011 年 6 月 27 日，首届自贡江姐故里红色旅游节启动仪式在江姐村李白滩广场举行，缅怀革命先烈的光辉事迹，推进以江姐故里、吴玉章故居为代表的红色旅游资源开发。仪式上，省美术家协会向大安区捐赠红色经典红岩版画。其间，举办“红色之旅、红色故里”徒步游、自贡旅游风光摄影采风暨摄影大赛、“颂歌献给党”主题文艺演出等。27日晚，大安区在川南皮革城广场举行“与太阳同行”系列活动之“红歌汇演”暨首届“十佳道德模范”和“十佳创业明星”颁奖仪式，全区11支合唱队11500余人参演。

2011年7月7日下午3时30分，87岁的“看守特务”黄茂才到江姐村祭奠江姐。黄茂才系自贡荣县杨佳人，1945年5月，成为重庆渣滓洞监狱的一名看守管理员。其间，遇到同为自贡老乡的江竹筠。在她开导、劝说、感化下，黄茂才利用管理员的特殊身份成为江竹筠等共产党员在狱内与战友、狱外与党组织联系的“特殊信使”，并成功地送出江姐写给儿子彭云的示儿信和女牢党员胡其芬在大屠杀前夜写的后来被称为《最后的报告》的秘密急信等信件。

2011年7月8日，由市妇联发起的50亩“盐都巾帼林”在江姐村红梅园揭牌。

2011年8月11日，江姐村被评为“自贡十大最美村庄”。

2011年11月21日，江姐村获“四川最具发展潜力村落”殊荣。

2012年1月30日，经过10余天紧张筹备和拍摄，电影《勇敢游戏》剧组在江姐村影视基地顺利完成拍摄任务。该片是继《江姐》《烈火红岩》《追捕渣滓洞刽子手》等3部电视连续剧来江姐村影视基地拍摄后的第一部红色电影。

2012年2月，江姐村200余亩红梅园20000株红梅昂首怒放，供游人观赏，传递着对江姐精神永远的敬仰。

2012年6月8日至21日，一部讲述“江姐”真实人生的爱国主义教育主题电影《我最好的朋友江竹筠》在自贡市上映。

2012年8月，江姐故居被授予“四川省青少年爱国主义教育基地”称号。

2013年4月18日至20日，空政文工团在市川剧艺术中心为盐都观众献4场（其中两场为全市教育系统专场和江姐故里大安区专场）大型民族歌剧《江姐》，剧中第五代“江姐”由“80”后知名青年歌唱家王莉扮演。这是该剧演出50年来的第1010场演出，成为“江姐”王莉全国巡演四川站的首站，也是《江姐》首次“回家”演出，随后在宜宾、绵阳、崇州等地巡演。

2013年11月14日下午，由大安区委宣传部、自贡市民间文艺家协会联合主办，大安区文建委和自贡市天之蓝艺术团承办的“永远的江姐·纪念江姐就义64周年”文艺演出活动在江姐中学举行，表演大合唱《红梅赞》、配乐诗朗诵《红梅花儿开》、舞蹈《祖国万岁》、情景剧《黎明前的枪声》等剧目14个。

2014年4月4日，市纪委监察局机关开展“学江姐精神、铸忠诚之魂”活动，组织干部职工到江姐村进行爱国主义教育，并践行“六项承诺”，以江姐精神的强大力量，推动全市党风廉政建设和反腐败工作上台阶、出亮点、见实效。

2014年4月9日，大安区委中心组举行党的群众路线教育实践活动第三次专题学习会，围绕“缅怀革命先烈、重温入党誓词”主题，从“入党为什么、当干部做什么、为后人留下什么”“什么是正确的权力观、地位观、利益观”“为了谁、依靠谁、我是谁”三个主题开展学习讨论。中心组成员首先来到市烈士陵园祭扫英魂，前往江姐故里追寻英烈足迹，重温入党誓词，接受心灵洗礼。

2014年5月3日，江姐学生时期雕像落户江姐中学求真广场。该雕像由三步台阶、基座、梅花座和塑像四个部分组成。其中塑像高3.8米，梅花座高2米多，材质为仿汉白玉，选取江姐青年时期的学生装造型，颈部的围巾迎风飘舞，体现出浪漫、坚韧和豪放的气质。

2014年11月11日，江姐牺牲65周年之际，中国收藏家协会书报刊委员会常务理事、自贡市红色收藏家姜小平特地向部分市民展示63年前出版的一本《西南青年》，书中刊有《红岩》的“母体”——回忆录《在烈火中永生》的作者之一刘德彬撰写的回忆录《忆江竹筠同志》。该文近1500字，不仅介绍了江姐英勇不屈的事迹，也披露了江姐对狱中战友关怀备至的细节。

2015 年 1 月 8 日起，自贡正式开行大山铺公交枢纽站至江姐村的 310 路公交线路。

2015 年 3 月，江姐村被中央文明委评为第四届全国文明村。

2016 年 4 月，上海电视台大型纪录片《理想照耀中国 2》来江姐村拍摄江姐专题片，6 月 27 日起在纪实频道、东方卫视、宁夏卫视和央视播出。

2016 年 10 月 28 日，“江姐故里”红色旅游开发建设指挥部第一次全体会议在自贡东北部新城召开，标志着“江姐故里”红色旅游项目启动。此次会议以“江姐故里——中国红色文化生态旅游城概念规划”为主题，听取了四川省建筑设计研究院专家团队对江姐故里红色文化规划方案介绍。

2017 年 2 月 28 日下午，市委书记李刚率队深入大安区调研督导贯彻落实市第十二次党代会暨市委十二届二次全会精神情况。在江姐村，李刚在江姐塑像广场听取江姐故里红色旅游项目汇报，详细了解该项目的推进情况，对大安打造红色旅游的思路给予肯定。他指出，大安依托江姐故里打造红色旅游项目具有优势条件，打造红色旅游项目不是简单复制，要跳出自贡看自贡，要在川南、成渝、西南的大区域格局中来高水平制定旅游发展规划。要以尊重历史、遵循自然、遵从实际为定位，突出特色、大气、现代理念，按照红色旅游与绿色景区融合发展的思路，体现历史厚重感和区域生态感，推动红色旅游项目创新发展、可持续发展，进一步打造文化品牌、提升区域品质。

2017 年 5 月 5 日，自贡市武警支队红色教育基地挂牌仪式在江姐村举行。

2017 年 6 月 30 日，大山铺镇 8 个村（社区）“第一书记”发起，在江姐村官印山举行了“致敬先烈、争创文明”主题党日活动，为文明城市创建和打造红色旅游基地营造良好环境。

2017 年 10 月 22 日，由大安区关工委、区教育局、团区委联合主办的“江姐讲堂”巡回报告会启动仪式在江姐小学举行，大力弘扬江姐精神，在全区各中小学校中开展学习十九大精神、社会主义核心价值观、“中国梦”、革命传统红色教育、家庭教育等宣讲报告，教育和引导学生从小牢固树立共产主义理想信念，坚定正确的价值理念和道德观念，进一步加强未成年人思想道德建设。

2018 年 5 月 9 日，省教育厅发文正式命名江姐中学为四川省二级示范性普通高中，结束了大安区没有省级重点中学的历史。

2019 年 4 月 3 日，大安区在江姐村开展“缅怀革命英烈·弘扬传统文化”主题清明祭扫活动，深入开展爱国主义教育和革命传统教育，缅怀革命先烈，传承烈士精神，弘扬社会主义核心价值观。

2019 年 6 月 21 日，自贡市检察机关青少年法治教育中心揭牌仪式在江姐中学隆重举行，深入贯彻落实习近平总书记在全国教育大会上的重要讲话和关于加强未成年人保护工作的重要指示精神。市人大、市政府、市政协、市关工委，大安区委、区政府相关领导和市、县有关部门分管领导，部分人大代表、政协委员以及全市检察机关干警和江姐中学师生等出席。

2019 年 6 月 27 日下午，在党的 98 岁生日来临之际，市委副书记、市长何树平与支部全体党员一起在江姐故居，参加市政府办公室机关党委综合信息支部“缅怀革命先烈、秉承英雄遗志，不忘入党初心、争做时代先锋”主题党日活动。他与大家一起聆听江姐事迹，诵读红色家书，同过政治生日，重温入党誓词，共同缅怀革命先烈的爱国情怀和伟大精神，勉励大家弘扬江姐精神，不忘初心，牢记使命，砥砺奋进，为自贡加快转型突破，推动振兴发展作出积极贡献。

2019 年 8 月 19 日至 21 日，四川农业大学信息工程学院的 7 名学生到我市开展“缅怀先烈，展望未来”红色之旅暑期社会实践活动。20 日上午，大学生们参观江姐故居、渣滓洞影视拍摄基地、邓萍事迹陈列馆，采访江子刚。3 天里，他们先后走访富顺县烈士陵园、江姐故居、渣滓洞影视拍摄基地、邓萍故居、卢德铭故居。

2019 年 11 月 14 日是江姐英勇就义 70 周年的日子，自贡市、大安区各界隆重举行纪念活动，掀起学习江姐精神的热潮。

2019 年 10 月底至 11 月中旬，大安区妇联拍摄“不忘初心、牢记使命——巾帼心向党·建功新时代”主题教育暨江姐英勇就义七十周年纪念活动音乐快闪。

2019 年 10 月 30 日，大安区关工委、区教体局“纪念江姐英勇就义七十周年专题报告会”在凤凰学校举行。

2019 年 11 月 8 日，大安区关工委、共青团大安区委、区教育和体育局、区图书馆主办，区教育和体育关工委承办，大安小学校协办的“纪念江姐英勇就义七十周年”经典诵读比赛在大安小学举行。

2019 年 11 月 13 日，大山铺镇江姐村在官印山举行纪念江竹筠殉难 70 周年暨“不忘初心、牢记使命”主题党日活动。

2019 年 11 月 14 日，大安区关工委、团区委、总工会、妇联、教育和体育局五部门在江姐小学举行“纪念江姐英勇就义缅怀仪式”；江姐中学举行“人民的姐姐·纪念江姐英勇就义 70 周年文艺演出”。

2019 年 11 月 15 日，自贡市在江姐村官印山“江姐”塑像前举行庄重的祭奠仪式，缅怀革命先烈的丰功伟绩，传承红色基因，凝聚接续奋斗的精神力量。近 200 名机关干部、中小学生和自发赶来参加祭奠仪式的群众在江姐雕像前默哀致敬。“江姐”的孙子彭壮壮携家人专程赶回自贡参加仪式。其间，并参观走访江姐中学、江姐故居、自贡盐史博物馆、自贡恐龙博物馆、区规划展示厅等。

2020 年 4 月至 8 月，大安区面向全国广泛开展“江姐精神”表述语征集提炼活动，用江姐精神凝聚力量，引领全区党员干部群众万众一心、砥砺奋进，进一步弘扬好江姐精神，传承好红色基因，牢记初心使命，助力天府旅游名县创建，推动大安高质量发展。征稿共收到来自全国各地28个省、自治区、直辖市388人918条表述语或宣传语；网络投票63890人1125427票；最终评选出12名优秀奖；经区委常委会审定，公布江姐精神大安表述语为：红岩大义，担当大安。

2020年5月15日，大安区关工委“江姐讲堂”纪念江姐诞辰100周年视频宣讲会在广华山小学启动。

2020年7月8日，自贡文旅携手中国·东盟艺术学院、北京大学艺术学院，共同创作以江竹筠为题材的原创音乐剧《红梅花开》建组仪式暨首次创作研讨会通过腾讯会议在线召开。预计该剧于2021年5月进行公演，献礼中国共产党成立100周年。

2020年9月29日上午，“中华儿女革命的典型——江竹筠烈士生平事迹展”在重庆、成都及大安区同步举行。在大安区，68块展板267张历史照片生动形象地再现了江竹筠烈士伟大、短暂而光辉的一生，线上“大安宣传”公众号、“大安观察”APP同步进行。下午，重庆红岩历史博物馆原馆长厉华做客“江姐讲堂”，讲授《红岩魂信仰的力量——中华儿女革命的典型江竹筠》精品党课。

2020年10月20日，大安区以“弘扬江姐精神·诵读时代华章”为主题，纪念江姐诞辰100周年暨2020年大安区经典诵读比赛在江姐中学举行。

2020年11月10日，大安区关工委常务副主任李大中荣获第八届“四川关爱明天十佳五老提名奖”。他3年间，在辖区40所中小学校宣讲“江姐讲堂”79场，3万多名听众受益。

2020年12月，市委书记范波在《全省精神文明建设表彰大会发言材料》上批示，派人到川大学习江姐纪念馆及排演话剧等经验，探讨联动开展大中学生红色教育。加强对吴玉章、卢德铭、邓萍、江竹筠等革命先辈事迹，三线建设精神、改革开放精神和伟大抗疫精神等弘扬和学习，结合建党100周年纪念活动作出系统安排。

2021年1月28日，由大安区市委宣传部常务副部长万一带队，率市文明办、市关工委、市教体局、市文广电旅游局、四川轻化工大学、四川卫生康复职业学院、大安区委宣传部等部门单位分管领导、科室负责人，前往四川大学考察学习弘扬江姐精神“馆、剧、班”经验，并形成考察报告。

2021 年 2 月 26 日，市委书记范波深入江姐故居实地调研，并对建党 100 周年系列庆祝活动、挖掘收集党史资料和江姐故居打造等方面提出要求。

……

延伸、铺展还在继续！

今天，我们走进江姐村，自贡嘉祥外国语学校书声琅琅、中华彩灯大世界光耀世界、四川轻化工大学东部新城校区拔地而起……

今天，我们走进江姐故里，全国文明城市创建功不可没、决战决胜脱贫攻坚完美收官、自贡北大门喜迎八方客、青龙湖国际度假区方兴未艾、方特恐龙王国公园即将纳客，自贡东北部新城乘势崛起、现代农业示范园支撑有力、天府旅游名县创建如火如荼、内自同城先行区融入成渝地区双城经济圈谋定而动……

从“一城、一中心、一目的地”到“一城两区一枢纽一目的地”，到“两园两城一目的地”，再到“两园两城两区”，抬眼间热火朝天的重大项目工地、日新月异的城乡面貌、书香浓郁的美丽校园、四通八达的交通网络、人潮涌动的商贸旅游、向着美好生活前进的大安儿女……红色浸润的土地生机盎然！

“大美盐龙灯、安居天下客。”

今天，我们走近江姐精神，感念中“弘扬江姐精神，打造江姐故里”“弘扬江姐精神，打造大安名片”“弘扬江姐精神，推进富民强区”“弘扬江姐精神，树立清廉乡风”“弘扬江姐精神，永做革命传人”“弘扬江姐精神，繁荣文化艺术，打造江姐名片，构建和谐大安”

“红岩大义，担当大安”……鲜亮催人的旗帜高高擎起，开明开放幸福美丽欣欣向荣新大安扬帆远航！

（作者：自贡市大安区融媒体中心　黄明鑫）

我心中最美的英雄女神
——致江姐的一封信

敬爱的江姐：

您好！我是一名小学五年级学生，首先向您致以崇高的少先队队礼。寒假期间，我阅读了《红岩》这本书，从此认识了您，被您的传奇故事深深吸引，被您的伟大精神深深震撼！怀着无比敬仰之情，我还观看了《烈火中永生》《江姐》《我最好的朋友江竹筠》等几部影视作品，每一部我看得都非常认真，感动得热泪盈眶，耳畔总会回响起那首铿锵有力的《红梅赞》：红岩上，红梅开，千里冰霜脚下踩……

您所生活和战斗的年代，正处于新中国成立前夕，那个时候，人民解放军节节胜利、势如破竹，国民党反动派不断败退、垂死挣扎。在白色恐怖笼罩下的重庆，您为了革命的最终胜利，将自己年幼的孩子寄养在别人家中，强忍失去丈夫的悲痛，怀着对革命的必胜信念和对党的无限忠诚，冒着生命危险，组织学生运动，发行《挺进报》，进行舆论斗争，引起反革命势力的极大恐慌。后来，因叛徒出卖，您不幸被捕。在狱中，您面对敌人的严刑拷打，坚贞不屈、视死如归，用年仅 29 岁的生命保护了战友，捍卫了新生的共和国政权。您勇敢地对敌人说："你们可以打断我的手，杀我的头，要组织是没有的。""竹签子是竹子做的，共产党员的意志是钢铁铸成的！"这是多么伟大的精神，这是多么勇敢的宣誓。世界上若有时光机，我真的很想穿越时空，去到那个激情燃烧的岁月，加入光荣的革命队伍，与您一起为党的崇高事业和民族解放贡献自己的青春和热血。

我要学习您探索真理的品质。您酷爱马列主义理论，向往革命圣地延安，在考入重庆的中国公学后，秘密加入了中国共产党。您服从党的安排，不顾个人安危，自觉投身党的地下工作，是一名坚定的共产主义战士。我现在是一名少先队大队委，我也要像您一样热爱党热爱国家，多为集体做贡献。我满 18 岁时也要申请加入中国共产党，成为一名像您一样优秀的共产党员。

我要学习您强烈的求知欲望。少年时代的您边做工边学习，苦难的生活经历培养了您刻苦学习的精神，根据工作需要，党组织安排您学习会计知识，您在没有任何基础的情况下，经过努力考入了中华职业学校会计训练班，掌握了会计专业。我有幸生活在新时代，有着优越的学习条件，我会刻苦学习，努力做到德智体美劳全面发展，争做一名合格的共产主义事业接班人。

我要学习您艰苦朴素的精神。在阴森恐怖的渣滓洞监狱里，您用自制的笔墨，悄悄写下遗书，告诫自己的孩子，决不要娇养，粗服淡饭足矣，要以建设新中国为志，为共产主义革命事业奋斗到底。您在那样艰苦的环境里，仍然惦记着党的事业，为我们立起了一座精神丰碑。我要做一个懂事孝顺的孩子，勤俭节约，体谅父母，成为同学们学习的榜样。

清明节那天，我看到了一句话："今日之中国，正如您所愿。"江姐，您知道吗？中国共产党成立 100 周年了，有 9100 多万名党员，是世界上最大的党。江姐，您知道吗？我们国家已经全面脱贫了，人们都过上了幸福的小康生活，正在习近平爷爷的带领下奋力实现中国梦。这个时代是比您所憧憬的还要好的时代。

江姐，我们知道，正是无数个像您一样的革命先烈用鲜血和生命换来了我们今天的美好生活。您和先烈们的精神将永远闪耀在历史的天空，为我们实现中华民族伟大复兴的历史任务，提供源源不断的精神滋养。新时代的广大少先队员将发扬红色传统、传承红色基因，赓续共产党人的精神血脉，沿着您的足迹不断向前、向前。

此致

敬礼！

北京市海淀区七一小学五（3）班　李承烨

2021 年 4 月 11 日

参考文献

档案：

江竹筠档案

期刊报纸：

1.《一片丹心向阳开　地下党江姐的工作及爱情堪比〈潜伏〉》,《解放军报》,2015年06月25日。

2. 重庆日报评论员:《从红岩精神中汲取信仰的力量》,《重庆日报》,2019年06月18日。

3.《江竹筠:入党之初就决定把一切献给党》,《学习时报》,2020年09月07日。

4. 龚道鹏:《彭咏梧江竹筠的战友——巫山龙溪地下党组织创建人卢光特》,《红岩春秋》,2012年第4期,第62页。

5. 杨新:《"江姐"的成长人生》,《红岩春秋》,2019年第2期,第44—47页。

6.《柔情慈母的挚爱家书　革命斗士的坚定信仰》,《中国青年报》,2019年07月04日。

7. 郑林华:《"是否不要江姐死"　学习和弘扬江姐坚贞不屈的精神》,《新湘评论》,2015年第23期,第31—32页。

8. 杨宏:《说不尽的江竹筠》,《红岩春秋》,2016年第3期,第50页。

9. 杨彪、张放:《一片丹心向阳开——江竹筠烈士事迹再寻踪》,《雷锋》,2015年第1期,第26—27页。

10. 黄莺、莫细细、刘绍卫、张丽红、林苹:《江竹筠　红梅傲雪红岩上》,《广西党史》,2005年第4期,第41页。
11. 卢光特:《江竹筠同志生活片断》,《贵州文史丛刊》,1981年第2期,第139—140页。

图书:

1. 政协自贡市委员会:《因盐设市》,四川人民出版社,2009年。
2. 中共自贡市委党史研究室:《血染的丰碑——盐都英烈传》,四川人民出版社,2009年。
3. 罗广斌、杨益言:《红岩》,中国青年出版社,2000年。
4. 陈墨:《口述历史门径》,人民出版社,2013年。
5. 公安部档案馆编注:《血手染红岩——徐远举罪行实录》,群众出版社,1991年。
6. 中共重庆市委宣传部:《重庆红色故事》(第一辑),重庆出版社,2020年。
7. 何建明、厉华:《忠诚与背叛——告诉你一个真实的红岩》,重庆出版社,2013年。
8. 重庆红岩联线文化发展管理中心、重庆红岩革命历史博物馆:《厉华说红岩:军统集中营》,文物出版社,2012年。
9. 厉华:《厉华说红岩:解读狱中八条》,重庆出版社,2014年。
10. 刘仁辉、杨源孜:《江姐童年故事》,湖北少儿出版社,2009年。
11. 刘仁辉、杨源孜:《红岩英雄江姐》,湖北少儿出版社,2011年。
12. 重庆红岩联线文化研究发展中心:《千秋红岩》,人民出版社,2005年。
13. 厉华、刘和平、王庆华、陈建新:《魔窟——来自白公馆和渣滓洞的报告》,重庆出版社,2007年。
14. 厉华、龚月华:《信仰与忠诚》,重庆出版社,2018年。
15. 丁少颖:《江姐真实家族史》,武汉大学出版社,2011年。
16. 丁少颖:《红岩恋——江姐家传》,广东人民出版社,1998年。
17. 卢光特、谭正威:《江竹筠传》,重庆出版社,1982年。
18. 中共重庆市委党史研究室:《临行寄语——巴渝革命烈士书信选》,成都科技大学出版社,1991年。
19. 王庆华、厉华:《黑牢诗篇》,重庆出版社,1996年。
20. 厉华:《红岩:从文学作品到红色旅游》,重庆出版社,2020年。
21. 史红军:《巴山英魂——彭咏梧传》,解放军出版社,1987年。
22. 陈汉书、杜之祥:《青松傲雪霜——江姐、彭咏梧和川东游击队的故事》,重庆出版社,1982年。

23.杜之祥:《彭咏梧 碧血写忠烈》,重庆出版社,2010年。

电子音像制品:

1. 厉华:《红色的爱——红岩女英雄江竹筠的故事》,重庆出版社。
2. 重庆红岩联线文化发展管理中心:《红岩风》,重庆出版社。

后　记

《江姐：傲雪红梅》这本书是应江姐故乡自贡市大安区委党校邀请，讲述《红岩魂——中华儿女革命典型江竹筠》报告后，我与自贡市党校教师陈莎根据报告词整理而成的一本书。我很高兴接受自贡市党校的推荐与陈莎合作。这不仅是我的一个心愿，希望带动青年人去研究红岩历史，更是因为江姐的故里在自贡。陈莎敢于挑战自己，甄别史料的严谨、认真给我留下了很好的印象。希望能够有更多的有志青年能够从事这方面的研究，也期盼读者能够给予建议和批评，以便在史料的研究开发中创造出更好的作品。

在汇集史料和编撰书稿的过程中我们得到了中共自贡市委党校常务副校长陈尧、副校长晏可，中共大安区委组织部常务副部长王洪剑、中共大安区委党校原常务副校长郭杰等同志的大力支持和帮助，在此向他们表示诚挚的谢意。

特别感谢自贡市大安区融媒体中心副主任、《大安》执行副主编黄明鑫同志提供的《弘扬江姐精神，打造江姐故里》的珍贵史料。

特别感谢《江姐童年故事》《红岩英雄江姐》的作者刘仁辉、杨源孜。两位老师无私地将研究成果分享给我们，为丰富江姐人物形象提供了珍贵的素材。在书稿编撰过程中刘仁辉老师还提出了宝贵的修改意见。

最后，诚挚感谢中共自贡市委党校、中共自贡市大安区委员会、中共自贡市大安区委党校等单位在本书编撰过程中提供的各项帮助和大力支持！

谨以此书纪念革命先烈！

厉　华

2021 年 6 月 6 日

HONGYAN
JIASHU

红岩

厉华 郑劲松 郑小林 / 编著

重庆出版集团 重庆出版社

图书在版编目(CIP)数据

红岩家书 / 厉华,郑劲松,郑小林编著. —重庆: 重庆出版社,2021.6
ISBN 978-7-229-15847-7

Ⅰ.①红… Ⅱ.①厉… ②郑… ③郑… Ⅲ.①革命烈士—书信集—中国 Ⅳ.①I266

中国版本图书馆CIP数据核字(2021)第099993号

红岩家书
HONGYAN JIASHU
厉 华 郑劲松 郑小林 编著

策 划:郭 宜 郑文武
责任编辑:夏 添 王 娟
责任校对:刘 艳 刘小燕
装帧设计:夏 添 刘 洋

重庆出版集团
重庆出版社 出版

重庆市南岸区南滨路162号1幢 邮政编码:400061 http://www.cqph.com
重庆出版社艺术设计有限公司制版
重庆市开源印务有限公司印刷
重庆出版集团图书发行有限公司发行
E-MAIL:fxchu@cqph.com 邮购电话:023-61520646
全国新华书店经销

开本:710mm×1000mm 1/16 印张:16 字数:230千
2021年6月第1版 2021年6月第2次印刷
ISBN 978-7-229-15847-7
定价:68.00元

如有印装质量问题,请向本集团图书发行有限公司调换:023-61520678

序　甘洒热血写春秋

在庆祝中国共产党成立一百周年的特殊时刻，这本《红岩家书》显得格外厚重。

红岩烈士和他们的故事，有关书籍、影视作品已经出了不少，几乎已经家喻户晓。但是，读了这本《红岩家书》，我仍然心潮澎湃，思绪难平，感慨万千！

这本《红岩家书》，选取了车耀先、江竹筠、罗世文等20位红岩烈士，在狱中、就义前写给亲人、同志的信，留给亲人的话。身处死神随时都可能降临的人间地狱，甚至就在慷慨就义之前的一刻，烈士们的这些家书、话语，是从他们心灵深处流淌出来的拳拳心声、切切真情，为我们探寻烈士们的精神世界洞开了门户。本书编著者对烈士生平的介绍，对家书的诠释，又为我们观察烈士们的精神世界提供了放大镜和显微镜。

人们说："共产党员是用特殊材料制成的。"面对《红岩家书》，我在想：共产党人到底特殊在哪里？

是躯体吗？不是！共产党人也是血肉之躯，夹筷子，火红的烙铁加身，老虎凳上……一样彻骨剜心的痛。同样珍惜生命、留恋人生、眷念亲人。江姐说："我有必胜和必活的信心"（《红岩家书》第113页，以下凡引此书只注页码）。刘振美在给妻子的信中道："我此生遭受到这种意外，本来不想活了，但想到有了您，还有年高的母亲，方咬紧牙关忍受着痛苦的噬食而保留下这生命。”（第 161 页）……

是没有情、没有爱吗？不是！

烈士们对父母、亲人、同志有大海般的深情。许晓轩在给胞兄的信中说：“想到母亲，我也很觉有罪……现在我没有什么可以安慰母亲了……今后还请你继续替我多尽一些责任。”（第 202 页）何功伟在狱中给父亲的信中道：“儿不肖，连年远游，既未能承欢膝下，复不克分持家计。只冀抗战胜利，返里有期，河山还我之日，即天伦叙乐之时”，“儿七岁失恃，大人抚之养之，教之育之，一身兼尽严父与慈母之责。恩山德海，未报万一”（第 66、67 页）……

烈士们对妻子、丈夫有甜蜜、炽热的爱。张学云在给妻子的信中说：“前后一共收到您四封信，它们给予我太多的安慰，和无尽的快感的回味，尤其是昨天收到的第四号（挂号的）信，更使我联想着过去的一切蜜蜜的生活……”（第 226 页）王朴在狱中带给妻子的信中道：“莫要悲伤，有泪莫轻弹。你还年轻，你的幸福就是我的幸福。”（第 182 页）……

那么，共产党人特殊在何处呢？烈士们告诉我们，共产党人特殊在对人类解放事业、共产主义坚定不移的信仰、向往，及由此产生的钢铁般的意志、浩然正气。

罗世文临刑前给党留言：“决面对一切困难，高扬我们的旗帜！”（第 171 页）黄显声将军对儿子说：“为团体、为国家、为义气而坐牢，问心无愧，将来生死存亡在所不计。”（第 94 页）张学云跟妻子说：“我觉得‘理想’是人生最有价值、最富于吸引力的东西，‘理想’是我们生活的原动力。什么东西能使我们作苦斗的挣扎？什么东西能使我们极富于韧性的拼命？什么东西能使我们快活地毫不灰心地生活在不能算是人的生活深渊中？我说就是‘理想’。”（第 226 页）

正是这种坚定不移的信仰、理想，使他们具有钢铁般的意志。在国民党监狱渣滓洞和白公馆看守所，面对五花八门的“特种”刑具，受尽骇人听闻的肉体折磨，流血不流泪，折骨不低头。不仅是肉体上的折磨，特务还对烈士们进行惨无人道的精神上的摧残。特务用儿子对江姐威逼利诱，江姐“失声痛哭”，她爱儿子、思念儿子、不愿意让已经失去父亲的儿子再失去母爱；但是，她用钢铁般的意志战胜了情感，坚守了共产党人的节操。烈士们的钢铁意志，惊天地、泣鬼神！

坚定不移的信仰、理想，使烈士们充满浩然正气。“为了免除下一代的苦难，我们愿，愿把这牢底坐穿！”（何敬平烈士诗）“对着死亡我放声大笑，魔鬼的宫殿在笑声中动摇。”（陈然烈士诗）“按诸宁死不屈之义，儿除慷慨就死外，绝无他途可循。为天地存正气，为个人全人格，成仁取义，此正其时。”（第 66 页）……烈士们的浩然正气，若长虹经天纬地，气壮山河！

对共产主义事业的坚定信仰，及由此而产生的钢铁般的意志、浩然正气，这就是共产党人的特殊之处。为了共产主义的信仰和理想，甘洒热血写春秋，已经成为红色基因融入了中国共产党人的血液。

烈士们在家书、留言中，殷切地希望他们的兄弟、姐妹、儿女、同志——后来人，永远跟党走，完成他们未竟的事业。掩卷想想，作为烈士们的后来人，我们做得怎样，有没有辜负他们的期望？今天，我们与烈士们的处境不同了；但对信仰的坚守有同样的意义。我们的党已经是执政党，又处于和平时期，我们不会面对敌人的酷刑、刺刀、枪口，没有时刻可能牺牲的危险。但是，我们面临着权力、金钱、美色、奢侈生活……的诱惑。在这些诱惑面前，我们共产党员、特别是党员领导干部，对共产主义的信仰是否坚定，不仅关系着我们个人的政治生命，也关系着党和人民事业的兴衰成败。我想，当这些诱惑降临我们面前的时候，不妨翻翻这本《红岩家书》。

习近平总书记要求全党认真学习党史，我很拥护。不了解党的历史，怎么知道、不忘中国共产党人的初心！不懂得党的历史，怎么明白、牢记我们肩负的历史使命！

学习党史，我认为阅读《红岩家书》是重要的一课。

求是杂志社原社长　高明光

2021 年 4 月 25 日

CONTENTS 目录

车耀先

『谦』『俭』『劳』为立身之本
『骄』『奢』『逸』为终身之戒

车耀先（1894—1946），中共党员，四川大邑县人。17 岁入川军当兵，1929 年加入中国共产党，任中共川康特委军委委员。后在成都从事革命活动，引导许多有志青年走上革命道路。创办《大声》周刊，进行抗日宣传，成为成都抗日救亡运动领导人。1940 年在国民党制造的“抢米事件”中被捕，先后囚禁于贵州息烽监狱和军统重庆集中营。1946 年 8 月 18 日，牺牲于重庆歌乐山松林坡戴笠停车场，时年 52 岁。

车耀先《先说几句》

下面这段话是车耀先烈士在狱中没写完的《自传》的自序，也可算一封写给子女的题为《先说几句》的家书：

先说几句

民国二十九年三月，余因政治嫌疑被拘重庆，消息不通，与世隔绝。禁中无聊，寝食外辄以《曾文正公家书》自遣。遂引起写作与教子观念。因念余出世劳碌，磨折极多；奋斗四十年，始有今日。儿女辈不可不知也。故特将一生之经过写出，以为儿辈将来不时之参考。使知余：出身贫苦，不可骄傲；创业艰难，不可奢华；努力不懈，不可安逸。能以“谦”“俭”“劳”三字为立身之本，而补余之不足；以“骄”“奢”“逸”三字为终身之戒，而为一个健全之国民。则余愿已足矣。夫复何恨哉?!

“积善之家，必有余庆；积不善之家，必有余殃。”注重家庭、家风、家教是中华民族的优良传统。家风是一个家庭的精神内核，父母是孩子的第一任老师，有责任把美好的道德观念传递给孩子，有义务引导他们怎样做一个有气节和骨气、对国家和人民有用的人。

车耀先被捕入狱后对生死置之度外，却挂念儿女的成长。在狱中，国民党特务给每个“犯人”发了一套《曾文正公家书》，要求每天必读，而且要写心得，以达到改造思想、转变革命立场的目的。车耀先知道能够出狱的机会非常渺茫，甚至难以活着出去，于是借狱方要写心得体会的机会，向狱方要来笔和纸，开始写自传，想通过这种形式让子女了解自己，并把自己对子女的希望也写出来。但车耀先并没能在狱中写完《自传》，自序前的《先说几句》，就是父亲留给子女们的寄语与希望，也是一个革命者的最后交代。

能以“谦”“俭”“劳”三字为立身之本，而补余之不足；以“骄”“奢”

"逸"三字为终身之戒，而为一个健全之国民。这是车耀先从自己的人生经历中得出的人生感悟与肺腑之言，也是他对车崇英、车毅英、车时英、车伯英、车仲英五个子女定下的道德要求和人格规矩，短短200余字的字里行间，洋溢着中华优秀传统文化中最可贵的家国情怀，和一个革命者对子女的殷殷嘱托。

"谦""俭""劳"为立身之本，成事之基。这是车耀先留给孩子的家训家规，也是自己躬身践行一生的真实写照。

车耀先出身贫寒，人生经历复杂。他只读过两三年书。17岁"弃商从军"，投身戎马生活冲锋陷阵、能征善战，"由兵而士，士而官，十三年官至团长"。在那个风起云涌的二十世纪初叶，各种思想涌动，东西方文化激烈碰撞，车耀先看到的是"笃信耶稣之故，所属官兵几皆教徒"。在国民革命潮流浩浩荡荡的大变革时代，他祈祷人间充满爱，可现实不断地在摧毁他的祈祷。他最终认识到"读破新旧约千遍，宗教不过欺愚民"。

1927年蒋介石、汪精卫相继背叛革命，轰轰烈烈的大革命失败了，车耀先感到失望和愤慨。《车耀先自传》记载："十六年改充四师上校付（副）官长，出游上海、东京、朝鲜、奉天、北平，十七年回川后改任新兵训练处长。正准备成团之际忽奉命缩编为旅。我奉调军部。可任县长，可入陆大，均不愿请长假春归，以刘（湘）所赠二千元路资为本，开努力餐馆于成都了。"车耀先用刘湘所赠路资，在成都开创"努力餐"饭馆。饭馆经营四川风味，以大众饭菜为特色，以"努力为大众开辟吃饭场所"为宗旨，倡导"勤""俭""劳"的品质，饭馆也开创了现代平民"快餐店"先河。入党后的车耀先，以"努力餐"饭馆为掩护，从事统战工作。

曾长期在四川地下党组织担任领导职务，新中国成立后担任中共中央西南局、四川省委统战部长及四川省政协副主席等职的程子健回忆："车耀先同志系四川大邑人……幼时卖过大柴，背过布……大革命时，思想才进步，任川军三师参谋长，大革命失败后入党，做军事工作，任川西特委军委委员，曾参加汉州暴动，以后即做军事、基督教及统战工作，中途关系曾中断，西安事变后，在蓉创办《大声》周刊，首先鼓吹统一战线，故人称之为统一战线的‘线长’，其人反对吹牛，做事踏实，处处都起模范作用，由自学而能写文章，且文章写得很好，对于军民商学各界都能钻得进去。耀先是一个标准的统战人物，他的趣事甚多，他曾说：他的女儿参加了革命比中了头彩还强。”

1929年，车耀先加入中国共产党，任中共川康特委军事委员。回想从军、经商、信教，最终走上革命道路的复杂经历，车耀先曾写下一首《自誓诗》：

幼年仗剑怀佛心，放下屠刀求真神；
读破新旧约千遍，宗教不过欺愚民。
投身元元无限中，方晓世界可大同；
怒涛洗净千年迹，江山从此属万众。

不劳而食最可耻，活己无能焉活人；
欲树真理先辟伪，辟伪方显理有真。
喜见东方瑞气升，不问收获问耕耘；
愿以我血献后土，换得神州永太平。

在那个民族危亡的年代，车耀先以诗明志，宣传抗日，鼓动青年“投身元元无限中”的抗日救亡运动，在“怒涛洗净千年迹”的烽火中为国家民族努力奋斗，还要敢于学习先进的文化、正确的理论，做到“欲树真理先辟伪，辟伪方显理有真”，在伟大的民族独立解放运动中“愿以我血献后土，换得神州永太平”。

“为一个健全之国民。则余愿已足矣。夫复何恨哉?!”这是车耀先的人生价值取向。为人处世不可有傲气，保持低调谦虚，生活上低标准、事业上高标准，用自己的双手去创造，不傲、不贪、不懒……这是作为父亲的车耀先对子女的期望：唯有健全的人格，才能去天下为公、担当道义。

1938 年 8 月 1 日创刊的《统一战线》期刊，车耀先发表了《几个口号的认识》。当时国民党宣扬“一个大党”、“一个领袖”、“一个国家”，企图将共产党融入于国民党之中，形成一个“大党”，认为没有必要组成“巩固抗日民族统一阵线”，车耀先在文中对此反动论调予以坚决反驳：“有些人说：这些口号都是共产党喊出来的，这是他们夺取政权的阴谋。因为，我们的民族原来就是统一的，何必要用有联合意义的阵线二字呢？”对此，他尖锐地质问那些要破坏和消灭统一阵线的人“……还要恢复抗战前分崩离析的局面来完成敌人的‘以华制华’的毒计吗？……因为是共产党喊出来的，我们就因人废言的怀疑它，甚至反对它；那么，共产党要抗日，我们就怀疑、反对；共产党要实行三民主义，我们也怀疑，反对；国民党要吃饭，我们也怀疑，反对；这成吗？……”车耀先义正词严地为共产党正言，并告诫“那些要破坏和消灭统一阵线的人”：“这样的无理地忌妒和污蔑，终究是要失败的。”①

车耀先的这一切社会活动和激烈的抗日宣传言论，与国民党蒋介石的“攘外必先安内”的政策极度冲突。1939 年底，国民党顽固派在全国范围内掀起第一次反共高潮，并在肆意制造的“抢米事件”②中将车耀先逮捕。

车耀先被逮捕后，从成都押往重庆望龙门 22 号军统重庆看守所，他曾带出一封信讲述狱中情况：

---

① 车耀先：《几个口号的认识》，《统一战线》，1938 年第 1 期。

② 1940 年初，蒋介石派特务头子康泽携带别动队员两百多名潜来成都，策划“抢米事件”，一方面借此剪除地方实力派中的左翼民主力量，达到控制和削弱地方实力派的目的，一方面嫁祸于共产党组织的春荒暴动。伪装饥民的特务 3 月 12 日抢劫了国民党四川实力派人物潘文华设在成都南门外的米仓，并于 3 月 18 日晚间，在成都祠堂街“努力餐”饭馆内，将车耀先逮捕。同晚，还在《新华日报》推销处逮捕四川省委书记、《新华日报》驻成都营业部的罗世文等。

余过去为中苏文化现为宪运大为不满，久欲惩我，我知之未愿者，以坦白无他。爱国无罪也，且近十年来，无党派关系，仅识新华罗世文，亦不过私人往还而已。此次借蓉打仓事，诬为共党春荒暴动，我与罗同时被捕后，解渝拘此将二月。被询时我力辩其诬，询者暗示我入国党不可，我以自由实行三民主义答之，以为侦察后，当察告无罪。半月无动静，乃请询者问以原因，答以“十之八矣，稍缓当明白矣，但保无他。君将来必吾党同志，于成都方面尚有多事托君也”，至此更知醉翁之意矣，乃静候之，并请谒蒋，面陈推行注音以扫全川文盲，又拟办法及交多方多信，均被扣未转。然待遇较优，日有蒋曾集报看，并习世界语，又为我新置被盖添衣等，大有久扣不放之样。监视较严，若不早为之计，不卜何年月始出。且应他变，因禁通信，与外隔绝，既为刀下肉，可随便制裁而外人不知也。因之思家心切，顾患极多，寝食不安。直度日如年，如坐针毡耳。同来五人中已释其二，大约初询时即示入党故也。罗与其他一青年，居别室中，不准接近。见罗疟疾重，心存不忍。该青年亦曾肚泄。我则力自排解镇静，方免于病，然近日亦大瘦矣。再下去恐亦不免病。如此环境焦灼不堪，居此地又不敢告人。恐知之更不了也。因思罗有党为之交涉，我除中苏文化协会设法担保入国民党可以出外，实无他法。故之昨夜亦与某队长谈：本参党派入党亦无不可，不过非结束此事不可，否则党与我均不名誉也。拟方式三：一为总特许裁，二为推行注音为公务员，当不成问题，三由王昆仑张西曼介绍，不能在此拘中入党，以示不受威胁。队长云：可报告上峰请示。但不知如何耳。如逼我为特务工作，虽死不从，且国党亦不该如此也。故宜此时先行设法也。总之，观此情形，作久扣不可者居多，因此忧耳。能由孙会长设法担保出去更好，即邓潘刘恐亦不可靠也。家中大小不知对我如何悲虑，心甚念之。寤寐间均念切。长此以往，恐忧成痼疾而死。能早一日出去更好。若迟到时局大变，不死于此亦死于彼耳。但此情，不愿家人知之，恐更忧也。仅使之知我在此较安即得耳。报载，孙组织宪运宣传委员，我能负点责任宣传更好。我住此地不能公开，总望设法使我早出为切盼。家中情形及进行状况可长于启中示知，以慰我！我拘此恐蒋亦不知也。急欲谒蒋！但想难实现耳。

五月十夜三更

从这封书信可知，车耀先在狱中焦灼不安，一忧处置悬而未决，特务问询他后“半月无动静”；二忧家人对他被捕一事的悲伤焦虑，“因之思家心切，顾患极多，寝食不安。直度日如年，如坐针毡耳”。从中可见，共产党人也是有血有肉的，普通人所具有的情绪，他会有；普通人所具有的情感，他也会有。“爱国无罪”，可这样的道理，专制统治的国民党顽固派是不会懂的。他们只奉行“顺我者昌，逆我者亡”。国民党暂时对车耀先“待遇较优”，醉翁之意不在酒，目的是想策反他，希望他“将来必吾党同志”。但他们错了，“愿以我血献后土，换得神州永太平”，这是车耀先的坚定信仰和坚决的意志，也就预示着他的忠诚选择。

车耀先与罗世文被捕后，周恩来代表我党向蒋介石提出抗议，谴责国民党破坏抗战团结局面、制造反共事件的严正错误，要求立即释放被捕人员。但是，国民党当局拒不释放，并立即将车耀先等人转押到重庆望龙门 22 号军统重庆看守所，随后又秘密转押贵州息烽集中营进行“改造”。

特务要求车耀先改过自新，回到国民党军队工作，并许以高官，否则一辈子也别想出去。面对威逼利诱，面对长期关押的折磨，车耀先初心不改，坚持立场，拒不接受国民党的任何条件。

“君子不器，成己达人。”车耀先不仅是一位革命者，更是一位先进思想的传播者，是有志青年的引路人。车耀先就像一颗革命的火种，“以自己的火，去点燃别人的火”。在狱中所写自传中说：“我家大邑，出身寒微，读书二三年即小贸糊口。十四岁（光绪三十四年）便到崇庆县学买卖。民元弃商从军，在前进无家可归的环境之下，由兵而士，士而官，十三年官至团长。因笃信耶稣之故，所属官兵几皆教徒。虽无建树，然未扰民。十六年的革命思潮，淘尽了宗教信仰；社会主义代替了我的圣经。”的确，那一代革命者，都有一个逐渐觉醒、寻找真理、投身革命的历程，“千淘万漉虽辛苦，吹尽狂沙始到金”。弃商从军、耶稣救国均无建树，车耀先最终选择了社会主义，可以说在那样一个白色恐怖的年代，这选择就意味随时出现的牺牲。

33 岁的车耀先，退出军界创办“努力餐”饭馆。回顾自己信奉基督教的种种曲折人生经历，他深感青年人选择人生道路的不易，挫折、困惑会使一个本来有光明前途的青年走向人生的歧途。所以，他认识到走好人生第一步路的重要。只有求到“真神”，开展革命活动，教育引导包括自己子女在内的青年树立正确的人生观和世界观，才能真正实现人生的价值和意义。红岩历史中“军统电台特支”张露萍烈士，也由于是其子女的同学而受到车耀先烈士引导，从而走上献身民族解放事业的革命道路的。

1934 年，车耀先在成都主办“注音符号传习班”，通过讲课和课后谈话，给学生讲解时事，灌输抗日救国的思想，引导许多有志青年走上革命道路。

1937 年 6 月，成都省立女师学生黄玉珍毕业时拿出笔记本，希望车耀先老师能够为她题词。车耀先愉快答应并写下这样一段话：“经济生活和文化确实有密切地联系。人类的经济生活，是人类文化的基础。而人类文化，又只是经济生活的上层建筑。但这种联系，并没有证明有钱人一定文明和穷人一定野蛮。这联系只是表现为这样的事实：哪怕是在社会上处于被屈辱的地位的人，哪怕在这地位上不断地感到经济生活的恐慌和穷乏，如果这恐慌和穷乏是逼着他们向上，逼着他们对屈辱和被掠夺的现状起来反抗时，他们的反抗的努力就是‘知荣辱’的表现。他们在反抗的努力中就同时会促进了文化的向上。反之，对别的国家或人民实行侵略掠夺，或者帮着侵略者掠夺别人，以达到自己的丰衣足食的人，才真是正（笔者注：真正是）‘不知耻’的人群，是文化的破坏者。”

一个题词如此认真对待，不厌其烦地教育学生最重要的是要“知荣辱”，

1937 年 6 月 4 日，车耀先给黄玉珍的毕业题词

车耀先就是这样“诲人不倦”，总是把正确的世界观、价值观，传递给下一代。

这个笔记本，黄玉珍同学一直珍藏了 50 多年。

1997 年“红岩魂”展览在杭州展出时，我应邀在杭州大会堂为群众做《歌乐忠魂》的演讲报告。黄玉珍找到我说：“我是车耀先的学生，我还有他在我笔记本上的题词。”她表示：“我明天把它送来你们看看，如果觉得对你们工作有帮助，我可以送给你们。”第二天，我为杭州市直机关干部报告会结束后，黄玉珍老人将笔记本捐献给重庆歌乐山革命纪念馆收藏，希望她老师给自己的留言能教育更多青年树立正确的“荣辱观”。

1937 年 1 月 15 日，利用开办在成都的“努力餐”饭馆为掩护，车耀先在成都又创办了《大声》周刊，意思是为抗日救亡“大声”疾呼，以唤起民

众。这个刊物是成都风行一时的抗日救亡刊物，成为四川抗日救亡运动的喉舌，宣传抗日救国道理、传播革命声音的阵地。它也是四川抗日救亡的一支重要力量，不少青年在《大声》周刊的影响下，奔赴延安、投身革命。前面提到的张露萍就是在车耀先和《大声》周刊影响下去了延安。

《大声》周刊影响日巨，不三月就销到五千份，也引起反动当局的恐慌，先后被封禁五次。刊物在全民族抗日战争前主张“对内和平对外抗战”，抗战后主张“精诚团结、抗战到底”。第一期既有批评汪精卫之言论，以后是每期都有抗战言论。1938 年，车耀先和周刊同仁组织起大声抗敌宣传社，慰问抗日家属，并钉上“杀敌光荣”铜木牌。周刊还组织欢送出征军人，兵役宣传，这在全川都算开展最早的。1938 年 1 月开始筹备中苏文化协会成都分会，经过一年之波折，终于1939年正式成立分会，开始工作。[1]

川东地下党老同志、原重庆市人大主任张文澄在《关于车耀先同志的情况的介绍》中对《大声》周刊赞赏有加："……在沉静的古蓉城的死潭里，无异投下巨石。对十年反共宣传，是雷霆般的回击。当时，许多青年都争读《大声》，引为爱国思想的指南。"张文澄介绍，当时的"成都中华民族解放先锋队"也从旁积极协助，诸如扩大稿源，参与编辑，发行推销等。当时已年逾中年的车耀先同志也如青年一样，不仅全力办好《大声》，还积极参加抗日救亡的群众集会、宣传讲演、游行示威等活动，虽然因腿疾行动不便，却照样生龙活虎，讲演时口若悬河，在青年中有很高威信。"反动当局甚至禁止学生阅读《大声》……但车耀先同志不畏强暴，不怕风险，敢于在《大声》上介绍西安事变的真相，1937年秋还介绍《抗日救国十大纲领》，起到向人民群众宣传党的抗日救国和抗日民族统一战线的政治主张的作用，可谓旗帜鲜明……"[2]

1937年，罗世文受党中央派遣回四川担任省委书记，也恢复了车耀先的党组织关系。车耀先"在罗世文同志领导下，负责对四川地方势力派的中、上层骨干进行统一战线方面的工作……，从事对地方势力派的统战工作，比较隐蔽……"[3]

被捕后，车耀先忠诚自己的政治选择，把监狱当作一个特殊战场，借狱中图书管理员的"工作"继续传播进步思想，"希望在押人士个个思想都得到进步"，曾与车耀先一起被关押的王品三回忆："有几名山东流亡学生[4]就是一例，他们原来进狱时，对共产党和国民党并不了解，他们坐了一段时间狱牢以后就知道了国民党的反动本质，也了解了共产党是为解放全中国而奋

① 车耀先：《车耀先自传》。

② 车耀先档案。

③ 张文澄：《关于车耀先同志的情况的介绍》。

④ 后来牺牲在重庆白公馆看守所，冯鸿栓、石作圣等人。

斗着，这不是偶然的，是与车耀先的工作分不开的。”

1945年抗日战争胜利后，毛泽东主席以“弥天大勇”之气概，来到重庆，代表中国共产党就国家发展前途等问题与国民党蒋介石谈判，其间提出释放全国的政治犯，特别是张学良、杨虎城、罗世文、车耀先4人。蒋介石也公开表示同意，中共的《新华日报》，国民党的《中央日报》都做了相关报道，引起社会各界高度关注。

车耀先在狱中知道这一消息，也充满希望。他想自己的孩子，不知道他们长得怎么样了，甚至想立即拥抱他们……在没有刑期的数年关押中，他拒绝写出悔过书、拒绝参加国民党的工作。对于被释放，车耀先没有面对向他道喜的看守说感谢，也没对看着他充满希望的难友眼神有回应，表现出了一个革命者的成熟与冷静，换句话说，他早已将个人生死与自由置之度外。

但，国民党蒋介石并没“信守承诺”，息烽监狱撤销，车耀先等70多名政治犯被转移到重庆白公馆、渣滓洞看守所继续关押。

1946年8月18日，国民党顽固派将车耀先和罗世文一起杀害。车耀先时年52岁。

重庆解放后，根据特务交代，在歌乐山下的松林坡发掘出罗世文、车耀先的遗骸，并就地修建墓地，周恩来同志亲笔题写：罗世文、车耀先两同志之墓。

“回忆父亲是痛苦的，也是自豪的。因为我们有一位满怀革命理想和爱国豪情，无私无畏、坚贞不屈的好爸爸。他引导我们对革命的信仰，并给予我们无穷无尽的力量。”车耀先的子女如是说。

在繁忙的工作之余，他从不缺席子女的成长。他亲自把两个女儿引上了革命之路。这特别值得当今的父亲们学习。以“谦”“俭”“劳”为立身之本，以“骄、奢、逸”为终身之戒。车耀先这封短短的家书中倡导的“谦”“俭”“劳”的品质，也成为车家后人为人处世的朴素理念。新中国成立后，车耀先妻子将“努力餐”饭馆上交国家，并婉言谢绝了国家按月发放的烈士

罗世文、车耀先两同志之墓

家属抚恤金，这更令人动容。从另一个角度讲，这样也让车耀先烈士在九泉之下感到光荣与欣慰。烈士家书，是传家宝。这高尚的家国情怀也是红色基因的重要元素，值得我们永久珍藏。

苟悦彬

多多努力，无止境的进步

苟悦彬（1919—1949），中共党员，云南绥江人。1935年到成都，先后入济川中学、高级工业职业学校读书。1940年至1942年初先后在重庆、昆明当技术员、中学教师。1942年底考入国民党陆军机械化学校，1945年6月随该校到重庆，同年11月进入重庆二十一兵工厂当技术员。1947年10月加入中国共产党。1948年3月，他将《挺进报》传给进步群众阅读，被特务发现，于同年4月15日被捕，关押于渣滓洞看守所，1949年11月27日牺牲，时年30岁。

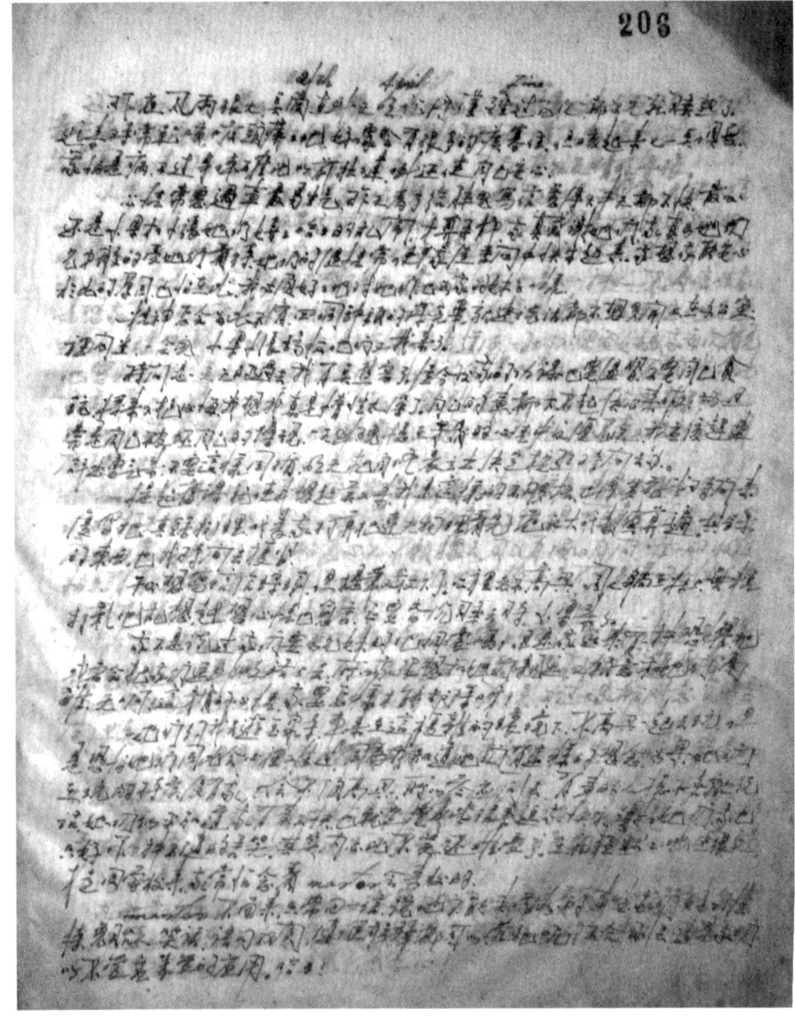

苟悦彬生前日记

狱中给党组织的信

我生活得很好，请转家人放心，入狱后受了七次刑，没有问出什么就算了。请转嘱弟妹们，多多努力，无止境的进步，不要因我而消极灰心。并好好教育六如①，要他继承爸爸的意志！

这封信是荀悦彬在1949年3月，托一位出狱难友带出去给党内同志的。信言简意赅，想来写得匆忙；谈起受刑那么云淡风轻，那是不想让家人担心；纸虽短，情却长！对弟弟妹妹的关心，对儿子的殷切希望，跃然纸上。

其实，荀悦彬可以不被捕的。那是由于荀悦彬为保全党组织，坚持一个人承担了全部责任。这是怎么回事呢？

事情得从他传阅《挺进报》被特务发现时说起。

1946年3月1日至17日，国民党在重庆召开六届二中全会，通过了“对于政协会议报告之决议案”，从根本上推翻了经各党派讨论形成的和平建国问题、改组政府问题、军事问题、宪法修改问题、召开国民大会的政治协商决议等五项决议。6月26日，国民党顽固派悍然撕毁停战协议和政协决议，大举围攻中原解放区，发动了全面内战。1947年2月，国民党下令封闭中共驻上海、南京、重庆办事机构，不得已全部撤离。

在重庆，国民党突然查封了四川省委和《新华日报》，社会舆论也被国民党控制，全城笼罩着一片“黑云压城城欲摧”的阴霾之气。社会大众完全失去了原来从《新华日报》获得信息的来源。

为了冲破国民党的舆论封锁，使国统区的党员、群众等能够获得有关解

---

① 六如：荀悦彬之子。

放战争的消息以及解放区土地改革等政策信息，重庆地下党秘密创办了《挺进报》。

国民党的二十一兵工厂是地下党统战工作的一个重点，地下党通过联系进步的技术人员和工作，形成“据点”[①]，宣传党的方针政策，团结工人，形成了地下党在兵工厂的一批骨干力量，并且建立了秘密的党组织。[②]

中共党员苟悦彬按照党组织要求，通过关心群众，帮助解决困难问题，秘密联系一些思想进步、关注形势发展变化的工人，宣传“黑暗即将过去，曙光即在前头”，并且将地下党的《挺进报》在可信的群众中秘密传看。

1948 年 3 月的一天，苟悦彬又将《挺进报》交给进步群众、技术工人谢正清传看。急于获得有关人民解放军战场消息的他，没有按照苟悦彬“带回家去看”的要求，中午在休息室午餐时，将《挺进报》放在抽屉半遮掩地端着饭盒专心地看了起来。

“解放军大反攻半年战绩警心”的标题吸引了谢正清的目光，“歼灭敌人营以上正规军……折合 55 旅”“俘虏将级军官 76 名，内正规军 52 名，非正规军 24 名；中将 13 名，少将 63 名，毙敌将级军官 12 名，内正规军少将 6 名，非正规军少将 6 名，另蒋匪专员 1 名，军长 27 名……”“蒋两名高级军官反正”“蒋军官兵好消息——放下武器，可以分田”。一条条令人振奋不已的消息使谢正清专注阅读，以致完全忘了是在国民党的兵工厂。

突然，有人迅速伸手到抽屉里拿出报纸，“看什么，这么专心，我看看”，工人周泽邦快速地将报纸拿到手中。《挺进报》三个醒目的大字使周泽邦一震，狠狠地看了一眼谢正清后，立即拿着《挺进报》跑了出去。

这一突如其来的动作使谢正清还没有从阅读兴奋中走出来，就看见周泽邦已经出了门口。

---

① 一个党员联系一批群众，没有固定的时间和章程，有事就逐一告知。

② 这批骨干力量在重庆解放前夕，有力地阻止了国民党特务对厂房设备的大破坏，在护厂斗争中牺牲的党员群众也列为红岩英烈范围。

急急忙忙跑出去的周泽邦与正要进休息室的袁尊一[1]正好相撞，“你干什么？”袁尊一问。“这里发现了共产党！”周泽邦边说边跑。

吃惊不小的袁尊一立即走进休息室，只见谢正清坐在桌旁非常惊慌。

袁尊一了解情况后，顿时感觉问题严重。他知道自己在技工校的同学周泽邦已经被秘密地发展为厂里防谍保密组成员，他判断周泽邦急急忙忙地跑出去肯定是到厂稽查组去报告。

于是，袁尊一立即找到苟悦彬，将突发情况告诉了他。苟悦彬急忙找到谢正清，非常冷静地对他说：“如果有人来追问你，就说这张报纸是我给你的，一切都由我来对付。”

当天晚上，袁尊一、苟悦彬、赖宗瑜等党员研究分析情况后一致决定：苟悦彬和有可能暴露的党员、进步群众立即撤离躲避。

但苟悦彬考虑到，他若要转移，势必暴露和他接近的同志，乃至影响到整个组织的安全。如果组织遭到了破坏，损失太大了，而且要在二十一兵工厂重新建立组织就更困难了。因此，他请求自己去承担一切，决不因为自己出事而大家撤退。而且他坚定地表示：就是被关监狱，那也就是到“马列学院”（指敌人监狱）去学习。

党组织研究后慎重考虑了苟悦彬提出不撤离、自己去承担责任的要求，最终做出这样的应变方案：既要保存党在二十一兵工厂的“据点”，又要保护苟悦彬的安全。决定用化名，以一个从解放区回来的苟悦彬老同学的口吻，给苟悦彬写一封信：关心他的前途，叫他弃暗投明，并说要给他送《挺进报》看。同时决定立即切断经常与苟悦彬接触的人员关系。

苟悦彬第二天上班后，主动把这封落款十几天前的信送到厂长办公室，说明了《挺进报》的来由。

厂稽查组不会轻易相信，在重庆警备司令部特工配合下，实施了对苟悦

① 袁尊一，当时厂里的技术工人，地下党工厂组织的负责人。

彬的全天候监控。由于组织迅速切断了与荀悦彬的全部联系，特务没有从严密的监控得到任何新情况。

面对寸步不离的特务监控，荀悦彬知道自己凶多吉少。他把自己的钢笔送给了妹妹，希望她多学习，让住在他家的一个亲戚把一封信送给党组织，信中说："看样子要进'马列学院'读几天书了。请你们千万不要相信特务的欺诈，我绝对不会有一句口供。"

1948 年 4 月 15 日下午，厂稽查组带着重庆警备司令部的宪兵逮捕了荀悦彬。

荀悦彬在信中说"我生活得很好，请转家人放心……"。事实是这样吗？当然不是。荀悦彬在狱中遭受酷刑七次，面对敌人的这些酷刑，荀悦彬觉得这是家常便饭而泰然自若。他不想让大家担心，不想让大家难过。他深知，胜利与成功从来都是革命者用鲜血浸染的、用牺牲奉献奠基的。

"受了七次刑，没有问出什么就算了"，这看似轻轻松松的一句话，今天读来，却有着沉甸甸的分量，令人肃然起敬！

"受了七次刑"，特务没有能够从他身上得到任何讯息，他用行动证明了自己的誓言：我绝对不会有一句口供！

特务们始终想不明白，在数次酷刑面前，是什么力量支撑着这个文弱的书生？

特务们当然不明白，但我们可以从他的日记和社会调查中找到答案。

重庆红岩革命历史博物馆馆藏档案中保存着荀悦彬生前在绥江县立中学的几篇日记：

5 月 10 日：……这儿的教育界，我也将此看过透，戳穿纸老虎也是官场的变象而已。而教育的人，都是醉生梦死的骷髅，不！都是老百姓的寄生虫，揭穿假面具，是全无人格的东西，扯着教育的幌子，实行其卑劣营私的手段。这儿是如此，云南全省也非例外！再推大点，全国也不能对教育界乐观呀！

5月14日：……一个作家的真正使命，不仅在暴露社会的现实面，最重要的是在指出将来，领导读者走向正确的坦途呀！但是中国的作者除少数几人外，能负起领导青年之责的可说全没有呀！

没有信仰的人，他的意志绝对不会坚定，不集中，而且在社会上作人，要明白作人的权利和义务，尤其知识阶级的人，应该拿出他的所有的能力，谋人类的真正自由，但在现社会下，一切都在不平等的情形下发展，自觉的人要帮助他人觉悟，明了现在是在怎样的情况下作人，而且怎样去尽作人的责任。

我们应该相信团体的力量，个人绝不能创造好的事业来，如果有人相信他独力能办出伟大的事来，是犯了个人英雄主义的观念，这种观念的发展，会带到狭隘的个人自私自利的危险里，我几时就愿意参加一个有意义的团体，去为共同的目标而努力，但现在都不曾实现呀！

5月18日：在印度支那半岛上的战争，我们只接连地读到英军溃败的消息，到星洲失守后瓦解了整个帝国的军心，使英帝国的武力成为一种美丽的装饰。不能拼死去守个据点，说他们见着日军的影子就骇破了胆，也许不是过甚其辞的话吧！

过去英国人，不！还是所有的外国人都瞧不起日本人，更谈不上中国人。但事实上中国人因其物质低劣的坏处，形成她的优点。每次都在极困难的环境下完成她最重要的任务，但英军的懦弱，使得我军无法独立苦支，将是顶重的原因。英国人的绅士态度在交际上是很高贵的，但战争中虽是明知是失败，他也要保持他对奴隶的仪态，而对着强横的世界强盗时，也只好走，走不脱时就举旗投降，绅士的面孔也不要了。

重庆红岩革命历史博物馆馆藏档案中保存着一份苟悦彬生前所写的社会调查笔记：

关于调查研究的方（法）

1. 收集敌我友三方关于政治军事经济文化及社会阶级关系的各种报纸书刊加以采录编辑研究。

2. 邀集有经验的人开调查会，每次三五人七八人不等，调查一乡一县一城一镇一军一师一工厂一商店一学校一问题（例如土地问题、劳动问题、游民问题、会门问题）的典型，该典型着手最切实际的办法，由一典型再及另一典型。

3. 在农村中应着重于对地主、富农、商人、中农、贫农、雇农、手工工人、游民等各阶层生活情况，政治需要及其相互关系的详细调查。在城市中应着重对于买办大资产阶级、民族资产阶级、小资产阶级、无产阶级、游民群众的生活情况、政治需要及其相互关系。

……

5. 写名人列传，估计到领导人物在中国社会中的重大作用，研究这些人物的各方面写成传记，及是研究整个中国的重要一环。在抗日阵线中凡财产5万元以上的资本家、地主，团长以上的军官，县长以上的官吏，各党各派县以上的负责人，名流学者文化人、新闻记者、宗教家、社会活动家，在一县内外闻名者以及在□[①]外人活动分子，都替他们每人写一数百字到数千字的传记。

如：乡长收米三担　280 元

以上共 960 元，以两名军粮、挑夫每名食米三担，脚费 500 元又 1480

……

---

① 此字暂无法释读。

对于中国近百年的历史，应该作经济史、政治史、军事史、文化史各部门的分析研究，然后才有可能做总的研究。

要了解情况，唯一的方法是向社会作调查，调查社会各阶层的生活情况，普遍调查是不可能，也不需要。有意识的有计划的抓住几个城市几个乡村，用马克思的根本观点——阶级分析的方法作几次周密的调查，乃是了解情况的最基本的方法。

苟悦彬生前手抄调查笔记 1

关于调查研究的方[法]
1. 收集敌我友三方关于政治军事经济文化及社会阶级关系的各种报纸书刊加以采录编辑与研究。
2. 邀集有经验的人开调查会每次三五人七八人不等调查一乡一区一城一镇一军一师一工厂一商店一学校一问题（例如土地问题劳动问题游民问题会门问题）的典型，这是解剖麻雀的办法，由这典型着手，由一典型推及另一典型。
3. 在农村中注意对于地主富农商人中农贫农雇农手工工人游民等各阶层生活情况政治要求及其相互关系的详细调查。在城市中注意对于买办大资产

荀悦彬生前手抄调查笔记 2

阶级、民族资产阶级、小资产阶
级、无产阶级、游民群众的生活
情况、政治需要及其相互关系。
4. 利用各种干部会、代表会收集
材料。
5. 写名人列传。估计到这些人物在
中国社会中的重大作用，研究这
些人物的各方面，写成传记，这
是研究整个中国的重要一环。在
抗日阵线中凡财产5万元以上的
资本家地主，团长以上的军官，县长
以上的官吏，各党各派股长以上的负
责人，各派学者、文化人、新闻记者、
宗教家、社会活动家在一千名以外，国
民党以及其他外人活动分子都要替
他们每人写一数百字至数千字的传记。

荀悦彬生前手抄调查笔记 3

从这几篇日记、社会调查笔记可以看到，苟悦彬不是那种“两耳不闻窗外事，一心只读圣贤书”的书呆子。他会一边读书，一边思考，更难得的是他还一边关注社会，这促使他在不断观察、学习中，不断思考，不断实践，不断进步。

在旧中国，参加共产党干革命，走上一条挑战自己的人生道路，是一种选择。而选择这条道路的有两种情况：一种是苦大仇深、饥寒交迫，没法活下去的，只有起来闹革命翻身求解放的劳苦大众；二是“在读书、学习中国传统文化基础上对国家、对民族、对社会的现实有认识和思考，在共产党倡导的马克思主义理论吸引下，为理想、主义去追求、奋斗、实践，从一种精英意识转为一种使命”①。

苟悦彬等大多红岩英烈是后者。

抗战期间，他看到在西南大后方令人痛恨的社会现象就是“前方吃紧、后方紧吃”，官场的腐败使教育界也成了“官场的变象而已”。他决心要拿起笔做刀枪进行战斗，面对“卑劣营私的手段” 社会问题的暴露，苟悦彬认为“最重要的是在指出将来，领导读者走向正确的坦途呀”。

不安于现状，不随波逐流，要去改造、要去革命。没有一种目标追求的信仰，“他的意志绝对不会坚定，不集中”，他从“修身、齐家、治国、平天下”的名言激励中认识到知识分子的一种责任和使命，那就是“拿出他的所有的能力，谋人类的真正自由”，在一种不合理的制度仍然存在的情况下，“自觉的人要帮助他人觉悟，明了现在是在怎样的情况下作人，而且怎样去尽作人的责任”。同时，在研究历史，学习思考的基础上，他认为“我们应该相信团体的力量，个人绝不能创造好的事业来”，因为他在寻找“愿意参加一个有意义的团体，去为共同的目标而努力”。

革命的思想在他的心中产生。但渴望的那个团体究竟何处寻觅呢？

---

① 苟悦彬烈士档案。

1942 年夏，苟悦彬为了找个暂时安身的地方，考入了来昆明招生的国民党陆军机械化学校。8 月份到达该校本部——湖南省洪江县寨头村。1945 年 6 月，苟悦彬又随该校到了重庆，找到成都高工校时的同学、已是中共党员的赖宗瑜，向他提出去抗战前线的要求。赖宗瑜通过关系，介绍他去中原解放区。当走到湖北三斗坪时，国民党封锁极严，走不出去，只好返回重庆。1945 年 11 月，由赖宗瑜介绍进了二十一兵工厂。

一个人要建立一种信仰，确立一种信念，并非偶然，除自觉努力外，还需要获得一定的机遇和条件。可以说，中共党员赖宗瑜充当了苟悦彬引路人的角色，为他创造了这样的机遇和条件。赖宗瑜给他提供了艾思奇的《大众哲学》、苏联哲学家米丁所著《辩证唯物主义》、毛泽东的《论人民民主专政》等图书，使得苟悦彬在思想上有了飞速提升，对共产党有了清晰的认识——共产党就是自己一直寻找的那个“有意义的团体”。

入党以后的苟悦彬之所以敢于在国民党特务控制极为严厉的兵工厂开展革命活动，之所以敢于发展进步群众，组织进步工人阅读《挺进报》，秘密传播共产党的声音，就是他早年日记里说的“自觉的人要帮助他人觉悟”的斗争实践。只是，成为一名中共党员后，这样的行动已经由自觉变成了一种坚定的信仰。舍身保全组织和同志，苟悦彬用生命和鲜血再次告诉我们，信仰认定了，就要信上一辈子。

1949 年 11 月 27 日，国民党特务对关押在白公馆、渣滓洞的革命者进行了血腥大屠杀，制造了骇人听闻的“11・27”大屠杀惨案。苟悦彬即在殉难者之中，这一天，离重庆解放只有三天，他牺牲时年仅 30 岁……

他那封短短的家书中最后一句是希望儿子“继承爸爸的意志”！这是众多红岩烈士在生命最后一刻对后代人血与泪的嘱托和殷切希望，这样的嘱托和希望岂止是对他的儿子，今天所有的后人都应该继承。

韩子重

革命的道路是艰辛的

韩子重（1922—1949），中共党员，重庆长寿人。1937 年加入中华民族先锋队。1939 年加入中国共产党，担任党总支副书记兼组织委员。曾任《太南日报》战地记者，后编辑出版进步刊物《边风月刊》。1947 年返四川省军区任少校参谋，建立党支部，任支部书记，利用军官身份，开展军运。1949 年 1 月因叛徒出卖，关押在重庆渣滓洞看守所。1949 年 11 月 27 日，在渣滓洞大屠杀中牺牲，时年 27 岁。

狱中给友人信

韩子重1949年5月4日在狱中托看守带出一封给父母的信：

双亲大人：

入狱以来，身体尚健，心情亦极平静，所不安者，革命事业崭新局面到来，而置身囹圄，十年基础，一旦破坏，更使亲长担忧，友朋愁虑了。目前大局急剧变化，或可不死，倘能生还，再报养育之恩。桂英[①]愿善待之，祈在可能范围内，予以适当工作机会，儿身受也。安好，弟妹们好，前请救济同难诸人家属，恳惠办也。

张学云与儿同囚中，请通知韩白诚，并请他资助他家属。

重庆解放前夕的11月6日，韩子重又从狱中给父亲带出最后一封信：

父亲大人：

儿为郑理中（川康特委书记蒲华辅，叛徒）案株连，即陷囹圄。儿自有应得，却使父母日夜担心，实不能安。一再若此，不孝何极，尚望赐予宽宥。在此动乱年月中，与儿同际遇者，何止千百万人，时代之急剧，与治乱分合之必然过程也。儿已至此，胡复何言。

郑某自供称系川康工委书记（即四川最高领导人），供儿为一独立军事组织负责人，代管他们军事，并牵入黄王曾谷[②]四人，儿除承认自己政治立场外，完全否认有任何活动，并力为时逊判认。黄王曾三人，自认政治立场，亦否认有任何军政活动，故案情毫无发展。事实上，儿等生活情形，大人深知，实无丝毫活动。同案囚此者，有张学云（与儿无任何关系）、韩玉（仅普通朋友）、华健（川康副书记，儿亦不认识，最后提走，生死不明），

① 车毅英：原名车桂英，韩子重的女友，车耀先的女儿。1948年，为躲避特务追捕，改名“毅英”。

② 黄子万、王侠夫、曾鸣飞、谷时逊及张学云与作者为军运组6成员。

而郑某则在另一地方受优待。

此地营养不良（每日有两餐菜为黄豆，油盐均少，约三个半月，可吃肉一次，每次有四五两），药物缺乏，虽医生很好，但巧妇难为无米之炊，以致疾病丛生，且间有死亡。此间尚有二百余人，男女老少均有，社会地位虽然不同（最年轻的有十四岁，婴孩有两个，年老的有五十多岁，有工农、有学生、有将领、有教授）均面有菜色，挣扎在死亡线上。

最近时局似已紧张，管理上反映较严，且闻有转移报复之说，人心不安。尤以最近提走华健等七人之后为最，故望大人为儿辈安全设法也。大人处境儿深所知，信仰问题姑置不论，而大势所趋，大人尚可向有关当局作有效之私人建议，以抢救许多良善公民死神手也。请赐留款一部分与幺叔处备用。并望由长官公署回执，即兑现现款五元来。至盼，至祷！

双亲安好，弟妹们安好，请看照黄王四人家属，请照顾桂英，与白诚先生相见时，望亦提学云情形，尚健。于此叩祷安。

韩子重的两封家书，情真意切，一方面表达了他忧国忧民的情怀和对家人的牵挂，另一方面也真实再现了时局的混乱和狱中惨无人道的生活。

“以天下人为念”，这在革命烈士的身上表现最为充分。韩子重希望父母明白，像自己这样因为革命而被捕坐牢的何止千万，意思是在这“天下兴亡、匹夫有责”的“治乱分合”中，总得有人去呼之、鼓之！杀身成仁、流血牺牲在所难免，没有什么可说的。

韩子重是中共川康特委领导下的军运小组成员之一，地下党在成都协进中学（成属联中）党组织负责人之一，他隐蔽在和国民党中央军有矛盾的地方军系中，为党做着极端危险的工作。1940 年 3 月，国民党特务精心策划了成都“抢米事件”，省委主要负责同志和一些共产党人罗世文、车耀先被捕，朱照帆被公开处决，白色恐怖笼罩白区各地。韩子重等同志以他们有利的社会关系潜入地方军队系统，既隐蔽埋伏，又顽强地为党进行了上层统战工作，秘密发展党组织，进行策反敌军活动，历时近 10 年，虽然他们没有等到胜利的这一天，但他们的功绩将永存史册。①

韩子重的父亲韩任民②为营救孩子出狱八方奔走，四处托关系求告。国民党保密局在溃逃之际对这位国民党成都军区中将副司令也不能不给面子，加上韩子重狱中没有承认任何指控，所以保密局长毛人凤签批是屠杀前以释放。国民党特务徐远举解放后交代材料中说："渣滓洞比较复杂，有一百多人，我向刑场负责人雷天元指示如下：一、长官公署军法处寄禁的解放军俘虏和政治嫌疑犯不能杀掉，因他们的案子在军法处，不由我们经办。军法处长王郁芬在公署会报上提出要放这批人。二、白所监禁的挺进报地下党一律提渣滓洞执行，以免引起混乱。三、将罗广斌、李承林、韩子重、李荫枫都放掉，民革方面的人按蒋批示只杀黎又霖、王白与、李宗煌、周从化、周均时等五人……渣所屠杀完，雷天元向我汇报说：已照我指示办理。韩子重、李承林没有放掉。因渣滓洞一度发生混乱，没提出来，一并杀了。对渣滓洞原准备勒死的，以人多，时间来不及，后来改用枪杀。"③

从家书中不难看出，尽管身陷囹圄，生还希望渺茫，韩子重最担忧的不是个人生死，而是国家危亡和其他良善公民的生命。他告诉父亲"大势所趋，大人尚可向有关当局作有效之私人建议，以抢救许多良善公民死神手也"。

---

① 中国农业科学院上海兽医研究所原副所长、离休干部刘瑞三写的《四川军运六烈士》。

② 韩任民：重庆市长寿县人，民革党员。1918 年毕业于重庆联中，后考入杭州工业专科学校。毕业后回重庆创办达生染织厂，1925 年工厂破产倒闭，决定弃工从戎，1926 年考入日本士官学校，毕业后回四川参军，先后任国民党第 24 军（刘文辉为军长）炮兵司令部参谋长。抗战爆发后随刘湘出川，升任旅长，赴前线对日作战。后调任川陕鄂边区绥靖公署参谋长。1944 年升任四川省军管区副司令，授中将军衔。他在政治上倾向于中国共产党，抗战结束后又掩护过大批共产党人。后其子被国民党特务抓捕，为救儿子，他向国民党在川军政要员张群、潘文华、邓锡侯等求援均无济于事，最后于 1949 年辞职。解放后参加民革，任成都市政府参事室参事。著有《步兵之友》一书。

③ 徐远举交代材料。

在狱中，韩子重除给父母写信外，还给他的幺叔写信，盼望父亲在这关键的时局变化中做出正确的选择。“父亲已辞职否，幸勿久留军区，倘有可能减少人民生命财产之损失，愿不失时机，向在朝官员，提出恰当建议，当为一大功德。”父亲韩任民痛恨国民党当局的腐败无能，尤其是蒋介石长期对川军的猜疑不信任所造成的离心离德，故一直在内心有感共产党为国家民族的担当和大义，在思想上倾向共产党，最终愤然辞去国民党四川成都军区中将副司令职务，并将国民党给他去台湾的机票撕毁，彻底脱离国民党。

车毅英是韩子重相识的恋人，她在《深忆子重》一文中写道：“韩子重是我父亲车耀先的学生，是大姐崇英在协进中学同级同学，我们在长达五年的接触中，由相识相知到相恋，两情依依情意深。他是家中长子，父母特别喜爱他，他也非常孝敬父母，热爱弟妹们，我曾经在他家作过一段时间的家庭教师，深得他父母弟妹的欢心和喜爱，他们都希望我们俩早日成婚，了结老人心愿。他们家还打算单独为我和子重购买一栋小独院。当时，我们知道辽沈、平津、淮海战役取得节节胜利，蒋家王朝已处于风雨飘摇之中，黑暗即将过去，黎明的曙光即将来临。子重和我为了革命工作，彼此相约共同战斗到胜利之日，让解放军进城仪式的礼炮，作为我们婚庆的庆典。我俩悄悄去照了一张合影，然后说服双亲，推迟了婚期。”

韩子重与车毅英志同道合，相识于共同读书、共同参加抗日救亡学生运动，在车崇英父亲车耀先影响下，阅读《大众哲学》《历史唯物辩证法》以及高尔基的《海燕》等进步书刊，探讨交流学习马克思主义的心得体会，参加革命的理想信念成为他们共同追求的价值观。把个人的结婚日放在解放军进城的礼炮中，这是多么浪漫而又有时代意义的梦想，至今读来令人动容。

狱中的韩子重一直在牵挂他的恋人，又觉得自己拖累了她，因此请求父母对恋人“愿善待之，祈在可能范围内，予以适当工作机会，儿身受也”。韩子重在给她的信中写道：

桂英如晤：

革命的道路是艰辛的，坐牢流血是常事情，勿为我悲。依目前形势估计，年内可能出来，惟恢复自由前恐将遭受一次迫害。

华荣伯父[①]确在此地附近之红铜湾[②]就义，一切与前听传说同。

好好生活，珍惜自己。多慰我母亲，并帮助我弟妹们。送一柄红色胶柄牙刷与我，交幺叔[③]转来。

重　五·四

此信写于 1949 年 5 月 4 日，由被策反过来的青年看守黄茂才带出。

1936 年，14 岁在成都读完高中的韩子重，在父亲抗日爱国思想影响下参加了“中华民族先锋队”成都分会，投身抗日救亡的学生运动。协进中学是抗日战争期间中国共产党在成都的重要基层组织，也是我党在成都的活动据点，有“红色学校”“成都的陕北公学”美称。1938 年韩子重考入该校，受进步同学和学生组织的影响，阅读车耀先办的《大声》周刊等进步读物，深受影响。

1939 年，韩子重被学校地下党组织发展为党员。在他一再要求去前线杀敌的请求下，党组织同意了他去陕北的请求。离开家去投身共产党领导的八路军前线，参加到伟大的抗日洪流中去[④]，他知道家里是不会同意的，尤其是父亲更是不希望他离开自己的身边。虽然才 17 岁，但主意已定的韩子重采取留下书信给父亲，不辞而别。

韩子重的信中写道：

---

① 华荣伯父：车耀先烈士。

② 此说法有误，应是 1946 年 8 月在歌乐山松林坡停车场。

③ 幺叔：韩子重幺叔中共党员韩觉民。此信即由他转给收信人。

④ 初，韩子重离开成都原希望去陕北，后因道路封锁，党组织又安排辗转去了山西八路军抗大第一分校学习。

为了走的问题，清晨大早，就使你老人家大大的生气，不安得很。同时，更为我指出一两条走的问题解决得更好的路，这，宜（似）乎我不该提出什么来了。但是，我最后还要说几句话。这是我最后的一声呼叫，这时我要写这一封信。

首先我要赤裸裸的说明我的走的问题的提起，这除了我向父亲已经说过了的为了学习，为了彻底锻炼身体而外，还得坦白的补充出，我的走，主要的，还有思想问题在。

我们不会眼睁睁看不见事实；同时，我们也不会是超人，千千万万的血淋淋的故事，不会完全对我们没有一点感觉。

事实是这样，中国社会仅有的是盗、匪、兵、贼、贪污、横暴、梅毒、娼妓、堕落与腐化、荒淫与无耻。欺诈、虚伪，人剥削人，人吃人，极少数的资本、大地主、统治者，对千万万人的压榨、剥削、奴役、残害和屠杀。这些，使我不能不产生一种“较激”的思想。因为我是一个人，我也不是聋而且瞎的人。我看见了这些，我也听到了一些些。

……

我要求一个合理的社会，所以我提起了走。我过不惯这样不生不死的生活。我知道，陕北最低限度呼吸是自由的，我知道得清清楚楚的，陕北的一切都不是反动的。

我的走，绝无异想天开的企求。我不想当官，想当官我就进中央军校。我不想侥幸有所成功，我知道天下事没有侥幸成功过的……我要想侥幸成功，我就蹲在这儿，依赖父亲了。

西北，是一块开垦中的新地。我们该去那里努力，我们要在努力当中去寻求自己的理想。我知道，我们看见，新西北，是一个开垦中的乐园，自由的土地：这是与世界上六分之一地面的苏联是没有区别的。虽然物质条件不够，但已消灭了人剥削人、人欺侮人的现象了。

……

我为什么不该走呢？我需要学习，我需要知识，我需要一个战斗的环境，我要肃清自己的依附、侥幸的思想，我需要活的教育。我们看见过去真正够得上说是成功的人物，都不是在御用的教育中训练出来的。可不是，请看一看列林（宁）、史（斯）大林、高尔基、陈少忠这许多实例。

父亲要我读些踏实的东西，这我百分之百的接受。只是静静的坐下来去研究，这是环境所不允许的吧。在今天能够这样做的，那不是神仙，必然是和尚或者尼姑……

我不能够在死尸的身上漫谈王道，我也不能在火燃眉睫的时候还佯作镇静。……同时，一个年青人恐怕也不该做一个反常的老年人吧！……生理学上告诉我们，少年“老成”是病态。国家的青年变成了老年，是这个国家的危机。

……我要一个斗争生活，我要一个跋山涉水的环境来训练我的身体。……前线的流血，后方的荒淫，大多数的劳苦者的流汗，绝少数的剥削者的享乐，这样多的血淋淋的故事摆在面（前），叫我们还有什么闲心、超人的胸襟去静观世变呢？

……

父亲，请你把你的孩子愉快的献给国家、民族、社会吧。父亲，你知道的，这样地对你孩子的爱护，才是真的爱护。这是给了我一个灵魂的解放。

……

重儿谨上

五月四日

敢于追求、敢于挑战自己，追求革命，改造社会，为国家独立、民族解放而走出家庭父母的呵护，寻求独立人格的学习生活，这是进步青年的梦想。韩子重倒是没有家庭带给自己的悲伤和压抑，他只是和奔向延安的大批青年一样，去学习，去一个新天地。社会的“堕落与腐化、荒淫与无耻”使

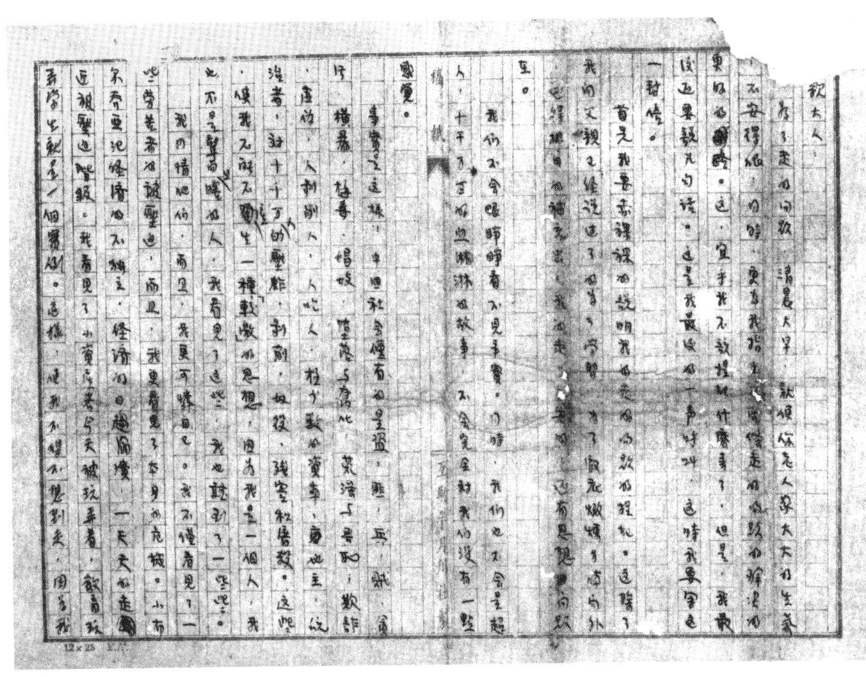

韩子重给父亲的信 1

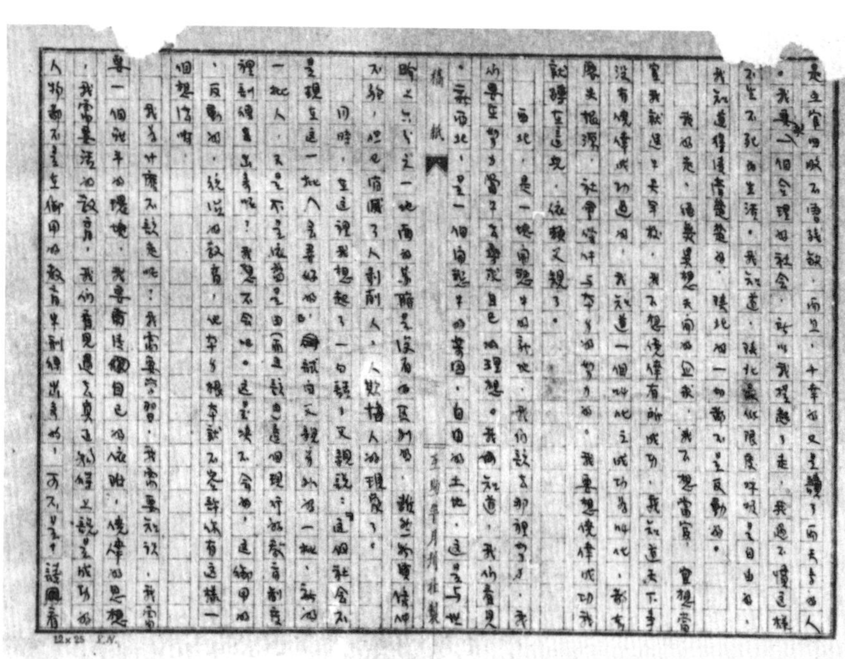

是立官的敗不會殘缺，而且，十年後又是讀了兩天書的人。我要一個合理的社會，所以我想起了走，我過不慣這樣不生不死的生活。我知道，陝北雖然很艱苦，呼吸是自由的。我知道得清清楚楚的，陝北的一切都不是反動的。

我的走，絕無某想去自的企求，我不想當官，官想當官我就還早去早投，我不想僥倖有所成功，我知道天下事沒有僥倖成功過的，我知道一個時代之成功者時代，都是靠點掘源，社會條件與個人的努力的。我要想僥倖成功我就誤在這兒，依賴父親了。

西北，是一塊自由的新地，我們敬去那裡學了，我們要在努力當中來尋求自己的理想。我們知道，我們看見。關西北，是一個自由中的樂園，自由的土地，這是與世隔之外的一塊而的樂園是沒有的區別的，數千年的黃貧神不夠，但也消滅了人剝削人，人欺侮人的現象了。

同時，在這裡我想起了一句話，父親說："這個社會不是現在這一批人去弄好的，解放後父親為的一批，新的一批人，又是不是依靠是由（而且）教育這個現行的教育制度裡剝削出來的呢？我想不會的。這是決不會的，這衙門的、反動的，統治的教育，比李多根本就不容許你有這樣一個想法的。

我為什麼不敢走呢？我需要學習，我需要認識，我需要一個新年的環境，我要離開自己的依附，偉偉的思想，我需要活的教育，我們看見過的真正知識是說是成功的人物都不是在衙門的教育中剝削出來的，而不是在講風看

稿紙

12×25 L.N.

韩子重给父亲的信 2

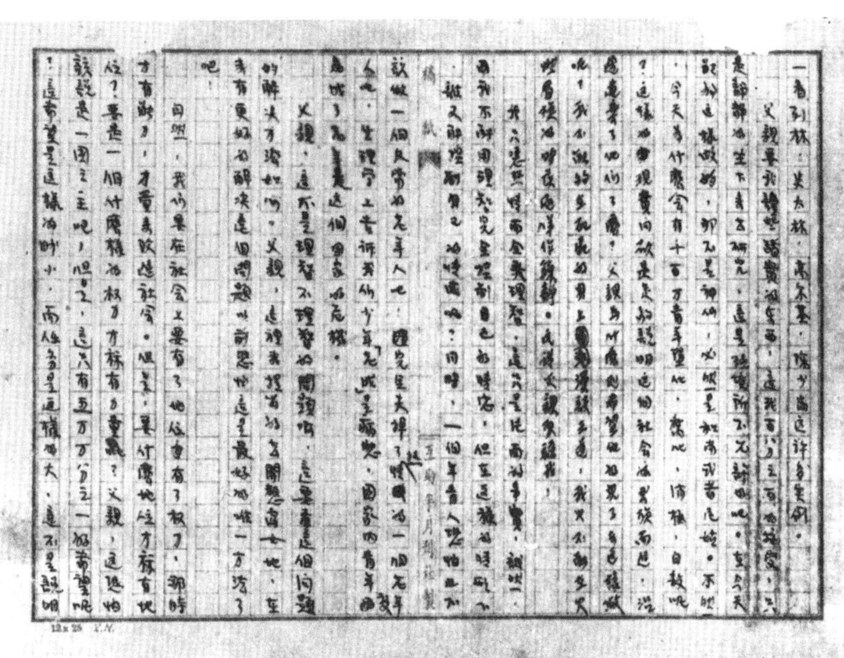

韩子重给父亲的信 3

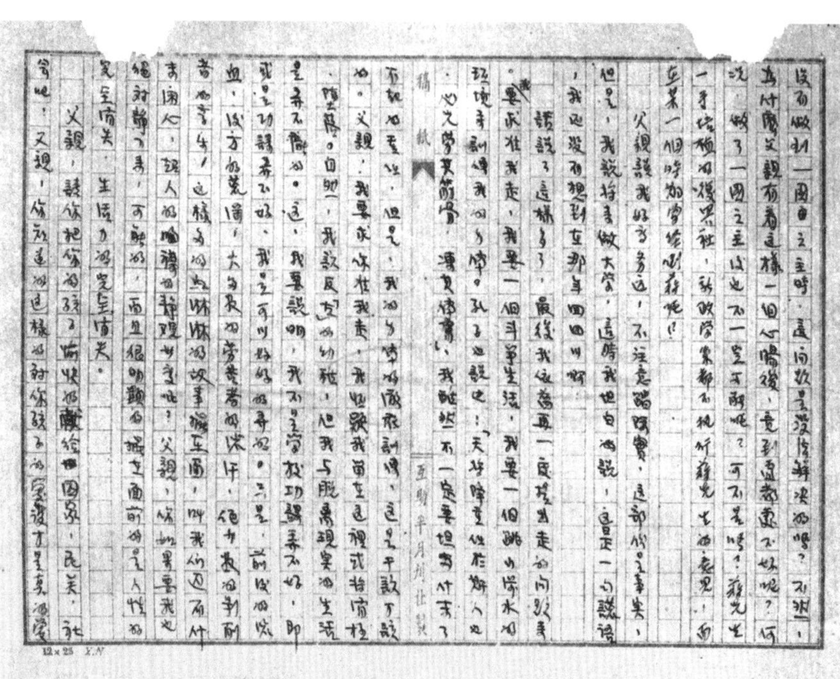

韩子重给父亲的信 4

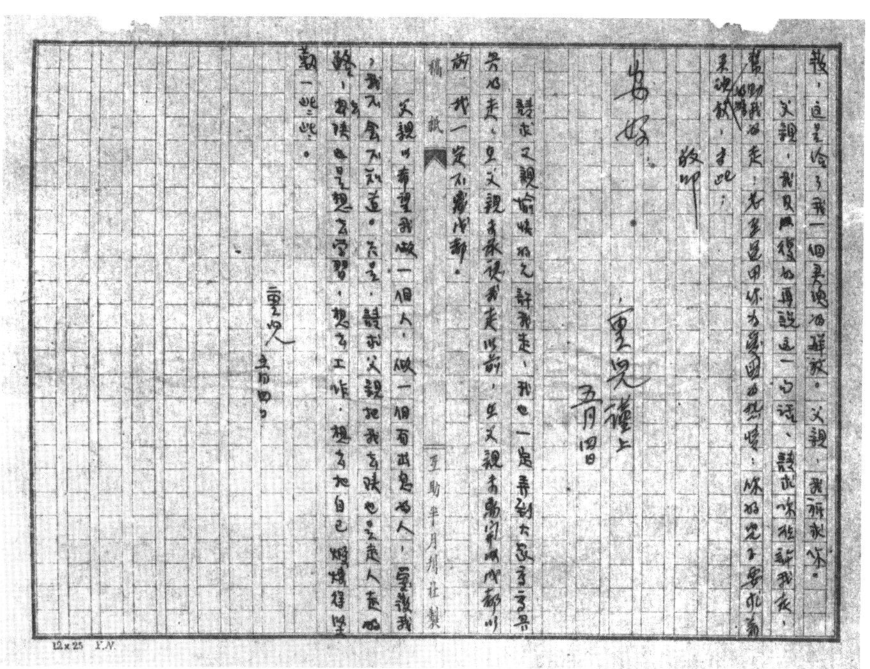

教，這是給了我一個[illegible]解放。父親，我祈求你。

父親，我只[illegible]再說這一句話，請就准許我去，

[illegible]我的走，若是因你[illegible]，你的兒子要求着

來諒解，言止；

敬叩

安好

重兒謹上

五月四日

請求父親愉快的允許我走，我也一定[illegible]

[illegible]，[illegible]父親[illegible]走以前，[illegible]父親[illegible]

前，我一定不[illegible]。

父親的希望我做一個人，做一個有出息的人，[illegible]

，我不會不知道。不是，請求父親把我去讀也是走人走的

路，[illegible]也是想去學習，想去工作，想去加自己[illegible]

[illegible]一些些。

重兒

五月四日

韩子重给父亲的信 5

他的“思想问题”激烈撞击，他极不愿意“依赖父亲大人”，要从这“不生不死的生活”中解脱出来，去呼吸“自由的”“新西北”，那是一个“开垦中的乐园，自由的土地：这是与世界上六分之一地面的苏联是没有区别的。虽然物质条件不够，但已消灭了人剥削人，人欺侮人的现象了”。这家书，简直是当年国统区的一个进步青年的呼喊。这家书的字里行间有着对共产党的延安、西北情不自禁的向往和憧憬，也为我们提供了当年国统区人民，特别是进步青年对延安的心态。

韩子重的父亲韩任民看完儿子的信，见落款时间“五月四日”时，感慨良多，十年前的今日就是自己从日本学习回国的日子，而儿子恰是今天离家出走，像自己当年离家出走一样，要去寻找自己的人生。有其父必有其子，虽然是万分感伤，但韩任民还是接受了现实。

原定一年的学习，由于抗战局势的发展变化，韩子重只在山西八路军抗大第一分校学习了三个月，大多数同学开赴前线机关、部队工作，韩子重却被留在八路军总部任《太南日报》战地记者。大量的实地采访，亲眼所见八路军杀敌“如飞雁打蛇，一发一啄”的英勇事迹，他越来越感到离开家庭的呵护，投身抗敌前线的人生选择是正确的。

全民族抗日战争期间，中国共产党坚持抗战反对投降，坚持团结反对分裂，坚持进步反对倒退的政治原则。为在与国民党的合作抗战中既团结又斗争，在斗争中求团结，发展抗日民主统一战线，将奔赴延安参加革命的青年，经过学习培训后，分别派遣到抗战前线。对其中在国统区有家庭背景、社会关系的一部分人员，动员他们返回家庭，利用关系开展统战和情报收集工作，以使我党在与国民党顽固派斗争中做到有理、有利、有节。如红岩历史上的张露萍、黎强、盛超群等。同样，考虑到韩子重的家庭背景，党组织决定他返回四川，利用父亲的关系相机开展军事策反和统一战线工作。在川康特委领导下，韩子重、张学云等人组成军运小组，收集军事情报、开展对军人的策反工作，并联络反蒋人士，为我党布局解放大西南提供了许多重要的人员、军事地图等资料。

国民党川军潘文华部队中的少校参谋肖世泽，被韩子重发展为秘密党员，他在《有幸识子重》的回忆文章中写道："1946 年上半年，绥署迁宜昌，韩子重布置我想办法，将潘清洲师的一个团（在湖北省黄梅县驻防，由白崇禧指挥）弄回宜昌不为白所利用。韩子重同志在信中给了我许多具体指示，使我在这个团上上下下活动，终于在 1947 年下半年将这个团弄回宜昌归潘（潘文华）部控制了。1948 年上半年，韩子重同志又布置我和杨尚元同志去驻武汉潘部张诚文师工作，想法将该师弄回宜昌，好配合迎接解放四川的进军。"

国民党驻大巴山万源部队的军官赖西夔，民革川康分会执委，在"保川拒蒋"活动中，韩子重指示他："你在部队要谨慎。对部队里产生的残暴行为，不要公开反动，以免暴露。对部队官兵要进行正义感的培养教育。在同解放军作战时，要设法后撤，撤到最后。配合解放军围歼敌人，一举消灭取胜，实在不得已时，才把部队带过去。与解放军接头的暗语是'大姐领导下的重人部队'，你要记住这个接头暗语，不能错一个字，你说了就会有人接待你。[①]当时，对在国民党军队做军运工作的人员都给了在关键时刻与我党联络的暗号，如打入国民党中统的黎强（原名李唯平），最后在被俘国民党人员中向解放军说出：请你们转报上级，问：'党内有无黎强'，最终从'被俘国民党人员中回到真身'。"

韩子重的恋人车毅英在《深情忆子重》纪念文章中写道[②]：

抗日战争胜利后，蒋介石破坏国共和谈达成的《双十协定》扩大内战，韩任民无意继任军职。1949 年 1 月，其长子韩子重和四川省军管区的几名军官（均系中共党员）被捕入狱，特务头子徐远举赶来成都，当面指责他把

---

① 赖西夔：《悼念韩子重同志》，第 89—91 页。
② 车毅英：《深情忆子重》，第 100—109 页。

军管区搞成共产党的窝子，将军用密码以及五万分之一的地图交给共产党，说他也是嫌疑犯，并密告时任省府主席、军管区司令的王陵基进行处置。……他对当局十分失望乃至痛恨，愤然辞去省军管区职务，并把国民党集团军司令李弥亲自送他去台湾的飞机票撕得粉碎，决心走儿子指引的道路。

韩子重是一个爱学习、善思考、有文采的青年，生前留下许多作品。这些作品既是那个时代青年人思考社会人生的真实反映，也是我们了解烈士、学习烈士的参照系。他在《妇女解放的尺度》中写道[①]：

所谓德模克拉西的国家里的妇女，不管什么参政权的争取也好，承继权的争取也好，结果仍摆不脱她丈夫与社会给予她的沉重压迫。记得有人说过，在旧社会没有毁灭，新社会没有创造出来的时候，妇女获得自由是空虚的，欺骗的。繁重的家务又使一个妇女（贤妻良母型）失掉了精神上的轻松的愉快。

他在《知识、思想》中写道[②]：

……知识怀疑是求知的先锋，倘使人无所疑则一切不去研究，知识自然无从进步，即或怀疑提出一时无法解决，也算是一种进步，事实上怀疑就是问题的提出，能提出问题就是有了向前迈步的起点。

……知识是思想的泉源，思想融化了知识，而思想养成于知识，正确的思想需有丰富的知识，但知识丰富的人，不一定有正确的思想。知识里含有正确与谬论的成份，倘不好好鉴定，无论吸收若干的多，糊涂蛋依然是糊涂蛋。

---

① 韩子重：《妇女解放的尺度》，第 12 页。

② 韩子重：《知识、思想》，第 14—15 页。

他在《桃花源在哪里——宇宙、社会和个人》中写道[1]：

社会和在社会中的个人是怎样?

人类即是群居动物，故人与人间，就不可能不发生关系，反之人类之技能与文化亦愈聚愈精，而不断地发扬光大。

人类之间的关系千变万变，但主要的都是解决生活的一种关系。任何一个人，在普通状态中，首先总不能不顾到自己与他后裔的生活。如果人类无此特性，则人类将不复存在。这种人和人之间解决生活而产生的微妙曲折的关系，叫做经济关系，他像一张缜密的天罗地网，把世界任何一种人都网罗了进去。

人与人之间除了经济关系以外，尚有其他形式的种种关系，不过皆以经济为基础，比如结婚也让人与人间发生了一种关系，但结婚并不仅是性关系而已，试看结婚形式由群婚（乱婚）而多夫多妻，而一夫一妻，由母系而父系，亦皆依经济形式而变化。决定的经济形式是社会形式的基础，在这上面建立了婚姻与家庭制度的基础，上面更建立了政治法律、国家等亭阁，最上面的思想的花园，开着意识和信仰的花，结着文化与艺术的果。

他在《黎明前梦里的纷扰——青年烦恼与苦闷的根源》中写道[2]：

在青年的日常生活里也是一样，就说读书吧，读书在青年该是一件好事，该是青年乐意的，可是却常常不对劲，读的不一定是青年想读的、要读的、该读的，似乎今天的学校变成了国家社会一种必须的点缀，青年时髦的装饰。男孩子读书变成了混资格，女孩子读书是增添嫁妆，而统治者尚恐万一青年思想中毒，于是在学校里布满鹰犬，弄得教的人不敢教，学的人无所

① 韩子重：《桃花源在哪里——宇宙、社会和个人》，第 17—19 页。

② 韩子重：《黎明前梦里的纷扰——青年烦恼与苦闷的根源》，第 21—24 页。

学，如果学分是舞场里混，论文是槛在化妆品上作，还有多少孩子被关进高高的学校门槛之外，年纪轻轻就失学，而去到辛酸的人间世里，看白眼、学逢迎、讨碗冷饭吃……总之，社会现象错中（综）复杂、五花八门、无奇不有，再加以这一大群魔鬼有意无意的曲解、指导，颠倒是非，混淆黑白，只有让青年更加烦恼、更加苦闷而已。

据说，黎明快要到来，那么，这该是黎明前梦中的纷扰，青年应该翻身坐起，擦擦睡眼，把脚步坚定的踏出去。

韩子重牺牲在新中国已成立而四川、重庆尚未解放之际。对父母，他没能尽孝；对恋人，他没能与之花前月下浪漫；对生活，他没能更多享受优越家庭本该有的富有。但他实现了把自己“献给国家、民族、社会”的愿望，用生命实践了对信仰的追求。从前面几篇文段不难看出，韩子重是有思想、有才华、有学问的青年，如果不被反革命杀害，或许就能成为优秀的文学家、思想家或者党的好干部，为新社会做出更多新的贡献。英烈的价值，就在启迪后人。韩子重的家书和他的这些闪烁着思想光芒的文字，就是留给我们的最宝贵的精神遗产。

何柏梁

万忍的耐心候黎明

何柏梁（1917—1949），中共党员，重庆人。1937 年到重庆，参加学生联合会，组织乡村救亡宣传团，积极投入抗日救亡工作。1938 年加入中国共产党，并奉命入复旦大学经济系从事学运工作。1946 年全面内战爆发，经组织安排，由他集资在重庆开办安生公司并担任经理，筹集党的活动经费和担任联络工作。1949 年 1 月因叛徒出卖被捕，关押于渣滓洞看守所。于 1949 年 11 月 27 日的渣滓洞大屠杀中牺牲，时年 32 岁。

何柏梁在狱中写的家信

由丁带往六日第四号及八日第五号七号六则早当有附致氏见函，收者自附致伍君
函，是为了匡大樑子（中正路四四三号）伍君叔（佳裕[illegible]商会内）君处可
以代同室的朋友问得周太太在弹子石相约会谈，我信给她来言
两号信都看到了吗？四天来这里寄方（人员连日会议防范森严）
在他们自己之间谈出安稳不安的问题，加以传说独山一度吃紧张起来
清是他们喂的私房猪都已杀或卖了，我们则每天关在房里吃
饭，睡觉，看书（日夜读书，时瞪着张了一天），有时瞎猜乱谈了，我
们唱的比较正确的消息到这他们口里也难构出什么来，一则他们
是被四天来除了谈以机会之下限制不许往外，不能出大门，和我们
一样被关起来；二则他们也没机会见面间到消息的机会，与真结不
得传闻，毫即使有点机关中也看不出什么东西，所以我们再些
空寂静说，宽叙中有不少的正确报道，这些有多使他们消息都要
大概精要就成了。丁四天可搞到回来一次，则可以两三天一见面，只要
他进来看我们，如果有机会来（遇来回）那他来去伤好了人，今天法官来
似乎带来名册查和这里的人对看，准有真组对称一批人走了吗
这些事只是D打听了告诉我们，他和别处长杨麻子主任法官张
眼镜的私交很好，她可知道一些东西就是对这里的人政策和办法
集[illegible]据传来刚决理出六个人，还关在太平门军法处看守所内羁押
将判徒刑，但他们已听说可以和家属通信，送物了，每星期三一次
以会客吗？这些难[illegible]只有托民见去打听一下实在了，对于二目[illegible]开函

就义前的四封家书（节录）

由T[①]带转六日第四号，及八日第五号……这两号信都看到了吗？

四天来，这里官方人员连日会议防范办法，并在他们自己之间谈出安顿家眷的问题。加以传说独山一度紧张的消息，他们喂的私房猪都迁移或早售了。我们则每天关在房里吃饭睡觉看书。八日大检查时紧张了一天，余者只有瞎猜乱谈了。

我们渴望比较正确的资料，从他们口里也难掏出什么来。一则他们是被四天来紧张会议和命令限制，不休班是不能出大门，和我们一样被关起来；二则他们也从无见闻到消息的机会，与具结不得泄露丝毫。即使有点报纸，也看不出什么东西，所以我们希望在宁静沉寂中，有不断的正确报道。这些有系统的资料，只要大概精要就够了。

---

①T即看守唐友源。傅伯雍在《狱中策反工作》中讲："唐友源，湖北人，徐远举同乡，军统老资格，40多岁。在白公馆、渣滓洞都做过看守，因而对两处监狱情况都熟悉。他追随徐远举20多年，生性直，无文化，故一直是个少尉军衔。老婆孩子二大窝，收入微薄，拖累大。女儿在南岸一家纱厂当学徒，不够维持个人生活。老婆是家庭妇女，常拖他后腿。国民党通货膨胀，法币贬值，一家人生活无保障，因而抑郁不乐。当了特务，又不敢发牢骚。他想为自己女儿找一个收入较好的工作，以减轻家庭负担；自己也想弄点额外进款，改善一下全家生活。曾经找过徐远举想办法，多次申请补助，都没能解决，因而激起了他对现实的不满。何柏梁的爱人曾咏曦（中共党员），掌握了唐友源的这些情况，在狱外做他的工作。在牢房里，老何答应想法把他女儿介绍到一个较好的单位去工作，从而取得了他的信任，愿意为何柏梁送信，带报纸，捎香烟、药品等，每次，他为老何送东西，老何均给与他优厚的报酬。"见《重庆解放》，第448—449页。

T 四天可轮到回家一次，D[①]则可以两三天一见面，只要他进来看我们，如果有机会，本周末通知他来会你好了。

今天法官来，似乎带了名册，在和这里的人对看。难道真准备转移一批人走了吗？这些事只望 D 打听了告诉我们，他和副处长杨麻子[②]、主任法官张眼镜[③]的私交很好，必可知道一些东西，就是对这里的人政策和办法怎样。

……

对于目前西南大局，是否已下了总攻令？张[④]为什么坚辞，和李[⑤]到昆明去做什么？何应钦来了吗？将做什么？是否张、李合流抗蒋？和爪牙王[⑥]、杨[⑦]，川局的演变，熊[⑧]等态度怎样？至于军事发展，在川鄂、川陕、川湘及湘黔、桂黔等区，确在那些据点？以上都是最现实精要的问题……

关于 T，也因被吹得恐怖，要求代他设法安顿家眷。他太太是江津人，曾在豫丰纱厂做工，现在急于想进去，但无机会，因此我想你……设法介绍

---

① D 即狱医刘石人，天津人，生于 1911 年，居住在离渣滓洞看守所不远的侧后山。他有文化却不大关心政治，毕业于冯玉祥办的西北军医学校和青岛医学院。1948 年初到重庆，4 月，被派到渣滓洞开设分诊所。在狱中同志的教育帮助下，刘石人先后与狱外党组织联系，购回肠胃消炎片、鱼肝油、葡萄糖和各种维生素等药品。渣滓洞脱险志士傅伯雍回忆：1949 年春节前后，由胡春浦、田一平、古承铄等人，造了一份渣滓洞、白公馆三百余名政治犯名单，托刘石人携出狱外，交重庆地下党组织，设法捎到香港，请香港党组织转送中央以便在恰当的时候，在谈判桌上好正式向国民党提出释放关押在“中美合作所”的我党党员及进步人士。刘石人担着风险接受了这个任务。他将名单秘密带出牢房，邮寄预定地点。可惜这份密件在重庆被邮检特务查获，徐远举责成李磊到渣滓洞召集特务追查。刘石人、黄茂才、徐兴中等人均被喊去反复盘查讯问。诸人皆守口如瓶，此事闹到最后，无疾而终。解放后，党给弃暗投明的刘石人医生安排了工作，他在北碚一所大学（西南农学院）任校医。1980 年 3 月病逝。（见《重庆解放》，第 180—182 页）

② 指杨元森。

③ 指张界。

④ 指张群。

⑤ 指李宗仁。

⑥ 国民党四川省省长王陵基。

⑦ 国民党重庆市市长杨森。

⑧ 指国民党川军将领熊克武。

1938 年，何柏梁、曾咏曦在重庆市结婚前留影

去。……这件事在他们想来，不得不顾虑到；我们也应当使他们少耽这层心事……总之，把他们问题解决了，还要安他们的心，把一切毒素宣传和恐惧病扫除光。并且要他们在这时候要特别小心，而且暗地尽力帮助我们，保护我们，正是他们立功劳的时候了。要是 D 的太太职业解决了，也可以使他们新婚夫妇安心。

……

另外，请交 T 带一锭墨来，笔可以不要了。

还有，我有一个奇怪请求，要是我们有平安自由出去的机会时，请以送一根领带来作记号。

……

要是七哥他们到了乡下，请代致欢迎的诚意！

附托 T 带出英文（文）法和俄文摘记。

十一·十一　第六号

第一封的时间是写于 1949 年 11 月 11 日，通过狱内看守、狱医带出，真实再现了解放战争走向全面胜利时的斗争形势，以及革命烈士在狱中所受到的血与火考验和渴望得到消息时的急切心情。

1949 年 8 月至 11 月间，蒋介石曾先后两次飞渝亲自部署，妄图依靠嫡系部队固守外围，利用川军和地方武装维持反动统治，同时操纵特务系统加紧镇压革命人民，在固守不成时实行破坏、屠杀、潜伏、游击战。

“今天法官来，似乎带了名册，在和这里的人对看。难道真准备转移一批人走了吗?”狱中同志在得知新中国成立的消息后，都盼望能够活着出去建设新中国。而当时的监狱方也故意放出“你们等待出去吧！等待着谈判时被移交吧”的风声，以此来安定被关押的革命者。的确，当时的看守所特务看守也普遍认为：国民党注定要失败的，共产党打到重庆只是时间问题了。但是，国民党保密局局长毛人凤再次随蒋介石来重庆部署破坏、潜伏、屠杀计划后，狱中的气氛一下子突变。特务看守“……被四天来紧张会议和命令限制，不休班是不能出大门，和我们一样被关起来”。徐远举解放后交代大屠杀情况时说：“……毛人凤到渝，决定将渣、白、新世界三所地下党、民主人士统统杀掉。由西南特务、稽查处和白公馆所分别告册送毛人凤核定。渣所由我负责布置，新所周养浩布置，白所张景清布置。”①

在国民党实施疯狂计划的时候，党组织也在大西南的进军中布置了对重庆相关的工作。1949 年 1 月，被破坏后的川东地下党组织与党在香港的上海局接上了关系，重新建立了川东特委。按照“迎接解放，配合接管”的指示，开展了对国民党党政及社会各界、工商人士的统战工作，以及对关押在国民党集中营同志的营救。狱中的策反和与狱外的联系也在秘密进行，狱友们正在积极开展里应外合的营救工作。

1949 年 8 月，解放战争形势大好。狱中难友考虑迅速着手进行警卫连

①《审讯徐远举笔录》。

的转化工作。一天，黄茂才当值日，下午放风时刻，乘李磊、徐贵林和其他特务不在家，通过他把后山警卫连的一连长找进牢房内院办公室，由陈作仪、何雪松出面进行商议。两位同志开门见山暗示这位连长应认清形势，选择时机，争取起义投诚。隔了几天之后，又选择了一个放风的机会，再度把这位连长找进来，由韩子重、刘石泉继续做工作。连长对同志们的指点、开导表示领悟，对充满正义的革命事业表示同情。但不久，敌人停止放风，难友失去与外界联系的机会。屠杀前，特务当局似有所闻，突然把这位连长领导的警卫连换防了。又在大屠杀前五天，反动派随便以一种借口将黄茂才也遣散回家了。①

从 1948 年夏天起，渣滓洞的难友就开始做特务的策反工作。……肖中鼎（越狱脱险）曾经去做徐贵林的工作，徐贵林直言不讳地回答："你们少来那一套，共产党的宣传对我不起作用。我见的、听的多得很，老徐天生就是杀'红毛'的，我这双手少说也结果了几百个共产党。告诉你，就是解放军打到小龙坎来了，我还是要杀。"难友们及时终止了对徐贵林的策反工作，这只反动透顶的"猫头鹰"后来组织杀害了江竹筠烈士等人，并亲自指挥了"11・27"渣滓洞大屠杀。

但是，看守特务内部也并非钢板一块，并不都是徐贵林这样的。狱中同志经过一番考察，区别对象，选择因生活贫困误入歧途的小特务，或人性尚未泯灭愿意弃暗投明的部分人员，主动接近他们，从生活上关心他们，对他们进行前途、形势教育，赢得信任后，争取他们为难友做事，勾通狱内党员同狱外党组织的联系。经过一段时间的工作，渣滓洞女牢的江竹筠、曾紫霞（营救出狱）首先从看守黄茂才身上打开了缺口。

黄茂才 1925 年 10 月出生于四川自贡荣县的一个佃农家庭，从小聪明好学，父母把光宗耀祖的希望都寄托在他身上。1944 年为了逃避抓壮丁，父

① 傅伯雍：《狱中策反工作》，《重庆解放》，第 448 页。

母托人介绍到成都川康绥靖公署第二处副处长刘重威家里做杂务，刘重威看他平时除了做事就是看书写字，人也老实，就介绍他到二处做司书抄写文件。1947 年川康绥靖公署撤销，黄茂才被合并到重庆行辕二处，去报到时，因为没有参加军统组织，差点丢了饭碗，后来因为是刘重威的关系，徐远举勉强留下他，并于 1948 年 4 月安排到渣滓洞看守所做看守员。因为长期受国民党的宣传，黄茂才认为共产党是杀人、放火、无恶不作的，因而他初到渣滓洞时，对“犯人”们也很严厉，甚至有时还要骂他们。过了两三个月，对这些“犯人”暗中观察一段时间后，黄茂才紧张的情绪渐渐平静下来。……难友们利用这些机会做黄茂才的工作，特别是江竹筠、曾紫霞因为与黄是同乡，更是从思想上开导他，生活上关心他，还给他织毛衣，平时缝缝补补的小事更是替他代劳。渐渐地，在摆谈中，深感压抑的黄茂才倾吐了心中的不满，难友们开始大胆地向黄茂才进行教育策反了。何雪松、陈作仪告诉他：“从目前形势看，国民党已经靠不住了，只有依靠共产党才有出路。”江竹筠、曾紫霞利用为他补衣服的机会写条子给他：“共产党领导中国人民起来推翻国民党顽固派统治，反对人剥削人、人压迫人，废除土地私有制，实行耕者有其田，打倒资本家，工人农民可以当家作主，不受人剥削，这是多么合理的制度呀。像你小黄，家里以后就可以分得土地，再不受地主的气，哪里不好呢?”这些话使黄茂才大受感动。

后来，黄茂才在回忆材料里详细记录了他思想转变的这一过程：

我 1948 年 5 月调渣滓洞看守所工作时，我对共产党性质还是模糊不清，但是从国民党的宣传中说共产党人是抢劫、杀人、放火、无恶不作的坏人，可是我到监狱后，常同共产党人交谈，逐步了解他们中有不少的人都是有高层次文化的人，其中有大中学校教师、工程师、新闻记者、大学生，还有国民党军中校级军官，这些人都是文明礼智很善良的人，怎么能说他们是无恶不作的坏人呢，更使我不解的，眼看曾紫霞是很年轻的大学生，和牛筱吾、皮晓云一样都是很年轻的女人，难道说他们都会去杀人放火吗？……1948年6月江竹筠被押送到渣滓洞看守所来，在填写入狱登记表时看见她是自贡市大山铺人，与我都是自贡市人，相隔不远，还是家乡人。……曾紫霞也是自贡市人，就跟江竹筠说我的情况，因此以后她常同曾紫霞与我接触摆谈，……由于我是管理员身份，可以入牢房查监，这样我们谈话机会很多。……曾紫霞跟我说：黄先生，我想请你帮忙。我问她什么事，她悄悄给我说，请你帮我送信出去。当时我也意识到送信出去的危险性，如被发现，轻者坐牢，重者丢掉生命。经过多次反复斗争，我决定不怕困难危险，想方设法送信出去。我想，我有充分有利条件，我有行辕二处发的公开证章，只要带上没有人敢过问，同时我可以穿军服，必要时我可改名换姓（曾改过张力修、黄克诚、兰先生），我作了这些思想准备，就跟曾紫霞说：你的信写好没有，若写好就给我。她点个头意思已写好，我进她们牢房，秘密交给我。

不久，有难友要黄茂才带一些信件给家人，几次以后都没有出什么错，难友们开始将一些重要信件交黄茂才带出狱，黄茂才总是准确地将信件带到，还带回一些生活必需品和药品。黄茂才多次化名为黄克诚、张力修等，先后给江竹筠、曾紫霞、陈作仪、胡其芬等难友带出信件20余封，还给江姐带回云儿的照片。

渣滓洞狱医刘石人，有文化却不大关心政治，毕业于冯玉祥办的西北军医学校和青岛医学院。1948年初到重庆，4月，被派到渣滓洞开设分诊所。刘石人为非军统人员，不受徐远举节制。刘石人到渣滓洞时，正值因刘国定、冉益智叛变事件被捕的几十名“政治犯”陆续关进渣滓洞看守所，原本狭窄的牢房更显得拥挤不堪。时值春季，疫病流行，通风不良的牢房极易引起流行病大暴发，再加上许多“政治犯”刑伤得不到治疗，情况恶化。每次去给受刑者疗伤，刘石人看到那些皮开肉绽的身体都止不住想：“这些人为什么这么傻，都打成这样还不招供。”生性善良的刘石人只是抱着“济世活人”的思想尽心尽责地为“政治犯”们治病。

时间长了，刘石人才知道这些“犯人”中有教授、记者，有银行经理，有富家公子，很多人都相当有社会地位，完全不是自己原来想象的那样。经过交谈，发现他们是一群有理想、有抱负的人。狱中同志及时发现了刘石人是一个可以争取的人，也开始有针对性地做他的工作。

除送信外，刘石人还自己拿钱买食品和药物给难友，还利用医生职权，开了不少保外就医的证明，使部分难友得以出狱。

还有一个特务看守班长刘秉清，对他主要是利用。难友张大昌回忆道：

刘秉清在 1947 年底曾为“政治犯”周世楷从牢外买过香烟。1948 年 5 月左右，胡春浦见他面带烟容，估计他是抽大烟的，家庭经济一定拮据，……胡春浦便利用这个刘秉清勾通了牢内外的联系，往返传递了好些消息。当然，每传递一次，都一定要给他一些钱。

“设法安顿家眷”也是狱中同志对被策反的看守的承诺。前面提到的狱中医生刘石人“自怀佛心”，持只看病不过问“任何问题”的态度，在狱中难友坚贞不屈的精神感染下，最终同情难友，多次帮助带信出去，同时也为狱中同志带回药品、书信等。何柏梁在信中就要求家人帮助刘石人新婚的妻子解决工作问题，“也可以使他们新婚夫妇安心”。新中国成立后，刘石人被妥善安排在大学当医生。他的妻子王淑萍看了“红岩魂”展览，看到有关她丈夫的“正确评价感动得哭了很久很久”，在给我的信中写道：“我是西南农学院退休医生王淑萍，女，今年 82 岁，我是原渣滓洞看守所刘石人的家属，我同刘石人于 1949 年 10 月 10 日结婚，1949 年 11 月中旬我离开刘石人回到自贡市自流井关外胜利路 130 号我父亲家，同年 12 月底，刘石人所在的川北射洪县和平解放，领得有解放军发的解放通行证来到我家，当天凭通行证到市军管会登记入户，1950 年 8 月，我们由自贡来到重庆，在沙坪坝氧气制造所家属区租住，当时氧气所已军管。10 月，刘石人经渣滓洞脱险的李玉钿等人介绍到重庆市文教部，由文教部介绍到西南农学院作医生工作，1980 年 3 月，因病医治无效去世，时年 69 岁。”

刘石人的家属因为共产党人的诚信而感动。狱中的何柏梁等人以诚信打动了刘石人等没有泯灭良知的医生、看守等，可以说是一种人性良知的唤醒。诚信是个人立身之本，民族存亡之根。在何柏梁的骨子里，流淌着中华民族“忠孝仁义礼智信”等优秀传统文化的血脉。他深知，一个没有信用的政党，是没有前途的政党；一个没有信用的人，同样会被社会所唾弃。为了党和个人，他觉得自己有责任将承诺的事情全心全意做好。这或许是策反或利用成功的心理基础。

狱内同志加紧策反看守特务的同时，狱外党组织按照党组织加强统战工作、营救“政治犯”的指示，积极地开展各项工作。李治平①回忆：“……对住在渣滓洞附近的国民党内二警策反，争取它起义，配合我华蓥山武装力量，进行劫狱，或在重庆市上层民主人士中作工作，筹集金条，收买敌人，以营救集中营的战友。”②

卢光特的《1949 年下半年重庆地下党策反工作纪事》有这样的记录：

1949 年，川东特委还为营救“中美合作所”监狱被囚战友，由林向北经手，组织过三次打入蒋军的活动。1949 年夏秋，组织派廖亚彬、傅正华、周德全到驻唐家沱的蒋军七十九师二三六团一营一连当兵，后因该部开进方向与我方目的不合，主动撤离。1949 年 8 月，派陈昌（二战时期党员，四川省委撤走而失掉联系，通过林向北与川东特委接上关系）打入“志农部

---

① 李治平（1905—1991），男，四川广安人。1934 年加入中国共产主义青年团，1935 年转为中共党员。1941 年 2 月任中共重庆江北县委书记，曾任南涪工委书记等职。1949 年 5 月后，与刘兆丰、卢光特、李培根等共同负责川东地区地下党工作。重庆解放后，曾任中共涪陵地委副书记等职。

② 《川东地下党的斗争》，第 190 页。

队”（交警一旅），该部系以大特务马志超、戴雨农（戴笠）命名的特务武装，驻“中美合作所”内，陈昌任中队长，又派徐云恒、曹志国、席勒、文伟和刘某去协助陈昌掌握部队。后因敌内部争权夺利，陈昌职务被挤掉，其余党员主动转移。1949年9月，组织又派张平和、杜文举、陈立洪打入“志农部队”的干部训练班，当传令兵和勤杂兵。该班分军官队和军士队，共300余人，专门训练打游击和搞潜伏的特务，地址在“中美合作所”五灵观立仁小学内，“中美合作所”戒备森严，设三道警戒线，通行证分临时、夜间、特别三种，我们的人地位低，只能在有限范围内通行，不能接近“渣滓洞”、“白公馆”监狱。但他们想方设法，绘制一份地图，标明从歌乐山、红槽房、宣家桥、24兵工厂（石井坡）等四处进入“中美合作所”的路线及沿途警戒。于11月中旬，由陈立洪送出，可惜因未找到相当兵力劫狱，地图还未用上，“11·27”大屠杀即已发生。[①]

狱内外的策反都在秘密进行，大家都是一个心愿：救出，活着出去。

狱中同志感到国民党的垮台近在咫尺，敌人已经开始做撤退准备。但是，对于被关押的人会是怎样前景？他们又无比担忧。在狱中严格封闭消息的情况下“我们渴望比较正确的资料”。西南地区是蒋介石国民党妄图固守的最后防线。1949年蒋介石下野后代总统李宗仁下令“释放政治犯”的命令，使狱中同志非常关注国民党在西南地区官员的立场态度，也非常急需知道我党对他们开展统战工作的情况。黎明前最黑暗的时刻，这些信息直接关系到自己的生命。

对于能够有“……平安自由出去的机会时，请以送一根领带来作记号”。何柏梁虽然把这看成是一个“奇怪请求”，但可见他们求生的欲望是何等炽烈。

① 卢光特：《1949年下半年重庆地下党策反工作纪事》，《重庆解放》，第326页。

这封信最后讲的“附托 T 带出英文（文）法和俄文摘记”，现在保存在红岩档案中，虽然没有翻译，但也可见深陷囹圄的人是怎样坚持学习进步的。牢狱生活，丝毫没有软化何柏梁的革命意志，他还嘱托“将昨天带留舅家之英汉字典照旧买一本旧的”，在最后宝贵的日子里，他依旧积极学习英语和俄语，时刻准备为建设新中国出一份力。

何柏梁的表舅童思进介绍：“……他的父亲叫何海卿，经营布匹、绸缎生意又兼搞肠衣加工出口，都经营得很好，挣下几十万家产。何海卿常住上海，家也住上海，家里很有钱，何柏梁是大少爷，但他为人很谦和，一点没有大少爷架子，他很爱帮助人，常从经济上支援贫穷的同学，他一直读的教会学校，本来是信奉基督教的，因抗日战争爆发，他参加抗日救亡工作，组织乡村宣传队，在这些活动中他的思想觉悟逐步提高，又由于曾咏曦的影响，走上了革命道路，接受了马列主义，由一个虔诚的基督徒成为一个勇敢的无产阶级革命战士……”①

1948 年，中共重庆城区区委书记李文祥②叛变后，供出了以公司为掩护开展地下活动的重庆安生公司经理何柏梁，国民党特务机关立即将他逮捕关押于渣滓洞。

---

① 何柏梁烈士档案。

② 李文祥，1922 年出生于巴县，1939 年秋加入中国共产党，曾任中共江北县委书记，以重庆大华公司见习生、合作事业管理局会计、迎龙乡小学教师等社会职业为掩护，从事党的地下工作。1946 年至 1947 年 9 月又任中共巴县特支委员，以巴县长生乡民兴中学训育主任为掩护。1947 年 10 月，他调任中共重庆城区区委书记，以业余戏剧工作者为掩护，开展党的秘密活动。1948 年 4 月 22 日被捕。在狱中关押期间，得到难友陈然的鼓励，坚持了 8 个月，但他没经受住感情因素的诱降，当又被提审，让他与妻子见最后一面时，他的防线垮了。最后不顾难友的压制劝阻，李文祥叛变，并公开宣布他的三条理由：一、我被捕不该自己负责（刘交的?），而且坚持了八个月，与我有关的朋友，应该都转移了，如果还不走，被捕是不能怪我的。二、苦了这样多年，眼看胜利了，自己却看不见胜利，那不惨了，比我更重要的人都叛变了，而二处要我选择的又是这样尖锐的两条路，不是工作就是枪毙。我死了对革命没有帮助，工作也决不会影响胜利的到来，组织已经完了，我只能从个人来打算了。三、我太太的身体太坏，一定会拖死在牢里的，为她着想，我也只好工作。李文祥叛变后出卖何柏梁等 10 多人，参加军统工作被授予上尉军衔。1951 年被镇压。

何柏梁被捕后，“他妻子曾咏曦送衣服去也被捕，他父亲到处托人营救还花好几根金条才把曾咏曦保释出（她怀孕要生小孩），还是没有能把何柏梁救出”。

刘德彬回忆说：“每次他家中送来的食品，不管是罐头或皮蛋以及其他的营养物，他就分给狱中有病的难友吃，有时留少许来均分给同寝室的朋友，而有时竟一点也不留……特别要提到的，是他和另外几个朋友所作的统战工作，我们在狱中能知道外面的消息，能多了解一点外面的情况，柏梁同志是尽到最大努力的，为什么今年暑假害病的人少，死亡的仅只一人，这是通过统战关系，从外面买来了奎宁。普通消炎片，肠胃消炎片，阿司匹林等很多的药品，救济了渣滓洞多少将生病及已生病的难友……”①

全民族抗日战争爆发，上海沦陷后，何柏梁全家迁到重庆，他也由上海圣约翰大学转到重庆大学读书。抗战结束后，他们家又在抗战胜利后搬回上海，但何柏梁按照党组织的要求“以革命事业为重”留在了重庆。

今天第一批提出十人，现又开（始提）第二批十人及第三批，今天一共二十七人。②

关于D，今天来看病……因为官方人员都在准备疏散家眷，不妨安定他们，并且劝慰他们。他的离开，当然对我们（是）损失，能留一天算一天了。他太太职业可借此多联络，主要探听二处动向和政策。

关于我的出去，对公司来说，只要保证生命无险，就不必活动，反引注意。如再有条件出去，那太无价值了，静心等候解放了。请你也安心，不要焦急吧。要以万忍的耐心候黎明好了。

十四日　（第）七号

---

① 刘德彬档案，第96页。

② 1949年11月14日从渣滓洞提出29人，白公馆1人，共30人，杀害于电台岚垭。

当江竹筠等人被押出杀害后，第 7 号信中，何柏梁不希望家人再通过各种活动营救他。“如再有条件出去，那太无价值了”。这里所谈的“再有条件”，无非就是变节投降、跪地求饶，而这又是在出卖灵魂的前提下，生命有什么意义呢？那个时候，国民党特务虽然面对无力回天的失败无可奈何，但是仍然不放弃动摇革命者特别是利用革命者想“活着出去”的心态，使他们发表声明、悔过自新，在舆论制造上打击消除共产党的影响。[①]绝不苟且偷生，“生当作人杰、死亦为鬼雄”，渣滓洞的“政治犯”对此有高度的理想认识。特别是在新中国成立后，“为了免除下一代的苦难，愿把牢底坐穿”的那种无上的荣光使他们有一种绝对的自豪感。当然，他们绝不放弃对活下来的等待，“要以万忍的耐心候黎明”。这就是在生死问题和革命信仰上，何柏梁告诉家人自己的态度。

遗憾的是，何柏梁和狱中同志最终没能得到更多有关解放军的消息，也不知道为什么营救迟迟不来，更不知道蒋介石下达的重庆一旦不保就实施大屠杀……他们最后交织在苦苦的期盼和死亡的威胁逼近中。

请明天午后进城……送信带物。如江小姐[②]有信，请即带回。至于见民兄[③]来乡时更好，将昨天带留舅家之英汉字典照旧买一本旧的。如无同样的，就形式大小和名称相仿买一本来[④]。决定请他在二十二日等在原地方，候 T 来拿，也请他酌给途资。以后每个星期二他也可到小梁子来走一次。你如不可能到家，就在那里也可会谈的。

最近虽然常得到不定期的报看，但从那上面仅是历史记载了。希望如上

---

① 《新华日报》撤离时，国民党要求去登记，以便送回延安。结果没有人去登记，国民党就制造假消息，说程仿尧登记自首的假新闻。

② 江小姐：指江竹筠。

③ 见民兄：指难友韩子重的叔父，中共党员韩觉民。

④ 韩子重在狱中，曾设法将车耀先在狱内常用的一本英汉字典带出狱外，这里说，必须买一本相同的字典带进去，以便应付查问。

星期见兄和你的广播及内幕消息好得多。所以希望星期二见兄和你又告诉些进展佳音。

又是十天没有人送东西，可是所头还把伙委找去说，现在伙费不能维持煤炭款，因此，将要无菜及豆吃，而只吃盐巴了。这个话可以了解他们还在想抓，而不打算照顾我们了。甚至还要发枪给交警与班长们，要他们准备打游击咧。这种日子来得愈快愈好，你们还比我们急吧。

十九日　第九号

昨天 T 回来说，竟没有会着你。明天要他去，顺便到你处和见兄处，以便取回字典。那是见兄侄子[1]为其爱人的父亲车耀先的遗物，掉购同样一本带回来。另外请见兄设法给 T 找一套外穿的，无论长袍短服，一方御寒，一方便装。因为他的家眷还是安顿在“特区”外附近，因此需要用费，不妨在这个时候帮助他。

你准备的回信，是否已交给 D 带来，但到现在他也还未来过，这是最不方便的事。因为他大致看到杨麻子[2]、李所头和邓事务[3]。

这里食米都是每天零担进两三挑来。官方说：副食费（握在手里的纸币）已不够买菜，将来只能吃盐水饭。我们想到一旦停伙，就饿着等解放。广播佳音及内幕新闻可有？今后每周二或三将定期联络，你不必多回去了。

十一·廿一　第十号

后面这两封信，语言平淡质朴，真实反映出监狱条件的恶劣程度，终日不见阳光的狱友们，既要遭到敌人的严刑拷打，还要忍受粗劣不堪的伙食，最后的日子里，甚至“将要无菜及豆吃，而只吃盐巴了”。从信中，我们可

---

① 指狱中关押的韩子重。

② 杨麻子：特务杨元森。

③ 分别指渣津洞看守所所长李磊，特务邓凯。

以看到狱中同志最后的冷静和那种“饿着等解放”的沉着，他们没有消极等待，而是在积极应对各种状况的出现。

被难烈士登记表曾这样记载何柏梁：

1938 年加入中国共产党，被派往复旦大学经济系边学习边从事学运工作，1941 年毕业后进复兴公司工作。1946 年在重庆开办安生公司并任经理，为党筹集活动经费和担任联络工作。狱中积极想法从家中弄药帮助有病的难友，争取和策反看守，打通三条秘密通信渠道。

通过何柏梁带出的家书编号应该有十封，但现在仅有四封。

1948 年 4 月，重庆地下党组织的《挺进报》被国民党特务机关破坏，中共重庆市工委的领导干部刘国定、冉益智先后叛变，其后城区区委书记李文祥被捕后叛变，导致何柏梁、曾咏曦夫妇等人被捕。后来，曾咏曦被释放出狱，现存的四封书信是被狱中同志争取过来的看守唐友源和狱医刘石人带给曾咏曦的。

1950 年，重庆公祭殉难的革命烈士，从渣滓洞脱险的战友肖钟鼎、刘德彬、杜文博、傅伯雍和生前战友陈联诗、兰国农为何柏梁敬献了挽联：

何柏梁烈士　千古志念

为了中华民族的解放，您背着因袭的重担，肩住了黑暗的闸门，放我们到自由广阔的地方来了。而您却在十字架上，滴完最后的一滴血，安眠吧！英勇的战士。

何功伟

为天地存正气，为个人全人格

何功伟（1915—1941），又名何彬，中共党员，湖北咸宁人。1935 年积极参加“一二·九”学生运动。1936 年 8 月在上海加入中国共产党。1938 年 6 月任中共湖北省委委员，随即受中共党组织派遣回家乡开辟鄂南抗日根据地，任鄂南特委书记。1939 年 9 月到湘鄂西区工作，任区党委宣传部长。1940 年 2 月任湘西区党委书记，8 月任鄂西特委书记。1941 年 1 月 20 日在恩施被捕。1941 年 11 月 17 日英勇就义，时年 26 岁。

狱中给父亲的信①

儿不肖，连年远游，既未能承欢膝下，复不克分持家计。只冀抗战胜利，返里有期，河山还我之日，即天伦叙乐之时。迩来国际形势好转，敌人力量分散，使再益之以四万万人之团结奋斗，最后胜利当不在远。不幸党派摩擦，愈演愈烈。敌人汉奸复从而构煽之，内战烽火，似将燎原，亡国危机，迫在眉睫，“此敌人汉奸之所喜，而仁人志士之所忧”。新四军事件发生之日，儿正卧病乡间。噩耗传来，欲哭无泪。孰料元月二十日，儿突被当局拘捕，锒铛入狱，几经审讯，始知系被因为共产党人而构陷入罪。当局正促儿“转变”，或无意必欲置之于死，然按诸宁死不屈之义，儿除慷慨就死外，绝无他途可循。为天地存正气，为个人全人格，成仁取义，此正其时。行见汨罗江中，水声悲咽；风波亭上，冤气冲天。儿蝼蚁之命，死何足惜！唯内乱若果扩大，抗战必难坚持，四十余月之抗战业绩，宁能隳于一旦！百万将士之热血头颅，忍作无谓牺牲！睹此危局，死后实难瞑目耳！

微闻当局已电召大人来施，意在挟大人以屈儿。当局以“仁至义尽”之态度，千方百计促儿“转向”，用心亦良苦矣。而奈儿献身真理，早具决心，苟义之所在，纵刀锯斧钺加诸颈项，父母兄弟环泣于前，此心亦万不可动，此志亦万不可移……夫昔年未因严命而中止救国工作，今日又岂能背弃真理出卖人格以苟全身家性命？儿丹心耿耿，大人必烛照无遗。若大人果应召来施，天寒路远，此时千里跋涉，怀满腔忧虑而来；他日携儿尸骸，抱无穷悲痛以去。徒劳往返，于事奚益？大人年逾半百，又何以堪此？是徒令儿心

① 何功伟：《狱中给父亲的信》。

碎，而益增儿不孝之罪而已。

儿七岁失恃，大人抚之养之，教之育之，一身兼尽严父与慈母之责。恩山德海，未报万一。今后，亲老弟弱，侍养无人。不孝之罪，实无可逃。然儿为尽大孝于天下无数万人之父母而牺牲一切，致不能事亲养老，终其天年，苦衷所在，良非得已。惟恳大人移所以爱儿者以爱天下无数万人之儿女，以爱抗战死难烈士之遗孤，以爱流离失所无家可归之难童，庶几，儿之冤死或正足以显示大人之慈祥伟大。且也，民族危机，固极深重……胜利之路，纵极曲折，但终必导入新民主主义新中国之乐园，此则为儿所深信不疑者也。将来国旗东指之日，大人正可以结束数年来之难民生涯，欣率诸弟妹，重返故乡，安居乐业以娱晚景，今日虽蒙失子之痛，苟瞻念光明前途，亦大可破涕而笑也。

不孝儿功伟狱中跪禀

三十年二月十九日

这是何功伟被捕后在狱中托人带给父亲的信，是一封用热血、大爱、信念、生命写成的信。字字情、声声泪，满满的家国情怀，满满的浩然正气。但是，信当时并没有送到父亲手里，而是被交到陈诚的办公室。陈诚看了这封信“不无感慨地说‘我们国民党怎么没有这样的人才！’他在信上批了‘至情至爱，大节大义，其伟人也’12个字，将信扣压……”后来何楚瑛老人来狱中劝说儿子转变立场时，知道老人没有收到信，何功伟又重抄了一遍交他。

“儿不肖，连年远游，既未能承欢膝下，复不克分持家计。”

自古忠孝两难全，谁不希望既能孝敬父母又能忠于职守呢？可是面对衰败的祖国、黑暗的社会，“敌人汉奸复从而构煽之，内战烽火，似将燎原，亡国危机，迫在眉睫”，使何功伟这样的有志青年不得不对国家的前途和命运担忧，“此敌人汉奸之所喜，而仁人志士之所忧”。“为天地存正气，为个人全人格，成仁取义”的使命感，让他只能放弃在家孝亲敬老的愿望。“恩山德海，未报万一。今后，亲老弟弱，侍养无人。不孝之罪，实无可逃。”他怀着深深的愧疚离开了家，告别了父母、妻子。但他告诉亲人“然儿为尽大孝于天下无数万人之父母而牺牲一切，致不能事亲养老，终其天年，苦衷所在，良非得已”。我们常说家国情怀，那家国情怀究竟是什么？何功伟烈士的这封家书告诉我们：家国情怀就是植根在中国人血脉中的文化传承、精神食粮，是中国人特有的价值逻辑，“老吾老以及人之老，幼吾幼以及人之幼”，“我将无我、不负人民”，从古至今概莫能外。

何功伟狱中写给妻子许云①的信：

在临刑前，不能最后和你相见一次，不能吻一吻我们的小宝宝了！我一定坚守阶级立场，保持无产阶级的清白，忠实于党……告诉我所有的朋友们，加倍的努力吧！把革命红旗举得更高，好好地教养我们的后代，好继续完成我们未完的事业！

妻子许云在痛苦绝望中听到周恩来同志说：“功伟的伟大革命气节，是值得我们每一个党员认真学习。”

何功伟牺牲的噩耗传到重庆，南方局向中共中央书记处作了汇报，延安各界在八路军大礼堂举行了何功伟、刘惠馨二同志追悼会；《解放日报》发表了《悼殉难者》的社论。1942 年 6 月 13 日，毛泽东致电周恩来，指示南方局为被国民党杀害的鄂西特委书记何功伟等人开追悼会。抗战胜利后，周恩来同志仍然挂念着何功伟烈士家属的情况，并托人向何功伟的父亲致意，感谢他为党和人民养育了一个好儿子。

1933 年，18 岁的何功伟考入湖北省立武昌高级中学甲班读书，在优良

---

① 许云：地下党中共湘鄂西区党委宣传干事，解放后任全国妇联国内部副部长。

何功伟之妻许云抱着刚满月的儿子何继伟

的民族文化熏陶和革命思想感召下，决心弃文从政，投身民族解放斗争。1935 年，他在湖北抗日救国会上当选为湖北学联常务干事。

可父亲何楚瑛只是希望儿子能好好埋头读书。他曾经劝告儿子：抗战有蒋委员长，关你们这些伢崽什么事。但是，何功伟告诉父亲：蒋介石不抵抗政策使我们青年没法埋头读书了。“父亲事后对亲友们叹息说：‘此儿太痴，似欲将中华民国荷于一人肩上者。’”①

认准革命道路的何功伟从此积极投身热爱的事业。在武汉，何功伟由于组织学生抗日活动，受到国民党通缉。1936 年 5 月，何功伟转到上海参加

① 张昌全、郑传辉：《何功伟》，《何功伟烈士纪念文集》，第 11 页。

全国学联工作，担任常委。8 月，“何功伟经唐守愚和胡乔木介绍，光荣地加入了中国共产党”①。

全民族抗日战争爆发后，何功伟被党组织安排回武汉担任湖北省工委农委委员，又由董必武介绍到湖北战时乡村促进会做秘书。

1938 年 3 月，为恢复党的组织和发展党员，何功伟又被调到武昌任区委书记。7 月，又调到鄂南去开辟抗日游击根据地。

1939 年 8 月，在重庆红岩村参加学习培训后的湖北地下党负责人何功伟，在周恩来同志办公室，周恩来宣布他担任中共湘鄂西区党委宣传部长，要求他要广泛发动群众、动员群众，树立抗战必胜的信心。几个月后，南方局又决定书记钱瑛调回重庆，由何功伟接替担任鄂西特委书记一职。

1940 年，何功伟与中共湘鄂西区党委宣传干事许云结为夫妻。面对国民党顽固派不断地制造反共事件，8 月，南方局派钱瑛在恩施召开会议，贯彻中央对白区工作的“隐蔽精干、长期埋伏、积蓄力量、以待时机”的指示，决定改组湘鄂区党委为新的鄂西特委，何功伟担任书记。特委会结束后，为让何功伟全身心地投入到工作，钱瑛把身怀六甲的许云带回重庆在南方局周恩来同志身边做机要工作。

1941 年 1 月，国民党顽固派制造“皖南事变”，发动第二次反共高潮。1 月 20 日，因叛徒出卖，何功伟和鄂西特委等 400 多名中共党员和进步人士不幸被捕。

周恩来得知何功伟被捕后，2 月 25 日拟电向中央书记处报告：“1 月 20 日，湖北恩施（陈诚所在地）实行全城检查……计捕去四百多人……书记何彬（注：何功伟化名）被捕，现正在设法营救中。”②

对于何功伟这样才华横溢的共党要员，国民党战区司令陈诚下令：务必促其转变立场、为本党所用。

---

① 张昌全、郑传辉：《何功伟》，《何功伟烈士纪念文集》，第 12 页。

② 张昌全、郑传辉：《何功伟》，《何功伟烈士纪念文集》，第 26 页。

为转变何功伟的立场，陈诚邀请或派出一批一批说客不断地出现在狱中，但没有一个能够给他带回惊喜。于是，陈诚又开出了“三青团干事长”“农业试验区主任”等职务让何功伟挑选。面对如此多高官厚禄，何功伟仍然给予拒绝。国民党特务还试图以美人计腐化他，也遭到严辞拒绝。后来，陈诚还以为国家、民族发展需要为由，决定送何功伟出国留学，但何功伟却表示，除了苏联其他地方一律不去！

面对铁窗黑牢，面对灭绝人性的酷刑，何功伟在《狱中歌声》组诗中写道：“黑夜阻着黎明，只影吊着单形，镣铐锁着周身，怒火烧着内心。”

面对非人的待遇和摧残人性的恶劣环境，《狱中歌声》中写道：“蚊成雷，鼠成群，灯光暗，暑气蒸，在这窒息的铁狱里，谁给我同情的慰问？谁抚我痛苦的创痕?！我热血似潮水般奔腾，心志似铁石的坚贞，我只要一息尚存，誓为保卫真理而抗争。”①

敌人的各种严酷手段、威逼利诱，何功伟都无动于衷。

特务向陈诚建议说：何功伟七岁丧母，以后完全是他父亲一手带大，他对他父亲的话一定是言听计从，听说他还是他们家乡出了名的孝子，我们何不派人去把他父亲请来，让他劝说何功伟“转向”呢？

陈诚也认为：人总有共性的一面，这就是夫与妻、父与子之间的人伦、亲情，这是人类共有的伦理道德。既然大道理说不过他，就从细微处着手，晓之以理，动之以情，中共党员的心也是肉做的。于是，陈诚立即派人去把何功伟的父亲带到牢房。

父亲何楚瑛是湖北有名的乡绅，闻知儿子犯了“王法”后非常痛心。4月9日，当他来到牢房试图以亲情说服何功伟转变立场、参加政府工作时，儿子却向父亲明确表示：绝不发表退党声明，要我出国，就以统一战线名义送我出去，而且必去苏联。

---

①《忆许云——何彬遗作》，《新华日报》1942年10月10日第四版。

面对老父亲一次又一次的劝说，何功伟总是争得面红耳赤不欢而散，他强压自己的情感，对父亲做出这样的表示：希望父亲大人不要再到狱中，我绝不转变立场！

当何功伟知道父亲没有收到自己在狱中2月19日给他的信时，又把那封信抄了一次交给父亲。

“儿不肖，连年远游，既未能承欢膝下，复不克分持家计。只冀抗战胜利，返里有期，河山还我之日，即天伦叙乐之时……当局正促儿‘转变’，或无意必欲置之于死，然按诸宁死不屈之义，……为天地存正气，为个人全人格，成仁取义，此正其时……”

“一行书信千行泪，寒到君边衣到无?”何楚瑛看了儿子信中“儿除慷慨就死外，绝无他途可循”后放声痛哭。他实在想不通儿子为什么要选择去走一条死路，他不愿放弃，他一定要把儿子从死亡线上劝回来。他挥笔含泪“一字一泪”地给儿子写了劝他回心转意的信。可是，面对父亲的苦苦相劝，儿子却这样回答：

“……今日跪接慈谕，训戒谆谆，一字一泪，不忍卒读……，而儿之所以始终背弃大人养育之恩，断绝妻子之爱，每顾而不悔者，实不愿背弃大多数人之永久利益，以换取我一家之幸福也。谁无妻儿？儿安忍出卖大众，牺牲他人，苟全一己之私爱？儿决心牺牲个人，以利社会国家，粉身碎骨，此志不渝……”①

老人读罢，悲痛和感佩交集。

父亲在又一次去牢房时，带上了一壶酒和几个碗。一进牢房，儿子见到父亲既是欣喜却又是气愤。父亲也不顾儿子的指责，拿出酒和碗放在桌上，然后倒出三碗酒放在桌上。

父亲何楚瑛端起一碗酒对儿子说：“我今天来是给你道喜的。”

---

① 张昌全、郑传辉：《何功伟》，《何功伟烈士纪念文集》，第31页。

何功伟不解地问："我在这个地方有什么好事？哪来什么喜事啊。"

父亲说道："你妻子在重庆给你生了一个胖小子，你说这是不是喜呀？"

何功伟听到此言，兴奋地跳了起来，大声说道："我当爸爸了、我是父亲了……"

父亲见到儿子的兴奋，立即就上前说："这样的喜事，该庆贺，该喝碗酒吧？"

何功伟立即将酒碗一接，仰头就把酒喝下。喝完酒后的何功伟突然看着父亲，反问道："父亲该不单是来这里道喜喝酒吧？"

父亲立即回话说："当然不是、当然不是！我这是想来与你一起去重庆看孙子啊……"

何楚瑛的话还没有讲完，何功伟马上打断父亲说："父亲，你不要劝我！"

看着儿子如此坚决，老人只是哭泣着摇头。他颤抖地晃着手，端起第二碗酒，对何功伟说道："陈司令长官惜才如金，对你是恩重如山，让你做官为国你不愿、让你出国留学你也不愿，你是非要往死路上走啊！你不为他用，他必不留你，我这不是一手得孙、一手丧子吗？来，你再喝了这碗酒，就当我没有你这个儿子……"

面对老泪纵横的父亲，看着苍苍白发的老人，不能为其尽忠尽孝，反而令他如此的悲伤！何功伟接过酒碗又是一口痛饮后对父亲说："我牢记你从小教我的人生要立德、立功、立言，能有一官半职效命国家是我所愿，留洋学习西方先进科技也为我所求。但是，你看我们国家现在成什么样子？国土沦丧，民不聊生，半壁河山，摇摇欲坠。您不是常教导我'天下兴亡、匹夫有责'吗？难道你非要我转变立场，去帮助国民党搞内战吗？"

听儿子如此说话，父亲只是不断地摇头、不断地流泪。他打住了儿子的说话，端起这第三碗酒，突然跪在地上大声说道："老夫自幼饱读诗书，自以为满腹经纶、教子有方，没想到今日面对小儿所作所为竟无言以答，他日杀你必是陈司令长官，老夫也只有收尸于北门之外。我一定在你墓碑上刻上‘何少杰’三字，以使你妻儿辨认！”说完后将酒泼洒在地上，颤抖着站起来要走出牢房。

何功伟突然失声叫道：“父亲大人！”他一把跪在地上向父亲重重地磕了三个响头。何楚瑛倚靠着牢门痛苦地、无奈地看着这个死不回头的儿子。

最后，何功伟拿出来两封信，希望父亲去重庆时交给妻子许云。

陈诚最后下达死命令：这种人如果不能转变立场，一定不可久留！

1941 年 11 月 17 日，陈诚下令在狱中秘密处决何功伟。被押出牢房时，他含笑告别难友，昂首挺胸跨出监狱。

监狱长也为何功伟在狱中不屈不挠的精神所感动，当何功伟走出牢房时，监狱长说：“何功伟，你现在只要点一点头，我立即上报陈司令长官说你有悔改之意，可以不执行死刑！”听到监狱长的话，何功伟依然没有停下步伐继续往前走，监狱长又冲上前去拦住说：“你就点一点头吧！”何功伟仍然是不停步伐继续往前走。枪声响了，何功伟倒在血泊之中，殉难时年仅 26 岁！

几个月后，何楚瑛辗转到了重庆的红岩村，在董必武的办公室里，他见到了自己的孙子和媳妇许云。何楚瑛拿出了儿子的两封信。许云看后失声痛哭，董必武也流出了热泪。董必武向支部书记周恩来建议，召开一次党员大会。在红岩村的党员干部大会上，董必武一字一句地向大家宣读了何功伟给父亲的遗信，周恩来同志宣读了何功伟给妻子的遗信。

许云后来将自己丈夫未见过面的孩子取名叫何继伟，既是取何功伟的伟字，以示永远的怀念，又明白地表达了让儿子继承父亲意志的那种坚强心愿。

“活人可以在活人的心中死去，死人也可在活人心中永存。”红岩的记忆中永远刻写着何功伟的名字。因为无论时代如何发展，何功伟烈士这种“为天地存正气，为个人全人格”的豪迈气质都将永远是铿锵作响的红色音符！

黄楠材

为国读书，为国扛枪

黄楠材（1907—1949），中共党员，重庆云阳人。武昌中华大学教育专修科毕业。1928 年在万县女师、云阳中学教书，利用教师身份从事革命宣传活动。1937 年加入中国共产党，曾任中共开县县委书记。1944 年在开县创办云开书店，以此作为地下党联络点，销售进步书刊，秘密发行《新华日报》《群众》杂志。1949 年 4 月被捕，关押于渣滓洞看守所，同年 11 月 14 日牺牲于歌乐山电台岚垭，时年 42 岁。

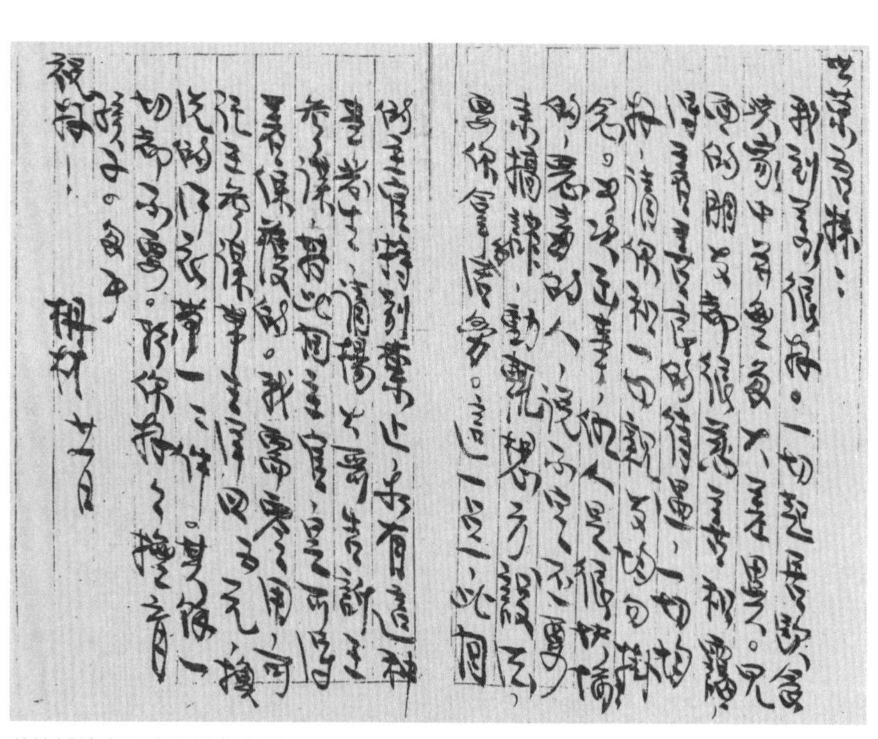

黄楠材给妻子李世荣的家书

黄楠材被捕前给妻子李世荣交代的 12 条任务：

坚强地活下去；完成未竟事业；保守党的机密；尽己所有支援组织；保护帮助同志；办好书店，交给人民政府；为国工作，还要代我做一份；家里事辛苦你了；要教育儿孙为国读书，为国扛枪；保存好有历史价值的东西；不要忘记帮助过革命的朋友；为妇女解放多做贡献。

黄楠材在狱中送出给妻子李世荣的遗书：

世荣吾妹：

我到后很好。一切起居饮食与家中并无多大差异。见面的朋友都很慈善和霭（蔼），得着善良的待遇，一切均好，请你和一切亲友均勿挂念。此次出事，仇人是很快活的，恶毒的人，说不定还要来搞诈，动辄想方设法要你拿活务。这一点，此间的主官特别禁止，如有这种事发生，请杨大哥告诉王参谋，转此回主官，是可得着保护的。我需零用，可托王参谋带生洋四五元、换洗的内衣带一二件。其余一切都不要。盼你好好抚育孩子。

匆于

祝好！楠材　廿一日

家书体现着、承载着、传承着家风。什么是家国大义？什么是共产党人的朴素家风？什么是革命者的爱情？黄楠材这两则短短的家书，以最朴实的文字为我们做了最好的诠释。

川东行政公署 1951 年 10 月 27 日给黄楠材同志的结论："意志坚定，临死不屈"的革命烈士。但作为普通人，黄楠材深爱着妻子，对妻子细心关切，温柔体贴，希望妻子一定要"坚强地活下去"，怕妻子担心，还说自己在狱中"一切起居饮食与家中并无多大差异。见面的朋友都很慈善和蔼，得着善良的待遇，一切均好，请你和一切亲友均勿挂念”。他牵挂自己的孩子，对孩子严管厚爱，嘱托妻子“好好抚育孩子”，期望孩子志存高远，能踏着父母的足迹“为国读书，为国扛枪”。

作为革命者，黄楠材希望妻子“完成未竟事业；保守党的机密；尽己所有支援组织；保护帮助同志；办好书店，交给人民政府；为国工作，还要代我做一份……”客观说，这12条任务不可谓不重大甚至有些沉重，一方面体现了一个革命者的责任、使命与担当，另一方面也暗含着对妻子的无比信任。这字里行间隐含着一种无形的力量，那就是：革命胜利是他们忠贞爱情的最大、最有力的支点，为创建一个自由、民主的新社会，他们愿意为之前仆后继甚至牺牲自己的一切。

从黄楠材给妻子的12条任务不难看出，妻子也是可以信赖的支持自己革命的伴侣。我认为：李世荣是采访接触的烈士家属中最令人刻骨铭心不可忘怀的一位女性。所以有必要对她做点介绍。

李世荣，生于1914年，重庆开县人。开县简易师范学校毕业后在小学教书。1933年与黄楠材结婚，婚后积极支持丈夫的革命活动，并做大量工作。黄楠材牺牲后，李世荣强忍巨大悲痛，代行父权，教育子女继承遗志，用一生的奉献和努力，很好完成了丈夫交给自己的任务。重庆解放后，她历任开县妇联执委，开县各界人民代表大会代表、主席团成员，县、省人大代表。1983年离休。

李世荣记忆特别好，做过的事情在脑子里都有深深的印象：

“……好多他的同志在我家里和书店里拿过革命的书籍、材料、报纸、杂志，有的在我手里拿过信件和工作需要的物资。有些同志在一起研究对敌斗争，我为他们放过门帘，关过窗户，巡视过房前屋后和左右的动静……”

“丈夫被捕后，我跑到县政府要人，他们说：是重庆要抓的。丈夫被押解到重庆前，我又跑到丈夫被关押的县政府礼堂看了他最后的一眼。记得他笑着对我说‘云开日出见太阳’，我知道那是他要我把书店守好……”

黄楠材与李世荣于 1936 年拍的婚纱照

解放后，李世荣把书店交给了国家，她说：黄楠材本身就是国家的，他的东西交给国家是应该的。

李世荣有侠女气质，以丈夫为自己的终身楷模，为人处世坦荡豪爽。她常回忆丈夫说："他定了条家规：伙食困难可少餐，衣裳只供掩着和御寒。省下钱来不为别样事，唯作买革命的书报刊。"解放后，政府按当时烈士家属最高的抚恤待遇给李世荣发 800 斤谷子，她一粒未留，全部用来偿还书店欠下的债，而那都是为支援地下党工作而欠的债啊。对此，李世荣只字不提，她永远记着黄楠材烈士的话：“是我们的东西也就是党的，不是我们的东西，就是一块金子也不要去看。”她说：“人格是第一位的，金钱是第二位的。党的荣誉，革命烈士的光荣，就是我做人的人格呀！”①

她，对丈夫有很深的感情，她一直不愿再嫁，一直都认为自己能够活下来就是丈夫时时在心中激励着自己。她把丈夫给自己交代的12条任务叫做“代行父权不辱使命！”这尤为动人。在李世荣看来，12条任务既是丈夫对妻子的家事托付，又是烈士对生者的遗嘱。她把12项任务的内容抄写了一遍又一遍，以此寄托对丈夫的思念，以此强化自己完成任务的决心。从此，她把对丈夫的爱、对丈夫的思念倾注在忘我的工作中，完成这12项任务，成为李世荣最大的人生支柱。

我采访她时，老人不断拿出一些回忆资料给我看，不断重复地说：“昨晚我想起来，三十年前为了避免当时革命的损失，我烧过许多宝贵的东西，现在心里还非常难过……”

原西南师范大学政治系的秦朝亨在回忆材料中记述②：

1939年初，万县中心县委负责人欧阳克明同志派我去开县工作，我去开县，和我接头的是黄楠材同志。他当时是开县县委负责人之一……在黄楠材等同志领导下，当时开县的救亡运动蓬勃地开展着，如组织中小学教师利用寒假，采取歌咏、街头剧、墙报、街头宣传、张贴标语等形式，下乡开展了救亡运动，广泛宣传我党的《抗日救国十大纲领》和抗战主张，揭露蒋汪的妥协投降阴谋，对当时的青年产生了很大的影响；在开县办了生活书店，广泛发行党报、党刊和马、恩、列、斯和毛主席的著作。当时革命青年争先恐后地读新书新报，已形成风气，抗日高涨，唤醒了不少的人们。这样，党的

① 1999年3月采访烈士家属笔记。

② 黄楠材档案，第3页。

组织也随着开展起来了，我在这半年中就已发展了五人。有的人去陕北了。

黄楠材生前战友陈恒之回忆写道[1]：

……1947年，我以中共汤溪特支书记、川东游击纵队军事委员身份，受中共下川东工作委员会彭咏梧同志的指示前往开县，以“余直送青布”的暗号和他接上党的组织关系，收集、回顾、研究敌我情况，积极筹建云开边区的武装斗争力量。1948年冬，由于党领导的川东游击纵队第二支队在敌人重兵包围、众寡悬殊的情况下在奉巫边境受挫，咏梧同志壮烈牺牲[2]。而党领导下的川东游击纵队第一支队则在万、开、云、巫、奉一带打击敌人。我经常为传达上级指示，收集情况，发动群众，发展党团组织，筹备兵源、年费、医药、武器等事，到楠材同志住地，进行研究、筹商，得到他毫无保留的支持，圆满地完成了任务。他也经常接受党组织的召唤，不辞辛劳艰险，到指定地点和我接头。他十数次地到过云阳、开县、河埝、潘家、大进、清家、岩水等地接受指示、任务，他总是在雪地和风云中跋山涉水，按约到达。他的那股革命热情、勇敢机智和不怕牺牲的精神，为所有革命战士所赞赏和学习。

黄楠材生前战友王兴全回忆写道[3]：

1947年，在国民党统治区内，物价飞涨，民不聊生，群众怨声载道。为保护人民，打击敌人，黄楠材、杨虞裳等同志领导中、小学教师罢教，学生罢课。几百名革命师生上街游行示威，高呼着“反内战、反迫害、反饥

---

① 黄楠材档案，第4页。

② 彭咏梧牺牲于1948年1月，此处回忆资料有误。

③ 黄楠材档案，第4页。

饿”的口号，到处张贴“反内战、反迫害、反饥饿”的标语。革命学生游行队伍中大声唱着《蒋介石是他妈个王尿尿》《茶馆小调》《五块钱的钞没人要》《古怪歌》等革命歌曲。教师游行队伍转到伪开县参谋会会场外，呼喊着“我们不能饿着肚皮教书，我们的妻子、儿女要吃饭”等口号。……与开会的伪参议员作面对面的斗争，要求增加待遇。斗争伪参议会的结果，迫使国民党反动政府作了暂时让步，斗争取得了初步的胜利。

采访中，不难得出这样的结论：志同道合、情投意合，是黄楠材与李世荣爱情的真实写照。

1933年，19岁的李世荣在开县女子中学教书，结识了比她大7岁的学校教务主任黄楠材。一开始，黄楠材的儒雅风度、渊博学识和和蔼善良吸引了她。在进一步交往中，李世荣发现黄楠材书生形象的外表下，更蕴藏着当时很多人欠缺的正直、果敢、坚强、上进、大气的品格。在黄楠材引导下，李世荣开始从一个偏远的小县城关注到世界的大势，关注到中国的命运和民族的前途，更懂得了做人要讲“五气”，即：正气、豪气、义气、浩气、骨气。谈到两人的恋爱，老人对作者说：“他给我写了48封信，他28岁，比我懂得多。他要求我做新女性，从事社会活动，要立志报国，有自尊心……”

共同的志趣、理想和追求，使两人结为终生不渝的伴侣。①

后来，黄楠材加入了共产党的地下组织，并成为开县党组织负责人。由于组织纪律要求，很多工作上的事情，黄楠材没有告诉李世荣，但李世荣非常信任和理解丈夫，当黄楠材要求她送信或通知什么事情，她总是不多问一句，按照丈夫的要求办妥办好；当丈夫在家里开会或者是与人交代工作，让她在外边放风，她总是不急不慢，眼观六路，耳听八方，隐蔽得非常出色；

① 1999年3月采访烈士家属笔记。

当丈夫把家里的钱财拿出去，她也从不过问，甚至有时还按照指定的地方亲自送去。在丈夫的影响、教育、帮助下，还多次提出也要加入地下党的请求。

黄楠材是一个非常冷静和理性的革命者，他拒绝了妻子的入党要求，他说："我的工作很危险，随时都有可能掉脑袋，你虽然不怕，但是我们要做的事情很多，不能两个人都牺牲了。要先把你保护起来，暗中帮助我工作，如果我牺牲了，你就接着干！"

在丈夫的安排下，李世荣辞去教书的工作，筹集资金开办了一个"云开书店"，利用书店为丈夫、为地下党组织提供掩护，同时暗中销售进步书籍，扩大革命影响，筹集革命经费。黄楠材称之为"三书闹革命"：读书、卖书、教书。

为让丈夫全身心投入党的事业，李世荣默默地承担起全家七八口人的生计和书店的经营重担。有时遇到进步学生、青年来买书，钱不够，李世荣就按进价给他们，分文不赚；遇到实在没有钱的，李世荣还送书给他们；书店如果有了盈利，李世荣就把钱交给丈夫去作地下党组织的工作经费。结果，李世荣虽然经营书店有可观的收入，但一家人还是经常喝稀饭、吃咸菜，过着清苦的日子。有时资金周转不灵，房租、货款都无法结付，还因此欠下很多债务。

1949 年 4 月，黄楠材因武装起义失败被捕，同年 11 月 14 日，在重庆解放前夕，与江姐等人同时被杀害于重庆歌乐山的电台岚垭。丈夫被捕后，李世荣深知今生再难与丈夫相见了，她悲痛万分，她多么想追随自己的丈夫，生在一起，死在一起啊！但是，她很快从悲痛中振作起来，因为她还要加倍努力地去完成丈夫交给自己的任务。

李世荣有六个子女：儿子黄汉生，从部队回地方，在奉节标准计量局工作；女儿黄橙赤，在贵州省轻纺厅任基建处长；儿子黄叶林，成都工学院 1961 年毕业，曾任原万县市建委调研员和原万县市副市长（万县小市时期）；儿子黄丹青，从部队回开县，任职业高级中学教师；儿子黄鞠生，从部队回工厂当司机；儿子黄扬青，从部队回重庆，在市科协无损检测工作。可以看出，6个子女中，有4人当过兵，老人说：这是完成丈夫的交代“拿枪保卫国家”。在她的教育影响下，儿女们都各有所成，从事的职业有工人、有技术人员、有教师、有政府官员，都在不同工作岗位上为社会奉献出自己的力量。李世荣自豪地说：“在这个家，我既是母亲，又是父亲，我的孙子也喊我爷爷，我是‘代行父权，继承遗志’。楠材要我当家作主，我是完成了这个任务的。”

谈到爱情，人们有很多比喻。什么是天长地久？它不是花前月下脆弱的浪漫，更不是感情冲动轻许的诺言，它需要伴侣用一生的付出来承载。李世荣还曾赋诗纪念丈夫，抒发情怀：

若问你是何许人，多姿多彩多风尘。
出入虎穴千百遍，多少英雄竟无名！

我采访时问过老人，子女这么多，为什么不考虑再结婚？老人爽朗地大笑：“笑死人！怎么说那个问题，楠材要我代他做爷爷，所以孙子叫我爷爷……”老人愉悦的笑声中，不难感受到富有革命二字的爱情在她心中的位置，只能属于一个人。①

我问老人：“这一生有没有什么遗憾的事情呢？”老人叹口气说：“他会弹琴，会打球，很热爱生活，对人的真诚，对工作的无私无畏的精神，我想写一首歌，写他的情形。只是一写心里就提得绑紧了……”②

在采访李世荣三儿子黄叶林③的时候，他把母亲给自己儿子黄云念的一封信给我看。他说：这封信就是你了解我母亲的最好东西。

---

① 1999年3月采访烈士家属笔记。
② 1999年3月采访烈士家属笔记。
③ 原万州建委副主任。

云念乖孙：

明天是5月23日你十二周岁的生日，老爷爷我给你寄信祝贺并送薄礼。为什么呢？民间习俗，人出生后，7岁和12岁称为小童关和大童关。

我认为这不是封建社会特有的定论，或封建意识，而是长辈对后辈的期望，提醒孩子们，客观事物对自己的要求，要伴着年龄的增长而随之提高。我国古代就有12岁的儿童，为爱国家发挥聪明才智，出大力，办大事。他们是天生的吗？不是，是通过看、听、谈、思之后，内因起主导作用，结合时势英雄就出来了。我看到报载有12岁的小学生，自修大学课程，连进几级深造，要不是自己有美好的共产主义理想，刻苦钻研，光靠老师讲授，或者硬灌，家长的辅劝，或者鞭行，是做不到的。过去，12岁，谓过大童关，现在满14岁的少先队员就要离队，在政治上面表现好的加入共青团，你爸爸到万一中读高中时还戴红领巾。去工学院读书入团，工作后入党，一生三入，值得记忆。你二伯伯去重庆技工校读书时，既是少先队大队长又是共青团员，以全5分的成绩毕业，也是一生三入。真心为人民服务去东走西，飞南闯北，不堪辛苦。我很喜欢。

在革命战争年代，在解放区有红小鬼、儿童团。他们从小为革命作贡献。1944年，你们的祖父，为了革命工作的需要，经过艰难险阻办起的“云开书店”。那时，你大伯才10岁，你爸爸才4岁，到解放前那几年，他们和你表伯伯一起，都像红小鬼那样做了力所能及的革命工作，由此，启示我们，植树要把苗植上，育人要从小教起，古今中外许多人物的事说明，儿童时代是非常宝贵的，它对人的一生前途有决定性的意义。

云念，抚今追昔，我7岁的生日，那天早晨，晴日高照，红光射进屋来，祖母高兴地说“天气很好”，精心作了一碗元（圆）子油条汤，我不知为了何事，早饭后，叫我洗澡换衣，穿上绣花鞋，梳起冲天炮戴朵红花花，然后对我说：秋孙，今天你满7岁，过小童关了，去向你伯伯说“大大的吩咐，要给你做生”。我回到母亲身边，看到为我做的花鞋，真高兴。那时，因乱军进城抢了商店，父亲失业，就用双眼和双手，辛勤劳动，维持全家人的最低生活，因为忙，下午才托表婕爹带我到东渠河的吴家餐馆去吃肉丝蛋面。当吃到一半的时候，耳边响起老人乞讨的凄惨声，我只好把下一半送给他了。

现在，每当我路过那里，就触动起童年的思绪。

现在，我生活在社会主义国家里，有工资收入，因而，给你10元钱，以资鼓励，作为第一次的记忆。

云念，为什么你叫云念呢？

你爸爸兄姐弟共6人，都是根据当时的心愿而取名，如你爸爸叫叶林，即与列宁的名字相似，你祖父用此来激励自己，他一直精力专注于革命工作，来不及给后辈人取个辈数，因此要我来完成。

从第三代起，在云霞出生前，我叫你爸爸取几个字，作为下代人的延续，他取了，“云、开、朝、阳、照、红、岩”七个字即七辈人，我同意后就定了下来。其含义是共产党、毛主席领导全体人民进行了长期的革命斗争，战胜了国内外反动派，成立了新中国，红太阳照着全国人民前进，红太阳抚育着革命烈士的后代，继承先烈遗志为党为国为人民作贡献。你爸爸常说“我们是红岩的儿女”，就是这个意思。至于七辈以后，怎么取法，那是以后的事了，我相信，我们家和许多家一样，会世世代代接下去，同宇宙共存，与日月同辉。

云念，为什么，我当老爷爷呢？

其一，社会习惯，妇女早年居孀，孙辈就男性称呼她。我父亲半岁时，祖母就居孀了，我们称她做“大大”。现在人们亦如此称呼。大大二字不准确，就称爷爷。旧社会的孀妇，特别是劳动妇女，作风正派勤劳持家，把儿女们哪怕一个女儿都紧紧地抱在身边，抚养成人。为了抚慰儿女们的心灵，永悼故人，一心一意守孀，不愿再嫁，如果还要女性称呼他，就会使老人伤心了。再者，好孀是受社会上尊敬的，亲友们爱戴的。所以，她们引以为骄傲。其二，是你祖父在1948年中秋节的晚上，长谈了许多事物和革命道理及斗争形势，其中说到“要是我牺牲了，就不能再为党工作，今后，你在工作时要为我多作一份，还要代我当老爷爷……”，我不准他说这些话，他说：“现在说还来得及，恐怕，以后，就没有时间了，难道蒋介石他不来我应……”现在，我代他当爷爷就是义不容辞的了，合二而一是当之无愧的了。

云念，你许爷爷说：“念念懂事，看到我就来牵，两个大人教得好。”上月，绍九来家，她说：“叶林才从北京回来又去了，无空给您寄信，托我看您。”“念念爱护弟弟，成绩也好，上期是90点几。现有下降，他说是功课很紧的缘故。”

我认为不能借功课很紧来原谅自己，应该要以年龄在不断增长，要求要继续提高，狠下功夫，深钻下去。在讲堂上专心听讲并作符号，能在当时记住消化那更好。否则，请教父母和老师，直到纵横贯通方舒一口气，好多家里无人辅导又怎么办呢？“靠自己钻研。”我知道的几年前开中考上大学两个学生，一个男生，父母是农民，不识文化，他考上北大，在途中才满15岁；一个女生，父母初识文化，也不能辅导她，她妈给她买的电影票，她不去看，在家里自学，早晨外出跑步，练好身体，自请隔壁的叔叔（即达祥）辅导语文，刚满15岁，考上了上海化工学院。总之靠自己，靠“恒”心，但是，知识不是私有财产，不自大，不自私，互学互助，共同进步。

说要努力读书，是否时时处处都要目不转睛，手不停笔呢？不是。

你爸爸读开中成绩在90分以上，晚上在自家门前槐树上挂一盏小片灯，下面摆一个烟摊子，守到街上行人稀少才收摊，暑假随邻居去万市卖烟。那天晚上，我公干后回家，看到他仰面睡在木板上，草鞋也未脱下。一算已三个日子，360华里，去回要爬两个大框口，上下两层千步梯。早晨，麻麻天，从西头而来的铁杖触街石的当当声响后，随之而来的“罗汉、罗汉”的呼唤声。老拳师和两个师兄提着灯笼站在街心等他打拳击，是人们看到他胖胖的、笑嘻嘻的而得名。现在还有人问“笑罗汉他现在哪去了”，他到1丈多深的大基头去游泳，跳下去，不起来，把小弟弟们吓哭了。他在河对岸去答应——“在这里!”

孩子时期有特别也是共性。如忘记、丢失东西等。他一次在万市买烟丢了衣和在家算错账少收钱，然而都机警地观察和得到民警同志、行人的帮助收了回来。这也是他儿童时代跟着长者所学到的。逢到节日我去参加大会，就还要另派小鬼们去做活密探工作，他带起弟们去照办，得到群众赞扬。

有些时间，还要弄饭。早上吃包谷糊糊，中午红苕泡饭，晚上吃净红苕。但他总是先给我掏一碗干饭，我说大家要一样吃，他说“不行，不行”；豆芽去脚洗净，放几点菜油后端给我吃，他们吃的只是洗后放盐炒熟！我说不能两样吃呀！他也说“要两样，要两样”。

两个哥姐走了，他负起家务的一半权力，带好三个弟弟，相亲相爱，每天，一两菜油，还要照明用，二份白豆芽，一份白菜豆腐，每周称盐买煤及其他事物是他料理。这些家务，你大伯在8岁时就开始了，还与银行打交道。他没有柜台高，工作人员把他坐在柜台上清点钞票。他说“烂票子，我不要，换好的”。等他清好，放稳后，又抱他下地，看到他出门回到家里……这是行里的友人来家讲的。

从解放的当天起，我才公开作党的群众工作，不为名利，为了亲人的遗嘱，所谓“人贵有精神”，像脱缰的骏马跑不停蹄。党和人民选我这样那样的代表、主任、委员、模范，我岂能不报。

你爸爸离家后，你五爸就担起来了，我去省开人代会，他还来信问我：“妈妈好久回来，我们为您迎风。”吴代表问我：“他有多大了?”我说：“12岁。”她说：“好乖，这么大点人还知道什么叫迎风呢。”有一次，我学习1个月，早出晚归，一天早上我向他说，你称两斤肉三个蹄子，不要给我留了。中午饭后回家看看，还没有动静，问他们为什么还不吃饭，他说“称了一斤四两肉，做的4个菜，专门为您蒸的猪肝汽水，等您回来一起吃”。

你四爸也是克己讲孝道的人，每周星期天开民主生活会，称的一两糖是

7颗，首先拿一颗给我后，才依次每人一颗，边吃边说，那时，你幺爸那么小，我的要给他留起，过了两天，你四爸还从身上摸出来，“妈吃糖”。高中毕业那学期，叫他去学校搭一顿中午饭，饭后在校里休息不要回来，也多一点学习时间，可是，中午学校有点肉就分回来吃，我叫他不要这样，他说：“有一点肉就自己吃，这还叫人吗？”

你五爸和你大伯都是16岁参军的，你二伯是你爸爸的姐姐，是根据“姑娘老子、舅母的娘”的惯例，故男性称呼她。你二伯和你爸爸是去读书走的。后来，你四爸也参军了，接力赛嘛，你幺爸又接上来，前年他回来结婚，朋友们问你们妈：“你爱他哪些？”她说：“我爱他孝敬父母……”他对父亲没有记忆，只晓得老母亲，老母亲。

他们既要读书，要搞各样劳动，要操起我少年的旧业，还要给我熬药煎汤，送饭端药，洗衣补衣，甚至补鞋，和其他我找来的额外负担，可是，他们没有一点怨言。

“人逢佳节倍思亲”，人到老年亦如此。30多年来，儿女们，像一群小凤凰一只一只地离开老栖，飞向美丽的祖国各自岗位上。看到他们戴起红领巾，穿着绿色的、灰色的军装，胸前戴上大红花，走了走了……老幺，他填补三个哥哥的这一项——南海舰队鱼雷快艇上瞭望祖国海防。

……

云念，我还要说几句学习、读书的事情。趁年轻要多学学好，一个人的精神是长久的，可是生命就是有限的了。各时期的年龄又各有特点，我常想，要是能年轻三四十岁，我还要读书、写字、弹琴、歌舞，打球、画画、体操、游泳。读初小一册时唱的歌，我还记得两句：“燕燕别来又一年，飞来飞去，一起来过年。”可是现在，上午有的事情，下午就忘记了，文化低了更恼火，说不上一番，写不出一篇，有多少字都写不来了。只有查字典，否则写个白字算了，心有余而力不足，又怎能为四化作贡献呢，不觉伤心。

不过，我从小就有自尊心，好胜心，要比过别人，我的功课是在讲堂上就弄清楚了的。下课后，同学们考问我，能够一点不错地说出来，这样既可记牢又节省时间。还记得，有一篇“燕儿从远方归来”的文章，她们与我交谈，而我只读过两遍，就能原本背出来，跟着段落情节、文章要点去琢磨，跟着情趣去理会，纳入自己的脑海来排练，自然能记忆。每天早晨起来，开始我还怕“汤元鬼”出来吃人，不肯出去，父亲说：“没有鬼，是坏人假装来吓人的……”

李世荣写给孙子的这封家书，洋洋洒洒四千多字，比黄楠材写给她的信长了数十倍，一则是因为已身处和平年代，生活安宁闲适，可以慢慢地给孙子掏心掏肺地说说心里话，二则还是丈夫黄楠材被捕前交代她的那 12 条要求的一种兑现或落实，她要代为教育后代，要引导孙子像爷爷那样树立正确的世界观、人生观、价值观，要弘扬传承那种精神与品性。给孙子的信中，李世荣不仅讲自己，讲黄楠材，还更多地讲了孙子的父辈，就是自己的儿女，也是讲他们的良好品德和行为，讲他们为党为国为人民做事的公心。这其实讲的就是革命精神的传承。

我们今天常常讲家风如何传承，黄楠材和妻子的这几份家书，为我们做了最朴实而动人的回答。

黄显声将军

生死存亡在所不计

黄显声（1896—1949），字警钟，中共党员，辽宁凤城人。他坚决反对蒋介石“攘外必先安内”的不抵抗政策，主张联合红军一致抗日。1937年底在武汉同周恩来取得联系，进行联合抗日的统战工作。1938年3月，正准备去延安，被特务张碧天密告，国民党军统局以“联共和反抗中央”的罪名逮捕，先后关押在武汉、益阳、息烽、重庆，达12年之久。1949年11月27日，殉难于白公馆，时年53岁。

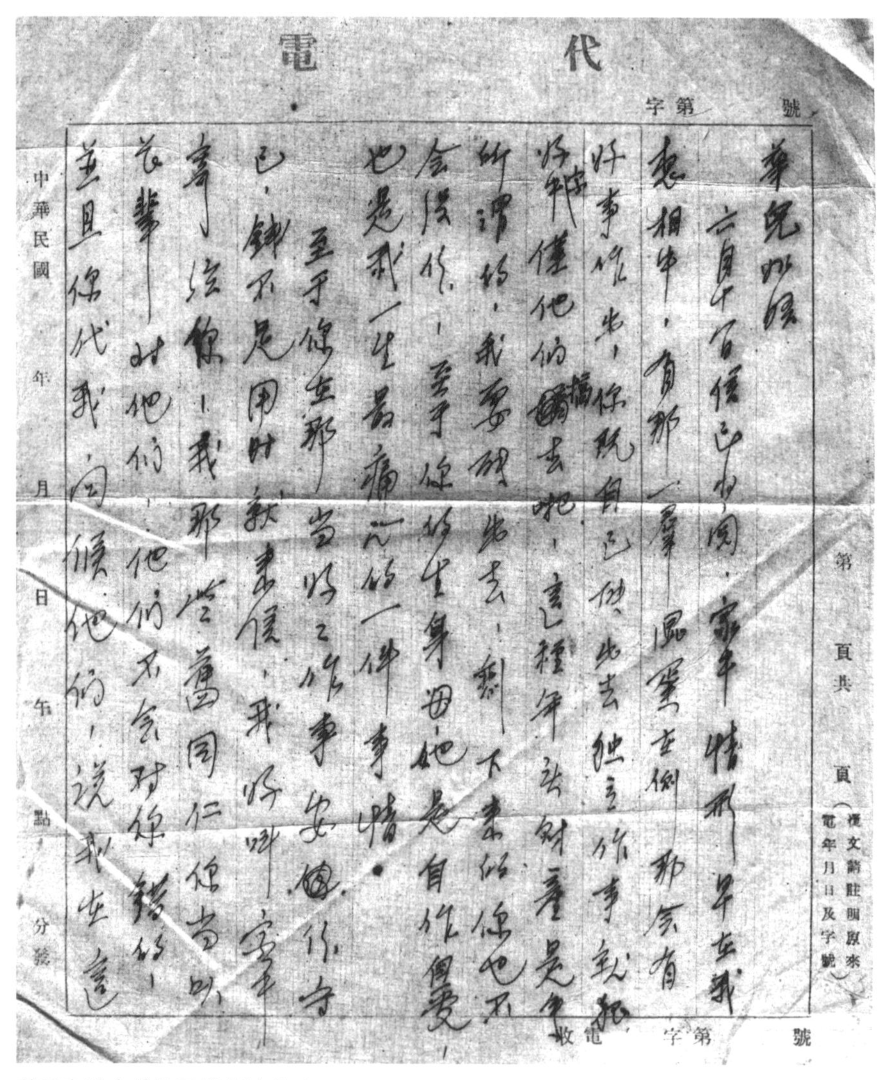

代電

字第　　號

華兒收覽

六月十日信已收閱。家中情形早在我

意想中，負那一[illegible]在倒那会有

好事结果，你既自己出去独立作事就[illegible]

好[illegible]使他们[illegible]去吧，这种年纪財產是命

所谓的，我要硬出去，剩下来给你也不

会保你，至于你将来身世他是自作自受，

也是我一生最痛心的一件事情。

至于你在那边当好工作事安[illegible]作，今

已，钱不是用时救来的，我好好的家[illegible]

寄给你！我那些旧同仁你当以

长辈[illegible]对他们，他们不会对你错的，

并且你代我问候他们，说我在这

中華民國　年　月　日　午　點　分發

第　頁共　頁

（譯文請註明原來電年月日及字號）

收電　字第　號

黄显声狱中给儿子耀华的信 1

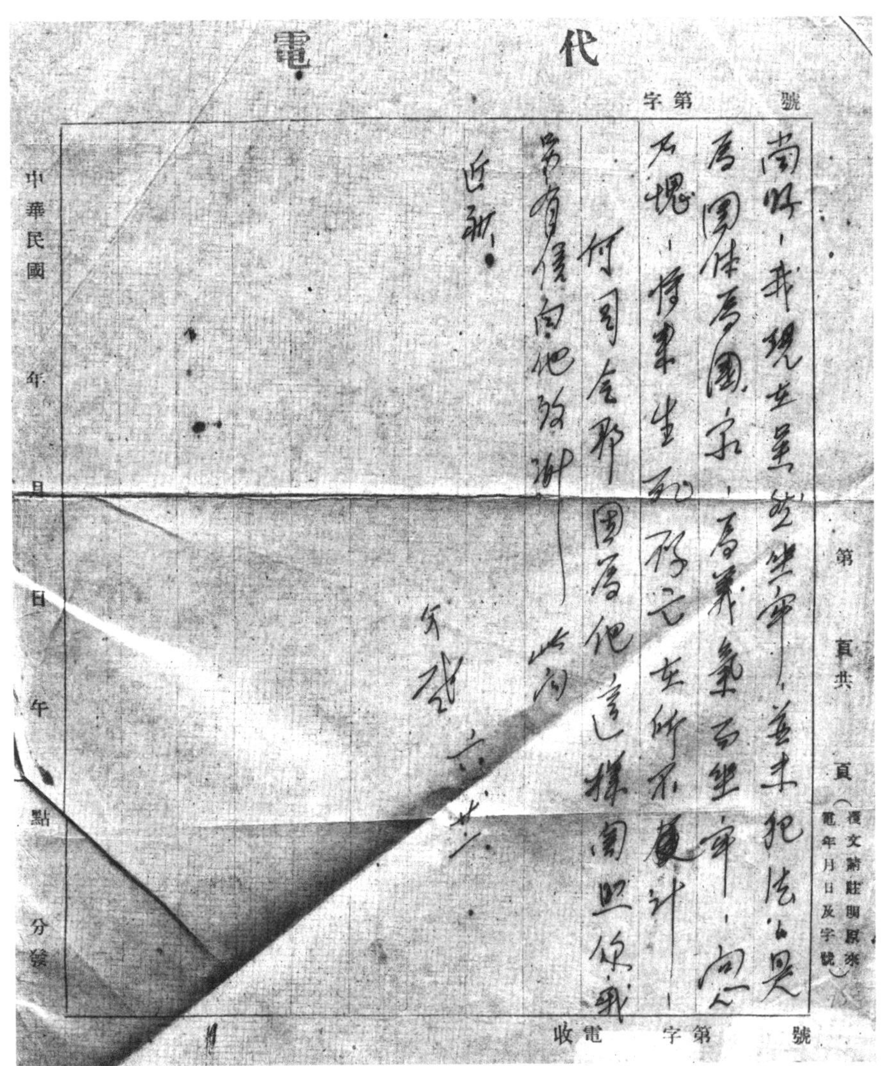

代電

字第　號

尚好，我現在雖然坐牢，並未犯法，只是為團體為國家，為義氣而坐牢，問心無愧，將來生死存亡在所不計。

付司令那團為他這樣關照你，我當有信向他致謝——此問

近好

父 顯聲 六.廿一

中華民國　年　月　日　午　點　分發

第　頁共　頁

（覆文請註明原來電年月日及字號）

收電　字第　號

黄显声狱中给儿子耀华的信 2

给儿子家书[①]

华儿[②]如晤：

六月十八日信已收阅。家中情形早在我想象中。有那一群混蛋在侧，那会有好事作出。你既自己能出去独立作事，就很好。家中仅（尽）他们搞去吧。这种年头，财产是无所谓的。我要能出去，剩下来的你也不会没份。至于你的生身母，她是自作自受，也是我一生最痛心的一件事情。

……我现在虽然坐牢，并未犯法，是为团体、为国家、为义气而坐牢，问心不愧，将来生死存亡在所不计。

……

此问

近祺

父启　六、廿二

被难烈士登记表记载：历任东北军第1旅旅长，辽宁警务处处长，陆军骑兵第2师师长，53军副军长。1936年8月，被秘密吸收为中共特别党员。曾积极参加“五四”运动，是东北军中积极抗日、反对内战的一面旗帜，也是最先在所属部队中接纳中共党员、接受中共领导的高级将领。

这是一封语言质朴又饱含血肉亲情的红色家书，虽然字数不多，但字里行间，闪现着黄显声宁难不苟的英雄气概，体现着为了民族大义、国家利益不顾生死的家国情怀，表达了心中对儿子的牵挂和鼓励，还真实地看到了他为家庭琐事而烦恼的普通人情绪。

① 此信写于1940年6月22日，黄显声关在贵州息烽监狱。

② 华儿：黄显声儿子黄耀华，曾任辽宁省中心医院副院长。

家中如何并不重要。黄显声说，家中混蛋在侧，虽然在狱中，但他完全可以想象到家里的悲惨处境。在日本帝国主义和国民党顽固派的统治下，“那会有好事作出”，黄显声的语气里充满了对敌人极端的愤恨鄙弃。国家此刻前途未卜，深忧民族危亡的黄显声，哪有心思去在乎家里，“家中仅（尽）他们搞去吧”。提及财产，他淡然面对，“这种年头，财产是无所谓的”。在击败腐朽势力和解放祖国面前，深陷牢笼的黄显声不在意小家得失，而对苦难的国家饱含深情，家书让我们看到了一位有着坚定理想信念的、铁骨铮铮的汉子。

“你既自己能出去独立作事，就很好。”信的另一面，我们又看到了一位对儿子慈爱关切的父亲。黄显声替儿子能独立作事感到高兴。他有责任有担当，告诉孩子，虽然时逢乱局，但“功崇惟志，业广惟勤”，希望孩子能树立一个正确的价值取向，继承父志，为国家、为民族，为美好的将来勤奋勤勉，付出自己的努力。

“生死存亡在所不计”，这是一个深陷大狱的将军给儿子的信中所表明的原则和立场。为抗战而坐牢，为与共产党合作抗日而坐牢，为“通共反抗中央”罪而坐牢。自己没有错误，自己是光明正大。面对全民抗战烽火燃起，怀着抗日必胜、国家民族能够走上独立解放的绝对信心，将军能够对生死在所不计。他希望儿子能够懂得这一点，更希望儿子今后为国家、为团体去做事。

如何看待生命？怎样才能使有限的生命过得有价值、有意义？黄显声将军狱中日记这样表明[①]：

五月九日　星期日　　晴

早饭后，劳动服务。下午写完大字，读报纸，写读书心得。

---

① 1943 年黄显声在贵州息烽监狱所写日记残篇摘录。

前次人物评论："诸葛亮待人用兵之态度，你的观察如何?"我以为，诸葛亮之最足以为后世法者，不是待人用兵，而是其服务之精神，确能做到鞠躬尽瘁，死而后已，正与所谓"人生意义以服务为目的"前后吻合。

"人生意义以服务为目的"，服务社会、贡献力量给国家，为大众的利益而奋斗，就像诸葛亮辅助刘备而做到鞠躬尽瘁，死而后已，这一直都是万世学习的楷模。

黄显声将军1918年考入北京大学文科补习班，是五四运动的积极参加者。五四运动以后，决心投笔从戎，于1921年考入东北陆军讲武堂第三期炮科。其后效命于东北军，治军严谨，头脑清晰，深得东北军将领张学良信任。从辽宁省警务处长兼沈阳市公安局长，到骑兵师长，他坚决主张抗击日军对东北的侵略。九一八事变后，他明确反对蒋介石"攘外必先安内"的错误政策，绝不坐以待毙，率领警察总队投入到抗日斗争中。他组织、扩大义勇军，打击日伪力量。在国民党不抵抗的政策下，将军苦战、死战，在孤军作战中深刻认识到国民党蒋介石的退让、忍让政策无助中华抗敌，毅然追随中国共产党。

1936年8月，黄显声秘密加入共产党后成为特别党员。"七七"事变后，他果敢拉出自己的部队，在漳河前线与日本侵略者激战，重创日军，但他的队伍也遭到重大损失。

"生死存亡在所不计!"国共两党二次合作后，他应周恩来邀请去武汉"协助党做些统一战线工作，也做营救张学良的活动"。其间，"经过黄显声的关系送到延安抗大一批学员，就是1938年时抗大的东干队。黄显声也把他的武器送到延安，装备起东干队……"①

1938年2月，当他按照党组织要求准备去延安要离开武汉的时候，国

---

① 黄显声烈士档案。

民党特务秘密逮捕了他。特务机关对其多次审讯，企图从他身上多找些材料，以罗织所谓“通共”、“联络东北军反抗中央”的罪名，都被他严辞驳斥。

黄显声将军一直在风险中战斗，无私无畏，敢作敢为，用自己的生命书写了那个时代革命军人的本色。

在狱中，黄显声将军“是一位爱憎分明嫉恶如仇的铁汉子”，“是一个勤学不倦追求进步的人”，有着“对难友同志们的高度同情心”和“坚持原则毫不妥协的精神”①的人。

黄彤光②是黄显声将军在狱中的恋人。她的笔下记录的黄显声将军，是这样一个奉献国家民族“问心不愧，将来生死存亡在所不计”的民族英雄：

“我于 1943 年 3 月由重庆白公馆转押至贵州息烽县明朗坝军统监狱，关押在女牢‘义斋’，1943 年 7 月，被调到该监会计室做‘工作修养人’，黄显声亦于同月调到该监第三组做‘工作修养人’。”

黄彤光回忆说，集中营内生产组卷烟部，除生产一般的纸烟销售外，还有一种特别优质的“四一”牌香烟（四月一日是军统特务组织成立的纪念日），这种优质烟多是赠送特务首脑分子或其他反动军政人员享用，集中营里只有周匪一个人吸这种香烟，黄吸的都是用自己的钱在“四一合作社”购买的一币的纸烟。有一次，周看到黄吸的烟，就对黄说：“以后吸纸烟，就到卷烟部去拿优质的四一牌烟来吸，不要到合作社去买了。”黄显声当即拒绝说：“那种烟我不习惯。”此后，为免去周匪再来麻烦，就托人在贵阳买烟

---

① 黄显声烈士档案，《李任夫的回忆》，第 9 页。李任夫（1907—1994），李宗仁之侄，爱国民主人士，曾任李济深秘书。1925 年任桂林《革命周报》主编，曾于 1941 年至 1946 年在息烽集中营里度过 5 年黑暗岁月，解放后曾经任武汉市政府参事。他撰文回忆道：“军统”内部称“息营”（即息烽集中营）为“大学”，其他的集中营为“中学”或“小学”（如重庆白公馆为“中学”，重庆望龙门看守所为“小学”）。

② 黄彤光，当时的福建女大学生。1916 年出生在福州市一个书香人家。1942 年，26 岁的黄彤光由于参加学运被国民党特务秘密逮捕，监禁在重庆望龙门拘留所，后转囚到息烽集中营，1946 年夏被释放。原南通市食品二厂离休干部，2017 年逝世。

丝及卷烟纸香料等，并用木板制了一个木卷烟机，自制卷烟吸，这个卷烟机，一直带到白公馆，还在使用。他对黄彤光说：“吸烟原是个小节，但不能因此玷污了我的人格。”①

黄显声与黄彤光在狱中相识相恋。黄彤光回忆，黄显声在囚禁期间，一直是向往进步、追求真理的。黄显声乐观奋发，十二年如一日，常对难友说：“咱们坐牢，也要做一个‘虎入笼中威不倒’，决不能灰心丧志，咱们是不怕他的，只有让他怕咱们。”黄显声总是以这种精神去帮助鼓励难友们增强斗志，因此，无论在任何困境中，从未感到颓丧失望。黄显声说话声音洪亮，走路步伐宽阔，挺立的胸膛，永远那么刚强，铁镣和锁链都挡不住他旺盛的斗志。黄显声坚持崇高的气质，使敌胆寒。

黄显声关心身体有病的黄彤光，在生活上照顾她，鼓励她坚强面对监禁，勇敢地参加狱中斗争。黄显声在狱中曾经给黄彤光写了这样的一封信：

“词”——古人都把它当伤感的悲吟，失意的刺讽和惜别的叮咛寄情，凡此种种皆以“愁”字为中心，我辈忝为革命的青年，赤血壮志，决不能任愁字以牵萦和销磨的。

我与彤光相识于特殊环境中，以彼此兴趣嗜好及语言之相近，故较他人为亲善，数日来彤光特绘各色人物鸟兽并励辞以赠我，情切义重感我深深！

昨检箧筒得此一卷，去冬所抄之五代两宋词，其中阕阕词句均历史上词圣及英雄烈士辈之杰作绝响，但据我可意会者愁讽等等在所不免，惟《满江红》一词，慨慷而悲壮，是我辈革命青年爱国儿女所极应志而实践者。今当远离，愿以该词之慷慨壮志与彤光共勉之。

光——光——光——莫彷徨，莫忧伤，步着前贤的忠贞样，负起时代的责任，背着枪，上战场，赶不尽倭奴誓不还！

---

① 见黄显声烈士档案，黄彤光《关于黄显声的材料》，第 2—3 页。

光——光——光——我们要携着手，往前闯，争我们大时代女儿的荣光——光——光！

戏作绝诗——赠彤光：

论交何必旧，脉脉贵能知。记得春风节，是我识卿时。情情虽未久，已恨相见迟。谁知欢叙犹未尽，褰频频又笳啼。今夕同食枕，明朝各东西，卿须为我惜，我应为国驰，扫尽倭奴日，花花放双蒂。

共勉诗：

萧萧易水有荆轲，千古犹传不朽歌。此日暂抛儿女态，莫将岁月再蹉跎。

以上拙作之诗文本不足以赠君惜，此处别无长物，聊以此卷赠君盖暂作纪念耳。

峰记于渝郊时卅年仲春也

1999 年 9 月 17 日，重庆歌乐山烈士陵园的“红岩魂——白公馆渣滓洞革命烈士史实展览”在北京展出，空前火爆。黄显声将军的孙女黄眯眯等家属看了展览后，激动地对我说：“民族的情感不能割舍，民族的传统不能丢掉，民族的历史不能抛弃，中华民族是一个注重从历史中吸取营养、激励今天的民族。”她还送我一本辽宁省《中共党员》杂志（1990 年 12 期），其中刊登的《血肉长城第一人》里面写着：“卢沟桥事变爆发后，他毅然拉出部分部队在漳河打了一场硬仗。在重创日军的同时，黄显声部也受重大损失，他果断收容从前线退下来的零散队伍 5000 多人，拟整编后重新投入战斗。这时，他接到周恩来的指示，对部队略作交代后，只身赴武汉接受新的工作。”

在武汉期间，周恩来多次到黄显声的住处与之研究抗日工作，黄显声提出要重新组织一批青年到由共产党直接领导的新的东北军。周恩来对此给予极大鼓励。黄显声通过旧部，又召集了一批东北青年学生和流亡在武汉一带的东北籍人士，迅速组织了 100 多人的“东干队”，特别委托中共党员组成领导核心，开赴延安。

1938 年 1 月末，周恩来通知他迅速转移赴延安。他还未及成行，于 2 月 2 日晚被国民党特务秘密逮捕。

被捕后，他先被押在息烽集中营，营内强迫“犯人”学蒋介石著的《中国之命运》，还发两个笔记本，强制每天写学习心得。黄显声对此极端愤慨，在“讨论会”上大义凛然地说：“作为蒋某人个人的见解还可以，如果拿它来指导中国的革命是极端荒谬的。”他还公开对同狱的人说：“丧权误国之人，还能写出什么好东西！”因此，他不仅拒而不学，还把发给的笔记本逐日撕下一页作手纸用。他向狱中党组织表示：如果能出狱并重新带兵，就组织部队到解放区去。

1946 年 7 月，他被解到重庆歌乐山下的渣滓洞看守所，不久又移到白公馆看守所。在狱中，他花重金买通看守长秘密搞到《新民主主义论》《论联合政府》《唯物辩证法》等小册子给难友看，鼓舞他们的斗志。

白公馆内关押的中共党员陈然，曾负责中共重庆市委机关报《挺进报》的油印工作。为在狱中获得外界消息，狱中党组织特指定他从黄显声那里取得各种消息。黄显声每天晚上通过门缝将弄到的报纸塞给隔壁的陈然，这样，白公馆奇迹般地出现了陈然书写的《挺进报》，宣传着革命斗争的最新消息，使狱中的同志增添了斗争的力量和信心。

一个人活一世能够做到“问心无愧”乃是最有意义和价值的。其时，已经从贵州息烽监狱获释的黄彤光一直在设法营救黄显声。但是，大屠杀的骤然而至，一切准备最终未能够实现。她从狱中看守那里得到的是带出的黄显声最后一封信。信中，黄显声告诉恋人：“我就是不测，是为追随张学良先生反对蒋介石‘攘外必先安内’，主张对内和平、对外抗战而牺牲的，是对得起国家和人民的。解放后，会有人来照顾你的。”

1949 年 11 月 27 日，黄显声被害于重庆白公馆看守所附近的步云桥，时年 53 岁。

黄显声虽然没有牺牲在抗日战场上，但他却在亿万人民心中树起了一座抗日将军的丰碑。在民族生死存亡的时候，他打响反抗侵略的第一枪；在中国共产党的感召下，他积极推进抗日民主统一战线的发展；在国民党的集中营，他一身正气“虎入笼中威不倒”；在威逼利诱的监禁中，他告诉儿子自己“是为团体、为国家、为义气而坐牢，问心不愧，将来生死存亡在所不计”。

生死存亡在所不计！这就是一个革命者为正义事业而献身的铮铮誓言。

胡其芬

最后的报告

胡其芬（1919—1949），中共党员，湖南湘潭人。1941 年调延安鲁艺学习，毕业后留在邓颖超同志身边工作。1946 年重庆谈判时，作为中共代表团工作人员随周恩来到重庆，继后转到南京。1947 年春，秘密回到重庆，任基督教女青年会总干事，广泛联系上层妇女和社会名流，后经刘国鋕介绍作了四川省财政厅厅长何北衡的家庭教师，以作掩护，党内担任重庆市委妇委书记，1948 年 4 月，不幸被捕，1949 年 11 月 27 日殉难于渣滓洞看守所，时年 30 岁。

胡其芬《最后的报告》

最后的报告[①]

十月廿八日，歌乐山难友（被）公开枪决十人后，十一月十四日又秘密于白宫[②]附近电刑房内烧死五十人（实为 30 人），竹姐[③]亦在其中，我们无限沉痛。又闻所内传说即将结束，除 17 人决定释放外，其余还有第二第四批或将处决。每个人都笼罩着死亡的阴影。蓝先生[④]归来又带给我们一线生的希望。这就全靠你与朋友们营救我们的努力了。第三批传命令已下，可能周内办理!!!

我们是第二看守所，与廿四兵工厂连界，现住有二百十余人，十之八九都是经过长期革命工作的锻炼，在敌人面前表现忠贞亮节的人。看守我们的人有三个团体：一个是直属专署二处的管理官兵，有十二三人；交警队五人；连上官兵百余人。他们最近见敌人迫害我们，表示深厚同情与愤慨；对共军即将到来感惶恐，都想逃亡。我们亦争取到个别分子，想掉头转向我们，但时机未成熟，力量太薄弱，监视重重，无法发挥力量；而且与我关系较深是连上士兵与交警，他们近日进行作战演习，行装已预备好，等待命令，即行出征。管理组官员亦有部分遣散，蓝亦在遣散之列。希你找朋友定为他解决职业及经济问题，留他在渝呆过这段时间，以便我们之间今后必要的联络。

其他有关我们处境情况，他可详细告你。

其次，提供我们的意见，作营救我们的参考。公开争取切实保障政治安

---

① 胡其芬通过狱中看守黄茂才送给狱外党组织的最后一封信，解放后，被称为《最后的报告》。

② 白宫：指白公馆。

③ 竹姐：指江竹筠。

④ 蓝先生：指黄茂才。

全，秘密谈判方式，以保障张群及徐远举将来优厚待遇，作为交换条件。将来如数典（点）政治犯（确数蓝可告知），阻止屠杀，徐于执行命令有大权，可以拖延处决，等待大军到来。

此外，希望派人到禁区工作。我们侧边有一炭厂，是私人经营，同时我们尽量争取监视我们的友军，在局势紊乱，内部时机成熟时，盼外面朋友亦设法布置强（抢）救我们。我们即积极进行了解周围情况，有充分了解时，再设法通知你。

蓝此次见你时，定将外面情况，对政治犯处理消息，组织上的准备，以及盼望我们在这里进行的事项，详细告知。不日他即离所，不能再带你的回信与我们了。

以后，万一蓝先生离开，我们必要与你接头又有妥当人时，我们代表人(用)“周梦华”名称。

第二批人是秘密处决，可慎重，不必要说即不说，以免引起朋友麻烦。但对组织上可作秘密谈判材料。

吉祥（以后我们沿用此名）

十一月二十一日

这是胡其芬代表狱中同志通过看守黄茂才[①]带出的最后一封信，也是一封极为珍贵的、被称为“最后的报告”的文献资料。透过字里行间，一个冷静、睿智的革命者形象也脱颖而出。“每个人都笼罩着死亡的阴影”，狱中同志那种急盼被营救的求生欲望是何等的强烈，哪怕是“一线生的希望”！写这封信的时候，国民党顽固派已开始分批屠杀，而且“第三批传命令已下，可能周内办理!!!”多么的焦急与期盼。

但这封信送出后，狱外再没有消息传进来，一周后的大屠杀骤然而至，

① 黄茂才：被狱中策反争取过来的。

被关押的人悲声壮绝、仰天长啸！烈士哭泣的泪水和为信仰飘洒的鲜血，洗刷了重庆这个城市的最后黑暗。

2007 年 7 月 17 日，一场特大暴雨，从上午 9 点多钟开始，迅速从歌乐山上形成山洪倾泻而下。一个多小时后，渣滓洞后山暴发前所未有的特大山洪泥石流，瞬间渣滓洞旧址被冲毁，近千斤的大石门柱冲出到山下不知去向，原封闭的煤窑涌出巨大的水流，顷刻间渣滓洞院坝变成了一片汪洋，四周围墙垮塌、房屋被淹没，泥石土木灌满了渣滓洞，暴雨使人很难站立……

这一突发的灾难发生后，重庆以及全国迅速地发来支援之声，一场抢险救灾的工作在社会各界支持下开展起来。

8 月 15 日，在维修渣滓洞女牢地面时，夯土机突然陷入地下，一个大坑出现在工人面前。工作人员立即前往观看，发现里面散落有一些铁器，包括钉子、爪钉、铁坠等，经过清理有 16 件。同时，在坑的四周及底部发现一些已经碎破的瓦片，显然是装钉子、爪钉、铁坠等的瓦罐子，年久破碎。“难道这就是当年准备越狱时，要打开手铐脚镣的工具吗?”我立即意识到这是一个重要发现。

渣滓洞看守所被关押、大屠杀时越狱脱险成功的革命志士曾经多次给我谈过：当年为了配合狱外的营救，大家找了一些钉子，或用筷子一头磨尖后，撬开过镣铐，这些东西都藏在牢房地下。几次维修的时候我们都有意识地注意，但均未有发现。“7 · 17”特大洪水后，各方支援很快到位，维修工作也迅速展开。但是，国家文物局专家来指导维修工作时提出：地面处理必须修旧如旧，并且要选用当时的材料做地面。炭灰、石灰、沙子，这已经是在建筑中几乎不再使用的材料了。在沙坪坝区政府协调下，歌乐山上的农民为我们解决了这些材料。可是，这几种材料做地面是很虚的，必须要压实以满足参观的要求。因此，施工方就采用夯土机来夯实地面。结果，夯土机就夯出了当年埋藏铁器的罐子。

1986 年 4 月，在讨论渣滓洞看守所复原陈列的时候，邀请了一些当年从渣滓洞看守所脱险的同志来检查指导。中午休息时，我好奇地问刘德彬：你们当年就没有想过越狱吗？“怎么不想！都在想办法跑出去，但是四周有碉楼，又有特务、哨兵的看守，高墙铁丝网，要跑出去很难。”孙重说：“与狱内外打通关系后，最希望的就是里应外合，利用放风的时候冲出去。”傅伯雍说：“当时黄茂才带回的信，要求我们要想办法在跑出去的时候，要把自己的脚镣手铐弄掉，不然很难跑。当时，我们就想办法找各种能够撬开镣铐锁的工具……”刘德彬说：“我们发现厕所的木板上有钉子，大木桶外边捆有铁丝，窗子上有钉子。只要放风，我们就去用手拔、用手指抠，要好几天才能够拔出来。”傅伯雍说：“找回这些东西还要藏好，不然经常性的突然查房搜查出了是不得了的。把它压在夯土地下，塞到鞋底里，什么办法都想过……”

采访渣滓洞脱险的唯一女性盛国玉时，她说：“为了能够跑出去，我们利用每天放风的机会，找各种能够使用的铁东西，门窗、钉地板的钉钉，只要能够拔出来，都带回来，藏在床下挖的坑里头，还有罐头铁皮皮……”

一场特大暴雨导致的山洪、泥石流，让我们在维修时终于发现了狱中同志为越狱而做的准备。当年在狱中的人为了找到一根钉子、一块铁器要花多少功夫，要用怎样的耐力？16 件钉子等物品，那是对生命的一线希望啊！它记录的是革命者面对困境从不丧失希望与积极反抗的精神，哪怕有一丝的希望也要争取，绝不轻言放弃生命。烈士是非常爱惜生命，他们要用生命去追求认定的理想。所以，一旦有玷污这种理想的时候，他们敢于用生命去对抗！

那么，这封信带出来交给谁的？为什么营救没有实现呢？

当年的地下党沙磁区工作组组长刘康在 1982 年专门为此写了材料：

说　明

这封信是一九四九年十一月十九日，由关押在重庆中美合作所渣滓洞看守所中化名“吉祥”的同志写的，通过一个被争取过来的青年看守人员“蓝先生”带出来，交给我联系的地下党员况淑华，他二十一日早晨交给我，我在收到此信后的一周时间中，曾经和好些同志一道，进行过紧张的活动，决定实行武装抢救，但在准备工作尚未完全作好前，敌人就在十一月二十七日开始了震惊中外的大屠杀。

现已查明“蓝先生”的真实姓名叫黄茂才，现在还活着，写信的“吉祥”，据黄茂才讲，是胡其芬同志，已在“一一·二七”大屠杀中牺牲。

原信在解放前后由我保存了很长一段时间，1955年才交给组织上，现保存在中共重庆市委办公厅的档案里。

关于营救政治犯的详情，我准备另写材料。

由于1948年重庆地下党组织遭到国民党的严重破坏，特别是重庆市工委书记、副书记先后叛变，几乎完全失去了与中央的联系。

地下党老同志邓照明在《随军入川的回忆》中写道：“……至泸溪县时，得到二野司令部来的电话，叫老肖和我去。我们东行至公路旁边一个小山村，见到于江震同志，他这时已从陕南川干队来到二野司令部，与刘、邓首长随行。于说，得到电报说，重庆国民党公开枪毙了十个人，于问我们可能是什么人？（电报上未说姓名）我们分析，很有可能是渣滓洞集中营里的政治犯，也就是我们的同志们。……”

保存实力，配合解放，做好统战工作，营救“政治犯”，这是当时上级党组织对尚存的地下党组织的要求。但是，由于川东地下党因为1948年主要领导人的叛变，造成了严重的大破坏，能够转移的主要干部均已经经过香港转移到解放区。中央决定“……1949年初成立川东特委，根据破坏后的特殊情况，重庆市党的工作由川东特委直接领导，没有建立市委和区委，而是按照系统和地区分别成立领导小组开展工作……”对于营救被关押在渣滓洞、白公馆看守所的同志，“……刘伯承将军曾派人通过民主人士鲜英对重庆市长杨森进行策反，向杨森提出率部起义，生擒蒋介石，保护监狱中的政治犯，保护重庆的工厂和市区安全等条件。杨森表示可以保证市区安全，其他条件无力办到。杨森后来逃到台湾，未能接受刘伯承的忠告，但也没有积极参与破坏城市的活动”。

因此，对于营救工作，主要是上级从高层统战工作入手，希望地方党组织要保存实力，配合解放。邓照明在《随军入川的回忆》中记述：“……汇报到川东农村游击队的斗争，小平同志说，这个斗争很艰苦，你们不必太费劲了，大军快入川了……”

虽然营救没有实施，或者说没有成功，胡其芬的这份报告依然很有价值。从另一个层面，也表现出胡其芬临危不惧，随时准备做好牺牲的那种大无畏精神。和好多红岩烈士一样，胡其芬牺牲时仅30岁，还很年轻。她从在学校参加抗日救亡活动组织进步社团，到加入地下党组织；从在《新华日报》工作到撤退到延安；从参加中共代表团参加与国民党谈判工作到被派遣回重庆，以基督教女青年会为掩护，组织“妇女联谊会”，负责妇女工作，从来听从党的安排，没有任何推辞；她的名字曾从胡永萱改名胡南，再改为胡启芬，但追求真理的信仰从未改变；从被捕关押坚持斗争到对看守策反，打通狱内外通道，送出最后的报告，她从没停止过为党工作；胡其芬的一生，为我们诠释了一个中共党员的先进性和纯洁性之所在。

1947年2月24日《女声》刊物刊登了胡其芬的一篇杂文：

最近读到一项消息：有一次在澡堂里，警察捉住六个伴浴的妓女，其中有一个还是师范学生。据说，她们干这营生的收入，每月不过五六万元（指国民党政府滥发的纸币）。

师范生的职务本来是在学堂里，现在却改到澡堂里来；本来是要为人师表的，现在却出卖色相。离奇的事是越来越多了。

但有人说，幸而这师范生是女的，她还能找到伴浴的职业，不然，更不得了。欠薪，裁员，各种“节省”教育经费的办法，早把你“惩”完了。

确实，幸而是女人，还能有这样一条出路。每月五六万元的收入，总比拿不到一个大子儿要好得多。但若是走这条“出路”的人数太多，而发生“过剩”的危险时可怎么办呢？

怪不得早在去年夏季，常熟就发生过游行，那里的妓女作一次生意所得，只能买到一束谷草。——这危机，希望别波及重庆才好。

这是查到的为数不多的除那篇报告之外的胡其芬文章。在那个白色恐怖的环境里，揭露社会阴暗和反动统治的文章，在所谓国统区，也是很难发表的。这篇文章倒不是很激烈，只是陈述了一种现象，表达她的忧虑，冷静的文字下面实际上压抑着一种控诉与愤怒，读来甚至有一丝悲凉。正是基于这样的现实，胡其芬们才能够那么炽热地投身革命，义无反顾地为推翻不合理的社会制度而英勇献身。胡其芬烈士犹如空谷中的幽兰，一身傲骨，纯洁芬芳，永远值得我们铭记。

江竹筠

孩子们决不要娇养，粗服淡饭足矣

江竹筠（1920—1949），中共党员，四川自贡人。1941 年秋到曾家岩妇女慰劳总会工作，党内担任重庆新市区区委委员。1943 年 5 月，接受组织安排与重庆市委委员彭咏梧假扮夫妻，建立起中共重庆市委的秘密机关。1944 年初去成都从事党组织的发展工作。1947 年参与领导了育才中学等学校的学生运动，4 月去万县参加中共万县县委的工作。1948 年 6 月 14 日，由于叛徒出卖被捕，关押于渣滓洞看守所。1949 年 11 月 14 日，牺牲于重庆，时年 29 岁。

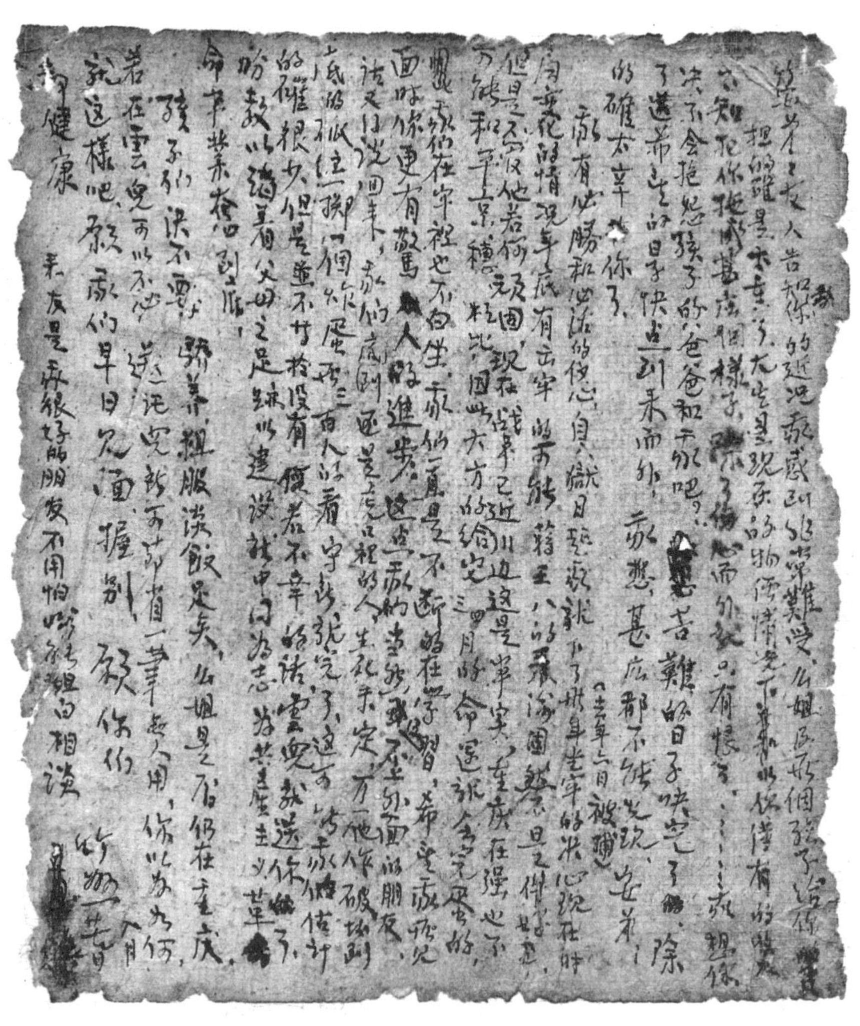

竹安弟：友人告知你的近况，我感到非常难受，幺姐及两个孩子给你的负担的确是太重了，尤其是现在的物价情况下，以你仅有的收入不知把你拖成甚么个样子。除了伤心而外，就只有恨了……我想你决不会抱怨孩子们的爸爸和我吧？[illegible]苦难的日子快完了，除了这希望的日子快点到来而外，我想甚么都不能兑现。安弟！的确太辛苦你了。

我有必胜和必活的信心，自入狱日起（去年六月被捕）我就下了坐牢的决心，现在时局变化的情况，年底有出牢的可能，蒋王八的来渝固然[illegible]，但是不管他若何顽固，现在战事已近川边，这是事实，重庆在望也不[illegible]方能和平[illegible]，因此大方的给它三四月的命运就会完蛋的，我们在牢里也不白坐，我们一直是不断的在学习，希望我俩见面时你更有惊人的进步，这点[illegible]外面的朋友。话又得说回来，我们到底是在牢里的人，生死未定，万一他作破坏到底的孤注一掷，一个炸弹三百人的看守所就完了，这可能我们估计的确很大，但是并不甘于没有准备。若不幸的话，云儿就送你了，盼教以踏着父母之足迹，以建设新中国为志，为共产主义革命事业奋斗到底。

孩子们决不要娇养，粗服淡饭足矣，幺姐是否仍在重庆？若在，云儿可以不必送进托儿所，可节省一笔[illegible]用，你以为如何？就这样吧，愿我们早日见面，握别，愿你们健康。

来友是我很好的朋友，不用怕，[illegible]相谈

竹姐 八月[illegible]日

1949 年 8 月，江竹筠狱中给谭竹安的信

狱中致谭竹安书[1]

竹安弟：

友人告知我你的近况，我感到非常难受。幺姐及两个孩子[2]给你的负担的确是太重了，尤其是现在的物价情况下，以你仅有的收入，不知把你拖成甚么个样子。除了伤心而外，就只有恨了。

……我想你决不会抱怨孩子的爸爸和我吧？苦难的日子快完了，除了希望的日子快点到来而外，我想什么都不能兑现。安弟，的确太辛苦你了。

我有必胜和必活的信心，自入狱日起（去年六月被捕）我就下了两年坐牢的决心。现在时局变化的情况，年底有出牢的可能。蒋王八的来渝，固然不是件好事。但是不管他若何顽固，现在战事已近川边，这是事实，重庆在（再）强也不可能和平、京、穗[3]相比，因此大方的给它三四月的命运就会完蛋的。因此，我们在牢里也不白坐，我们一直是不断的在学习，希望我俩见面时你更有惊人的进步，这点我们当然及不上外面的朋友。

话又得说回来，我们到底还是虎口里的人，生死未定。万一他作破坏到底的孤注一掷，一个炸弹两三百人的看守所就完了。这可能我们估计的确很少，但是并不等于没有。假若不幸的话，云儿就送你了，盼教以踏着父母之足迹，以建设新中国为志，为共产主义革命事业奋斗到底。

孩子们决不要骄（娇）养，粗服淡饭足矣。幺姐是否仍在重庆？若在，云儿可以不必送托儿所，可节省一笔费用，你以为如何？就这样吧，愿我

---

① 此信写于 1949 年 8 月 27 日，难友曾紫霞出狱时带出。谭竹安，江姐丈夫彭咏梧前妻的弟弟，地下党外围组织“六一社”骨干成员。

② 指彭云及彭咏梧与前妻的儿子彭炳忠。

③ 分别指北京、南京、广州。

们早日见面。握别。愿你们都健康！

来友是我很好的朋友，不用怕，盼能坦白相谈。

竹姐

八月廿七日

这是江姐写给谭竹安的一封家书。家书里的江姐，与大家熟知的铁骨铮铮的革命者、宁死不屈的中共党员形象相比，看似有些柔弱，实则是江姐完美人格的真实体现。信的字里行间充满亲情、柔情，透着信念、信心，怀揣憧憬、希望，看似家庭琐碎的叙述，把“女子本弱、为母则刚”的女性本色与“追求真理、视死如归”的党性本色体现得淋漓尽致，是一篇认识真实的、有血有肉的革命者的代表家书。

“我有必胜和必活的信心”，这是每个被关押者的真实心情。新中国成立的消息传到狱中后，这种想法和期待更加炽烈。国民党丢失人心，一筐金圆券买不到一升米的社会现实，狱中同志“大方的给它三四月的命运就会完蛋”的判断是非常准确的。被释放或者是作为“人质”与我党谈判，这也是江姐基于革命胜利背景下关押者前途的判断。所以，江姐认为，要活着出去建设新国家，“牢里也不白坐”。

在女牢，大家每天都要亲吻狱中出生的“监狱之花”，一个生命在监狱这个特殊的战场顽强地生存，坚定着大家对未来幸福生活的渴望。

尤其是江姐，每当看见难友怀抱婴儿露出甜蜜笑容的时候，就会想起自己的云儿，情不自禁地从内衣里拿出儿子照片在脸颊边不断亲吻。这张通过狱内外秘密联络点带给江姐的照片，成为她顽强活着的精神支撑。

当得知丈夫殉难噩耗后，江姐给谭竹安的信中写道：“……现在我非常担心云儿，他将是我唯一的孩子，而且以后也不会再有……”

“以后也不会再有”，读到这句话，也许大家联想到的是她丈夫老彭已经牺牲，自然不会再有。很多人并不知道，其实在生了彭云后，江姐不希望今后再有这情况出现而影响工作，她要求医生同时给她做了绝育手术，当然也就不会再有。这句话里含着怎样的决绝信念？

在那个年代，一个女人生第一个孩子就要医生做绝育手术简直难以想象。但是，保存在华西医科大学的病历档案留下了这一记录：

病历档案记录：

入院日期是 1946 年 4 月 18 日，出院日期是 5 月 10 日。

诊断：

骨盆狭窄手术：

传统剖腹产手术及输卵管结扎

如果还原当时的场景，接生的医生、护士一定也觉得不可思议。这种手术，院方一定要有家属同意才签字。由于当时丈夫老彭在重庆，最终，同学黄芬代表家属签了字。

“以后也不会再有”，这是怎样一种决绝和坚定？为了革命工作，为实现自己追求的理想，江姐做出了常人难以想象的个人牺牲。彭云的出生，是江姐和彭咏梧爱情的结晶，作为一个妻子，一个母亲，无疑是非常幸福的。那个年代，多子多福是世人共同的价值观，江姐当然也脱离不了生活的那个时代，她的内心当然也渴望和老彭的爱情结晶更多，但她却选择了做绝育手术，这需要多大的勇气和牺牲？工作在她的心中是第一位的，尤其是担任地下党的交通联络任务，为了有更多时间和精力，也为了更加方便，她必须努力而稳妥地展开工作，不能有一丝懈怠。对江姐来说，这个选择无疑是痛苦的，但也是无悔的。

从走上革命道路的第一天起，江姐就有了一种为革命“砍头只当风吹帽”的思想准备。因此，当她被捕入狱时，她没有慌张与恐惧，心里始终很淡定很从容。“自入狱日起我就下了两年坐牢的决心。”曾经在渣滓洞做过看

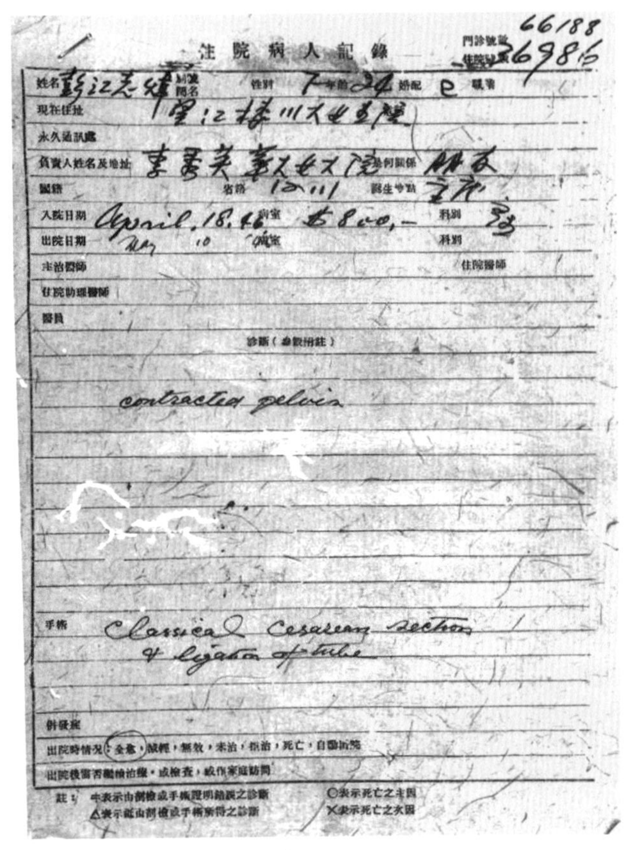

住院病人記錄

66188

門診號數

住院號數 369816

姓名 彭江志緯　別號 / 簡名　性別 F　年齡 24　婚配 e　職業

現在住址

永久通訊處

負責人姓名及地址　　何關係

籍貫　　省縣　　12.11　　出生地點

入院日期 April. 18. 46　病室 $ 800.-　科別

出院日期 May 10　病室　科別

主治醫師　　住院醫師

住院助理醫師

醫員

診斷（參觀附註）

contracted pelvis

手術 Classical Cesarean section & ligation of tube

併發症

出院時情況：全愈，減輕，無效，未治，復治，死亡，自動出院

出院後需否繼續治療，或檢查，或作家庭訪問

註：中表示由剖檢或手術證明錯誤之診斷　○表示死亡之主因

△表示經由剖檢或手術實得之診斷　×表示死亡之次因

江竹筠住院生产及绝育手术记录

守的黄茂才在接受采访时，清晰地回忆江姐入狱的情况："江竹筠被捕入狱是 1948 年 6 月份。报监后就关押在楼上第四室，单独一人。当时表现很自然，毫不畏惧，进监时她手提白布帕包裹，上身穿浅蓝色长旗袍，脚上穿高跟皮鞋。她身材矮小，很爱清洁，一进四室就把里边打扫得干干净净。没有几天就把她合并进女室。"

据二处法官透露，江竹筠自被捕后审问时就非常坚强，拒不回答。二处徐远举曾亲自审问她，用尽各种刑法，有时甚至威胁她，用卑鄙下流语言刺激她，逼她认罪，但她矢志不渝。徐远举拿她无奈，送往监狱关押。后来法官又到监狱来继续审问她，还是没有任何收获。可是这次就受到极残酷刑法“夹竹筷子”。

黄茂才在交代材料中回忆：

……1948 年 5 月，我奉令到渣滓洞看守所……接触到共产党人江竹筠、曾紫霞、何雪松、陈作仪和其他人，给我很深的教育和启发。正如江竹筠教育我的：“小黄，你还年轻，但你总该晓得：当今社会是人吃人，人压迫人，地主剥削农民，资本家剥削工人，这种制度太不合理，所以共产党要领导人民起来推翻这种制度。”

我给女室曾紫霞、江竹筠、李青林、康吉英她们带信，主要原因是他们给我打过毛线衣服，缝过包单，又做过袜底、枕头。他们找我带信，当时我想的是：只要瞒哄得到，上面不知道，随便做个人情也没有关系。我跟江竹筠带的信还是交况淑华转的，李青林的信是交在牛角沱她大姐那里，康吉英的信是交在民生路 69 号她姑父徐占山那里，曾紫霞的信第一次是交在美丰银行刘国鋕姐姐那里，以后的信都是交况淑华的，又在况那里带过社会发展的书。

重庆红岩革命历史博物馆馆藏保存的一些反映狱中斗争情况的史料，其中有些就是当年被争取策反过来的黄茂才送去的。而江姐喜欢穿蓝色布旗袍这一形象，她在川大读书时的同学赵锡骅也有记载：“1944 年秋，川大农学院植物病虫害学系来了一个名叫江志炜的女同学，学号 331044。一件深色的毛衣套在海昌蓝的旗袍上，举止端庄稳重、朴素大方……”

“重庆在（再）强也不可能和平、京、穗相比，因此大方的给它三四月的命运就会完蛋的。”在信中，江姐已给国民党顽固派的溃败命运下了“断言”，这也是对共产党新政权必能取得全面胜利的一种信心。江姐的这种绝对自信来源于她对党的绝对忠诚，这种忠诚又来自坚不可摧的信仰。江姐坚信，革命在不久的将来一定会取得胜利。

当年在渣滓洞当看守的梁述昌回忆："……她在监狱中，特别是在女囚中，是一个有说有笑的人……面对酷刑拷打脸不变色，反而从容镇定……所以给江竹筠长期戴上脚镣。尽管她戴上了沉重的脚镣，行动都不方便，可是她对特务们给予的无情的折磨，视若无事，随时都流露满脸的笑容，从未看见她有过伤感的表现。在狱中春节联欢会中，她当时表现很积极活跃……"

"我们在牢里也不白坐，我们一直是不断的在学习。"一个人在政治上做出选择后，无论在哪个地方，都会为自己心中的理想而奋斗。狱中的江姐，没有为自己身陷牢狱而悲观消沉，心中想的是出狱后如何才能更好地开展工作，因此，她积极号召狱友坚持学习，锻炼身体，迎接解放。我在采访从渣滓洞看守所脱险的盛国玉时，她说："江姐……对一切事情有丰富的知识，文化较高，在女牢狱中是一个坚强的领导骨干。"

在女牢，一个女人被戴上脚镣、手铐，无疑是一种摧残人性的折磨，尤其是在遇到生理状况时会特别困难。江姐被转入女牢的第一天，被安排在靠门口的上铺。女难友们看着被刑法折磨浑身是伤的她，都非常难过。入夜后，大家尚未进入梦乡，就听见江姐叫了起来：大家来看啊！难友们都很揪心地来到江姐的床下。只见江姐把被子掀开，大家吃惊地看见江姐的脚从脚镣里退了出来。原来江姐仅有 35 码的小脚绷直后可以慢慢地缩出来。所以，现实中的江姐，其实没有小说、电影、电视中看到的那样高大，她身高只有 1.5 米左右。但就是这位身材娇小、看似羸弱的女子，却有着钢铁般的意志，爆发出那样的生命能量，这说明了什么？当然是信仰的力量。

艰苦朴素、勤俭节约、吃苦耐劳一直是中华传统家庭教育中不可或缺的内容，也是中华优秀传统文化中的宝贵精神财富。江姐是一个坚定的革命者，也是一个柔肠的母亲。她给儿子有限的信函教育中，也在传递着这种优秀的文化传统。

丈夫牺牲后，江姐最牵挂的就是儿子彭云。从在万县坚守岗位到被关押

江竹筠一家三口

在狱中，红岩革命纪念馆保存有她写给谭竹安的七封信，每封信中都一再强调了对儿子的抚养教育。

对于儿子身体，江姐说：

“……我希望他健康。要祈祷有灵的话，我真想为他的健康祈祷了。”

“……我不希望他要吃好穿好，养成一个娇少年……吃得饱、穿得暖足矣，可别娇养……”

希望子女健康，这也是人之常情，是每一个父母对子女的最基本的愿望。而在生活上“吃得饱、穿得暖足矣”，则是那个年代革命者的一个明显特点：“生活上低标准、工作中严要求。”四川大学同学对江姐的印象是：“……江姐十分朴实勤俭，她吃饭从不加菜，连酱油豆瓣都不加一点。有时错过吃饭时间，便到女生院围墙外的小棚里买一两碗面条就算了。平常穿着整洁、朴素。生活虽然艰苦，但她却乐观健壮，心广体实。”

克勤于邦，克俭于家。关于儿子的教育，江姐一再对谭竹安说：

“……你作家庭教师，该不会教我的云儿吧。我绝不容许在他这么小的年纪在知慧上给他以启发，注意知慧，别启发他，让他自己长进，启发早了是不好的。”

“让他自己长进，启发早了是不好的。”革命者母亲的江姐，也深谙教育之道。她不希望把自己的儿子学龄前后的生长阶段混淆。学龄前就是长身体，让身心自然地发展，不同意让他学龄前去过学龄后的生活。学龄前的童年应该有属于这个年龄段的童话。

在狱中，面对地狱般的折磨，想到永远再也见不到自己的孩子，江姐坚强地对谭竹安表示：

“假若不幸的话，云儿就送你了，盼教以踏着父母之足迹，以建设新中国为志，为共产主义革命事业奋斗到底。”

“孩子们决不要骄（娇）养，粗服淡饭足矣。”

这份写给自己儿子的“遗嘱”，字迹相当潦草，不时出现涂改墨迹，却读来让人泪目。“粗服淡饭足矣。”但要“踏着父母之足迹”。这不仅是江姐对自己的儿子，也是革命者对出生在新中国的下一代的要求和希望。

从信中不难看出，江姐和许多革命者一样，十分热爱生活，向往家庭幸福。但为了自己所追求的正义事业，为了忠诚自己的政治选择，不得不舍弃家庭，甚至亲人，这，就是革命！

这无情吗？当然不！

江姐被捕后，不论国民党特务怎样的刑法威逼利诱，她就是不回答特务的问题，头不抬、紧闭双眼，咬紧牙关——忍！连续审讯她的特务实在是无计可施。最后，特务头子徐远举亲自出马，对她施以攻心，妄图从情感上彻底地打垮她。

徐远举在北京功德林看守所写下《血手染红岩》的交代材料中说：“我对中共党员的严刑审讯有三套恶毒的手段：1. 重刑，2. 讹诈，3. 诱降。利用他们不堪严刑拷打，利用他们贪生的心理，利用他们的家庭观念，利用他们身上的弱点，用各种威胁利诱和欺骗讹诈来诱惑，以动摇他们的革命意志。”

这样的手段不可谓不恶毒，分析也是那么“合于常理”。在江姐身上，这三种手段，敌人都用到了，而且江姐身上的弱点，还有她的家庭情况，徐远举也抓得很准。

当徐远举用江姐的儿子需要母亲照顾对她实施劝降时，江姐突然“哇”的一下失声痛哭起来。儿子是她的希望，是她坚持活着的支柱……

徐远举一看有所奏效，进一步威逼道：“难道你想让他做孤儿吗？赶紧把问题交代清楚，出去找你的儿子，在我这不把问题交代清楚是不行的！”

失声痛哭的江姐更是伤心极致地哭泣、抽泣……她的内心在痛苦、撕绞，她想念儿子，她想拥抱自己的儿子，她绝不愿意再让他失去母爱……

“不交代，就是不交代！……”这是江姐在悲愤欲绝中给特务的回答。她战胜了自己的情感，超越了自己内心的痛苦，她绝不愿意放弃“革命”两个字。

我们常说，人是有感情的高级动物。共产党人也有对亲人的挚爱，但他们更胸怀着一份大爱，这份大爱是一种救世的情怀和信仰。旧社会的那种苦难、战乱、不平，这些都是江姐这一代人希望去改变的，哪怕为此付出生命的代价。

徐远举的错误在于：他的这种特务逻辑，在信念坚定的共产党人面前，是完全推不走的！

天下至德，莫大于忠。忠诚是中华民族永不褪色的传统美德，是人性中最光辉的一面。江姐在狱中被誉为“中华儿女革命的典型”，就在于信念使她发挥出超越生理现象的一种精神意志力——绝对忠诚。心中有信仰，脚下有力量。正因为胸有忠心，江姐才能做到遇选择而不迷茫、遇挫折而不退缩、遇诱惑而不动摇！才能有坚定不移相信党、百折不挠跟党走到底的政治定力！她把忠诚刻在心间、融入血脉、铸入灵魂，用炙烈如火的追求、用舍生取义的精神，展现了一个共产党人的忠诚本色，激励着一代代中华儿女为实现中华民族伟大复兴而接续奋斗。

蓝蒂裕

把祖国的荒沙变成美丽的园林

蓝蒂裕（1916—1949），中共党员，重庆垫江人。1939 年，到重庆海员工会担任《新华日报》发行员，秘密从事党内交通联络工作。“皖南事变”后，转移到重庆附近县上以教书为掩护，开展农运工作。1948 年 12 月去梁平县太平寨传达上级指示后，因留下研究营救狱中同志，被叛徒出卖被捕，先关在县府大牢，后转渣滓洞看守所，全身被炮烙得皮焦肉烂，仍坚强不屈。1949 年 10 月 28 日被杀害于大坪刑场，时年 33 岁。

蓝蒂裕遗诗《示儿》书法作品

蓝蒂裕临刑前写给儿子的遗诗：

示　儿

你——耕荒，
我亲爱的孩子：
从荒沙中来，
到荒沙中去。

今夜，
我要与你永别了。
满街狼犬，
遍地荆棘，
给你什么遗嘱呢？
我的孩子！

今后——
愿你用变秋天为春天的精神，
把祖国的荒沙，
耕种成为美丽的园林！

这是红岩烈士蓝蒂裕在狱中写给儿子蓝耕荒的一份遗嘱。诗的原稿已经被敌人焚毁，好在这首诗被脱险志士傅伯雍记在心里，最终“带出”，并呈现给世人。诗歌寥寥76个字，一字一句，爱憎分明，语言朴素，感人肺腑。诗歌既有壮志未酬的遗憾，也有共产党人对明天的美好期盼和信念，字里行间的舐犊情深更加令人动容。全诗围绕儿子“耕荒”名字展开，字字表现了革命者的豪情与无畏，句句表达了父亲对儿子的厚爱和嘱托。

蓝蒂裕参加革命 10 余年，牺牲时仅 33 岁。在世人眼里，蓝蒂裕是红岩烈士、革命英雄；在敌人眼里，他是“顽固不化”的“眼中钉”；在儿子眼里，他是一位慈祥又严厉的父亲。“你——耕荒，我亲爱的孩子”，诗歌一开头直抒胸臆，表达了作者对孩子深深的爱。“从荒沙中来，到荒沙中去。”作者将当时的社会环境比作“荒沙”，可见条件的艰苦恶劣。“今夜，我要与你永别了”，他感到自己已没有时间去改变这个危机和惨淡的国家现状。他担忧着“满街狼犬”的国家，舍不下身处“遍地荆棘”的孩子，“给你什么遗嘱呢?”他激励儿子必须到“荒沙”中去，“今后——愿你用变秋天为春天的精神，把祖国的荒沙耕种成为美丽的园林!”希望下一代不忘父辈的遗志，继承发扬良好的家风，将党的事业作为自己的事业，将祖国的繁荣富强作为自己一生的奋斗目标，在未来的日子里，踏踏实实做一个对国家、对社会、对人民有贡献的人。

《示儿》这首诗，几乎是我每次讲课结束时必须讲到的，这首诗饱含的深情嘱托也是老一辈革命家对我们这代及再后代人的殷切希望。2021 年 1 月 12 日，我又应邀到蓝蒂裕烈士之子蓝耕荒工作过的四川警察学院做《红岩魂——信仰的力量》报告。连续数年为四川警察学院讲课，每次都要见见蓝耕荒。他是我接触最多的一位烈士家属，每次我们都在入住的宾馆畅谈。他没有辜负烈士父亲的期望：他有父亲那样的执着，做了一辈子的园林绿化管理工作而不后悔；有他父亲那样的情怀，能够兢兢业业地把个人的一切奉献给国家而感到充实；更有他父亲那样的无私无畏，敢于在工作中坚持原则从不徇私情。

蓝耕荒把烈士子女这个既沉重而又光荣的荣誉看得很重，直到退休才解决副处级待遇也无怨无悔。他说：“我沿着父亲指引的方向前进，几十年的风风雨雨不改初衷。回顾这一生，与父亲的轰轰烈烈相比，我为人民、为国家到底干了些什么？是否虚度一生？经过许多不眠之夜的思考，我认为，时代造就人，和平年代的平凡里蕴藏着伟大，每个人在自己的岗位上兢兢业业，献身社会的同时使自己发挥得最好，这就是伟大的贡献!”

蓝耕荒用一生“写下”并践行了对《示儿》一诗的理解与不解之缘。

2021年1月19日，蓝耕荒给我发来短信：

厉局：

我把《父亲教我去耕荒》一文发给你，这已是20多年前自己回忆起父亲人格魅力对我的影响的粗浅总结，现在来看已不尽人意了。这只能算初稿，由于文化水平低，写得拉杂，敬请批评指正。

父亲教我去耕荒

蓝耕荒

朋友，你们去过重庆歌乐山吗？你们了解1949年发生在歌乐山下那一段鲜为人知的英勇壮烈的故事吗？

1949年，当中国人民解放军发起的三大战役取得了决定性的胜利，国民党顽固派在大陆统治的彻底失败已成定局，就在蒋介石仓皇逃往台湾之前，命令国民党军统特务于当年的11月27日，对被他们逮捕、长期关押在歌乐山下的渣滓洞、白公馆集中营革命志士进行了震惊中外、灭绝人性的血腥大屠杀。他们用机枪对手无寸铁的革命志士进行疯狂扫射，用大量汽油焚烧牢房。207位中华民族的优秀儿女奋起反抗，高呼着“打倒国民党顽固派！打倒蒋介石！中国共产党万岁！毛主席万岁！”的口号，英勇地倒在了血泊中。

歌乐山下的“中美合作所渣滓洞集中营”可以说是当年美蒋特务关押与杀害中国革命志士的大本营，除了在11月27日这一天他们集体屠杀的207位烈士以外，从1943年4月建立集中营起，至1949年11月29日国民党反动派溃逃之前，另有103位有名有姓的革命志士先后相继被他们采取各种不同的方式杀害在重庆。其中有比较出名的、当年地下党的四川省委书记车耀先和罗世文，有著名的国民党爱国将领杨虎城将军及他的秘书宋绮云夫妇，还有大家所熟悉的江姐江竹筠与小萝卜头宋振中。另外，还有一位在川东比较有影响的、大家还不太熟悉的烈士，他被捕前任川东地下党特支书记，并且曾经和有名的江姐夫妇在下川东一带共同与敌人作斗争，是同陈然、王朴等九位烈士于1949年10月28日被国民党顽固派枪杀于重庆大坪，当他被敌人押赴刑场时，面无丝毫惧色，和其他几位革命志士一起高唱着国际歌，高呼着“打倒国民党顽固派！中国共产党万岁！人民政府万岁！”等口号英勇就义，时年仅33岁。这位烈士的感人至深之处，还不仅是刑场上这悲壮的一幕，更使人深受震撼的是：他在临刑前不但不怕死，而且首先想到的是对后人的嘱托。他临刑前给当年只有五岁的儿子写下一首有名的自由体遗诗，这首遗诗的标题叫“示儿”，曾经被云南人民出版社收进《古今名人教子诗选讲》一书，还被《辽宁教育》《中国青年》《光明日报》《解放军报》《解放军画报》等报纸杂志相继发表。“文革”前还被编进小学生课本，作为对青少年进行革命传统教育的教材。这首诗的全文是这样的：

你——耕荒
我亲爱的孩子：
从荒沙中来，
到荒沙中去。

今夜，
我要与你永别了。
满街狼犬，遍地荆棘，
给你什么遗嘱呢？

我的孩子！

今后——
愿你用变秋天为春天的精神，
把祖国的荒沙，
耕种成为美丽的园林！

这位烈士的名字叫蓝蒂裕，《示儿》一诗中的耕荒就是我。

我出生于1944年，这个名字，就是当时父亲给我取的。

那一年，正是日本鬼子彻底失败前最疯狂的时期，他们沿湖南、广西猖狂进攻，已经打到了贵州的独山县，震动陪都重庆，震惊全国。我的父亲蓝蒂裕是《新华日报》的秘密传递员。每天，重庆附近的巴县西彭乡邮政代办所都收到寄给“黄玲女士”的《新华日报》，父亲把报纸取出，再分发出去。他的公开身份，也就是他赖以为生并且隐蔽自己的职业，是西彭乡中心小学的教导主任。我的母亲也是中共党员，公开身份是小学教员。

在此之前，我的父亲曾被逮捕。那是1941年“皖南事变”后不久，他被特务抓起来关押在重庆北碚的一个临时看守所。特务审问“是不是共产党？与《新华日报》有什么关系？”父亲一口否认。特务将他两手反绑悬空吊起来，父亲只觉得肩关节快要脱臼，痛得昏了过去。特务见从他嘴里捞不到有用的东西，便将他反绑双手关在一间破屋里，派一个兵看守，等待处理。半夜里，父亲在屋角的石棱上磨断绳子，又用双手抠掉竹篾墙上糊的泥巴，挖出一个洞来。待那个洞能够钻出脑袋，他便侧着身子无声无息地从那个洞爬了出来。乘着星光，冒着寒冷，游过嘉陵江，找到母亲，一起转移到重庆市区去了。

我是父母的第一个孩子，我的降生使他们充满了喜悦。母亲深情地望着父亲说：“给孩子取个名吧。”

父亲自幼是个孤儿，他出生于1916年，生于四川垫江县一个贫困的农家。他5岁那年，我的祖父被恶霸地主逼死，全家扫地出门，父亲牵着祖母的衣角，从垫江县逃荒要饭到了梁平县。自小失去父爱，饱受饥寒之苦的父亲，望着头生儿子圆圆的小脸，想到20多年来离乡背井的生活，他湿了眼眶，千言万语不知从何说起。他严峻地对母亲说："孩子就叫耕荒吧。中国现在满目疮痍，荆棘丛生，耕荒，就是要孩子以垦荒者坚毅不拔的精神，去进行革命的开垦。"

等我长大以后，通过现实生活的磨炼和深入的思考才明白，父亲给我取的这个名字，不仅包含了他的理想和信念，还表现出在现实生活中经历了人情冷暖、世态炎凉之后不改初衷的人格升华。在刑场上高呼口号、壮烈牺牲，是最辉煌的一种结束生命的形式，但并不是人人都能以辉煌的形式结束生命。父亲从他投身革命的那一天起，无论是轰轰烈烈的武装斗争，还是默默无闻地传递《新华日报》，无论是在家里作为丈夫和父亲，还是在社会上作为教师职工，或者在亲戚朋友中作为长辈晚辈，都能在精神上、人格上高屋建瓴地起到表率和领导作用，这一点对我的启发和教育非常大——在和平年代里，在平凡的建设事业中，人格的伟大正是通过琐碎的小事展现出来的。

父亲很慈爱，也非常严厉。我们住在外婆家时，外婆常常煮"酸菜饭"给我们吃——把青菜切成颗粒，放到开水锅里煮一下捞起来，再蒸到饭里，往往是菜多饭少。这种饭天天吃，实在是倒胃口。我才三岁，一吃饭就扯皮，父亲毫不宽容，要求我必须吃下去，态度非常坚决，当我哭闹时曾多次罚我的站。外婆看了心疼，偷偷给我一块米花糖，父亲发现后坚决没收，说："从小不养成吃苦耐劳的习惯，长大了挑不起重担。"

我四岁的时候，父亲是下川东梁（梁山县）垫（垫江县）特支书记，他经常头包白帕、身穿蓝布长衫、挑一担草药，装扮成一个乡村医生，奔走在小路上，用自己掌握的医药知识为群众看病，同时进行联络和宣传活动。我的父亲满脸络腮胡子，大家都叫他"蓝胡子"，《红岩》小说里写的那个"蓝胡子”，就是以我的父亲为原型的，他所进行的武装活动，也就是《红岩》小说里华蓥山游击队活动的组成部分。后来他剃掉了胡子、刮成光头，以便更好地隐蔽自己。他发动和组织了梁山县大平寨的贫苦农民，以“姊妹会”、“兄弟会”、“农民翻身会”等形式，把大家团结在一起，根据上级指示，建立“梁垫隐蔽根据地”，武装农民群众，准备发动起义。

1948 年 11 月，下川东第一工委委员陈以文和几名党员被捕，同时传出消息，国民党“清共委员会”作出决定，要抓“异党分子”，目标指向我的父亲。情况紧急，组织上要求我的父母立即转移到忠县，而我的父亲则坚决要求先去大平寨作应变部署后再走。11 月 17 日傍晚，父母把我和刚一岁的妹妹留在外婆家，准备动身。我从小尝够了离别的痛苦，每次我要求跟着大人同去，爸爸总是说：“你还小，走不动，总要大人背着抱着，怎么行呢?”这次我一看爸妈又要走，急忙扑过去，双手搂住爸爸的腿，大哭着叫道：“我走得动，我不要你们背呀!”我急急忙忙、语无伦次地保证不怕天黑、不怕虫子咬，不给大人添麻烦，只要他们带我走。妹妹也哭着叫着。我看见妈妈眼泪直流，以为有希望了，叫得更起劲。但是爸爸狠心地掰开我的手，让表舅把我拉开，他和妈妈疾步走了。后来妈妈告诉我，他们走过了几根田坎，转了一个大弯，还能听到我和妹妹的哭声，妈妈心酸得低声抽泣，她肚里怀着我的小妹妹，身子已很沉了。身为特支书记的爸爸劝慰身为大平寨党支部书记的妈妈说：“谁不心疼自己的孩子！我们是为了整个下一代才奔波流离的呀！决不能儿女情长。”

这是我和爸爸的最后一次离别。23 天后，1948 年 12 月 10 日，父亲不幸第二次被捕，先关进梁山县监狱，后转重庆渣滓洞看守所。在梁山县监狱，父亲受到严刑拷打，敌人在他背上“烧八团花”（一种用火来烧背部的酷刑），皮肉烧焦的臭气弥漫了整个审讯室，难以忍受的剧痛使他咬破了嘴唇，几番死去活来，但是他什么也没吐露。回到牢房，他竭尽全力帮助同室难友减轻案情，以丰富的斗争经验教难友们编造口供蒙混过关，收到显著成效。

他利用监狱这个特殊环境展开斗争，将大无畏的英雄气概传达给每一位难友。

敌人通知我的祖母去探监，为父亲送饭，企图让祖母的眼泪软化我的父亲。那天清早，年迈的祖母佝偻着身躯，拄着竹棍，提着竹篮，在冬天的寒风中蹒跚着进了监狱。祖母的出现使父亲大吃一惊。他多么希望见到她老人家，但决不是在这种场合。祖母见到血迹斑斑遍体鳞伤的儿子，还没开口便泣不成声，悲痛欲绝。她青年守寡，一口饭一口水将儿子抚养大，含辛茹苦，其中包含着多少艰辛。而父亲想到自己凶多吉少，连累祖母，白发人送黑发人，老人家将会孤独地度过晚年，这是人世间最大的不幸，这是多么悲哀的事情啊！

但父亲没有也不能表现出他的悲痛和内疚，他还要高度警惕敌人利用祖母的眼泪耍花招。他强忍悲痛，安慰祖母说："妈，儿子是为天下受苦受难的穷人坐牢的，是光荣的啊，就算我为此而死也是值得的！您要坚强些啊。"

几天后，父亲被押送重庆渣滓洞囚禁。他积极参加狱中斗争，是"铁窗诗社"的成员。1949年初春，在度日如年的黑牢里，和几位难友谈到解放军节节胜利的消息时，他步南唐李后主的《浪淘沙令》原韵填了一首词，来抒发他对春天的渴望："牢外水潺潺，冬意蹒跚，军毯不耐五更寒。昏灯照人眠不得，坐待曙天。/三人倚窗前，缝中窥天，进时容易出时难。雪花飘过冬去也，春到人间。"表现了渴望春天、渴望胜利的心情。

从一踏进牢门，父亲就在酝酿着留给我的遗诗。他知道自己川东地下党特支书记身份已暴露，绝无生还的可能，在最后的日子里，用什么样的嘱托来和儿子告别呢？他以《留给孩子的话》为题写出了初稿，念给同室难友听，并且深情地说道："为了千百万个孩子不再受难，个人生命何足惜。"

1949年10月28日，一个阴沉沉的日子，天空飘落着细雨。一辆囚车驶进渣滓洞，敌人要对革命者下毒手了。父亲从容不迫俯身在楼板上，用联络暗号敲打楼板，轻轻叫着楼下七室难友（也是老乡）傅伯雍的名字，作为诀别，迅速将酝酿已久的诗句口述给他——这就是《示儿》诗。他要把临别遗言告诉给最知心的难友，希望幸存者带给心爱的儿子。天快亮了，胜利就在眼前，却要与挚爱的儿子永别，沉重，悲愤，热爱，歉疚，仇恨，各种心情复杂地交织在一起。“给你什么遗嘱呢？我的孩子！”他思潮翻滚，嗓音沙哑沉重。“今夜，我要与你永别了”，宝贵的生命即将结束，但事业未竟，“满街狼犬，遍地荆棘”，他留给儿子的不是家产，不是个人前途，那是压在儿子肩上的、沉甸甸的责任！

一声大喝：“蓝蒂裕！”父亲被押出牢房。新中国的曙光映红山城重庆时，他与陈然、王朴、雷震、成善谋、楼阅强、华健等战友一起，高呼口号，高唱国际歌，气壮山河，大义凛然，走向刑场，献出了宝贵的生命。1949年12月14日《大公报》登载的《十烈士就义记》这样描述道：

“在蒋匪崩溃前一个月，10月28日早晨，天气是那么阴沉，重庆的人们怀着沉重的心情，挣扎着度着苦难的日子。左营街警备司令部门前，全副武装的匪军，满布在左营街以及伪警备司令部门前、广场上、走廊上。经常竖立在该部办公大楼前的木板屏风忽然撤除了，大礼堂内摆了一张公案，上面坐了一个军法官，两旁站着许多武装匪军…… 八时左右，四五辆汽车，从磁器口特区直驶进警备部大门的广场，立即跳下许多满脸横肉的特务，跟着由车上押下十位‘政治犯’……这十位，年龄都在三十岁左右，因为反抗蒋匪暴政，从事地下革命工作，以及秘密发行《挺进报》，鼓吹革命，不幸为反动匪帮所乘；被捕后曾分别在白公馆、渣滓洞关了一年多，而且曾经受过许多次残酷的刑讯。这时解放大军已进抵川边，包围了大半个四川，只要再熬过一段时间，重庆就可获得解放。但是疯狂的蒋匪和帮凶们却要疯狂到底，开始以大屠杀来泄羞愤……十位志士被押下囚车，立刻就有许多持枪的匪徒将他们押上台阶。当他们看见那张公案，就知道是怎么一回事了。志士们笑了，其中一位对那位军法官大声地说：‘哦，你们今天要枪毙我们了，但是人民解放军就要来了，你们的寿命也只有几天！’另一位志士大声说：‘我们是为革命被捕，现在解放军快到了，我们死了也甘心，也快乐！’他们被押上一辆十轮卡车，全体登车后高呼口号：‘人民政府万岁！中国共产党万岁！毛主席万岁！’就在歌声、口号声和汽车声的交织中，他们被载着驶赴大坪。沿途，十位烈士仍然高呼口号，高唱国际歌。到了大坪，他们被押下车，刽子手以美制卡宾枪对每位志士开了两枪，鲜血流出来染红大地。”

这是一段很朴实的描绘，这就是父亲牺牲时的情形。父亲的遗体被浅埋在大坪，重庆解放，党组织派人清理遗体，装棺，统一迁葬烈士墓。父亲被捕后，组织上安排临产的母亲躲到垫江城外当时垫江的国大代表谭淑愚家。住在他家菜园子里，买来一架弹棉花的机器，靠弹棉花度日，每到逢场天就有两个男同志来把弹好的棉花拿去卖，1949 年农历正月十五，在这个菜园子里，母亲生下我的小妹妹。我和大妹妹则一直住在外婆家，外婆、舅舅被逮捕，我们又转到姨婆家。母亲在解放后才知道父亲牺牲的消息，小妹妹从没见过父亲。

解放后，脱险志士傅伯雍根据回忆写出《示儿》诗，转交给我的母亲。我第一次读到父亲留给我的遗诗时，热泪涌出，泣不成声。无数次、无数次捧读《示儿》诗，无数次、无数次地想象父亲在铁窗黑牢里酝酿这首诗的情景，父亲曾经对母亲说：“耕荒，是一个艰难的事业，让儿子一辈子记住自己生在什么时代，生在什么家庭。”按现在时髦的话来说，这个名字不是目标，而是过程——它不是成功，不是光明，不是锦绣前程，而是披荆斩棘的道路；也用当前时髦的话说：过程比目标重要，过程是付出，是艰辛，能寻到什么回报？也许什么回报也没有，还得搭上自己的前途和全部家产，甚至搭上自己的性命，这个过程的回报以另一种形式显现——精神为之振奋，生命为之充实，人格为之升华。耕荒，这是我们父子两代人的选择。可以说我的一生都在按照《示儿》诗的要求努力奋斗。

时光流逝了近 50 年，在改革开放的今天，我认为父亲的遗诗依然具有强烈的现代意义，对我，对青少年，乃至对一代又一代人，也都具有感染、教育和启发作用。

“变秋天为春天的精神”，这是《示儿》诗的主题思想，要求我们既要有远大理想，同时必须具备艰苦奋斗自强不息大无畏的革命精神。《示儿》诗要求我永远自强不息，永远和困难作斗争。我把这种精神传给女儿，要求她们在报效国家的同时追求自我完善，在成为祖国建设者的同时充满自信和自豪。“自强不息”成为我们家的优良传统。

我的两个女儿。一个曾经是下岗人员，一个现在是下岗人员，她们都曾对现实感到困惑。她们想不通的时候就发牢骚说：爷爷要是活到现在，一定会破口大骂，又说爷爷真不划算，不如那时当个大官跑到台湾去。听到这话我就火了，我说，你们不要想从父辈身上沾光，爷爷通诗的核心精神说是要奋斗，你们唯一的出路是使劲读书，增长知识，充实自己，站出去让社会检验。可是面对生活的困难，她俩有许多思想问题。小女儿说，爷爷不划算，爸爸你也不划算，你奋斗了一辈子也没当上大官。瞧别人的爸爸官当得大，他们的儿子想调哪儿就调哪儿，可以一连串地跳槽，还可以倒卖国家紧俏物资。我回答说：人活在世上要有点儿精神，要有信念，像爷爷，哪怕看不到胜利，哪怕最后死在敌人的枪口下，也要奋斗到底！他牺牲时没想自己划算不划算，而是给后代留下遗诗，嘱咐自己的后代永远继承他的情神，这就是最大的财富！尽管你说爷爷死得不划算，但千千万万的人钦佩他，一代又一代人要学习他，你说这个账怎么算？这些话让小女儿服气。

我的大女儿气质、形象、嗓音条件都好，高中毕业后考音乐学院以5分之差落榜，被选入泸州市歌舞团。歌舞团不景气，几乎成了下岗人员、很苦恼的她半埋怨半赌气地对我说：“爸爸，我知道你是靠不住的，我不靠你，不给你添麻烦。”她自费苦读两年外语和微机专业，同时练出一口很标准的普通话，到昆明青年旅行社去报考导游。考的时候往那儿一站，刚说了两句话，对方就叫停，说不用考了，录用。小女儿从四川外国语学院毕业，分到四川德阳第二重型机器厂大件研究所情报室当翻译，干一些跑腿的事。厂里效益不好，步履维艰，她说不如自己先下岗吧，就辞职出来，把档案放到成都市人才交流中心，先去重庆的西南政法大学报考研究生，立志从事民事诉讼法的研究工作，一次失败了又考第二次。她妈妈心疼她，觉得女孩子独自闯世界太苦了，她却决心很大，相信自己有实力站在潮头上去赢得未来。

我为两个女儿感到自豪。在社会变革的大潮中，在由计划经济体制向市场经济体制转轨的艰难与痛苦中，当冲击波摇撼着每一个人的固有地位时，我要求她们和传统的大锅饭体制决裂，和传统的依赖思想、等靠要思想决裂，自尊自强，奋斗不息。不看权贵脸色，不低三下四，不投机钻营。这就是爷爷在遗诗里寄予后代的最大希望，这就是爷爷留给她们的最大财富。

女儿说“爸爸奋斗了一辈子也没当上大官”，这话不对，耕荒，不会耕出一个大官来。这涉及《示儿》诗的又一层意义，即坚持人的本性中最优良的部分：善良、正直、对劳苦大众的同情，等等。在满街狼犬遍地荆棘的时代，从荒沙中来，到荒沙中去，与劳苦大众同呼吸共命运。父亲的善良不用说，如像免费为穷人治病、路见冻者脱下衣服相赠、路见饥者拿出干粮救助；他的正直也不用说，为穷人打天下献出最宝贵的生命——这是那个时代中共党员最基本的特征。我告诉女儿，爸爸当初要是想“坐火箭”升官容易得多，在极“左”的年代，只要迎合极“左”潮流，昧着良心做事就够了，是爷爷的《示儿》诗指引我捍卫了良心的正直和清白。

我在部队当排长的时候，曾参加云南省农村四清工作团下到大理州彝族自治县去搞四清，那是非常偏僻的县份，我所去的公社要背着背包步行两天才能到达。我在那里和当地群众同吃同住同劳动，建立起了深厚的感情。我和农民群众相处得很好。有个农民得了胃病痛得打滚，我掏钱买药送给他——我会治伤风感冒咳嗽胃痛等常见病，就跟我的父亲一样。我还买了把推剪，在贫下中农头上练成了理发的手艺。他们大多数不识字，消息长期闭塞，祖辈传下来的只知道大理国、云南国、中华民国，却不知道“中华人民共和国”，我为他们扫盲，教给科学文化知识。当地妇女百分之百患有妇科病，都是因为不卫生造成的。一个土族妇女难产，丈夫信迷信不请医生却把她抬到牛圈中，三天三夜生不下来，产妇生命垂危，我给丈夫反复耐心宣传科学知识，对他讲只有医生才能救命，他最后终于相信了我的话，请来医生接生，才救活了这位产妇。

转业时，我携家带口回到母亲所在的位于四川泸州的省公安管理干部学院。在任管理科长时，有个职工曾因喝醉酒误事，我严肃地批评他，他不但不接受批评还骂我："你蓝耕荒有什么本事？靠你父母才当个科长，有什么了不起？"我勃然大怒，拍案而起："你敢拿你的历史来和我比吗？我吃的苦比你多，参军比你早，入党比你早，提干比你早，全是辛辛苦苦流血流汗干出来的！按我在部队的条件，我完全可以转业到大城市去安排一个工作，只是为照顾母亲才主动要求回泸州来到本院，你凭什么说我靠父母？真正没本事的是你自己，你只知道成天喝得醉醺醺的，不思进取，不理工作，你在你的岗位上干了这么多年不要说写个工作总结，就连一个通知都写不伸抖(注：写不通顺的意思)，你还有什么不服气的？"他低下了头，不吭声了。

常有人说我是靠烈士的光环照亮前程的，说我有"自来红"思想，但我却不这样认为。烈士们在铁窗里留下遗嘱不容易，而后代要实现遗嘱更不容易。我是按照父亲的嘱托一步一个脚印走出来的，在这个过程中必须有鞭策和鼓励。周恩来总理鼓励过我，他老人家的话语成为我前进道路上永远的灯塔。那还是1964年在连队当战士时，我在我们团的"战士业务文艺演出队"，排练了一个自己演自己的节目：《从荒沙中来的战士》。这个节目被我们军选送参加了昆明军区业余文艺会演，会演期间，适逢周恩来总理、陈毅副总理出访非洲十一国，胜利归来，路过昆明，这个节目又被军区领导选中参加为迎接周总理、陈副总理举办的文艺晚会演出。演出前，周总理、陈副总理接见演员，和大家一一握手。当军区李成芳政委、秦基伟司令员向总理介绍说我是重庆渣滓洞殉难烈士的儿子时，总理的眼神一下子变得严肃了，他拉着我的手不放，单独和我谈话长达5分钟。他询问了我母亲和家中的一切情况后，充满深情地勉励我说："你一定要继承父亲的遗志，在部队好好干，做一个红色接班人。”我激动得无法形容，只回答了一句：“一定不辜负总理的期望！”此后，《解放军报》《云南日报》《解放军画报》《中国青年》等报纸杂志相继登出我的照片和介绍我在部队成长情况的报道文章，我把这一切当作鞭策，只能对自己更加严格。可以问心无愧地说，数十年如一日，我从来没有放松过自己，也不敢放松自己，我时时刻刻都很明白，放松自己就是辜负了父亲和无数革命烈士。

父亲《示儿》诗的又一层含义是艰苦奋斗，耕种祖国的荒沙，不艰苦奋斗行吗？记得组建新连队时，国家供应的副食品有限。炒菜连油都不敢多放，吃肉、改善生活就更困难了。为了战士们有一副强健的身体，保证完成上级交给的繁重训练和施工任务，当务之急是改善伙食，于是我带着战士边训练边开荒生产，空闲时到处找废砖头、废木料，叠起了猪圈，那段时间最锻炼我的工作能力，也最累：白天要训练、劳动，给他们讲课，晚上还要和战士谈心，从来没有空闲，有次课间我宣布休息 10 分钟，刚说完我一头扎在桌上睡着了，20 多分钟后才醒。后来连队伙食好了，经常杀猪。我提任营干离开这个连队后，每到杀猪时，他们要给我提点肉来，说“吃水不忘挖井人”，我被同甘共苦而真挚的战友情深深地感动。

转业到泸州后，1983 年，院领导叫我亲自抓学院的绿化工作，我决心改变学校的面貌，为前来学习进修的公安干警提供优美良好的学习环境。我制定了远景规划，也有近期目标，不懂业务，就虚心向园林局的专业人员和其他单位的管绿化的同志学习，针对学院经费很困难的实际情况，我制定了“蚂蚁啃骨头”似的长期绿化方案，未问学院要一分钱专项资金，在正常年绿化经费中精打细算逐年省点钱下来，搞了几个小品，还配植了几条各具特色的行道树，几个小花园。几年过去，学院的环境面貌焕然一新，一进大门就见两排笔挺的雪松，威武庄严，象征着祖国卫士威猛刚直的性格；往左走，一条大道两旁种植的棕榈树，伸开形如手掌的阔叶，以绮丽的南国风光欢迎着人们。另一条小路则由交叉的树冠形成天然穹隆，让人备感曲径通幽。校园内还配置了樱花园、甜梅园，形成了各具特色、高低错落的植物造景景观。一个朋友告诉我，他出差从成都乘飞机返回泸州，从空中往下看，鳞次栉比的泸州市的大片房屋中，我们学院的大片绿地特别引人注目。从1984年起，学院的环境与绿化工作年年获得市里好评，1988年学院被评为省级“绿化先进单位”，1995年学院又被评为“省级卫生先进单位”。我曾两次被评为“泸州市绿化与环境卫生工作先进工作者”，1995年再次被评为“泸州市创建国家卫生城市先进工作者”，受到市里嘉奖。要说取得这些成绩是靠烈士光环照亮的，这完全是对我不公正的评价，实事求是地说，这都是在父亲的遗诗《示儿》的指引下苦干出来的。

《示儿》诗还有一层启示，那就是对知识的渴求。中国社会正在突飞猛进，高科技领域不断被突破，我们必须掌握现代技术，没有文化不可能成为现代建设者。没有文化科学知识，更不可能把祖国的荒沙耕种成为美丽的园林！父亲小时候无条件上学，祖母帮人洗衣，缝补、纳鞋底凑点钱让他去念小学，那时他已十岁了，在班上是年龄最大的学生。没钱吃饭，祖母每天炒些干胡豆给他带上，中午别的同学都吃午饭去了，他独自在教室里嚼干胡豆当饭吃，多吃几天上了火，咽喉肿疼咽不下去，牙也硌得受不了。为节省灯油，晚上借隔壁纺棉花的灯光读书。才十岁的孩子咬着牙持之以恒，成绩很好。1938年的暑假，在一个进步教师指点下，他考入四川省立万县师范学校读书，在省万师入了党，担任班上的党支部书记，后成为《新华日报》秘密传递员。与父亲相比，我这辈子最遗憾的事就是书读得太少。初中未毕业就响应党的号召当了兵，后来我三番五次向团长要求进军事学校学习，团长说：“部队就是最锻炼人的革命大学校，你当排长想方设法把兵带好，就是最大贡献！”我听了团长的话，只好放弃了深造的念头，由此失去了一些能让我发挥更大作用的机会。当然我并不后悔，在现在的位置，我已经尽力了，最大限度地发挥出了一颗螺丝钉的作用。但是，我决不会满足于现状，我一定要继续努力学习文化科学知识，掌握更多的工作技能，为国家和人民做出更大的贡献，以此告慰父亲的英灵。

出于对知识的渴望，对人才的珍惜，我非常后悔这辈子自己曾经做错的一件事，贻误了一个青年入学深造的机会，至今回忆起来深感内疚。事情是这样的：我任连队政治指导员时，提拔过一个班长，他人很聪明，但是年轻人在前进的道路上哪有不踩错一脚的，有一次他在值勤的晚上带着我的通讯员去偷老乡的梨，装在工作服夹克里，夹克鼓鼓囊囊的，像个驼背。他俩回来的时候引起狗咬，被友邻连队的连长发现，反映给我。我找这个班长谈话，他不但不好好认错，还强词夺理，一个劲儿地撒谎，把我气坏了，我说你偷老百姓的东西可耻，严重违反了三大纪律八项注意，还把通讯员带坏！狠批了他俩一顿，这时他已考上了中国人民解放军重庆通信学校，入学通知已寄到部队，正准备通知他去报到。我在处理时重了一点，汇报给党委，最后决定“免予处分，取消入学资格”。许多人议论这事说：宁可背处分也要入学。我当时的想法是：他还年轻，有功底，将来还可再考。但是作为一个党的基层政工干部，对处理年青人犯的错误时，没有从维护党的整体利益出发，侧重于教育，从心灵上去正面引导、启发、帮助他提高认识，而是采取了简单生硬的处理方法，使他失去了最好的发展机会，给他的心灵蒙上了永远的阴影。并且那又是在 1978、1979 年，十年动乱刚结束，国家正急需人才的时候。后来我反省自己缺乏宽容，一直受到良心的谴责。对照我的父亲，我非常羞愧：父亲考上省立万县师范学校时，临出发前，有个失学少年郑雪樵来向他辞行，说是没钱继续念书了，被迫去当学徒，边说边哭，非常伤心。父亲有过失学痛苦的亲身体验，知道雪樵天资聪颖是读书的人才，立即决定带他一起到省万师去，白天去上课，晚上教雪樵念书，一个人的伙食费供两人生活。父亲在省万师遭到反动势力迫害，被迫离开学校时，他也带着雪樵，一直到雪樵长大成人。对比父亲的呵护爱惜人才，我想，如果现在碰上那位被我取消入学资格的小班长，我会向他赔礼道歉。

父亲为新中国献身已将近 50 年了，我今年也已经 54 岁，到退休的日子屈指可数。我沿着他指引的方向前进，几十年风风雨雨不改初衷。回顾这一生，与父亲的轰轰烈烈相比，我为人民、为国家到底干了些什么？是否虚度一生？经过许多不眠之夜的思考，我认为，时代造就人，和平年代的平凡里蕴蓄着伟大，每个人在自己平凡的工作岗位上兢兢业业，献身社会的同时使自己发挥得最好，这就是伟大的贡献。

时代在进步，观念在变化，在今天的社会条件下提倡学习烈士精神，解读父亲留下的《示儿》诗，其意义在于求得解决个人利益与人民利益的关系问题，以及个性解放与社会要求的整体关系问题。我父亲的一生，正符合中国传统义利观“重义轻利”“大义凛然”的要求，同时也与21世纪人类社会在道德方面的“全球意识”相通，即“一方面充分尊重公民个人合法利益，另一方面又要求把义放在首位”。这里的义，既指国家之利，民族之利，也包括天下之利，世界人民之利。他对后代“耕荒”的期望，正符合现代社会对青年一代的整体期望，那就是“富于道义、有责任感、追求知识、自强不息”，也只有这样的青年，才能挑起21世纪建设中国四个现代化的重任。

1998年10月16日

蓝耕荒这篇文章很长，因为这是一个烈士的儿子用一生践行父亲的“嘱托”。有很多人解读过、赏析过《示儿》这首烈士遗诗，相比而言，作为烈士写这首诗歌形式的家书的对象——烈士儿子，蓝耕荒这篇长长的解读可能最为丰富、最为精准，也最为动人。他继承父亲的遗志，在园林管理这个岗位上耕荒无怨无悔。从部队转业本可到团省委工作，但他却要回母亲所在的四川警察学校（泸州警校）跟母亲在一起，因为“妈妈也跟父亲一样，是地下党，她失去了丈夫，我这个儿子要挑起照顾她的责任”。

蓝蒂裕虽然牺牲了，他却为后人留下了一封非常珍贵的诗化的红色家风家训。这真是一首好诗，一首饱含革命理想和信念的好诗——

“耕荒，把祖国的荒沙变成美丽的园林！”

刘国鋕

没有玷污党的荣誉

刘国鋕（1921—1949），中共党员，四川泸县人。1940 年加入中国共产党。1944 年，他被派到云南陆良开展工作。1945 年返渝，到四川省银行经济研究所工作。1947 年 11 月，担任中共沙磁区学运特支书记，领导了抗议英帝暴行的全市示威游行，并发展党员，向农村输送干部。1948 年 4 月，因叛徒出卖被捕，先后关押在渣滓洞、白公馆看守所。1949 年 10 月，他与狱中难友制作了一面五星红旗，准备迎接胜利。1949 年 11 月 27 日，大屠杀中壮烈牺牲，时年 28 岁。

刘国鋕给五姐的信 1

刘国鋕给五姐的信 2

刘国鋕写给五姐的书信

1939年10月19日，刘国鋕写给姐姐一封信，全文如下：

五姊[①]：

接到以清来信，知道你准备考农校；接到以治来信，知道他借给您的几本书都已读完了，这是多值得兴奋的消息！

您过去的漫长的岁月，都消磨在家里。而这个“家”，却是旧社会垂死的身躯上底一个烂疮。它具有旧社会几千年遗留下来的溃烂性的毒质，又加以外面侵来的微菌，它已经完全是一块脓血和腐肉。生活在脓血和腐肉里的人，自然不会健康的（无论是精神或身体）。

我们的哥子，因为受不住那里面恶臭的熏蒸，才孤立无援地冲向社会，结果被军阀利用作为祭祀的三牲。因为那里面没有足够成长的养分，所以五哥还未成长就被迫四出觅食。同学还未成熟，受到了多少打击?！再看一看我们几个孤儿：有几个有健康的身心？那一个真正知道幸福的滋味？我们都被人“恭维”为“少年老成”，或者“厉害”或者“嘴利”，其实是因为没有幸福的童年，孩子时就失掉了孩子的天真。高山上的树木所以坚硬，因为饱受风霜的欺凌！

有一些人被脓血腐化了，本身就变成了毒质。我们看一看“那几个肥胖的身躯”（细菌所以肥，就是细胞所以瘦！）那里边那里舍得有人性？没有丝毫人的感情！

生活在这样的脓血里，不变成抗毒体，就应当同化成细菌，不然只有被

① 五姊：刘国惠。

毒死，刘七就是最好的例。逃避是逃避不了的，尤其是女人。因为旧社会的身躯上，每一个家差不多都是疮。不过有的已经溃脓，有的还在发炎，有的是杨梅，有的是丁疮。整个身躯都要死亡，寻不出有希望的肉（家）。有希望的肉（家），只存在在健康的身躯里。

我们要得到完全的幸福，只有让新的产生，让旧的死亡。要新的产生，就应当增加新的健康的具有抗毒性的细胞，要旧的死亡，也只有增加抗毒体。我们要自救，我们又不愿变细菌，就只有把自己变成抗毒体。自救也就是救人！

要变成抗毒体，先得把自身遗传得来的和传染来的毒质除去，把自私、虚荣、狭隘、小胆、无恒心、无毅力……短处除去。把原有的人性（同情、正义感、勇敢、努力……）发挥，同时增加自己抗毒的能力。

虽然人人都受到毒害，可是好多人不知道那是毒质；好多人不清楚地知毒质的真面貌，以致没有足够的勇气和毅力把它从自己身体里排除，更不敢变成抗毒体。以清最近才尝到一些毒味，所以她才有了不平。然而自修计划受到了一些打击，仅仅受到一些谣言攻击，就以为她们的弟不该感情用事，就灰心以为过去的计划是错误。显然，她的"心"上就附有毒质，不能认识毒质的真面目。没有对旧事物憎恨的热情，也就没有对新事物多的热情，也就不会有顽强的奋斗的勇气。

您不懂英文、数学、理化……但是您比她更有勇气，而且您还有胜过好多人的聪明。只要能努力充实自己的能力——作为抗毒体的能力，前途是无限光明的。联大已毕业的女生很多，她们都聪明，都有能力，但是我知道的，没有一人幸福。因为都走着女人的旧路，都自觉的或不自觉的向毒质屈膝。过去的生活使您知道生活的提高，使您知道抗争，这一点知识，才是最有价值的知识，最难得到的知识。当然，只有此项知识而没有其他能力，这知识是几乎无用的，可是其他的能力或知识却比这项知识容易获得。（我们同学的例，就可证明）。您失学太久了，也许觉得我说是容易的，实际困难，尤其限制您行动的主要是能力而不是资格，就更觉得获得能力困难。其实，一个中等抗毒能力，或一个中等课生的能力，努力点至多不过两年就成，就多算一些也不过三年。如果是一个傻子，当然需要的时间较久，然而您不是一个傻子。您的希望就在循着正确的途径努力。

您已经读完了几本基本的书，并且您还留心时事（我前面写掉了），这能不令人兴奋?！希望你“继续努力，以求贯澈”。

很久没有读书的人，一天全读硬性的理论书，不但容易头痛、厌倦，而且效果也不大，就是有读书习惯的人，也不应当如此。所以我觉得您还应当读一些另外的东西，就是好的新小说或其他文艺作品和报纸。为什么应该读报纸，我想无需说；所以要读文艺作品，因为有好些作用：

1. 多认得些字，多懂得些活字眼，能很快地提高自己底国文程度。

2. 里边包含的有很多活的有用的知识。因为里边有哲理，社会科学的学理，社会现象与本质的分析，新社会的暗示和描写，人生的道理，努力的途径……而且都是用文字画出来的，很容易接受。(当然是指好的文艺)

3. 帮助了解纯理论的东西，例如读完《子夜》，就知道何以中国民族工业在帝国主义未驱逐前，不能够建立。

4. 帮助发现自己的错误，并找到克服的途径。例如读完《阿Q正传》，就会觉得自己也有好些阿Q性，应当把它枪毙。

5. 帮助养成读书习惯。

6. 丰富生活。使生活不枯燥，不寂寞。

理论方面基本的东西，刘一还有不少，您可以再向他借，而且叫他帮您选择，选择能力起初是不够的。报纸家里可以订一份。真正要读报纸，一种是不够的，可以和刘一打伙，一人订一种。文艺作品刘一恐怕不多，我也不知道还有什么，您可以去找。我现在介绍一本给您，就是一本小说，高尔基写的《母亲》。有没有，写信告诉我。文艺杂志现在很多，如《文艺生活》《文艺杂志》《创作月刊》等都可以买来看，或订阅。这点钱是不应当节省的。

六七妹我已经好久好久没有接到她们的信。不过我也没有给她们写信，因为您分不出时间来。七妹会画像，很希望她画一张送我。

我今年更忙。不过只要您有什么问题要问我，我总可以抽出时间来答复。不要紧的问题如像“你近来吃几碗饭?”之类的可以不问。即此敬祝

努力!

弟国鋕　上

鲁迅逝世纪念日[①]

稍稍认真地考察烈士们家书，就不难发现，大多数革命者都很有文化，也很有思想和情怀，而且语言表达能力也堪称一流。这封家书最大的一个特点是，表达了刘国鋕对腐朽陈旧的封建制度的强烈不满、轻蔑。他歌颂革命，抨击黑暗，赞扬姐姐能出来读书，他告诉姐姐“我们要得到完全的幸福，只有让新的产生，让旧的死亡”。他想让姐姐清楚地知道，要教日月换新天，就要读书修身，就要敢于内省，要勇于自救。透过平实的文字，今天的读者依然能感受刘国鋕发自肺腑的革命的激情涌动。

刘国鋕对姐姐说：“您过去的漫长的岁月，都消磨在家里。”刘国鋕出身于大地主、大官僚、大资产阶级家庭，却从殷实家境走上背叛家庭的光芒道路。原因就在于——刘国鋕认为在这个家里是对意志的“消磨”。在原国家计委地质局工作的亲属刘国铮在为歌乐山烈士陵园写的《刘国鋕烈士事迹》中说：“刘国鋕烈士 1921 年出生于四川泸县一个地主大家庭，几十口人聚族而居，不劳而获，其中不少人只知养尊处优，自私自利，尔虞我诈，这样阶级的家庭，如一摊污泥浊水。烈士三岁丧母，七岁丧父，父亲名下的家庭经济，衰败中落，从此受到族人和亲戚中经济条件富裕而势利者的蔑视和打击，感到父母死后的人情冷暖，世态炎凉。”

---

① 此信写于 1939 年 10 月 19 日。

刘家原籍江西省吉安府泰和县，清初年间到四川泸州谋生，逐渐成为泸县富甲一方的大户人家。父亲刘笃初为三兄弟中最小者，一生主要办公益事业。母亲张氏贤良精明，曾入女学读书。刘家与泸州刘航琛①家族早年联宗，过往甚密，情同嫡亲。

剥削阶级出身的知识分子，在革命高潮时，被卷入革命洪流，走上革命道路，古今中外，屡见不鲜；在革命低潮时，有的意志消沉，离开革命，有的在酷刑和死亡面前叛变革命。但是，在中国革命的历史上，确有过许多先进人物，他们“背叛”了自己出身的阶级，为人民的事业奋斗终生，直到献出生命，刘国鋕就是其中的一个。

1933 年，12 岁的刘国鋕小学未毕业便跳班考进泸县县立中学读初中。此时，他已读过《三国志》《史记》《资治通鉴》《红楼梦》《西厢记》《水浒》及一些外国历史、游记、文学之类的书籍。

1940 年，19 岁的刘国鋕考入西南联大叙永分校经济系②，一年级后转到昆明继续读书。他一边读书、一边参加学校的抗日救亡活动，并且通过阅读苏联列昂节夫的《政治经济学》、艾思奇的《大众哲学》等理论书籍和《史记》《资治通鉴》以及各种报刊，联系中国社会现实状况，对马克思主义理论和中国共产党坚持抗战、建立抗日民族统一战线有了自己的认识，与同学经常开展讨论交流时事政治，参加了学校地下党组织“读书会”。1939 年下学期，联大化学系一年级学生、中共党员徐京华③介绍刘国鋕加入了共产党

---

① 刘航琛（1897—1975），四川泸州人，1921 年毕业于北京大学经济系，1935 年任四川省财政厅长兼四川省银行总经理，并任川康平民实业银行董事长，1937 年任川盐银行董事长，1949 年 6 月任国民党政府经济部部长，1975 年 9 月 28 日病逝于台湾。

② 1937 年 11 月 1 日，由国立北京大学、国立清华大学、私立南开大学在长沙组建成立的国立长沙临时大学在长沙开学。由于长沙连遭日机轰炸，1938 年 2 月由长沙分三路西迁云南昆明、四川叙永。1938 年 4 月，改称国立西南联合大学。

③ 徐京华（1922— ），男，1944 年毕业于西南联合大学化学系，中国科学院上海生物化学研究所研究员，曾任上海非线性科学研究会理事长、中国生物物理学会副理事长、上海生物物理学会理事长。

组织。当时被发展入党的一个重要理由是：出身家境富裕却执着追求革命，因此政治上是可靠的。

这个时期的刘国鋕对自己的家庭就有了“这个‘家’，却是旧社会垂死的身躯上底一个烂疮，它具有旧社会几千年遗留下来的溃烂性的毒质，又加以外面侵来的微菌，它已经完全是一块脓血的腐肉”的深刻认识。

刘国鋕的祖父辈三弟兄承继家业，各分有年 1200 石的地租收入，十几家街坊，还有盐号、瓷器公司及发电厂的雄厚股本。刘国鋕出生前后的年月，刘家四辈同堂、人财两旺，在当地曾号称首富、望族。

刘国鋕走出家庭，读书学习，面对贫富差距、社会不公和“前方吃紧、后方紧吃”的种种社会现象，运用马克思的经济学理论方法去研究分析，逐步接受共产党的阶级理论，认为共产党领导无产阶级革命是立足于国家民族利益之上，具有崇高的神圣性。因此，入党后，他就把个人的一切与共产党的奋斗目标结合起来，形成了“我是党的人”这种初心。这是建立在“天下兴亡，匹夫有责”传统文化认知基础上的理性选择。这种理性在共产党所追求的先进文化目标吸引下，形成一种为国家、民族奋斗的价值取向。在 1949 年夺取国民党的政权前，除了在解放区，中共党员几乎都是处于秘密或者半地下状态，承受压力，甘冒风险，甚至随时有被逮捕关押和杀害的可能。所以，能够选择加入共产党组织的人，除了对现实和国民党不满以外，更重要的是对共产党所追求的马克思主义真理和为国为民的政治主张的认同和接受。

所以，刘国鋕认为：“我们要得到完全的幸福，只有让新的产生，让旧的死亡。要新的产生，就应当增加新的健康的具有抗毒性的细胞，要旧的死亡，也只有增加抗毒体。我们要自救，我们又不愿变细菌，就只有把自己变成抗毒体。自救也就是救人!”

学习，读书，是那个年代参加革命的青年一个明显的时代特征。走上“叛逆”道路的刘国鋕也不例外。

1944 年，大学毕业后，家人为他安排好了国民党资源委员会的机会，但是 23 岁的刘国鋕服从中共中央南方局派遣，去了云南工作。

在思想民主的陆良县县长熊从周老先生支持下，担任陆良县中教务主任，代任校长职务，熊从周任校长，熊从周之孙熊复来任学校的对外联络工作。县中遂成为一个民主阵地，陆续引进了许多进步青年，其中包括国鋕的侄子以治、后来在重庆共同战斗的吴子见等人。

除在县中积蓄民主力量之外，刘国鋕还大力整顿学校的学习、生活风气，改善学校的办学条件，提高教学质量，使家长愿意将子女送到这里读书、生活。其间，他还在学生中进行抗日宣传，组织秘密读书小组。

是年底，由于桂林、柳州沦陷，云南处于日寇威胁之下。这时，刘国鋕等准备开辟抗日游击根据地，选择了邻县路南的少数民族居住区——圭山开始工作，并前往开展实地调查。刘国鋕负责调查经济情况；熊复来负责调查地形、军事情况；董大成负责调查文化、教育情况等。由于不久后抗战胜利，根据地停止建立，但是他们的工作为这一地区后来的斗争奠定了较好的基础。1948 年，这一地区爆发了反对美蒋的农民起义，并组成滇桂黔边区纵队，其中许多人就是当年在陆良县中工作或学习过的师生。

刘国鋕还通过在川盐银行工作的五哥的关系，为《新华日报》昆明营业分处找到了合适的赁屋。

他常与实际上早已是中共党员、但没有暴露身份的熊从周老先生促膝谈心，相处十分融洽。熊因见他知识广博，遂约他写一部《中国革命史》稿。刘国鋕在繁忙中挤出时间写成，但这部书稿因熊从周老人在 1946 年被国民党顽固派毒害而遗失。

1945 年 9 月，抗战胜利。五哥刘国錤欲送刘国铮、刘国鋕兄弟去美国留学，刘国鋕向组织汇报此事，并表示他的去留由组织决定。

10 月，陆良民主力量的发展终于引起反动势力的仇视。陆良驻军军长李弥等人策划以共产党罪名逮捕刘国鋕等人，熊老先生决定前往解放区，刘国鋕经向南方局请示后决定从云南转移到重庆。[①]

由于国统区地下党组织工作开展的需要，刘国鋕服从党组织决定，留在重庆工作，放弃了家人安排去美国继续读书的机会。他当时的公开身份是在重庆的四川省银行经济研究所任资料室研究员，后又到《商务日报》作记者。这时，刘国鋕担任了中共沙磁区支部书记，负责秘密联络“陪都青年联谊会”、“青年民主社”两个进步团体。按照党组织的安排，为进一步团结、争取民主势力，他加入了中国民主同盟，以民盟盟员的身份为掩护，有力地执行党部署的任务，推动反内战的活动。

“他同人一起，不是以领导者的面目出现，不高喊政治口号、不空谈，而是十分热情，关心人、鼓励人，用实际行动感染人。”

“他那热情、舍死忘生的劲头使人感动”，“他总是把倾向进步的知识分子、爱国人士、文艺工作者尽力团结在党的周围，使我们前进”。

“他有一种力量，一种不怕困难、不怕压力、勇往直前的精神。”[②]

1946 年 7 月，爱国民主人士李公朴、闻一多先后在云南遭到国民党特务的暗杀，刘国鋕以刘钢为笔名，8 月 20 日在《新华日报》上发表了《略论闻一多先生》的文章：“为了民主的文化和政治，为了中国的革命，闻先生付出了生命，这是中国学者的光荣，这是中国文人的范型。全中国的知识分子们啊！闻先生的道路应当就是我们的道路，联合起来，沿着闻先生的道路前进!”

1947 年 2 月 27 日清晨，国民党军警突然包围了八路军办事处和新华日报社，勒令立即撤回延安。28 日，八路军办事处、中共四川省委和新华日报社被迫撤走，回到延安。为冲破国民党的舆论封锁，10 月，重庆地下党创办了秘密发行的《挺进报》，传播共产党、人民解放军的消息，宣传共产党的土改政策及解放战场的消息。

---

① 《刘国鋕年谱》。

② 《民盟赵一明回忆刘国鋕》。

1948 年 2 月，地下党重庆市委决定《挺进报》从 2 月 5 日发行的第 15 期起，向国民党的各级机关以及特务组织邮寄，展开“攻心战”。国民党重庆行辕主任朱绍良收到报纸后异常恼怒，召见国民党保密局西南特区区长、重庆行辕二处兼侦防处处长、老牌军统特务徐远举，令其限期破案。由于国民党“红旗特务”的卧底潜伏侦查，《挺进报》遭到国民党的破坏，地下党重庆市工委的书记、副书记先后叛变，刘国鋕不幸遭到逮捕。

国民党重庆行辕二处处长徐远举（《红岩》小说中的徐鹏飞）欣喜若狂，他认为这个细皮嫩肉、文质彬彬，出身于大地主、大资产阶级家庭的少爷，不可能是真共产党，骨子里不可能相信共产革命那一套，只不过是青年人图新鲜、喜欢赶时髦。他认为制服刘国鋕不会有多大问题。因此，他会同保密局行动处处长叶翔之、渝站站长颜齐一起，三个西南特务“巨头”审讯刘国鋕。

徐远举问刘国鋕说：“你这万贯家财的少爷，家里有钱有势，有吃有喝，你闹什么共产党？你共谁的产？你要知道，这共产是闹不得的，要坐班房、挨杀头的。”

刘国鋕冷冷地看了特务一眼，没有吭声。

徐远举又问刘国鋕说：“你的上级已将你出卖了，否则，我们不可能把你抓住，今天让你来，就是看你老实不老实。如果不老实，只怕你的皮肉细嫩，吃不消。”

听了徐远举的话，刘国鋕冷笑着回答：“既然我的上级已将我出卖，你们什么都知道，又何必来问我呢？你问我，我什么也不知道。”

徐远举万万没有想到这个细皮嫩肉的公子哥儿如此的不识抬举，他用刑法对刘国鋕进行惩治，妄图从他嘴里挖出地下党在学校里的组织情况，以及党员、进步人士名单。

可任凭敌人酷刑威逼，刘国鋕坚不吐实。最终，徐远举无计可施，只好将他戴上重镣，投放进白公馆看守所关押。

刘国鋕的家人都不是等闲之辈，为营救他，纷纷动用国民党各种关系向保密局施加压力，要求放人。战区司令长官胡宗南、参议长胡子昂、重庆市市长张笃伦都先后为刘国鋕说情保证。但，徐远举面对方方面面的电话、批示都给予了坚决“抵制”。

于是，刘国鋕的家人变换策略，从香港请回他的五哥刘国錤。他给徐远举订做了一个纯金的香烟盒，又买了一块名贵的劳力士手表，希望徐远举高抬贵手释放刘国鋕。但徐远举要求刘国鋕必须在报上发表声明退出共产党组织。没想到，刘国鋕向哥哥表示：要释放，只能是无条件！

1949 年 9 月，人民解放军在全国各战场形成注定胜利的局面，刘国鋕的家人再次为他的安危奔走活动。刘国錤来重庆又送给徐远举一张空白支票，明确提出：“你要多少钱任填数目，刘家如数奉上，但我们只有一个条件，希望你降低条件放人，我弟弟脾气如此倔强，他不愿做的事，十头牛也拉不回来，你一定要他登报发表声明，他非不乐意，这不是要我们刘家白赔一条性命吗？你们国民党马上要离开重庆，多个朋友多条路，香港方面需要我的地方你尽管发话。”

刘家投其所好，送上空白支票，对徐远举是莫大的诱惑，徐远举同意降低条件放人，只要刘国鋕写一份认错书。

令哥哥依然没想到的是，刘国鋕仍然坚持“无条件释放，绝不签一个字”。他明确地告诉哥哥：“就算我今天死在这，只要我的组织存在，我就等于没有死。”

营救彻底失败了。

1949 年 11 月 27 日，徐远举亲自部署对刘国鋕实施密裁。

在奔赴刑场途中，刘国鋕口头吟诵了他在牢房中没写完的诗。重庆解放后，根据叛徒特务的交代和脱险志士的回忆，红岩革命纪念馆将这首诗记录在案：

同志们，听吧！

像春雷爆炸的，

是人民解放军的炮声！

人民解放了，

人民胜利了！

我们——

没有玷污党的荣誉，

我们死而无愧！

……

这就是一个年仅 28 岁的中共党员在生命最后一刻发出的最后的呐喊！

“没有玷污党的荣誉”，这就是刘国鋕信仰的力量；“死而无愧”！这就是一个中共党员对党的绝对忠诚。

刘国鋕忠诚自己的政治信仰，绝不玷污党的荣誉；他履行自己的政治誓言，为革命而献身，死而无愧！在他心目中，党的理想、党的荣誉至高无上。

中国共产党领导革命为什么能够成功？中国共产党为什么能够夺取国民党政权而创建新中国？就在于有无数像刘国鋕这样忠诚于自己的政治选择的先进分子。什么是信仰？烈士用自己宝贵的生命作出了回答。

有人提出过这样的观点，说，假如我是刘国鋕，我就搞个假投降，签了字，出去以后，可以继续为革命工作。还有人说什么“烈士生得伟大，死得并不划算”。之所以有这样的观点，这样的说法，那是他们没能认真理解和读懂真正革命者的信仰与选择。

我在一所学校做完报告后，老师要求学生写听后感想，一个学生在作文里有这样一段：“听了厉华叔叔的报告，很受教育，非常感动，我懂得了五星红旗为什么是烈士的鲜血染红的，知道了新中国为什么是来之不易的……”

人民勝利折
公債的決定
一九四九年十二月二
中央人民政府委員
第四次會議通過

關於兩公司在港資財
周外長嚴正聲明
產權是人民政府所有
如有移動港方應負責

視死如歸！
劉國鋕慷慨就義
臨刑猶朗誦解放詩
生還志士譚謨病榻談經過

報載烈士刘国鋕临刑前高呼“就义诗”

前面都写得很好，在写到后面的时候，突然有这样一段：“但是，当我听到革命烈士在狱中所受的那些残酷刑法时，我不得不毛骨悚然，庆幸我没有生活在那个年代，否则我什么都会说。”这是一个学生思想的真实坦露！他不了解当年革命斗争的艰苦性、残酷性，很难理解革命者在那个年代参加革命的信念和对共产主义目标的追求。由此，我们倍感红色历史教育的必要性、重要性和紧迫性。

一位参观者在看了红岩魂展览后，在留言簿上写下这样一段话：“在这个神圣的大殿堂里，我的灵魂受到了一次最有力度的洗礼！”

一个北京的参观者留言：“在当前发展商品经济的社会中，能看到这样的展览，我们感到十分欣慰。我认为全社会的人都应该接受这种教育，这是社会中一份无比宝贵的精神财富。”

一个大连的参观者留言：“眼中的泪在悄然滑落，心中的血也在悄然滴下。这是怎样的一种惨痛和悲哀，这是怎样的英雄和豪迈。对红岩魂的无知是一个人的悲哀，而红岩魂如若不能继承和发扬又何尝不是一个民族的悲哀。忘记我们的私心和物欲吧，继承和发扬红岩魂，否则，我们以何面目来见九泉之下的英烈！”

刘国鋕一生是那样的短暂，可他的生命又是那样的富有意义。烈士们也是血肉之躯，也有七情六欲，大多也是风华正茂的年轻人，也渴望爱情的温馨，有着自己爱好的天地，同样热爱生活，向往自由，但是，在真理与邪恶之间，他们选择了真理；在生与死之间，他们选择了死。他们不为利禄所诱惑，不为酷刑所屈服，高度的气节建立在高度的理性之上，是他们告诉后人：人活着的意义与价值！

刘振美

不要存留一丝一毫的虚荣

刘振美（1916—1949），中共党员，四川叙永人。在叙永外东报恩寺小学任校长多年，联合进步教师出版《联合周刊》，大力宣传中国共产党的抗日主张。1940 年底，因在剧团痛打特务，被认为是“危险分子”，关进西昌邛海监狱一年又十个月。1945 年春，在重庆创办“华美书屋”，1946 年去上海创办“戏剧教育社”。1947 年 3 月，在泸县被特务逮捕，关押在重庆渣滓洞看守所，1949 年 11 月 27 日，大屠杀中殉难，时年 33 岁。

刘振美狱中捎出给妻子的信

等，我的和氣的，分不開的學業。
八号和您會見以後，我就在轉轉就是五天了。十号差遣青的壹
方之以及青褓子以及胡亂收拾，自念了您親手做的汗背心，短褲，另
安排我要上穿上了多，真像完全換了一樣的快活。我是十号晚上
存外輪船碼头，十一号天明以後才上船，船開時看見您和三弟還未趕
显然也知無防突然遇阻礙所致，但没有看见您心裡很是惆悵不已。
山輪十一号晚上宿江津，昨天（十二号）自江津開到（約三百華里）金堂，因為船下貨滿
擱一天，乘客均雇木船赴渝。抵渝時只十一點鐘，午後二時由渝轉赴
平門從前的巴縣衙門現在的渝轄軍法紀委會所。這裡的七十多人中有
是我第二次的難友，以前在寬仁醫院時同待着的，所以一經聯繫，這裡的情形很
完全知道了。小弟，我的親經的事了，您所以千万別著笑，别誤倒，人生就
在此，尼采說，人生莫於冷酷，現在我倆快過一段冷酷的生涯了。事情
三檔。這裡並不如在所外所想的理想和迅速，相反的，拖得更長更慢
解的普通的案件都在軍法組，但是很慢了。像這一類的事一百人中有
十七八人問了一兩堂就送渝轄看守所所管的感化所，只有百分之一
送於審問後在軍法組開釋。感化所等於学校，畢業的期間沒有一定
月，半年，一年，兩年，甚至於三年。那裡都是嫌疑者，听說也有真正的
送反党周的人。地点大概在离市三十里的磁器口的附近，不只一两个，学
的數目很多，大概有好几千人，當然目上一里

1947年4月13日，刘振美在被转囚渣滓洞看守所前给妻子的信：

小书，我的永远的分不开的爱妻：

八号和您会见以后，到现在转瞬就是五天了。十号送来的壹佰万元以及青袜子一双均亲收到，勿念！您亲手做的汗背心，短裤，马上送来我就马上穿上了身，真像完全接近您一样的快活。我是十号晚上半夜到轮船码头，十一号天明以后才上船，船开时看见您和三弟还未赶到，虽然明知冬防交通阻碍所致，但没有看到您心头总是惘然不已。璧山轮十一号晚上宿江津，昨天（十二号）自江津开到千金岩（离此三十里），因为船下货须耽搁一天，乘客均雇木船来渝。抵渝时只十一点钟，午后二时由渝辕转来太平门从前的巴县衙门现在的渝辕军法处看守所。这里的七十几人中有四人是我第二次的难友，以前在宜泸同仓时转下来的，所以一经摆谈，这里的情形我都完全知道了。

小书，我的亲爱的妻子，您听到千万别惊哭，别骇倒，人生就是如此，尼采说，人生等于冷酷，现在我俩快过一段冷酷的生涯了。事情是这样，这里并不如在泸县听到的理想和迅速，相反的，拖得更长更慢。一般的普通的案件都在军法处，但已经很慢了，我这一类的事，一百人中有九十七八人，问了一两堂（趟）就送渝辕。第二处（调查处）所管的感化所，只有百分之一二可望于审问后在军法处开释。感化所等于学校[①]，“毕业”的期间没有一定，三月，半年，一年，两年，甚至于三年。那里都是嫌疑者，听说也有真正的违反党国的人。地点大概在离市三十里的磁器口的附近，不只一两个，学校的数目很多，大概有好几万人，糟糕的是一律不许会客，不许通信。不过听说待遇好得很，菜好米好房子也好，有球场澡堂图书馆等，医药设备之完全犹如住医院。我虽然太冤哉太冤枉了，但事已如此，人力能奈之何！我

① 国民党特务当时把望龙门看守所称为小学，白公馆、渣滓洞称为中学，息烽称为大学。

预备到那边时大读其英文，大读其古书，决心成天不说话，不下棋，不睡觉，趁此把自己的根底打坚固起来。我们虽然不能相会，但您必须忍耐这暂时的痛苦，人生一世波折愈多，坡坎愈大，将来的幸福愈高，回味也愈甜。我相信最大最大限度一两年内时局一平，问题就完全解决。我此生遭受到这种意外，本来不想活了，但想到有了您，还有年高的母亲，方咬紧牙关忍受着痛苦的噬食而保留下这生命。我完全是为您而活，您也当不要忘记是我的爱人。家庭完全交给您一人作主，自行处理，我没有话说，只是恳求您到了不能生活时，就是洗衣服当裁缝当女工也可以，千万不能随便接受没有亲族至友关系的男性们一文钱的救援。我想我的三弟（四）弟两兄都不会让您饿死的，您尽管放心。希您努力学吃苦，不要存留一丝一毫的虚荣，虚荣是女子的人格和节操的最大的敌人。您为等我而老了，丑了，我仍然一样的一定的爱您，决不会忘恩负义的。母亲如病翻升天，您一定为我而尽孝。您应该进教了，您尽了教母亲一定很喜欢。七先生事最好由三四两弟出面，您受点气，一定要听话，免得他害人。我的衣服要放石炭酸，免生虫。您缝长一点的裤子穿，暂时不穿短裤。不要来渝，渝市坏得很，并且这里未审前不许会客，审后就要升送住学校去了。爱妻，天下事何如此之滑稽，真使人哭笑不得。不过您一定得为我而珍惜保重您的玉体，并好好替我料理家，也努力抽功夫读许多书。兹买回您的袜子一双，以留纪念。我二天将以健壮的高大的身躯出现于您的眼前，小书，您祝福我学习成功吧，我也祝福您永远的忠实，永远的美丽，永远的高尚，永远的清白，永远的理智，永远的健康！

您一个人的狗儿子

四月十三日

刘振美反对封建专制，向往新生活，有着“誓歼国贼野心家，坐对铁窗吐笔花”的党性。这一封热情洋溢的家书，也是一份极有史料价值的家书，信里真实再现了狱中“无刑期”的活棺材情况，也真实地反映自己被捕的心理状态。

信一开头，刘振美就向妻子描述被捕后，由泸州沿嘉陵江乘货轮被押到重庆码头后，转到“巴县衙门现在的渝辕军法处和看守所”，这就是国民党特务所称之为的“小学”望龙门看守所。这封信也为我们提供了当年国民党监狱设置的一些情况。而这，已是刘振美第三次入狱。

1916 年 5 月 23 日，刘振美出生在护国镇一个商人家中。思想奇特、性情怪僻固执的父亲刘载儒认为，人生除了经商没有再好的办法。他以为读书是一种罪恶，是天下最无意义的事情。他恨死读书人，一谈到读书，立即就要诅咒。他希望刘振美继承家业，经营地产，收取田租，管理腌制产业，从商赚钱，使家族兴旺发达。而刘振美偏偏从小就酷爱读书，不喜经商。为了读书，父亲与儿子之间时时发生对抗、冲突。因此，刘振美从小就迫切希望能摆脱旧家庭的束缚，能冲破封建专制的樊笼。14 岁的刘振美，怀揣三角钱，趁父亲不在时离家到成都求学。在四川省享有盛誉的名宿、国文教员刘豫波先生教导下，他决定像鲁迅一样“投笔从戎”，与敌斗争，诅咒黑暗，歌颂光明。为此，他曾三次被捕入狱。

第一次入狱：1935 年，19 岁的刘振美利用到北京料理伯父后事的机会，申请到了在燕京大学中文系旁听的机会。在燕京大学这个具有强烈爱国主义思想的阵地，刘振美感受到救亡图存的责任义不容辞。面对国家民族所面临的深重灾难，中国共产党在《抗日救国宣言》中发出“亡国灭种面前，中国人民决不能束手待毙”的号召，激励着刘振美毅然参加了“一二・九”爱国学生运动。在示威游行中，他高呼“打倒日本帝国主义!”“停止内战，一致对外!”的口号，毫不惧怕反动军警的水龙、皮鞭、棍棒。最终被反动派作为“危险分子”逮捕了。被关押四个月后，他和一些同学被燕京大学文学院和宗教学院任教的许地山①先生营救出狱。虽然出狱，但这次监狱的关押让

① 许地山（1894 年 2 月 3 日—1941 年 8 月 4 日），名赞堃，字地山，笔名落华生、落花生。毕业于燕京大学，中国现代著名小说家、散文家、“五四”时期新文学运动先驱者之一。

刘振美充分地体会到国民党顽固派专制与家庭封建专制一样，是必须打破的枷锁和必须彻底改变的社会问题。

第二次入狱：抗战爆发后，刘振美以多种笔名，写了多篇文章，抨击国民党政府的不抵抗主义，抒发青年人对新生活的向往。

刘昌福在《刘振美》传记中记述："作为文学家的刘振美，笔名繁多，取义不一；榴子，取名榴颜色火红，喻作品字字珠玉，不同凡响；白滔，取白浪滔滔之意，自喻具有清白的素质，滔滔不绝的文思；俊超，俊杰自然超过一般常人；超俊，超过一般俊杰；郑敏，郑重而敏锐；老牛，'俯首甘为孺子牛'；榴园，石榴满园，火红朝天；此外，还有钟镛、阿美、忠海等等，不一而足。"

同学刘安南在纪念文章中写道："1938年春，刘振美从叙永县'小学教师讲习会'结业后，被派到外东报恩寺小学任校长。由于他品德高尚，锦绣盈胸，办事认真，深为同事敬重。抗战初期的山城叙永，落后闭塞，刘振美对此很感忧虑。他对一同教书的万梦涛说：'这里的空气太沉闷了，我们要冲破它！'于是，他们串联了县城周围的小学教师陆诚铭、严兆华等十余人，草拟了简章，组成了'联合周刊社'……他在第一期《论抗日民族统一战线》（代发刊词）中写道：'我们极端地相信，坚毅地相信，这抗日民族统一战线必然完成它抗敌救亡建设新中国的任务。遇着有挑拨离间的言论，就尽力地抨击；遇着挑拨离间的行为，就尽力地铲除；同样地，每一个中国角落里的群众，我们也要极端尽力使他们这样坚信起来，工作起来！'"

"使他们这样坚信起来！"不仅在大庭广众之中大声疾呼，在知心朋友之间也这样砥砺。1938年秋，回到古蔺教书的邱泽义给刘振美写信，描述了白沙坝子的风光，"一曲溪流，几株垂柳，沿溪漫步，使人心旷神怡"。谁知刘振美回信狠狠批评道："世外桃源思想是回避现实斗争。毛泽东将军已经领导了抗日民族统一战线，动员千百万群众起来抗日救亡，陕北延安是一个新天地，比你那白沙坝子不知强多少倍呢！"邱泽义读完信，既感到羞赧，也为自己有这样的诤友、畏友而高兴满足。

在西昌中学和西昌师范教书时，刘振美执导、排演了熊佛西[①]的三幕抗日除奸戏《中华民族的子孙》，得到观众纷纷赞扬，小城西昌的百姓通过艺术形象，感受到了中华民族顽强不屈的精神。

由于刘振美坚决拒绝排演国民党当局要求演出的陈铨[②]剧作《野玫瑰》，又旗帜鲜明地反对青年参加没有抗战激励、教育作用的文化活动，他不但失去了应有的物质条件，也因“性格不相容于衙门中人”，被扣上“思想左倾、言辞激烈”帽子而开除，并于 1940 年 10 月 12 日被国民党西昌当局以“危险分子”名义逮捕，关押在西昌邛海监狱。

刘振美的同事邱泽仁回忆：在被关押一年多的时间里，他受过不少威胁利诱，曾经陪过杀场，把他活埋，泥土堆齐颈项，要他招供他也不屈。后来是通过天主教教会天主教徒乔司铎的关系，花了金条，取保出来，遁押出境。

第三次入狱：第二次出狱后的刘振美于 1944 年任教江安中学，并从事中国文学史的著作编创。抗战胜利后，毛泽东到重庆谈判，刘振美激动兴奋地写信对友人说：“加油吧！为我们的前途，也为新中国的新事业的新前途努力冲锋吧！看，太阳已经出现了。光明就要来到，新中国的远景已经涌出了，我们大家努力把它捉住，把它拉上来吧！”

刘振美在自传中写道：“在现社会没有摧毁之前，人家骂你，你不要管他，人们不爱你，你不要理他，人们嘲笑你，你不要睬他，你只管向着能安慰你的地方走去，能解救你的地方走去……”心无旁骛，只为信仰，任何障碍也阻止不了刘振美追求真理的坚定步伐。

他不断地追求能够解救自己的地方，不断用文学的力量去与反动专制斗争，不断地组织文学团体激励青年……所以，到了泸州，又成为国民党泸州

---

① 熊佛西（1900—1965），江西丰城人。1923 年毕业于燕京大学。中国话剧奠基人之一，曾任燕京大学教授、北京大学戏剧系主任、上海剧专校长、上海戏剧学院院长等职。

② 陈铨（1903—1969），学者，文学家，这部《野玫瑰》反映的是国民党特务生活。

中统站特务眼中的一个“极度危险分子”。

1947 年 3 月 8 日，刘振美接到家里的电话要他赶紧回家有事。这实际上是特务设的一个圈套。他返回泸州途中，被国民党特务逮捕。国民党泸州警备司令部把他押到宜宾 79 军司令部审讯后，又押解泸县监禁数月。作为“政治犯”于 1948 年 4 月再行转解重庆国民党渣滓洞看守所关押。

这是他的第三次入狱，再也没出来，直到牺牲。

刘振美拒绝包办婚姻，向往美好爱情，有着“我赠红珠如赠心，但愿君心似我心”的革命乐观主义浪漫情怀。他的妻子非常漂亮，他们相亲相爱，感情深厚。刘振美对妻子是百倍的倾爱，甚至是“为她而活”。1932 年 7 月，父亲以母亲病重为由将在外读书的刘振美喊回家，要他经营产业，逼迫他每天在店里工作，不准读书，不准与外界交往，甚至不准出门。压抑的生活几乎使刘振美窒息。所以，当父亲要他结婚，给他 100 大洋去自立门户时，追求自由的刘振美反而趁机摆脱了家庭的封建专制束缚，开启了他敢于斗争、勇于斗争的精彩人生。

在给妻子的信中，刘振美十分感谢妻子为自己做的背心、短裤，“您亲手做的汗背心，短裤，马上送来我就马上穿上了身，真像完全接近您一样的快活”。情绪炽烈动人。虽然没有能在码头与妻子见到最后一面，有些“惘然不已”的难过，但妻子手工做的衣物贴身，使被押解途中的刘振美感受到妻子肌体的温度与甜蜜，从而显得那样的无所畏惧。他告诉妻子，是爱情在支撑着他，他也叮嘱妻子“希您努力学吃苦，不要存留一丝一毫的虚荣，虚荣是女子的人格和节操的最大的敌人”。

接着，他用 139 个字轻松地描述即将出现的前景，他用“尼采说，人生等于冷酷，现在我俩快过一段冷酷的生涯了”的文学描述，把即将出现的残酷告诉妻子。“一段冷酷的生涯”，就是一个人冰冷地入夜而床单屋冷。所以，他希望妻子要有心理准备。

再后的 396 字，记录了他即将转入当年国民党的“感化所”，在望龙门看守所，他得知“我这一类的事，一百人中有九十七八人，问了一两堂就送渝辕”，而且只有“百分之一二可望于审问后在军法处开释”，同时他也清楚，那是一个没有刑期的“学校”去被“感化”，“毕业的期间没有一定，三月，半年，一年，两年，甚至于三年”。

这封家书之所以难得，其价值还在于，为我们提供了当年国民党所谓“感化所”的这种真实情况，从信中也可以看出，刘振美不可能被什么感化，他对自己的前途有了足够的准备。“那里都是嫌疑者……”刘振美对审讯时特务告诉他的“学校”状况进行了描述，“待遇好得很，菜好米好房子也好，有球场澡堂图书馆等，医药设备之完全犹如住医院”。可是，刘振美不可想象到那是“人间魔窟”的“两口活棺材”，或是他本清楚，只是不愿让妻子担心而故意这样说。

刘振美告诉妻子：“我们虽然不能相会，但您必须忍耐这暂时的痛苦，人生一世波折愈多，坡坎愈大，将来的幸福愈高，回味也愈甜。”他向妻子表示：“我此生遭受到这种意外，本来不想活了，但想到有了您，还有年高的母亲，方咬紧牙关忍受着痛苦的噬食而保留下这生命。我完全是为您而活，您也当不要忘记是我的爱人。”刘振美幻想着自己能够“以健壮的高大的身躯”出现在妻子眼前，也祝福，其实也是嘱托妻子要“永远的忠实，永远的美丽，永远的高尚，永远的清白，永远的理智，永远的健康”！

人都是血肉凡胎，自然就有儿女情长。红岩烈士们，一样也是担忧自己的父母，思念自己的伴侣，牵挂自己的子女，心中充满安居乐业、长相厮守的愿望。只是为了国家的独立和千千万万人的幸福，他们却只能夫别妻，母别子，多少不舍，多少祝福，多少嘱托，匆匆不能尽语，唯借一封家书遥寄相思牵挂，也道尽家国情怀。

刘振美一生以光荣祖国、誓雪国耻为志，有着“亦余心之所善兮，虽九死其犹未悔”的执着。在信中，我们看到了文学青年刘振美的人生态度，他决不放弃改造社会的责任，要利用坐牢的时间学习思考，把监狱当成奋斗的战场，所以他要抓紧这时间去学习，“大读其英文，大读其古书，决心成天不说话，不下棋，不睡觉，趁此把自己的根底打坚固起来”。

23 岁的刘振美在四川省立戏剧实验学校编导系读书时，就写了一篇题为《论中国新演剧的建立》的论文，文中写道：中国的演剧运动是中国文化运动的一面，文化运动是中国革命运动的一环。中国社会的特质是中国革命运动的本质决定着。中国社会是一个半殖民地半封建社会，所以，中国的革命运动是一个民族革命和民主政治的运动，这运动同时肩荷了反帝与反封建两个基本任务。五四文化运动是以反帝反封建的姿态出现的，作为文化运动的一部门而与文化运动同受着中国革命运动领导的中国新兴演剧运动，也当然是以反帝与反封建的姿态出现于祖国之原野。反帝反封建虽名实为两事实则互有关系而不容割开；反帝运动即用以帮助反封建运动，反封建运动即用以完成反帝运动。

不难看出，作为知识分子的刘振美对五四运动以来中国社会的性质看得很准，尤其是抗战文化在推动全民抗战中的巨大作用。他写道：“五四运动不仅是一个反日与汉奸的救国运动，同时更进一步地发展成为中国新文化的启蒙运动，中国的新兴演剧运动，通过五四运动获得了存在的社会基础，由于当时每一个学生组织的宣传集团都有演剧队，各职业剧场也竞演反日剧本而奠定了存在的第一块基石……新演剧运动的反日运动……已经不是空洞的喊口号，而能具体的形象，描绘出日本资本主义压榨下的中国劳苦大众的非人生活，从经济的和社会的观点上来分析反日运动的斗争。田汉先生的《顾正红之死》、熊佛西先生的《一片爱国心》和郭沫若先生的《聂莹》就是这个时代的代表作品。中国的新演剧运动，在这个时期也扩大了观众的范围，扩大了参加的工作人员范围，从这时起，新演剧运动的队伍里开始有了中国的工人群众。”在国民党蒋介石“攘外必先安内”政策下“反日演剧活动虽因国内政治关系而限制了公开的表现”，但是，在中国共产党倡导下的“在烟突下，在田野间却展开了成为今日抗战演剧运动中巨流的工农演剧的前身之游击式的广大演出”。因此，他认为：“抗日的民族革命战争势必当经过持久的、艰苦的奋斗过程才可以完成，这一战争的最后胜利之获得，就是建国工作成功之获得，中国新兴演剧运动是与中国革命运动相互合一，相互一致的”。从这论文可以看出，如果不是因为坐牢，如果不被杀害，或许刘振美也能成长为一代话剧理论家。

身陷牢笼，却不消极打发时光，而是把监狱当成“炼成钢的熔炉，琢成玉的磨房”。1949 年，刘振美在渣滓洞看守所的“铁窗诗社”，写下了《无题》一诗：

凤尾从来逞艳姿，巴山夜雨梦回迟；
史家高秉董狐笔，诸子低吟鲁迅诗。
初稼新逢六月雪，幼发危杨一年枝；
余生入狱何足畏，且看中天日影移。

“史家高秉董狐笔，诸子低吟鲁迅诗”，这是刘振美崇尚的人生境界，也是自己的人生自况。“投笔从戎”是一种斗争方式，“口诛笔伐”同样是一种有力武器。为了用文学的力量来改造社会，刘振美以鲁迅为榜样，不遗余力地创办各种文艺团体，出版各种形式的文艺刊物。1936 年 9 月，他与同学们一道创办“朝露文艺社”，组织“朝露”读书会；1940 年，在四川省立戏剧实验学校读书时，与同学创办并出版了《戏剧教育》，发表了《论中国新演戏的建立》和《小剧场运动》。还办过“祖国文艺社”，公开亮出旗帜，为作为民族革命一个部门的演戏运动而呐喊。1945 年，他又在重庆创办“华美书屋”。他深信，任何一种先进思想和科学文化知识，一经成书出版发行，就能在更大范围和更长的时间内发挥作用。刘振美以手中之笔投入到伟大的斗争中去，用文学的力量去唤醒人们改造社会，去与反动专制斗争，去怒讨独夫民贼。这样的文学情怀，在今天读来，依然能够为之感动。

罗世文

面对一切困难，高扬我们的旗帜

罗世文（1904—1946），中共党员，四川威远县人。历任四川省委宣传部长、省委书记，川陕苏区党校校长，延安抗大教授。1937 年底回成都，受命组建新的四川省委，先后任省委书记、川康特委书记、《新华日报》成都负责人。1940 年在国民党顽固派制造的“抢米事件”中被捕，先后囚禁于贵州息烽监狱和重庆军统集中营。1946 年 8 月 18 日，军统特务谎称将他们送去南京释放，秘密押往重庆歌乐山松林坡戴笠停车场枪杀，时年 42 岁。

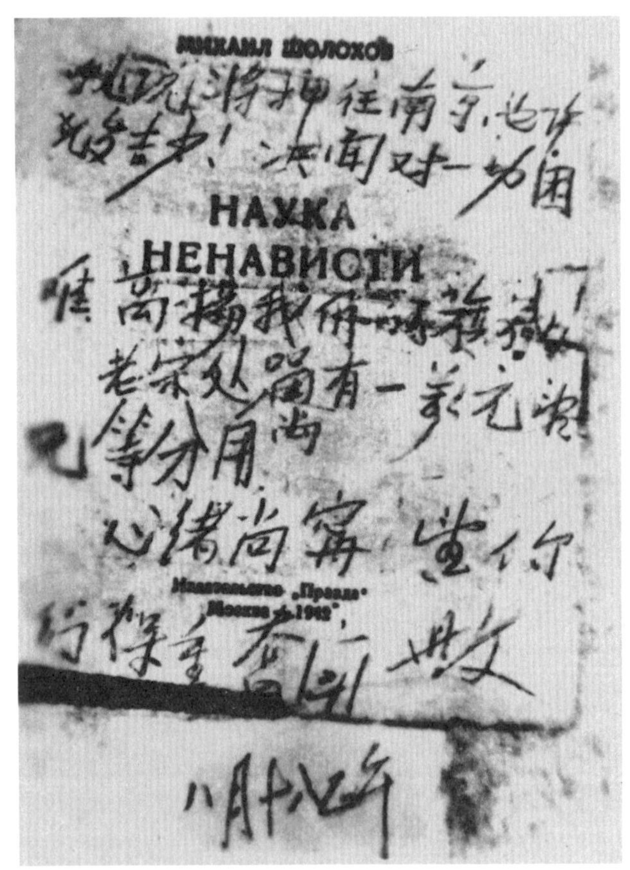

罗世文临刑前给党组织的信

临刑前给党的信

据说将押往南京，也许凶多吉少！决面对一切困难，高扬我们的旗帜！

老宋[①]处尚留有一万元，望兄等分用。

心绪尚宁，望你们保重奋斗。

世文

八月十八正午

1946年8月18日，特务谎称将罗世文、车耀先送去南京释放。罗世文预感到最后的时刻到了，用铅笔在一本俄文书扉页上写下了这封遗书，后由难友藏在皮鞋夹底带出。

被难烈士登记表记载罗世文："重庆最早的青年团员之一，1925年转为中共党员。曾留学苏联，参加长征。曾任中共四川省委宣传部长、省委书记，川陕苏区省委常委、苏区党校校长，延安红军大学教员。全民族抗战爆发后，被党中央派到成都，任南方局领导下的八路军驻蓉办事处主任兼《新华日报》成都负责人。"

"据说将押往南京，也许凶多吉少"——42岁的罗世文，对特务要他和车耀先转移南京的通知已经有了预感，他知道敌人要下毒手了，于是给党组织写下了最后一封信。小说《红岩》中疯老头"华子良"的原型、脱险志士韩子栋解放后所写的回忆录记载："……1946年7月20日我们被押到渣滓洞，罗世文、车耀先关在重禁闭室，8月18日副所长刘振乾告诉罗、车：一两天内用飞机送他们到南京去。罗世文同志写给我一张字条：'……此去

① 老宋，指宋绮云。

凶多吉少……高扬我们的旗帜’。这张纸条我交给许晓轩，据许给我说，给了文光甫放在皮鞋底里带了出去……”

“决面对一切困难，高扬我们的旗帜!”——这是罗世文的人生态度和革命信念，在任何时候、任何情况下都没有改变过。

1925 年，罗世文去苏联留学，他给堂弟写了一首诗：“同窗萤火十三年，贫富原来不共天，请命为民唯正义，王侯蠓蚁（编者注：即“蝼蚁”之意）似云烟。”诗歌直抒胸臆，表明了自己的人生态度：与旧社会旧制度“不共天”，唯有为民请命才是正义之道，那些王侯将相，也就是剥削阶级，在罗世文眼里是不值一提的过眼云烟。

文强①解放后在战犯管理所写的材料中关于罗世文有这样一段记载，大致他是 1928 年间自苏联归国的，他说：“自苏联动身回国时，我什么也不愿带，也明明知道中国革命正处在低潮，白色恐怖很厉害，预料自苏联归国的青年一入中国境，便搜查得很严，只要抄出了什么认为赤色的书刊和文件之类的东西，不止于被扣押，甚至会有生命的危险，但我什么也不怕，生命也不惜，马列主义俄文版的理论著作，还是想方设法带回了大大的一箱，我回国后原打算继续研究理论，不料回国后，党内的实际工作更重于理论工作，当然，我一切服从党的派遣，党的需要。马列主义的理论是指导革命的行动的，哪里会有如我所想的，像一个经院式的空学理论而不讲实践的呢?我回忆 1928 年到 1930 年这些时候，说到党内能懂马列主义理论的，能结合实际说出一套的理论家，有如凤毛麟角，这是由于中国革命和中国共产党尚在幼年时代，一切都很幼稚。像罗世文同志一见面便与我大谈理论，我是遇到的第一个。”

1937 年，33 岁的罗世文受党中央派遣回四川，以中共代表身份对川军高层开展统一战线工作。他“与车耀先、王翰青等同志联系，领导他们在刘

---

① 文强：曾任中共川东特委书记，后被俘，脱党加入国民党。

湘系统的中上层骨干及其幕僚人物中开展统一战线活动，促尽（进）刘湘、潘文华开放一定程度的民主”。

他通过“成都中华民族解放先锋队”推动成都地区的抗日救亡群众运动。中国共产党的《新华日报》被国民党允许公开出版发行后，按照党中央的要求担任《新华日报》在成都分销处主任，作为党的公开机构，是重庆八路军办事处与西安八路军办事处之间一个中途联络站，为抗战中贯彻党的“发展进步势力，争取和团结中间势力，孤立顽固势力”的方针作出贡献。

原南方局老同志杨继干（原名杨绍轩）在《有关罗世文烈士的斗争事迹》中回忆：

罗世文同志1937年由中央从延安派到四川来工作的。罗世文同志主要是做党的统战工作，宣传我党的抗日民族统一战线的方针政策，团结四川各民主党派，争取各种势力和一切可能的人共同抗日。罗世文同志的公开身份是中共中央派作刘湘的高等顾问，实际上是任地下党省委书记。

1938年4月，地下党四川省委把我安排到《新华日报》成都分馆工作。当时是罗世文同志到我家里向我交代任务。他说：“绍轩同志，你的主要任务是把《新华日报》的发行很快地发展起来，这是我党为抗日民族统一战线斗争的武器。另外，你负责与八路军、新四军及中央来往的车队、人员接头，急（及）时向省委周风平同志和我汇报情况，周风平同志和我家的地址不准让其他人知道，除非有重大问题，你一般不要来找我们。”

罗世文同志亲自抓报馆和宣传工作。我才到报馆时，《新华日报》推销处只有6份报纸，为打开销路，罗世文同志经常到门市部帮助开订报单，亲自卖报，在4、5月间，他几乎天天到报馆花两个小时会见各方面的朋友、人士，阐明党的抗日民族统一战线的方针政策。……罗世文同志积极开展工作，联合各界人士，利用各种机会和方式大讲特讲我党的方针政策，使我党在四川得到了许多像张澜这样的知识人士、知识分子的同情和支持。《新华日报》的销路很快打开。……到1938年底，《新华日报》的发行销售额猛增。当时国民党统治的成都地区的各种报纸订户很能说明问题：《华西日报》5225份，《大公报》3986份，国民党办的《中央日报》1057份，《扫荡日报》797份，《党军报》1097份，《新民报》2578份，《商务日报》3789份，而《新华日报》的实际订户已达11257份，大大超过其他报纸而跃居首位。这些成绩与罗世文同志废寝忘食的宣传工作分不开。

在对敌斗争策略上，罗世文同志的工作也干得相当漂亮。当时蒋介石派了许多特务入川，插手地主军阀，以抗战为名，妄图吃掉四川的地方势力。而四川的几个军阀刘湘、刘文辉、邓锡侯、陈敬珊、张君平之间互相倾轧，各有各的算盘，矛盾重重。利用这些四川军阀官僚对蒋介石兼并侵吞的根本利害冲突，并针对刘湘、刘史杨等人还有一定的爱国之心，罗世文同志根据中央精神，以刘湘的高等顾问身份，对他们做了大量的工作，使这些地方军阀官僚能够支持我党的抗日民族统一战线工作，抵制和反对蒋介石反动派消极抗战、积极反共的政策。如1938年至1939年间，川军到前线抗日，刘湘没有听蒋介石要他把部队调到华南去的命令，而是主动把川军向平汉铁路以北与我军靠拢，挫败了蒋的一次阴谋。由于在罗世文同志和省委领导下的统战工作团结了四川各民主党派、各界人士，争取了地方势力，使我党在国民党统治区的四川造成了一个有利局势，大大推动了四川抗日救亡运动的发展。

1940年3月18日，罗世文被国民党特务逮捕，辗转关押于重庆望龙门、贵州息烽、重庆渣滓洞等监狱。在被关押近7年的时间里，罗世文无时不在期盼着出狱，但作为一个职业革命者，他绝不放弃自己的立场而参加国民党。在狱中，他从不隐瞒自己的政治身份，数次严词拒绝国民党方面的高官厚禄，坚定地带领难友们同敌人展开了不屈不挠的斗争。

罗世文被捕后，“经徐（徐远举）匪等签报戴匪笠转报蒋匪介石，以车、罗两人为中共多年高级干部，情况熟悉，如能诱其叛变，为军统所用，将来收获必大……”（1953 年，徐远举、沈醉、黄逸公、周养浩、陈兰荪、邓培新等 6 人写集体材料时，徐远举、周养浩 2 人提供）国民党的戴笠、邓文仪先后出面劝降，希望罗世文转变立场参加国民政府的工作。

戴笠对罗世文说：对你这次的被捕，纯属误会，望你从国家民族利益出发，共同参加我们的工作。

罗世文回答：那不行，既属误会，那就把我释放回去？

戴说：这不行。

罗说：既是误会，又不能释放，那我就算什么过错？

戴说：那就请你委屈一下吧？！

邓文仪劝他：国共合作抗战，都是为国出力，希望能转变态度。

罗世文表示：宁死也不投降。

面对中共要求释放“政治犯”，1946 年端午节，周养浩专门摆下宴席，希望发表声明参加政府工作。罗世文明确回答：决不放弃政治立场。

国民党对他的一切一切，都是徒劳。

解放后，军统特务、息烽集中营监狱长周养浩在被关押改造中所写的有关材料记载：“军统局匪头戴笠同秘书李崇诗、司法科长余铎前往亲自审讯，用尽威逼利诱各种手法，罗世文具承认公开职务：十八集团军驻蓉办事处处长、省委书记，对其它情况一概拒绝。我接手息烽监狱后，开始几个月对罗车二人比较注意，也曾提出个别谈话几次，他们都很严肃庄重。我还记得接手负责一个月后即与罗世文个别谈话，他没有半句叛变、失节的语意透露……”

当时，周养浩搞监狱改革，要求被关押的人参加工作。“……唯独罗世文，我说明我的企图，要他出来担任员工后，他坦率地对我表示说，他很乐意帮助我做些工作，‘但话说在前面，最好做些事务性工作（当时有个生产组和总务组），不要做政治性的工作，因为他参加共产党多年了，所有熟人朋友生活习惯全是共产党方面的，国民党方面既无熟人，也一切不习惯，因此不愿参加国民党，这点先作说明’。……这几句话使我肃然起敬，觉得他忠于共产党的精神可佩……1945 年抗日战争胜利后，大约九十月间，看到伪《中央日报》刊登毛主席到重庆后向蒋介石提出要求，释放全国政治犯，指出姓名的有张学良、杨虎城、罗世文、车耀先等四人。我见报后曾向罗表示贺喜。可是一星期后，我接到军统局密电，要我将罗车二人改用化名，隔绝与外人接触……1946 年 7 月，军统息烽监狱奉令结束撤销，在押二百四十多人除陆续释放遣散外，剩下 72 名移交重庆白公馆看守所，罗世文、车耀先就是其中两个。……罗车二烈士被秘密杀害于白公馆后山腰松林坡汽车间前空地上，还用汽油大柴焚化尸体，妄图毁尸灭迹保守秘密。”

脱险志士韩子栋回忆：“罗给我讲党史，讲长征，讲他在四川被张国焘关起来……把我精神鼓起来，我觉得更有力量了。以前这个监狱里没有党的组织，他着手建立了临时支部，他任支书，车耀先和我是支委……”

之所以给组织写下短短几十字的遗信，是因为对敌斗争经验丰富的罗世文预感特务要他和车耀先转移南京的通知其实是“凶多吉少”。所以临行前，做出这么简短而有力的交代。“老宋处尚留有一万元，望兄等分用。”即将赴刑场之际，他把自己和支部多年积存下来的一万元，悄悄交到了自己的同志宋绮云手上，希望组织用来继续从事革命工作。看似一句平凡的交代，着实让人泪奔。因为谁也没有想到，此刻拥有一万元财富的罗世文，居然连给自己最亲爱、最牵挂的母亲买棺材的钱都没有。

罗世文的恋人王南墅在回忆中写道：“世文很好学，从苏联携回很多俄文书籍，稍暇即读书。他不止喜欢理论书籍，文艺作品也极爱好，还常为我朗诵诗歌，讲解列宁主义及革命伟人的事迹，有时看见杂志谈到苏联建设的成功，他就高兴得叫起来。他爱书如命，书籍保护得极好。有一次，他出门很久，忽又转回来，我问他忘记了什么东西，他一边说‘我书上的灰忘记扫了’，一边用鸡毛帚扫去书上的尘埃，我因此常笑呼他为‘书痴’。可他除书之外，极不注意清洁，有时用我的白蚊帐揩鼻涕，还拿着胡桃到很好的漆家具上面捶。总之，他大而化之，不注意细节。他常常念挂母亲，可为了革命，没工夫回家去看她。老人家现在只这个儿子，望不回来时，她就每天去朝门口望着大路叫：‘自元（世文小名），你还不回来呀！’哭了又叫，叫了又哭。世文知道此事，也只好听之，不过，他常向我说：‘我的母亲太苦，我不怕别的，只担心她死了，没钱买棺材。’当时我还安慰他，只要我活着，总要设法为母亲买棺材。……他在被捕前一月，老在我面前提到他母亲的棺材问题……”

这就是一个中共党员，一个地下党的四川省委书记，一个在“熊熊烈火炼忠贞”的革命者，他一直牵挂的就是要为母亲准备好一副寿木。在狱中，他望月感怀，写了这样一首诗：

慈母千行泪，顽儿百战身。
可怜今月夜，两处各凄凉。

1946 年 8 月 18 日，罗世文和车耀先被国民党特务押往松林坡杀害。在押赴刑场的路上，罗世文口头吟诵大革命时期写的诗：“故国山河壮，群情尽望春；‘英雄’夸统一，后笑诗何人？”当特务问罗世文还有什么话留下，他环顾四周的苍松翠柏说：我这一生唯一遗憾的是：不能满足母亲的愿望，给她买一副寿木……

无钱为母买棺材，奉资万元做党费。百善孝为先，作为儿子，不能尽孝，这是多么大的遗憾！罗世文身上真的没有钱吗？有！可他宁愿做一个买不起母亲棺材的不孝子，也要做一个清正廉洁的革命者，他把全部的心血和生命献给了党，献给了人民的解放事业。他没能孝敬苦难的母亲，甚至母亲想要一副棺材的愿望也没能满足。然而，正是他和他一样的革命者们的前赴后继，才使得千千万万的儿女能够承欢母亲膝下，使千千万万的母亲才能老有所养。

“心绪尚宁，望你们保重奋斗!”前一句是表明，自己面对死亡心态宁静，后一句是对同志们的嘱托，希望大家保重并继续奋斗。一个真正的革命者，面对死生之间的巨大考验，如此从容淡定。

在编写这本书查阅资料时，我们发现了征集到的一封信：一位曾经在息烽监狱与罗世文同狱的难友施文淇，1946年从息烽监狱被释放后，在香港寄给黄炎培、孙起孟转送给周恩来、叶剑英、廖承志的信。全文如下：

恩来
剑英　先生：
承志

我是受难友罗世文君所托来写这封信的，我在军统局的黑牢中，被囚四年多，直到最近才脱离魔手来到香港。在狱中和你们的同志罗世文、车耀先两位在一起，互相砥砺，互相安慰地度过了三年暗淡而苦难的狱中生活。虽然特务们曾给予他们种种威迫利诱，希望他们改变过去的立场和态度，但他们始终给予严正的拒绝，他们的忠贞气节，是深为我们敬佩且引以为榜样的。因此，他们终于在三五年八月二十七午后，被反动头子蒋介石令在磁器口红炉厂（注：应是松林坡）秘密杀害了，尸首被浇以汽油活焚灭迹。当他们在政协破裂全面战争爆发时，就早已料到有这一天的到来，因此，罗君和我相约：希望我在恢复自由后，把他们在狱中的生活情况以及行刑日期等详细告诉你们各位。果不出所料，魔鬼们是放不过他们的，他们卒以英勇壮烈地成仁了。饮弹后，还高喊着“中国共产党万岁!”连执行的小爪牙们都被他的呼声感动了！事后这些情形，还是由他们嘴里说出来的。

最近我才从重庆来港，正在设法到解放区来，为建设新民主主义的新中国而努力。几年来给我的迫害、苦难，使我更进一步地看到了国民党的反动、残酷，更增加了我追求真理光明的意志和信念。为纪念我的难友以及千万正在继续受着迫害的朋友们，我要行动起来，我要为他们报仇，我要为他们争取自由而奔走！

为了实践我对于罗君的诺言，所以我特地把他的情形告诉你们，以了却我久悬在心中的一桩心愿！再谈，祝你们早日完成全中国的解放工作！

施文淇敬上　五月一日

信上还有三条注释：

注：1. 最近黄炎培、孙起孟收到香港施文淇来信，内附本件。施文淇究属何许人，黄、孙亦不清楚。可能过去在重庆时期见过，现在想不起来了。

良珂　五月二十二日

2. 连贯、吴良珂面询黄炎培、孙起孟，均记不起施文淇是什么人，目前无法调查施的情形，只得先将此函抄送，俟以后了解情况再行补告。

3. 本抄件送周、叶、廖、中

“从来壮烈不偷生，许党为民万事轻。”虽然这位施文淇的身份还没核查清楚，但他的这封信，也佐证了罗世文的狱中斗争和临刑前保有的革命气节，从另一个方面再现了罗世文对党的忠诚可信，也可歌可泣。新中国成立后，人民政府将罗世文等烈士隆重安葬，周恩来总理亲自为他们题写了墓碑碑文。

王朴

你的幸福就是我的幸福

王朴（1921—1949），中共党员，重庆江北县人。大学期间，他积极参加该校《中国学生导报》活动，由此走上革命道路。后兴办莲华小学、莲华中学等。1947 年秋，担任中共重庆北区工委委员，负责宣传和统战工作。1948 年春，他动员母亲变卖了家中田产，作为党的活动经费，根据党的指示，组建南华贸易公司。1948 年 4 月，王朴被捕，关押于白公馆看守所。1949 年 10 月 28 日，被枪杀于大坪，时年 28 岁。

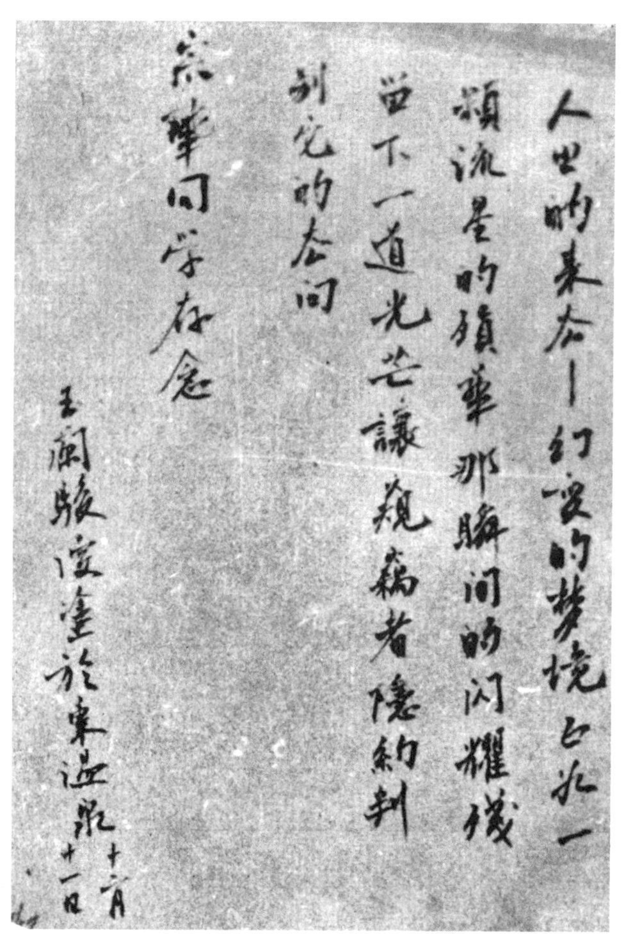

人世的来去——幻设的梦境已永一颗流星的殒华那瞬间的闪耀残留下一道光芒让窥窃者隐约判别它的去向

宗华同学存念

王阑骏度逢於东温泉 十二月十一日

王朴烈士手迹

在狱中带给母亲和妻子的信

娘：

你要永远跟着学校[1]走，继续支持学校，一刻也不要离开学校，弟、妹也交给学校。

小群[2]：

莫要悲伤，有泪莫轻弹。你还年轻，你的幸福就是我的幸福。狗狗[3]取名“继志”。

这两封信是王朴由狱中带出的口信，由烈士妻子褚群忆述。

王朴烈士墓

---

① 学校：指莲华中学，实指党组织。

② 小群：指褚群。

③ 狗狗：王朴的儿子王继志的小名。

王朴和褚群当年住过的卧室门口

被难烈士登记表记载：

1944 年，在复旦大学新闻系求学时即参加党领导的进步刊物《中国学生导报》的工作，承担办报经费，成为活动骨干。1946 年参加中国共产党，担任中共北区工委委员，负责宣传和统战工作。他动员母亲金永华捐资兴学，先后创办莲华小学、莲华中学，接办志达中学，作为革命活动的据点。1947 年冬，他与其母遵照党组织的决定，陆续变卖田产一千四百八十余石，并在重庆开设南华企业公司，以此为掩护，为川东地下党提供大量活动经费。1948 年 4 月 27 日被捕，囚于白公馆看守所。

重庆江北县人民政府1986年立的王朴烈士墓志铭：

王朴烈士原名兰骏，四川省江北县仙桃乡人，生于1921年11月27日。1946年参加中国共产党，先后担任中共江北县特支委员、江北县工委书记、重庆北区工委宣传委员兼管统战工作。1948年4月27日被国民党顽固派逮捕，囚于白公馆看守所。1949年10月28日在重庆大坪壮烈牺牲，时年28岁。

王朴幼时即勤奋好学，深受历史上爱国志士、革命先驱精神的熏陶。中学时代，王朴目睹国家忧患、民族危机，积极寻求救国救民真理。他博览群书，尤喜研读马列著作和《新华日报》《群众》《解放》等党报党刊，并尽力传播。他先后入重庆求精、广益、复旦中学读书，均因反对学校当局倒行逆施而罢读。1944年入复旦大学，即与中共中央南方局青年组建立联系，参加党领导的《中国学生导报》的工作，积极投入坚持抗战、争取民主的学生运动，一直到1947年6月。在此期间，他为反对国民党诱骗大学生参加反动军队，为反对特务屠杀重庆电力工人和昆明学生，不畏艰险，奔走呼号。他为到解放区去的战友资助费用并做动员和组织工作。1945年7月，他响应党关于革命青年到农村去的号召，回到家乡，动员母亲金永华捐资兴学，先后创办莲华小学、莲华中学，接办志达中学，作为革命活动的据点。1947年冬，他与其母遵照党组织的决定，陆续变卖田产一千四百八十余石，并在重庆开设南华贸易公司，以此为掩护，为川东地下党提供大量活动经费。被捕后，敌人施酷刑、饵高官，威逼利诱，他大义凛然，坚贞不屈，保护了组织的安全。在生命的最后一刻，他昂首挺胸，高呼口号，从容就义……

王朴嘱咐自己的母亲以及弟、妹都要“永远跟着学校走”，要继续支持学校的发展，而这所学校是地下党创办的，言外之意就是，要求自己的母亲以及弟、妹“永远跟党走”！

王朴接办的志达中学

王朴要求妻子“莫要悲伤，有泪莫轻弹”，希望她再去找到属于自己的幸福，因为“你的幸福就是我的幸福”。王朴给儿子取的名字“继志”，指向十分明显，就是期望儿子继承自己的革命遗志。

1945年1月28日，党中央针对在国民党统治区经济上、政治上、军事上面临的深刻危机，致电南方局周恩来同志：工作的重心从城市转向农村，组织动员一批党的骨干和进步知识青年到农村，利用各自的社会关系，利用合法与非法的方式，为农民服务，联络农民以及民团等，并努力获得成绩。

根据南方局的指示，重庆地下党组织决定调复旦大学（注：抗战时期迁至北碚区夏坝）毕业的王朴回到重庆江北县开展农村工作。党组织为什么要调王朴回江北县呢？原来，王朴的母亲金永华是当时富甲一方的大地主。早年，金永华随丈夫在日本经商，赚了大笔钱财，后因为丈夫在日本病故，她拍卖了在日本的全部企业变现回国，落户重庆江北老家，收购大量田产，成为当地的首富。

1945 年 7 月，王朴为地下党办了一个重庆私营南华企业股分有限公司，作为地下党在城内的联络据点和经费来源处。每次他从城里回到江北家里，总是给母亲带回几本新的图书、刊物和《新华日报》，他对母亲说：这些书刊里的内容很新鲜。后来，王朴有时没有带书报回家，母亲还要责怪他。金永华把共产党的《新华日报》和国民党的《中央日报》对比起来看，通过比较，她对时局和时事有了自己的许多看法。

为能够使农村工作有合法的掩护和形成据点，地下党组织向王朴提出，希望王朴利用他母亲在当地的影响和财力，在老家江北静观为地下党办一所学校，一来为地下党领导干部提供公开合法的身份，二来为地下党到农村工作的同志提供掩护之所，也为开展农村工作提供支持和方便。

当儿子王朴提出希望母亲拿钱支持办学校计划的时候，金永华认为：办学校是对社会有功德的事情，她拿出 30 两黄金买下复兴乡李家祠堂，创办了一所莲华小学，作为党在农村的一个工作据点。后来，又扩大办了一所志达中学。金永华担任学校的董事长，王朴担任校长。

从 1945 年秋到 1949 年秋，为加强莲华小学、志达中学据点的建设和领导，南方局组织部、青年组、《新华日报》和育才学校的党组织以及四川省委青年组、川东临（特）委，先后调派了黄友凡、王敏、黄冶、齐亮、马秀英、李青林、褚群等党员干部共 30 余人来校工作，充实了革命力量。从创办莲华小学开始，到解放时为止，江北党的领导机关、指挥中心一直设在学校里。

1947 年秋，中央指示川东地下党：发动游击骚扰，牵制国民党兵力出川。为组织发动武装起义，重庆地下党组织向王朴提出：能不能够说服动员母亲金永华为党借一大笔经费。王朴数次与母亲谈及需要筹集一大笔经费，要办对国家、对社会非常有利的事情。其实这时，母亲金永华已对儿子王朴所做的事情略知一二，认为儿子是一个对社会、对人民有责任心的人。所以，当地下党与金永华当面洽谈以后，金永华先后三次将家中田产部分进行变卖，折合成黄金交给王朴借给地下党。凭借着这笔经费，地下党购买枪支弹药、医疗器械、药品，连续三次在下川东发动武装起义，成功牵制了国民党兵力出川，有效地保证了全国解放战争的进行。

不幸的是，1948 年 4 月，特务从一个参加游击起义被捕人员包里查出一张“南华企业股分有限公司”的支票，国民政府主席行营立即调查发现，南华企业股分有限公司的经理是王朴，且有明显“共党嫌疑”。28 日，国民政府主席行营将王朴逮捕。狱中，特务提出两条道路：一条是悔过自新，一条是长期监禁。王朴义正词严地回答：“我愿选择后一条。”在狱中，王朴编写了《怎样做支部书记》的学习材料，让难友学习讨论，与江姐一起组织同志学习《论中共党员修养》《新民主主义论》有关章节。为让王朴招供和转变立场，特务将叛徒刘国定带到狱中与王朴对质。刘国定试图以现身说法要王朴“识时务”，得到的是王朴一记响亮的耳光，他怒斥叛徒刘国定是“灵魂肮脏、人格下流!”

1948 年 10 月 28 日，王朴被公开枪杀在重庆的大坪刑场，生命永远定格在 28 岁。金永华从报纸上知道了这个消息，手拿这张登有儿子被处决消息的报纸，一个人在儿子、在校长王朴的办公室里静静地坐着。晚年丧子，金永华怎能不悲痛？儿子还那么年轻，风华正茂，意气风发，金永华怎能割舍得下？但是她理解儿子，支持儿子。作为一个深明大义的母亲，她深知，忠诚，是一个人的最高品质、最基础的原则和底线；儿子是中共党员，他的忠诚更是对党、国家和人民的责任与担当。所以，金永华在悲痛的同时又为自己拥有这样光荣的儿子感到骄傲。

其实王朴被捕的消息，她早就知道了。为了不影响老师、同学们的情绪，金永华强忍悲愤，镇定自若地告诉大家，王朴去香港做生意去了。可现在报纸上都刊登出来了，说儿子是共产党，是政治犯，被处决了！……她静静地坐着，反复回忆儿子所做的事情，实在想不明白：他究竟有什么错？拿钱办学、开公司资助学校，宣传和平民主、帮助穷人上学、为社会自由幸福而奔波，他有什么错?！儿子没有错，儿子的选择是对的！想到自己最喜欢的这个儿子就这么被杀害了，想到学校这么多老师、同学对自己、对儿子的尊敬和热爱，她决心要把儿子创办的两所学校继续办下去，而且要办得比以前更好！

金永华从王朴的办公室里走出来，看见全校老师和同学都静静地站在门口，金永华非常激动地对大家说："你们的校长王朴，他不仅是我的儿子，也是我第一个最重要的老师，他使我明白了许多道理，使我懂得了怎样去做一个对国家、对社会真正有用的人。"最后，她向全校师生坚定地表示：这两所学校，我们要共同努力，继续把它办下去！

金永华带着儿媳妇褚群悄悄来到儿子王朴殉难的地方——大坪刑场附近的山坡上。此时的大坪刑场秋风萧瑟，草木凋零，一棵大树在秋风中巍然屹立。站在这个坡地，远远地看着儿子倒下的地方，金永华仿佛看到儿子昂首挺胸、高呼口号、从容就义的情景，她感到儿子是一个真正的人，一个坚强的人，一个值得母亲骄傲的人！王朴的妻子褚群扑在妈妈身上失声痛哭，金永华抚摸着儿媳颤抖地说："不要哭，眼泪解决不了问题，要像王朴那样沉着、冷静、坚强。"金永华拉着褚群坐在坡地的一块石头上，对她说："小群，不要难过，我告诉你，从王朴被捕以后我就预感到他回不来了，他从狱中带出几句话，你们的组织已经给我说了好几天了，现在我把它转告给你，你要记住，这是你丈夫给你的最后交代。"金永华一字一句地说："不要为我的死而难过，有泪不轻弹！党还有许多任务交给你去做，你能'化悲痛为力量'，也就是给我报了大仇！在今后漫长的革命道路上，记住'你的幸福就是我的幸福!'给咱们的小狗狗起个名字叫'继志'，要让他长大成人，长一身硬骨头，千万莫成软骨头。让他真正懂得‘继志’的含义。”

一个多月以后，重庆解放。1949 年 12 月，西南军政委员会成立。川东地下党老同志黄友凡回忆：到达南京后，二野前委首长亲自接见我们并设宴款待。出席的有邓小平、张际春、宋任穷、李达、段君毅等领导同志，对我们表示慰问。被接见的有川西、川东地下党部分同志，约二十多人。我们分别汇报了自己负责的地区和工作，他们问及四川的情况，交谈很随便。我记得肖泽宽、邓照明同志报告重庆、川东地下党情况时，估了一个数字，大约川东、川南，黔北有党员二千人，二野首长们为有这支力量配合感到很不错。我在交谈中汇报了江北县王朴同志的母亲金永华卖田一千多石，所得款项全部支持川东地下党作活动经费。当初曾有协议，待重庆解放后归还。邓政委指示说：“解放后由人民政府按金价折合偿还。”重庆解放后，经邓政委批准如数付还给金永华，但她拒不接受，后来用了一部分办儿童福利事业。

1950 年 1 月，西南军政委员会首长刘伯承、邓小平等在听取了重庆市关于渣滓洞、白公馆遇难烈士及烈士家属抚恤工作的汇报后，两位首长指示：重庆地下党之所以能够生存，解放工作搞得如此出色，完全取决于我们党的工作基础，我们过去说过的话，答应过的事情，今天要逐一兑现。

根据刘伯承、邓小平的指示，王朴的妻子褚群被安排在重庆市委办公厅做秘书，兼搞常委记录，金永华被安排在重庆市妇联工作。在军政委员会机关，邓小平同志还亲自看望了褚群，希望她化悲痛为力量，建设新中国。同时，重庆市政府的同志带着银行的 2000 两黄金存票，到江北金永华老人家中去归还当年的借款。手捧着烈士荣誉证书，看着儿子的遗像，金永华思绪万千，流出了热泪，说了这样一段话：“我出生于光绪末年的 1900 年，经历了许多历史性演变。从创建莲华学校开始到迎来解放，我无时不受到党的关怀、鼓励。特别是我儿子王朴，是他用鲜血和生命激发了我认识共产党，了解共产党，是他教育我跟党走。王朴不仅是我的儿子，更是我人生道路上的导师。”

当政府的同志拿出 2000 两黄金的银行汇票要归还金永华时，金永华将儿媳褚群抱在怀里，连连摇头说：“不，不，我不能收！”政府的同志说：“这是我们按照当时的借钱协议归还的，这些钱也属于你自己……”金永华松开双手，看着儿媳褚群问：“你说该不该收？”褚群流着热泪对妈妈说：“你自己决定吧！”金永华老人想了一下，非常郑重地对政府的同志说：“我的儿子参加革命，这是应该的，现在要我享受组织的照顾是不应该的；我当时把家中田产变卖，把黄金借给地下党是应该的，现在要接受政府的归还是不应该的；作为家属和子女，继承烈士遗志是应该的，把烈士的光环罩在自己头上作为资本，向组织伸手是不应该的。”在场同志为金永华的这种诚恳、大义而感动，最后，他们没有再要求金永华收下这笔借款，而是把它交给了国家。

王朴的儿子王继志大学毕业后在南京一家科研单位从事技术工作，是一位对国家科学技术发展有贡献的专家。他每次来重庆，都要去烈士墓祭扫。在与他交往数年的过程中，我深深地记住他所说的这两句话：“父亲的一生给我最大的启示是——在金钱与理想的天平秤上以何为重？钱只能为人服务，人不能为钱去服务，这是一个基本的道理！”

金永华老人解放后一直致力于妇女工作，84 岁高龄加入中国共产党，92 岁高龄无疾而终。去世后，她的子女根据母亲的遗愿，将自己保存的儿子所有遗物以及她的一些书信、物品无条件地捐给重庆歌乐山烈士陵园。我们收到这些文物资料后，举办了一个展览，中央许多领导同志为展览题词作画，其中有一条幅写的是：“光荣的儿子，伟大的母亲！”

这条幅写得十分贴切。“永远跟党走”，这是一个富家子弟投身革命后对自己人生的规定，也是他对家人的希望与要求。

王朴 6 岁时随同父亲王莲舫、母亲金永华到了日本。母亲做猪鬃生意，由于独家经营，生意很兴隆，赚了不少钱。父母带他回国后，在江北、璧山、巴县买下一千多石田产。善于经营管理的母亲金永华，名声地位远近闻名。

王朴从小养成爱书读书的好习惯。“王朴的家庭很富有，但他却过着十分简朴的生活。他在东温泉读书，回家几十里来去都走路。在吃穿上更是精打细算，从不乱花钱，但买书却毫不吝啬，购书达两千余册，被同伴们誉为‘红色小书库’。凡是当时《新华日报》门市部、新知书店、生活书店、读书出版社（后为三联书店）所出售的进步书刊以及古今中外名著，他都想方设法购买，甚至连延安出版的毛边土纸《中国青年》《中国妇女》《解放》等刊物他也收藏。他那堆得满满的书架上，整齐地放着《资本论》《共产党宣言》《反杜林论》《联共（布）党史》《列宁选集》《辩证唯物主义》《大众哲学》《新民主主义论》《鲁迅全集》《论持久战》《萍踪寄语》《西行漫记》《季米特洛夫文集》等等。王朴从这些书里吸取了丰富的精神食粮。他平时一有空就看书，十分珍惜比金子还贵的光阴。常说‘光阴不等人，要自己很好安排，一天不学习，就等于一天没吃东西；一天不学习就是空虚的，好比做生意，卖完底货就没有了’。”

徐远举在《血手染红岩》交代材料中记述：“王朴，30 岁，江北人，中共党员，复旦大学毕业，他的家庭是江北的大地主，自办一所中学。……他毁家纾难，卖了许多田地给地下党做经费。……我两次对他劝降，他冷笑几声，表示拒绝。”

1986 年《莲华中学建校四十周年暨王朴烈士牺牲卅七周年纪念活动专辑》记载：……王朴的父亲给他遗留田产一千六百八十多石，先后变卖了一千四百八十余石，折合黄金一千多两，除了用于办学以外，主要供给川东地下党组织作为党的活动经费。

文泽

真理必定到来

文泽（1919—1949），又名陈策，中共党员，四川合江县人。1936 年投入川军第二十八军饶国华部任文书，曾随部队在前线同日寇进行了英勇斗争。1938 年参加新四军，他作过政工干部，也从事过新闻宣传工作，文字流利，善做群众工作。1941 年在“皖南事变”中被捕，坐牢 8 年，先后关押在江西上饶、贵州息烽、重庆白公馆看守所。1949 年“11 · 27”大屠杀中殉难，时年 30 岁。

文泽遗作

大屠杀前，文泽眼见一批批难友被押出杀害，怀着满腔怒火在白公馆写成《天快亮的行凶》一诗，随即也惨遭杀害。这份诗稿由脱险同志藏在鞋里带出，成为一首珍贵的烈士遗诗，更是一份声讨反动派大屠杀罪行的证言。

天快亮的行凶

黑夜是一张丑恶的脸孔，
电灯光笑的像死一样冷酷。
突然，一只粗笨的魔爪，
把他从恶梦提出。

瞪着两只大眼，定一定神，
他向前凝望：
一张卑鄙的笑脸，
遮断了思路。

立刻，他明白了，
是轮次了，兄弟，
不要抖动，立刻，
他跨出了号门：
立刻，他的口角裂开，轻蔑笑笑：
“啊，多么蠢拙的暴※[1]，
……

[1] 此字暂无法识别。

噢，这笔血债，

弟兄们一定要清算：记着，血仇。

他们的狗尸一定要堆得像山高。

噢，兄弟，我们走吧，

狗们的死也就在明朝！

血永久的写着每个殉难者的“罪状”——

全中国的勇士都共同看条款：

第一，他逃出了军阀、土豪、剥削者的黑土；

第二，他逃脱了社会的屠宰等骗诈、饥饿；

第三，他恨煞了尘世的麻痹、冷漠、诬害；

……

第五，他走上了真理的道路，向一切被毒害、被愚弄的良心摇动了反抗的大旗……

噢，兄弟，你走着吧！轮到了我们的时候

噢，兄弟，记着我们战斗的信条：

假如是必要，你就迎着仇敌的刺刀。

但是真理必定来到，这块污土就要燃烧。

即刻，刽子手轻轻拍拍他的肩膀，

他怪声的爆出了一声尖笑。

转身，他去了。

噢，兄弟，

不用告别，每一颗心都已知道！

呵，快天亮，这些强盗狗种都亦颤栗、恐慌，

偷儿们要泄忿、报复，灭掉行凶的见证，

他们要折本，逃掉。

但是你听着：狗们不能被饶恕，

……

一九四八、十二月
一九四九、十、二十七午夜
又一批的殉难者走后

这首诗写于1949年“11·27”大屠杀之夜，作者眼见一批批难友被押出杀害，怀着满腔怒火在白公馆写成，作者随即也惨遭杀害，诗稿由脱险同志藏在鞋内带出。

这首诗刚健、沉雄，笑傲生死，刻画革命者被抓出牢房那些瞬间，也直接逼问反动刽子手，直接对革命的“兄弟”以简洁有力的话语进行最后的鼓励，诗句中，洋溢着一种革命者临刑前的大义凛然与铁骨铮铮。与其他诗歌比，这一首“黑牢诗篇”显得特别有力，有很强的戏剧画面感，令人难以忘怀。

被难烈士登记表记载：

1938年参加新四军，在政治部负责新闻工作。1939年加入中国共产党。1941年“皖南事变”中被捕，先后囚禁于江西上饶、贵州息烽、重庆白公馆看守所。在狱中，曾带头粉碎狱方制定的“联保连坐法”，多次策划越狱，努力学习、积极写作。1949年11月27日牺牲于白公馆。

在狱中，文泽与敌人展开了针锋相对的斗争，为此也受尽折磨。

……同间关押的385（陈策）个性非常刚强，对敌斗争不太讲艺术，因此吃了好多眼前亏。有次外出劳动时，陈看不惯特务的态度，与特务争吵起来，结果惹得掌管我们的特务，无故打了陈策一顿，接着二组长胡天放得知后赶来又大打出手，把陈打得昏厥倒地。鉴于敌人竟于无理，许晓轩便挺身而出，与敌人展开面对面的斗争，说：“你们要这样蛮干的话，干脆把我们枪毙好了。”弄得敌人不但未扩大事态，旁边另一位特务反倒出来调解说情，不消说，许晓轩的斗争又胜利了。

“快天亮了。”文泽用炽热的语言表达了在暴风骤雨般的战斗轰鸣中，革命即将胜利的那种信念，“这些强盗狗种都已颤栗、恐慌……”形象而精准地描述了敌人最后时刻极度恐慌和疯狂的模样。

1948 年 7 月底至 8 月 2 日，蒋介石为了整饬军风，振奋士气，挽救那摇摇欲坠的蒋家王朝，在南京国民政府国防部大礼堂，召开了各地区“剿总”总司令、各兵团司令和国防部厅、署长以及几个重要军长共 120 余人参加的军事会议。

蒋介石在开幕会上痛心疾首地说道：“我们在军事力量上本来大过共匪十倍，制空权、制海权完全掌握在政府手中，论形势较过去在江西围剿时还要有利。但由于在接收时许多高级军官大发接收财，奢侈荒淫，沉溺于酒色之中，弄得将骄兵逸，纪律败坏，军无斗志。可以说，我们的失败，就是失败于接收。”他十分严厉地警告：“现在共匪势力日益强大，匪势日益猖獗，大家如果再不觉悟，再不努力，到明年这个时候能不能再在这里开会都成问题。万一共产党控制了中国，则吾辈将死无葬身之地。”蒋介石警告部下的“万一”，一年后真正“被其言中”。

1949 年 8 月至 11 月间，蒋介石曾先后两次飞渝亲自部署，妄图依靠嫡系部队固守外围，利用川军和地方武装维持反动统治，同时操纵特务系统加紧镇压革命人民，在固守不成时实行破坏、屠杀、潜伏、游击战。

徐远举在《血手染红岩》的材料中交代：1949 年 8 月，蒋介石偕毛人凤到重庆布置屠杀。毛人凤分别向张群、杨森、王陵基及卢汉将军传达了台湾的决定，谓：“过去因杀人太少，以致造成整个失败的局面。”又谓：“对共产党人一分宽容，就是对自己一分残酷。”饬令军统西南特务机关立即清理积案。毛人凤对我说：蒋介石指示要将杨虎城杀掉，陈仪[1]交付军法会审，不久张学良也准备干掉。你们可将过去所逮捕的共党分子，择其重要者先杀掉一批。他还派军法局高级法官毛惕园来帮同清理。

1949 年 9 月 6 日，杨虎城将军及幼子杨拯中、幼女杨拯贵和宋绮云、徐林侠夫妇及幼子宋振中（小说《红岩》中小萝卜头的人物原型）一起被杀害在松林坡；

1949 年 10 月 28 日，陈然、王朴等 10 人被公开枪杀于大坪刑场；

1949 年 11 月 14 日，江竹筠、李青林、齐亮等 30 人在电台岚垭被害；

1949 年 11 月 23 日，杨汉秀被特务用绳索勒死于歌乐山上的金刚坡；

1949 年 11 月 24 日，杨虎城将军的副官张醒民、阎继明被枪杀于梅园的公路下；

1949 年 11 月 27 日，在距重庆解放的前三天，发生白公馆、渣滓洞集体大屠杀；

1949 年 11 月 29 日，在距重庆解放前一天，32 名革命志士在松林坡被害。

反动特务一次一次提人出去枪杀，眼见一个一个战友的离去，文泽拿起笔要记录下国民党蒋介石失败的最后疯狂，描写出革命者面对死亡的潇洒大度。这首诗做到了，从这层意义来说，这首诗就是一则日记，一页见证，形象地记录了重庆解放前夕那场大屠杀的惨烈和革命烈士的壮绝，言辞之间，也充满作者那种仇恨、蔑视以及对生死的斩钉截铁的果敢与从容。

---

① 陈仪曾任台湾省行政长官兼台湾省警备总司令部总司令、浙江省政府主席，因释放已报批处决的 100 多名中共党员和试图策反汤恩伯投共而被软禁，最后被带到台湾省，1950 年被处死。

许晓轩

我做到了党教导的一切

许晓轩（1916—1949），中共党员，江苏江都人。抗战初期，到重庆做工运工作，任中共川东特委青委委员，兼《青年生活》杂志发行人，后任重庆新市区区委委员。1940 年 4 月被捕，曾关押在贵州息烽和重庆白公馆看守所。1941 年，利用机会在息烽监狱的核桃树上刻写了“先忧后乐”。他坐牢 9 年，没有一点消极悲观的情绪，对新中国充满向往。1949 年 11 月 27 日牺牲，时年 33 岁。

1941 年 3 月，许晓轩在狱中给胞兄许瘦峰的信 1

1941 年 3 月，许晓轩在狱中给胞兄许瘦峰的信 2

1941年3月，许晓轩在狱中给胞兄许瘦峰的信：

……几年来想到你的时候，总觉你是一个善良的兄长，否则我们之间隔开一段距离，但这是另一方面的事。就手足之谊来说，我是很觉内疚的。记得逃警报的时候，你的两句诗是“货殖为求慈母喜，时艰倍觉弟兄亲”，当时我读了竟仍懵然，现在才体会到你的心情，也才了解到自己的稚气。

想到母亲，我也很觉有罪，当时我偶尔回家，总是淡然的。记得母亲说过我是哑巴，真是的，为什么我不能体念到老人家的心情呢？这自然是时代的距离。可是对于伟大的母爱，竟能这样淡然忘之吗？想来想去，我觉这仍是由于稚气所致（这决非想掩饰，确系实情，至少是此时作如此想法）。此外，我还检讨出我从父母继承到的性格。从父亲那里继承到了淡泊和大度，从母亲那里继承到了扶弱抗强，这些在后来我走的道路上都曾起过积极作用的，也可说是二老给我的宝贵产业，我会好好保存和发扬它的。

现在我没有什么可以安慰母亲了。说我还活着吗？然而何时可以回家呢？想来还不如不提起，也许可以省掉一番伤心吧。今后还请你继续替我多尽一些责任，衷心感谢你！

我和华①相处几年，始终未能好好体谅她过，没有帮助她，慰藉她，而总是冰冷而又有不决绝的样子，虽则基本的成因不在我（当然更不能责她），但以我们之间的处境，学力（历）等等来说，我也应该负起没有积极主动地设法改善我们的生活的责任来，从而我也应对她致衷心的欠（歉）意。

现在我有三点意见要对她说——这是几年来的私心，总没有机会吐露出来，现在所以写了一封信又写一封，也是恐怕信有遗失，不易送到她手的原故。我的意见是这样的：①我无归期，请她早作打算，不必呆等。说起来似乎很不适合，其实是很合理的，尽这样等下去，到何时是了呢？固然办起来

① 华：妻子姜绮华。

是不容易的，所以我又想到。②*希望她能找点无论什么事做做，以求走出家庭，并谋自立（孩子请嫂嫂或诚姊[①]代照顾一下）。如果她愿意而又能够设法到我的老友们那里去找事做去，那就更好了。③新（馨[②]）儿长大，务必送到我的老友们处去教育。这三点希望全家人帮助她，说服和开导她，我衷心感激你们！

清妹[③]的婚事后来如何解决好的呢？提起这事，我就很难受，我愿这事已经完满解决，那么就可减低我的遗憾了。

家里其他人的情形不明了，也无话可说，只望大家生活得好，有发展，不必记挂我。我已经历得多，什么都无所谓了。侄儿们有书可读固好，否则也应早点各自奔前程。

目前我身体还很好，生活也不差。除夕偶尔诌成了一首七律，附抄在这里也可见心情（之）一斑："不悲身世不思乡，百结愁成铁石肠。止水生涯无节日，强颜欢笑满歌场。追寻旧事伤亡友，向往新生梦北疆。慰罢愁人情未已，低徊哦诵'惯于'章[④]。"

弟安（许晓轩原名许永安）上

三、七

※有了第二点还是要行第一点，也可说是为了第一点。

信中提到的除夕有感七律，写于1941年2月，诗中的"惯于"章，出自1931年2月，鲁迅先生为悼念柔石等左联五烈士而作的《无题》诗："惯于长夜过春时，挈妇将雏鬓有丝。梦里依稀慈母泪，城头变幻大王旗。忍看朋辈成新鬼，怒向刀丛觅小诗。吟罢低眉无写处，月光如水照缁衣。"表达

① 诚姊：姐姐许永诚。

② 新（馨）：女儿许德馨。

③ 清妹：妹妹许永清。

④ "惯于"章：鲁迅先生诗"惯于长夜过春时"。

了鲁迅先生对蒋介石屠杀革命者的愤慨。许晓轩诗中借用，同样表达了对国民党顽固派的憎恨。

这书信的字里行间，表达了一个铁骨铮铮的革命者对父母的孝敬，对兄长、妹妹的关心和对妻子的那种歉疚和挚爱。这封家书曾在央视《见字如面》等节目中被播音主持艺术家诵读，在场观众无不深受感动。

许晓轩，1931 年开始在江苏省无锡的复兴铁工厂做工，全民族抗日战争爆发后随工厂西迁到重庆。

中国民主建国会创始人之一的孙起孟在《回忆许晓轩》一文中记述："许晓轩同志在抗日战争时期，大约是 1939 年 11 月，由我介绍到重庆的中华职业教育社工作，担任会计。他在那里不到三几个月，就在社外被国民党特务绑架失踪，经该社领导人黄炎培、杨卫玉等营救，中统局特务头子徐恩曾虽然被迫承认，但拒不释放。从此亦未能与晓轩同志见面，据当时和他相处时间只几月的同志回忆，晓轩一方面从不使人感觉到他是个中共党员或者表现突出的进步分子，另一方面却对人热情恳切，善于联系群众。当时该社的工作人员成立了一个哲学自学小组，学习艾思奇的《大众哲学》，学到不明白的地方，晓轩同志总是循循善诱，不厌其烦，帮助大家弄清问题，提高认识。据有的同志回忆，他在解释认识事物要防止片面性时，比喻不仅通俗易懂，而且结合着宣传了党的政策，至今留下深刻的印象。"

原南方局经济组工作人员杨修范①回忆——

我是 1937 年底去重庆的，当时领导重庆青年职业互助会工作。1938 年初，许晓轩由汉口来重庆，由救国会领袖沙千里介绍来看我，他的社会职业是薛明创办的铁工厂会计，后即由我介绍参加青年职业互助会活动。我知道

① 杨修范：原南方局经济组工作人员，1936 年参加中国共产党。解放后先后任上海市财粮贸办公室财政金融处处长，上海市财政局副局长，上海市蓬莱区副区长、南市区副区长，离休后受聘为交通银行咨询委员会委员。

许在抗战前曾在无锡参加救国会活动，思想比较进步，工作也积极。1938年5月重庆党组织要发展党员，我即介绍许晓轩入党，在重庆打铜街交通银行宿舍内参加宣誓仪式。后来，青年职业互助会建立党团组织，我担任党团书记，许是党团成员，此外还有周前岭。1938年7月，我去汉口，九月底回重庆。职业互助会已被国民党顽固派取缔，停止活动，许在重庆青年生活刊物社负责工作，他对重庆青年革命运动起了一定作用。1938年底，我去香港工作，1940年初又返重庆，在八路军办事处青年工作负责人蒋南翔领导下担任职业青年工作，当时许晓轩的社会职业是在中华职业教育社工作，党的关系属重庆地方党领导，我们是两个组织系统，虽不在一起工作，但经常来往，因同住在张家花园一条路上。1940年八九月间，许晓轩已被反动派特务注意，不能住在原处，曾来我家躲居几夜，后来就不来了。再隔四五天后，中华职教社负责人孙起孟来告诉我，许晓轩已有一二天没有去办公，大概回了南温泉家中。后孙起孟写信给住在南温泉的他哥哥许瘦峰，询问是否在家中，才知道许晓轩并没有过回家。许瘦峰来重庆市找寻，才知道许晓轩已失踪。许瘦峰曾登报找寻，并无下落。隔了好久，我遇到许晓轩亲戚高唯一，才知道许晓轩已被捕，在狱中曾写信给他哥哥许瘦峰。解放后，许瘦峰在上海告诉我，许晓轩在重庆解放时已英勇牺牲。许晓轩爱人姜绮华是我与冯蘭瑞等介绍她在华东军政委员会担任工作的。

入党后的许晓轩具体负责工运工作。他通过“重庆青年职业互助会”团结联络店员、银行职员、工人、知识青年群众，进行抗战宣传，传播革命思想。按照党组织的指示，出版机关杂志《青年生活》月刊。许晓轩利用工资收入支持刊物并作“发行人”。《青年生活》月刊第一期的《我们的话》中写道：

我们都有着共同的感觉，过去的青年运动，太缺乏青年的气习，很少有人注意到青年自身的生活，即使用心注意到青年生活问题的人，也只是把它当成工作方式，而不会知道建立青年人的生活，是中国青运的重要任务之一，因之，我们这刊物便定名为“青年生活”。

我们愿意把青年人的好动的心情，好奇的心理，好玩的行为和坚富的热情，求知的欲望，活泼天真的气概，从我们这刊物中表现出来。正因为一个青年人不免有些幼稚，所以幼稚也会被我们这刊物带来。

自然，今天的中国青年，是战时青年，今天中国青年生活，是战时青年生活，因此我们这刊物，是必然的同时也是必须的有着抗战的气习。在这里，我们愿意请我们的青年导师指示出中国青年在抗战中的责任，并且我们也在研究抗战理论与抗战形势，讨论工作经验与工作计划。

以上便是这刊物的缘起，在内容上是只限于青年问题，只要是关于这一问题，其意见则毫无限制，我们是希望着同时在努力着使“青年生活”成为各种职业青年，各种宗教青年，各种党派青年，各种民族（自然是指国内民族）青年的共同的园地。

我们几个重庆青年，不自量地来担起这艰巨的任务，人力财力，都时常缺乏，希望国内各界先进加以指导相助。

中华民国二十七年八月十日

1939 年春，许晓轩调任川东特委青委的宣传部长，后来调任重庆市区委书记。1940 年 4 月，许晓轩去大溪沟二十一兵工厂分厂参加工人活动后，突然遭到国民党特务的逮捕。

曾经在复兴铁工厂做工的庞建培在《怀念许晓轩烈士》一文中记述：

抗日战争初期，重庆山城抗日救亡运动空前高涨，抗战歌声响彻云霄。每到“五一”“五三”“五四”“五三十”“七七”“九一八”等纪念日，群众组织纪念集会和火炬游行，许先生每次都组织工人群众参加，并多次上台演讲，激发群众的抗战热情。他还组织工人抗日宣传上街演街头剧，在演《放下你的鞭子》等剧中，他扮演过卖唱老头和工人群众，演得真实感人，使观看群众自动站出来领呼“打倒日本帝国主义!”“与死难同胞复仇!”等口号。每次演出，观看人数成千上万，挤满街头。剧终，多数是许先生站在凳子上演讲和指挥演员和群众齐唱抗战歌曲。以上活动，他都带我去参加，使我多次听到他生动的抗日演讲，懂得很多抗日救国的道理，给我后来树立爱国主义思想打下良好的基础。

原歌乐山烈士陵园资料部主任冯开文写的《许晓轩传略》中写道：

许晓轩被捕后，家人四处托人打听了解，都没有结果……后通过狱中的秘密关系传出消息，才知他被关在重庆望龙门22号，军统的一个看守所里。……不久，晓轩同志从狱中带出消息说：“要见面是可以的，但不能到监狱里来，只有在空袭的时候，可以见面。”那时日寇的飞机，经常飞到陪都重庆扰乱，特务要押犯人进防空洞。只能利用这个机会，在途中见面。有一天，当撕裂人心的警报拉响时，人们都纷纷向防空洞跑去，唯有晓轩同志的大哥没有进防空洞，他急忙跑上一个土坡，不顾在头上盘旋的日机，他两眼盯着通向监狱的小路，忽然，几个荷枪实弹的国民党特务押着一队“犯人”，他们戴着寒光闪闪的手铐，迈着沉重的步子缓缓走来，就在这瞬间一个熟悉的面容映入他的眼帘，这个人头发蓬乱，面黄肌瘦，留着长长的胡子，戴着近视眼镜。两人只能点点头，多少想说的话，涌到嘴边，又咽回肚里，直到他的背影，在眼前消失，才回过神来……

当许晓轩得知家人正在设法营救他时，便用铅笔在包香烟的薄纸上写了“宁关不屈”四个字，托人捎出。

许晓轩烈士档案材料中，曾经在息烽监狱被关押的姜士豪如此回忆：

“在重庆防空洞关押短时期，为人中恳，平易近人，善于群众（工作），他的为人不仅党内外群众佩服，就是连狱中的敌人也很敬仰他。敌人曾多次邀他出狱办公室工作，都遭许晓轩委婉拒绝。他在监狱番号是302，我本人番号是566，他从不叫我番号，我平时一贯都叫他许眼镜，大伙也是这么称呼他，表面上什么都亲近，而骨子里阶级路线是很清楚的……由于我与他们同关在一间房，彼此交谈的机会是相当多，但他有个原则：决不背后议论别人……”

韩子栋回忆狱中的许晓轩——

“许晓轩同志被捕后，因为他和国民党元老吴稚晖是同乡关系，吴曾为他说情。特务头目以吴的情面，只要许办个手续——即是在‘悔过书’上签个字，即行释放。许晓轩同志严辞拒绝，因而被关在地牢里。面对特务的诱降，许晓轩非常明确地表示‘没有什么可说的，要枪毙请随便！’每逢危难的时候，许晓轩同志就讲‘越是关键时刻，我们越要叫敌人知道，共产党人是不可动摇的’。”

在息烽监狱，“……在雕刻部劳动时，周养浩要在牢房院中的两棵树上，一棵刻‘忠于党国’，另一棵刻‘先忧后乐’。许晓轩同志刻完‘先忧后乐’四个字后，故意把梯子蹬坏摔了下来，割破了手，所以他只刻了‘先忧后乐’”。

在重庆白公馆看守所被押期间，许晓轩被罚在所外做工时，曾带回一株石榴树苗，种在白公馆看守所的放风坝上。

“要让它长活”，在许晓轩与难友们的精心呵护下，这棵石榴成活了，成为现在白公馆看守所一棵有生命的植物物证。石榴树年年开花结果，象征烈士的精神永生。

在白公馆看守所，被关押的原东北军爱国将领黄显声将军，每天可以看到特务提供给他的《中央日报》，原地下党负责印刷《挺进报》的特支书记陈然就利用黄显声将军看到这报上刊登的消息，经过分析判断，再次编辑消息写在小纸条上，秘密地在牢房之间传看。不幸的是，有一天一个叫宣灏的青年囚犯在阅读时被特务发现，特务要他交代从哪里来的。宣灏坚决不说而遭到毒打。

这时，许晓轩站出来说：是我写的！

特务追问：你从哪知道这些的？

许晓轩说：我有一天放风时，见到你们办公室的门是开着的，就进去翻看了桌上的报纸，那上面写的东西是你们给我提供的。

这就是小说《红岩》狱中《挺进报》故事的真实基础。为此，许晓轩被戴上镣铐关进地牢。特务说：他是一位很难对付的中共党员。

许晓轩和姜绮华的婚姻是典型的旧式婚姻——父母之命、媒妁之言。但婚后他们的感情却很好。在姜绮华眼里，许晓轩是一位才子，在家乡读私塾时，老先生出上联“柴门闻犬吠”，他马上就对出下联“茅店听鸡鸣”。婚后，姜绮华对许晓轩敬重有加。在许晓轩眼里，姜绮华不仅漂亮，而且温柔贤惠，通情达理。两人情深意笃，相敬如宾。不久，他们可爱的儿子降临到这个家庭。不幸的是儿子由于被痢疾传染而夭折。后来，他们又有了女儿许德馨。……许晓轩被捕时，许德馨才八个月。

1947 年春天，许晓轩在白公馆给妻子带出的信中说：“七年多了，从那年清明节，我们抱着馨女在屋后小山坡坐着……从那时到现在，七年怕都过了一两个月吧……七年是很长的一段时间，你受苦也很多了。七年，我当然也很不容易度过，可是我的苦只有外形的，我自己清楚苦的来源，因此，我不会失望和悲观，几年来，我常常回想过去的旧事，也想到将来，我想到馨儿长大了，她长得很结实，比你我都强，她读我读过的书，做我做过的事，我更想到你在什么地方做一点小事，过着很好的生活……如果有机会，我决定要回来的，虽然我这一辈子大概免不了在外面奔波，但回一趟家是一定无疑的，如果你愿意，又不怕劳苦，而且机会又许可的话，那，我们一（个）月到外边走走也不错啊。”

许晓轩信中回忆的，似乎是他们结婚五年中难得的一次全家散步，也是记忆最深而终生不忘的相处瞬间，更是姜绮华了解自己丈夫经常不回家、在外边做该做事情的唯一机会。她说：“记得 1940 年清明节，这一天也是晓轩同志最后在家的几天，晓轩平时很少有空回家，那天，他抱着我们刚出生八个月的女儿，两个人到家后面的小山坡上去散步。他一面逗着孩子玩，一面和我聊天。在路上看到叫花子，他就问我：‘世界上为什么有叫花子？’我当时不懂得为什么有叫花子的道理，就说：‘因为人家家里穷。’他又进一步问我：‘为什么世界上会有穷人呢？’……他就是这样，跟我分析劳动人民贫困的原因，讲劳动人民必须起来革命的道理，他还谈到将来的社会制度，谈到怎样教育我们的下一代长大成人做一个革命的继承者。”

女儿许德馨开始说话后，不断地问起父亲，姜绮华老人讲道：“……起初孩子小不懂事，后来孩子渐渐大了，看到堂哥哥堂姐姐和表姐都有爸爸，就问我她的爸爸呢，我起初总是瞒着对她说，你爸爸在远处做事，不能经常回来，但是他一定会回来的。孩子一次一次地问，让我的心一次一次像刀一样地绞，后来终于不得不含着眼泪告诉了孩子爸爸被抓了。就这样，我们母女两人含着眼泪苦熬了五年岁月，直到一九四五年日本侵略者无条件投降了，在国内外反对内战的强大政治压力下，蒋介石不得不装出和平姿态，请毛主席来重庆举行和平谈判，并且被迫签订‘双十协定’。当时，我和女儿都高兴极了，心里想这下可好了，晓轩同志很可能会回来了，母亲和我还忙着把他的衣服拿出来洗得干干净净，叠得整整齐齐的，把晓轩平时用的日用品也拿出来了，放在原来的地方，等着有一天他突然走进来，一家人高高兴兴地吃一顿团圆饭……”

“红岩魂”展览在上海举行时，许德馨与我谈起父亲时说：父亲就只是在照片上见到，他永远那样的帅气、年轻！虽然没一点印象，但家里摆放的这张照片却一直陪伴着我和母亲。新中国成立，作为烈士子女是无可选择的。每个时代都是需要有人去付出，不是我，也许是其他的人，都要去承担他们付出的代价。最大的欣慰就是今天中国社会的发展变化，实现了他们的愿望。党和国家也没有忘记他们，我们也得到了很好的照顾。我们每年团圆饭都会为父亲摆上一副碗筷，让他的在天之灵能够看见今天我们一家人的生活幸福……

1999 年 7 月，在新中国成立五十周年之际，81 岁高龄的姜绮华随上海市静安区“许晓轩烈士事迹寻访团”来到重庆。在白公馆，她把从上海家中带去的泥土撒在许晓轩烈士当年亲手种植的石榴树下，她又用专门带来的一个小包，将这棵石榴树下的泥土装了一些。她说：用这个土放在家里的花盆里面，长出的植物就有了他的生命。他可以天天与我一起看新中国，看自己的家乡了……

许晓轩 1935 年 19 岁与姜绮华结婚，1940 年 24 岁被捕，1949 年 33 岁被害，妻子姜绮华终生未再嫁，直到 2016 年，99 岁，满怀着忠贞不渝的爱情安然去世。

姜绮华生前在床头一直摆放着许晓轩烈士的照片，每天早上都要去擦净镜面，使它纤尘不染。不管时光如何流逝，社会观念如何发展变化，她对丈夫的情感没有变，心中的那个位子只有许晓轩。

许晓轩用生命为国家民族守志，姜绮华用一生的孤独和艰辛为烈士守情。她的守候，并非为了求得所有人的认同，却必然会得到所有人的敬佩！

以血还血，这是天经地义的事

宣灏

宣灏（1917—1949），江苏江阴县人。家里贫穷，11 岁即帮着父亲挑担卖鱼，作过学徒、小学教员等。抗战第四年为广告欺骗，误入军统局息烽特训班，因继续与进步朋友通信，被监禁，后趁雨逃跑，准备投奔皖南新四军，抓回后即关入息烽监狱，继转白公馆囚禁。在 9 年多铁窗生涯中，他与革命同志同囚一室，受到强有力的感染与熏陶，得到了启发，看到了光明。他决心把军统监狱黑幕写成书稿，进行公开揭露。每天晚上他半夜偷偷起来，借牢房门缝透进的一点灯光练习写作，长期不懈。1949 年 11 月 27 日，白公馆大屠杀中殉难，时年 32 岁。

宣灏的遗信写于1949年11月14日，15日完成。14日，江竹筠等30人被特务们先后提出牢房杀害，他感到最后的日子也快来了，即写了这封信交给难友罗广斌。罗广斌看后藏在牢房地板下，重庆解放后取出。

这封遗信，全文如下：

亲爱的朋友，思想上的同志：请允许我这样称呼你。

从今天下午老邓[①]的走，（还不清清楚楚摆着么：他是完结了啊!）我想：你们的案子是结束了，你和老刘（国鋕）的生命也许是保全了；但从另方面，我们得到确息，我们这批从贵州来的同志，已于十日“签呈”台湾，百分之八十是要完结的了；因此在临死之前，我想向你说几句我久想向你说，而没有说成的话，请你了解我，而为我和其他同志报仇!

我是江苏江阴人，父亲是一个鲜鱼小贩，因为家庭穷困，十一岁上母亲逝世后，我即帮助父亲挑担作生意，一面在小学读书。小学毕业后，曾在初中肄业半年，十六岁，到无锡一家水果店学生意，但我异常厌恶那种狭小而庸俗的生活，希望求取知识，到大的世界去活动。我知道我的家庭是不能满足我这希望的，于是，便逃到扬州一个驻防军里去当兵，大概干了三个月，我就被父亲找来领回家去了。

在家里，上午，我帮助父亲挑担作生意，煮饭烧菜；下午，便独自躲在光线暗淡的小室里学画，读当时新兴的小说和浅近的社会科学书籍。我没有相好的朋友。因为即使有钱人的子弟愿意与我交往，他们的父母却讨厌我到他们家里去玩。“你看他身上穿得多破烂，多肮脏呀！朋友多的很，为什么独独要找他，给人家看了笑话啊?!”我的（孤）鄙（僻）矜持的性格，就是从那时候开始形成的；同时，那样的生活也给我带来了十分影响；求点知识，学些本领，“我”将来要往那些有钱人淘（窝）里爬！——现在想起来，

---

① 指邓兴丰烈士，与江竹筠一起11月14日被害于歌乐山下电台岚垭。

当时的心理是多卑劣，多无耻啊！

到我十八岁那年的秋天，我的一位有钱的远亲，把我介绍到上海东南医专的解剖实习室去当助手和绘图（解剖图）员。

除了规定的工作而外，我也可以选择很多和自己的工作有关，或感到有兴趣的功课，随班听讲。两年半时间，使我懂得了一些生物学和别的自然科学的知识，幽静的实习室生活，也养成了我沉默而不看时事的个性。

二十四年年底，上海学生为了“何梅协定”事件①，赴京请愿抗日，我也参加了那些伟大的行列；从那时以后，我忽然又感到自己生活的狭小无味和黯淡了。我到处托人活动转业，最后回到家乡小学里当了教师，接着又当了一学期小学校长。这样，我的生活是“独立”了；因为职业关系，也得到少数人的尊敬了。但我应当说：我是一个在个人主义的道路上横冲瞎撞而已。直到抗战爆发，因为接触到了一些新的人和新的事物，我才开始意识到要为人类作一点真正有意义的事业，但可惜的是：我走进了一个反动军队，还认为他们是为民族谋利益的阵容；因为想学一点军事学识，三个月后，我考进了这个“团体”的“息烽训练班”受训，他们是以“中央军校特种技术训练班名义来招生的”，但因当时不明其性质和纪律（缺乏政治常识和经验啊！）我照常和外面的朋友通信，照常读我爱读的书籍，因此不到四个月我就被捕了！

在监禁之初，我的情形并不很严重。他们只要我表示悔过，并想利用我的亲笔信去诱捕与我通信的在贵阳的朋友——“读新书店”经理——就可以放我。可是朋友，我这时已经明白了他们所谓“团体”的政治性质，我是真正的人民之子啊，我怎么能入于这些狐群狗党之流？怎么能出卖我至爱的朋友，以换取一己的荣华富贵？于是在那个暗黑的微雨茫茫的夜晚，我从禁闭室里冲出来，想跑到我所憧憬的新天新地——驻有人民队伍新四军的

① 指的是1935年6、7月，时任华北军分会代理委员长何应钦与日本华北驻屯军司令官梅津美治郎的往来复函而达成的约定，即放弃华北抵抗。

皖南去，然而由于自己的幼稚无识，在十里之外我又被捕了！

虽然不是党员，但我对共产主义和人民的党的诚信，也像你们一样，用行动来保证了的。在九年多监禁期中，我不断地读书和磨炼自己的文笔，我郑重地发过誓：只要能踏出牢门，我依旧要逃向那有着自己的弟兄的队伍中去！

一次次难友的牺牲，更加强了我这个心愿：我决定，只要我能活出来，我要运用我熟悉的工具——笔——把他们的秘密着的千万罪恶告诉给全世界，作这个时代的见证人！可是朋友啊，我的希望将要付之流水了！……

朋友，我们的生命，是蒋介石匪帮在人民解放军就要到临的前夕，穷凶极恶地杀害了的！他们既然敢犯罪，他们就应当自己负起责任来！朋友，请你牢牢记住，不管天涯海角，不能放过这些杀人犯！当人民法庭审判他们的时候，更不能为他们的甜言蜜语或卑贱的哀恳所哄过。“以血还血”，这是天经地义的事！

我相信革命党人对死难朋友的忠诚，一定会满足我上述的希望，使我含笑于九泉的。

灏弟上言

十一月十五日

这是进步青年、革命烈士宣灏遇难前写的遗信，也是他短暂的人生简历和成长履历，表达了预知死亡来临前那种从容赴死的英勇气概，也表达了对后来人、对能幸存的同志的期望。

宣灏有着执着的追求和强烈的进取之心，他不愿在家庭做买卖生意，不愿当一个小商贩。抗日战争爆发后，他“开始意识到要为人类作一点真正有意义的事业”，于是积极投入抗日洪流，但因受国民党的欺骗，结果“误入歧途”，来到“中央军校特种技术训练班”下属的“息烽训练班”受训。由于阅读进步书籍，并和外面的朋友通信，结果遭捕。但他没有因此而丧失追求光明的理想，一直想参加新四军。新四军在江苏的活动使他有所了解，知道那是一支抗日部队，于是寻机越狱潜逃。在一个微雨茫茫的夜晚，他逃出了樊笼，准备投入皖南新四军的怀抱，可到底因为年轻，缺乏斗争经验，又在十里之外被抓捕。这样一来，他的罪名加重了，虽然不是中共党员，也同样被作为政治犯，辗转押至重庆“白公馆”集中营。鲜为人知的是，宣灏也是小说《红岩》中胡浩的原型人物，在狱中斗争成长起来的战士。

宣灏的侄儿周俊卿曾这样谈道：

他平时不大有啥声响，罕言少语，但兴趣也广泛，爱好体育、绘画、书法。

宣灏的阿姨（我舅婆妹子的女儿）和姨父尹阿宝是牙医，介绍宣灏到上海（东南）医院学医，学的是开刀，有一张开刀的照片，就是搞外科吧，技术学得不错。有一次，他回无锡对我娘讲，单有技术不行，还得有靠山，有无靠山大不一样。言下之意是，他对医院的歪风和人与人的关系很看不惯，也很愤疾。那时，他穿一身笔挺的银灰色西装，人也魁梧、健康，很神气。但不久，他就自动辞职，到江阴某小学当教员，嗣后又当校长。江阴抗战爆发，他跟我娘说要去抗战救国，就约了同事走了。

白公馆脱险志士毛晓初回忆说：有次传递“白公馆版的挺进报”，传到他那里，放风时，他还在悄悄地看，因为眼睛近视，又没眼镜，无法防范看守特务的监视，就被看守特务组长杨进兴发现了，当场被抓住，立即审讯，追究谁主办的。宣只承认是自己所写（当然从内容、字迹看，都不可能是他，但他坚持是自己干的），审讯无结果，他被关重禁闭一周。

在白公馆，宣灏目睹谭沈明、许晓轩、文泽等坚决斗争的情况，思想发生转变，进步很大，他虽然不是党员，却主动向党员看齐，并用行动来证明。可以说，宣灏是在监狱这个特殊战场培养起来的战士。他对党有着坚定的信念，“我郑重地发过誓：只要能踏出牢门，我依旧要逃向那有着我自己的弟兄的队伍中去！”甚至在牺牲前，他仍寄希望中国共产党人为死难的烈士报仇雪恨。

宣灏有一颗进取、正义、坚强的心灵。宣灏的外甥周寿康曾说：“他曾有不少遗物，其中，有五大本日记，水彩颜料缸，两大箱书，以及化学、物理、历史、地理等教科书和《徐霞客游记》《黑奴成功者》等文学著作，还有当解剖员时的照片。他在日记中抨击国民党的腐败，表明自己的志向、情操。可惜，这些遗物在我离婚分家时都丢失了。”

宣灏曾经的同学张友泉谈道：“卖蟋蟀盆去买宣纸画画，他就被父亲打了一顿。就是在北大街的李昌画店门市部，宣灏曾去观摩、画画。”

宣灏另一位同学周霞仙回忆说：“上学时，他就很聪明，作文贴上墙报，书法也展览，他已经会写草楷了；还照中堂临摹，画牡丹花卉。……宣灏由我父亲介绍到无锡通茂山货行学生意，老板姓李，经营山货，水果，土货，西瓜，山芋，枣子，胡桃，瓜子等。宣灏有正义感，曾向《无锡日报》投稿《学徒的呼声》，表达对学徒生活的不满，还被报纸刊登了，李老板就开除了他。后来，宣灏又由姨父、牙医尹某介绍到了上海去学医了。”

宣灏的外甥女周霞珍也说，宣灏学过生意，当过老师，在苏州学画，上海学医，书法和画都极漂亮。

由此可见，宣灏是一个有追求、有才华的正直青年，如果不是那样一个动荡年月，如果不被反动派残酷杀害，宣灏完全可以顺着自己的理想，成为一个在书法绘画或者医学上有成就的人。所以，抚今追昔，读者应该觉得今天的幸福安宁来之不易。

在宣灏的烈士档案中，有一封他在息烽监狱写的诗作：

我，不希望在我的墓石上，
饰着诗人的月桂冠，

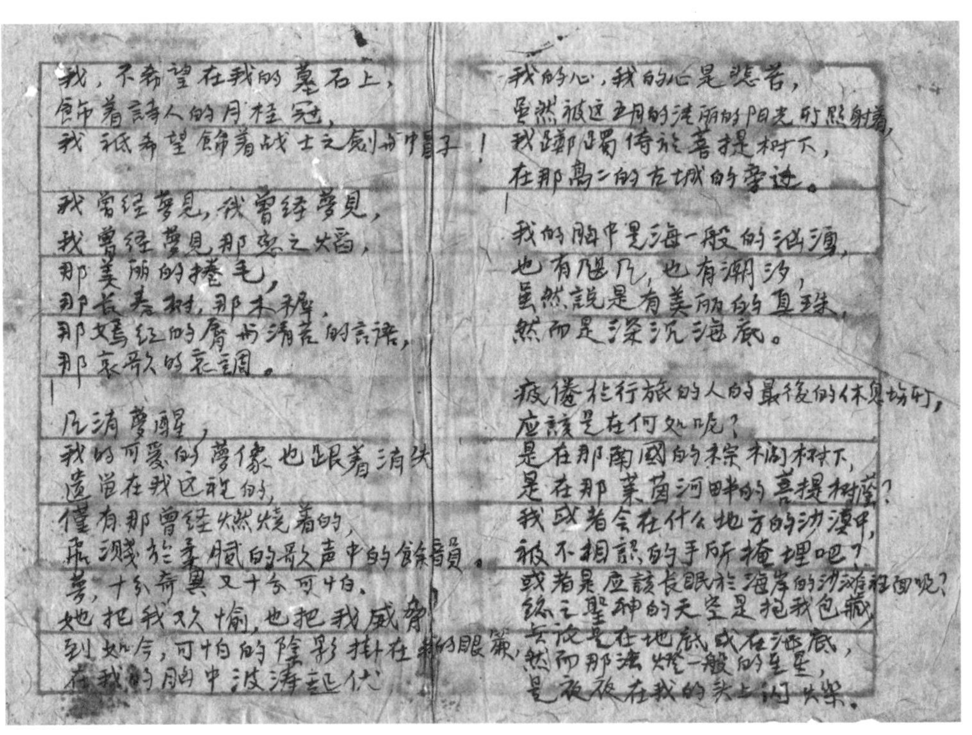

我，不希望在我的墓石上，
飾着詩人的月桂冠，
我祇希望飾着战士之劍和帽子！

我曾经夢見，我曾经夢見，
我曾经夢見那戀之焰，
那美丽的捲毛，
那长寿树，那木樨，
那嫣红的唇和清苦的言語，
那哀歌的哀調。

早消夢醒，
我的可爱的夢像也跟着消失
遺留在我这裡的，
僅有那曾经燃烧着的，
飛濺於柔膩的歌声中的餘韻。
夢，十分奇異又十分可怕，
她把我欢愉，也把我威脅
到如今，可怕的陰影掛在我的眼簾，
在我的胸中波涛起伏

我的心，我的心是悲苦，
虽然被这五月的浅丽的阳光所照射着，
我踯躅倚於菩提树下，
在那高高的古城的旁边。

我的胸中是海一般的汹湧，
也有暴风，也有潮汐，
虽然說是有美丽的真珠，
然而是深沉海底。

疲倦於行旅的人的最後的休息场所，
應該是在何処呢？
是在那南國的棕櫚树下，
是在那莱茵河畔的菩提树蔭？
我或者会在什么地方的沙漠中，
被不相識的手所掩埋吧？
或者是應該长眠於海岸的沙滩裡面呢？
總之聖神的天空是把我包藏，
无论是在地底或在海底，
然而那燈火一般的星星，
是夜夜在我的头上闪烁。

宣灏在息烽监狱写的诗

我只希望饰着战士之剑与帽子！
我曾经梦见，我曾经梦见，
我曾经梦见那恋之焰，
那美丽的卷毛，
那长春树，那木樨，
那嫣红的唇与清苦的言语，
那哀歌的哀调。

风消梦醒，
我的可爱的梦像也跟着消失，
遗留在我这里的，
仅有那曾经燃烧着的，
飞溅于柔腻的歌声中的余韵。
梦，十分奇异又十分可怕，
她把我欢愉，也把我威胁，
到如今，可怕的阴影挂在我的眼帘，
在我的胸中波涛起伏，
我的心，我的心是悲苦，
虽然被这五月的清丽的阳光所照射着，
我踯躅倚于菩提树下，
在那高高的古城的旁边。

我的胸中是海一般的汹涌，
也有飓风，也有潮汐，
虽然说是有美丽的真珠，
然而是深沉海底。

疲倦于行旅的人的最后的休息场所，
应该是在何处呢？
是在那南国的棕榈树下，
是在那莱茵河畔的菩提树荫？
我或者会在什么地方的沙漠中，
被不相识的手所掩埋吧？
或者是应该长眠于海岸的沙滩里面呢？
总之，圣神的天空是把我包藏，
无论是在地底或在海底，
然而那法灯一般的星星，
是夜夜在我的头上闪烁。

这是一些很有些现代派气息的自由体新诗。不难看出，诗歌语言清奇，想象丰富，且充满英雄主义和浪漫主义色彩。诗中，作者明白地告诉人们，他不是诗人，而是一名战士。“我，不希望在我的墓石上/饰着诗人的月桂冠/我只希望饰着战士之剑与帽子！”与很多烈士诗词比，也许这首不一定那么直接，但也不那么直白。作者使用了梦幻、大海、沙漠、棕榈、菩提树等一组组意象，来表明自己的心迹。由于此诗写于息烽监狱时期，他还没有更深入地接触到许晓轩等中共党员的内心世界，所以，诗的基调还是有些青春的忧郁和迷茫。

后来的事实证明，宣灏这位不是中共党员的进步青年，在监狱这所学校，在一批共产党人的影响下，逐渐成熟起来，成了一位坚定的革命者，用自己的鲜血证实了人生的价值。1950 年 1 月，宣灏被“11・27 遇难烈士资格审查委员会”评定为烈士，遗骸长眠在歌乐山烈士陵园中。

张学云

永远的离别亦在所不辞

张学云（1922—1949），中共党员，四川越西县人。1939 年考入中央陆军军官学校第 17 期工兵科学习，后留校担任教官。1944 年参加青年远征军。1946 年组织“力行”学社遭逮捕，经中共党员韩伯诚营救出狱。1947 年经韩子重介绍加入中国共产党，在国民党军队内作策反工作。1948 年在罗广文部 332 团 3 营 7 连任连长。1949 年 1 月，因叛徒出卖被捕后转送关押于重庆渣滓洞看守所。1949 年 11 月 27 日大屠杀时，壮烈殉难，时年 27 岁。

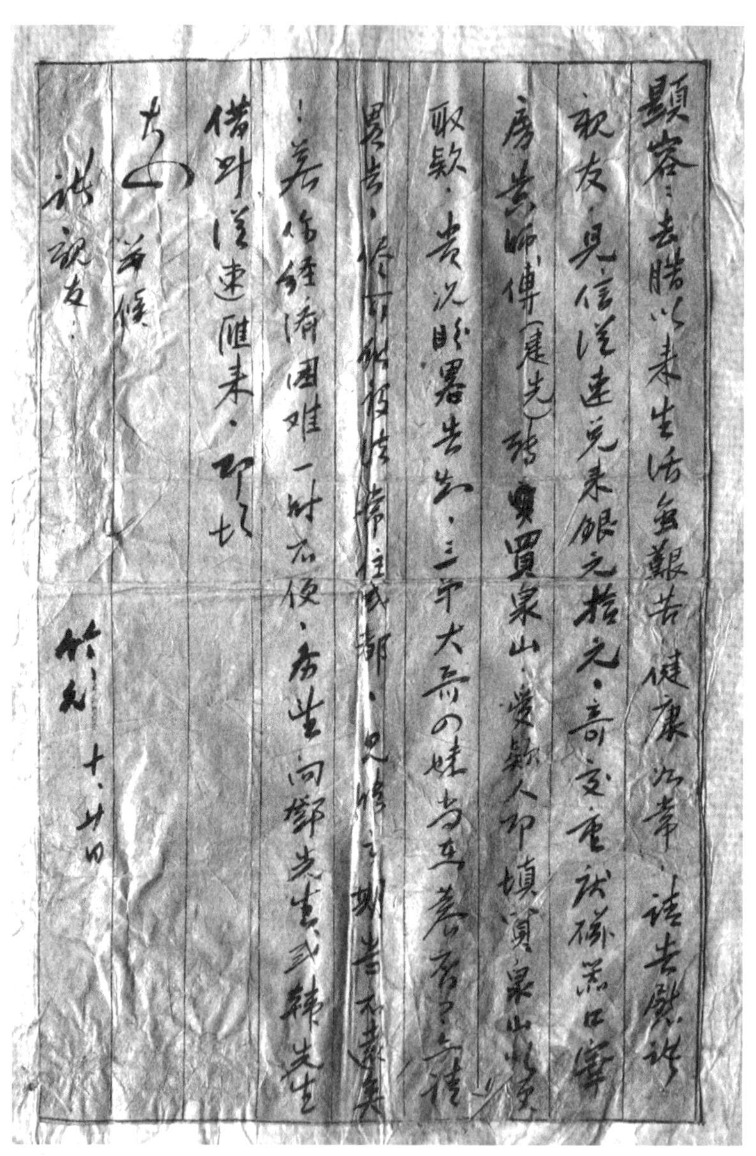

顯容：去腊以来生活無艱苦，健康如常，请告慰诸

親友。吳信從速兌來銀元拾元。寄交電訊縣蕭口寧

房黃師傅（建先）轉買泉山，受款人印填買泉山收交

取款。[illegible]况略略告知，三伢大哥の娃当在養育？[illegible]

略告。[illegible]住成都，[illegible]

！善修經濟困难一时不便。希望向鄧先生或韓先生

借卅從速匯來。印七

吉如 萬候

諸親友

竹 十、廿四

张学云狱中给妻子余显容的信

狱中给妻子的信

显容：

去腊以来，生活虽艰苦，健康如常，请告慰诸亲友，见信从速兑来银元拾元，寄交重庆磁器口牢房黄师傅（健先）转贾泉山，受款人即填贾泉山以便取款。贵况盼略告之。三弟、大哥、四妹当在蓉否？也请略告。尽可能设法常住成都，见晤之期当不远矣！若你经济困难一时不便，务望向邓先生或韩先生借到，从速汇来，即頌。

大安

并候诸亲友

竹行

十、廿四

殉难烈士登记表记载：

初中毕业后来成都考入联中，后又考入黄埔军校（注：此时已名中央陆军军官学校）第 17 期，1946 年毕业留校任教。曾先后在邓锡侯的特务团当排长、韩任民的成都军管区任上尉参谋、连长等职，并成立了“力行学社”。1947 年加入中国共产党。1948 年打入国民党军队罗广文部，从事军队策反工作。

张学云是一个英勇、悲壮的革命者，也是一位温柔体贴的浪漫爱人。这是他从狱中带给妻子余显容的一封信。那时，他还认为“见晤之期当不远矣”。可是，万万没有想到的是，一个多月之后骤然而至的屠杀开始，当特

张学云与妻子余显容合照

务用枪对着牢房扫射的时候，他跳跃到门口“试图夺枪未成，以身堵敌枪口壮烈牺牲”。

余显容（1924—2019），四川内江人。1945 年与张学云结婚。解放后，遵照丈夫教导，她积极参加工作，多次主动要求到边远地区工作，先后在四川省青神县、峨边县担任会计、出纳、支行秘书、股长等，1952 年加入中国共产党。1964 年调到成都市医药公司，1979 年退休。退休后，继续发挥余热从事公益事业。

烈士被难 50 周年时，余显容在《心中的丰碑》一文中回忆：“每当人们提起他的名字，作为他的妻子，我的心情久久不能平静……”她与丈夫相识于 1942 年，结婚于 1945 年。“……租间卧室，有一张床。真是寒酸得很，幸得朋友处借来使用，七拼八凑地办了，喜事一过，就把借用的东西还了过去……”当时，张学云在川军当小排长，生活也困难。“到 1947 年初才住进了大哥租赁的一间小屋，但学云又为革命而东奔西跑。1948 年 6 月又随部队离蓉。我俩结婚两三年，实际是席不暇暖啊（注：成语，意为席子还没坐暖就得起身再忙别的事，比喻奔走极为忙碌，出自刘义庆《世说新语·德行》）……学云离蓉前夜，千叮万嘱地同我谈到雄鸡报晓，要我努力战胜困难，做好吃苦、牺牲的准备，还为我取名叫‘力生’，他则改名为‘张帆’，意思是‘长风破浪会有时，直挂云帆济沧海’！”

为配合大西南的解放，按照地下党组织的要求，张学云经中共党员韩子重利用其父亲关系，到罗广文部队担任连长。在川军中，张学云与其他中共党员秘密开展情报收集、联络进步官兵的军运工作，到被捕前总计给妻子寄发了20多封信。这些信既是他们“情深意长，爱情纯真”的见证，也是今天的人们对烈士和烈士家属理解、认识的物证。

本来就困难，离开自己，妻子的生活将更加艰苦，这是张学云揪心的。1948年6月23日，张学云写给妻子的信中说：“……假如金钱有困难，可以找郭先生或其友人，若再无办法，可以卖去戒指，……希望你勇敢地去肩负困难，不要灰心，不要厌倦，克服困难是最大的乐趣……”

1948年7月15日写给妻子的信中，张学云倾诉了与妻子的离别之苦：“离开二十七天了，我每天都全心全意地在事业上去努力，除了疲劳与思考事件，实无更多精力来想到其他，近来我的工作已踏上坦途，以后越走越发光明。……你同我同居两年多了，我们一切的过去，当然是一个甜蜜与憎恨的两面物。所以，每当想到、追忆到我们过去生活的任何一点，心里的悦愉便浮现出来，再贪婪的沉思去，继之而起的便是酸痛的憎恨了。这即是说：人间魔王们是如何地去摧残成千成万的男男女女的幸福。为了未来的、确保的、真正的幸福，我们不能不忍痛离别。”

“除了疲劳与思考事件”这句话，可以理解在部队做情报和策反工作的艰巨性，稍有不慎就有杀身之祸。因此他也做好了“哪怕是永远的离别亦在所不辞！”的准备。

7月31日给余显容的信中，我们看到了张学云收到妻子回信后的愉悦、对妻子的柔情以及希望她去追求理想的要求。原信如下：

前后一共收到您四封信，它们给予我太多的安慰，和无尽的快感的回味，尤其是昨天收到的这第四号（挂号的）信，更使我联想着过去的一切蜜蜜的生活，我的舌头也嘬紧了！我的浑身的脉搏都颤动起来了！它暗示的一切，只有我才能够体会到，也只有我和你才能够借它作我们心弦的共鸣器。我觉得“理想”是人生最有价值、最富于吸引力的东西，“理想”是我们生活的原动力。什么东西能使我们作苦斗的挣扎？什么东西能使我们极富于韧性的拼命？什么东西能使我们快活地毫不灰心地生活在不能算是人的生活深渊中？我说就是“理想”。

亲爱的，你以为是不是？你说过去许多年都被你浪费了，到今天你才认真地学习，认真地奋斗，这是很真实的自白，我很高兴呀，由此足证你已踏上了光明的途程，祝贺吧！我俩遥远地互相祝贺吧！我俩同在一块生活的这些年岁，今天追忆起来还是有许多的暗影与创痕，而且每一点都曾用我俩的泪水洗过的。那种不可避免的龃龉，就是发生于我俩人生活之舟的“没有舵叶”。你看两只船在大江中行驶，一只是有一定的方向，循着直线乘风破浪地往前赶去，另外一艘呢，没有舵叶，没有方向在江中心横冲乱撞，你说这两只船是多么烦恼呀，现在可不同了，不仅现在，应该说自从近年来吧，你的生活之舟有了舵了，而且大家行驶的方向也一致了，你用尽平生极大的气力，满面香汗淋漓地划着生活之舟，从后面赶来，远远地就听着你在嘻嘻哈哈地唱扬你的快乐的生命，为理想有意义的生活，我拼尽所有力气耐着心肠不断地往前追。我用先行的激励的招呼来打气你，快呀，快呀，不达目的不罢休呀，可是哟，心爱的，你似乎是希望我停留片刻，等到你赶上来后，我俩好在一只船上同乘前往吗？你是否已经觉得劳累了，或孤独了，需要同在一只船上，让我出力气划着带你走吗？呵，不，这不对的。这就表示你还有些懒惰和依赖！同时，亲爱的，你记住，我们同是去排山倒海的大浪中啦。假如我一松劲，我会退行千里的。俗话说不曰进，则曰退，逆水行舟，我俩应该各自努力才对。反正目标方向不错，只要各自尽力划去，一定就能共同在一点相会，在胜利的那一天相会哟。

亲爱的，不要喊我等你吧！为了等你来在一起，我就会倒退千里的。你想，到那时我们还是仍然不能在一舟。快乐呀，奋斗呀，我俩在胜利的地方相会吧！果然是胜利地相会了。我紧紧地抱住你，你贴贴地偎住我，我们呼唤千声万声的亲爱，我们急切不停地接吻，我将尽我所有尽我所能地慰劳你，同时也就是我想得到的安慰！相片永远地在我身边，请放心，这是我离开你第一封长信，也是你所渴望的东西吧！最后要叮嘱你，不要在思念中损毁健康，没有健康就没有力量渡到目的地。

即祝

这封充满革命激情的书信，不能不说是相当的浪漫，相当的富有激情，相当的充满对未来的憧憬。他期盼着与妻子在“胜利的地方相会”，虽然现在对妻子来说还是个梦。8 月 17 日给妻子信中，张学云说：“那都是真实的梦，也可以说是我俩全部的心愿。”

离别，是因为去追梦。这是为实现理想的必然。9 月 5 日的信中，张学云告诉妻子：“我们的爱是伟大的，有意义的，有理想的，不是仅肉体的欲念，也不是仅才子佳人们卖弄风流的陶醉，更不是‘卿爱我，我怜卿’似的有闲人含有病态的怜恋。我们真不是，如电一般的感人，如火一般的热烈，如钢铁一般的坚强，如泰山一般的崇高。”因此，张学云觉得妻子是“……越发艰苦，我越发觉得你才是真美。我把你想象成一个挥汗淋淋的、昂头阔步、舌敝唇焦的自由幸福之神。无疑的，我们之间已没有庸俗的夫妻观念了，我们有的是志同道合的两个青年，有志气的男女的无可喻价的爱！”

从大革命、土地革命、抗日战争后，一直到解放战争时期，国民党军队派系林立，地方军队与蒋介石在长期的政治、军事斗争中貌合神离，积怨太多。中国共产党在这一时期的统一战线工作着力点，就是要把与蒋介石集团有矛盾的川军看成是间接的同盟军，促使他们转变立场，拥护我党行动纲领，达到脱蒋、倒蒋，从黑暗走向光明。对于党的这个政治方针，张学云在9月11号给妻子的信中坚定地写道：“我们一定贡献一切，为了光明伟大崇高的事业。”正是由于有许多像张学云这样的地下党秘密工作者，最终使川系将领刘文辉、邓锡侯、潘文华等积极投身反蒋民主活动。蒋介石在1949年初下野时曾说：“我现在不是被共产党打倒的，是被国民党打倒的。”

1948年12月，张学云的书信突然断了。

1949年1月，叛变后的重庆地下党工委书记刘国定亲自带领国民党保密局特务到成都破坏川康特委，书记蒲华辅被捕叛变，供出了在川军中做军运的张学云等人。余显容在回忆中文章写道：“……敌人在逮捕学云时，因畏惧士兵哗变，营部特意到戏院包场，先让士兵看戏，后通知连以下军官留下开会，在会上宣布对学云的逮捕令……学云被捕的消息，对我真是霹雳轰顶，我不知该怎么办。他究竟关在什么地方？是生，是死？直到1949年10月20日（注：时间有误，以前文时间为准），学云才冲破种种阻力，做通狱吏班长贾泉山的工作，给我交来一封信。我这才知道，他被关在重庆歌乐山。我多方托人营救，毫无结果。我寄去的信，全被写上‘查无此人’而退了回来。”

“我至今仍珍藏着学云给我的20多封遗书和一个他亲手精心雕刻的送我的黑木漆盒。他原想在盒里面装一件珍贵的礼品一起给我，但终其一生，他总是在艰难困苦中度过，故时至今日，盒里终是空无一物。”

张学云在信中一直呼唤妻子等他，但在生死关头，他却用血肉之躯堵住枪眼，把生的希望留给了战友；他一直希望给妻子买一件贵重礼物，但由于经济拮据，最终未实现，可他在部队上却用省下来的钱为战士买棉被和药……也许，这就是张学云心中真正的幸福，为了这种幸福，他可以献出宝贵的生命。正如他在给妻子的信中所说：“为了未来的、确保的、真正的幸福，我们不能不忍痛离别。哪怕是永远的离别亦在所不辞！”

革命者的情书，聊革命，谈理想，诉思念……如此阳光，如此真挚，也如此坦诚而热烈甜蜜。张学云和妻子的感人爱情，以及那些感人肺腑又豪情万丈的情书，读来令人总是为之震撼！

我在歌乐山烈士陵园任职期间，余显容来重庆参加纪念活动，我总喜欢请她给我讲与张学云恋爱的故事，因为我觉得他们那个年代的爱情充满了革命的浪漫，而她总是脱口而出“你温存的面容，娇嫩的声音，婉转的柔情，深深地印在我的脑海中”。她还总讲：“那个时候，我们恋爱最喜欢送手帕，他说，洁白手巾象征着情爱的无瑕，鲜艳的花朵代表了内心的热爱……”

张学云在追求余显容时的语言是那样的柔肠百结，温婉、芬芳以至香艳，然而，在大屠杀时他却奋不顾身地以身堵枪眼，留下了15个幸存者。

难道他不想与家人团聚吗？难道他忘记了对妻子的承诺吗？爱情很美好，生命很宝贵，但若能为他人换来自由和幸福，张学云愿意把生的希望留给战友。这瞬间的英雄壮举，也是内心信仰的喷发，是大爱者之大勇！

张学云的妹妹张学易提起哥哥也总是那样的深情，讲到哥哥去搞军运之前，曾经送给她一个笔记本：

二哥送我的笔记本第一页是他的毛笔行书，敬录郭沫若先生十戒：“一不像猪猡贪和懒；二不像狗见骨头便抢；三不像乌龟遇打便缩头；四不学狐狸到处花言巧语；五不像耗子偷偷摸摸；六不学泥鳅滑头滑脑；七不学蝴蝶只知打扮；八不学兔子只知逃避；九不学鸭子孵卵那样不负责任；十不学鹦鹉甘受人饲养。与可爱的四妹共勉，云二哥三七年六月十六日。”第二页是隶书体写的四句话：“谨言行、慎交游、选良师、择益友。”本子里还夹着个小信封，抖出一张苏维埃边区政府人民币和四张相片，每张背面各写一字：毛、朱、刘、周。顿时，我全明白了，二哥给我这些纪念品，无疑是向我表明他的真实身份和他所肩负的秘密重任。

1948年初蒋军嫡系罗广文部队110军在山东被我第二野战军歼灭，仅存一个番号，便来成都补充兵源重新组建。川西地下党组织派二哥张学云、韩玉、周一生等打入该军332团3营7连，进行策反。韩任支部书记，周任组织委员，二哥任宣传委员。公开身份里，二哥是连长，韩、周任副班长，党员李津平任班长，后任事务长，莫少谦任二排长，其他与二哥有关系的如内侄、姨侄、大姐夫的兄弟等可以信赖的十几人，则分别担任排副、班长或通讯员……

策反工作的任务有两种设想：一是该部队由长江乘客轮出川，途经奉节、巫山时发动兵变，挟持全船官兵起义，与当地游击队汇合，突破国民党的大巴山防线，迎接解放军入川。二是部队经川北入陕西，则在前线发动起义，配合解放军进攻，策应我军入川解放大西南。二哥和他的同志们肩负的秘密使命就这样一步一步地实施起来。随着工作的顺利进行，他对最后的胜利满怀憧憬。10月29日，他写下题为《努力吧，我们一定再见的》的诗歌："我们是在逆流汹涌中划行／谁要一松手／谁就会倒退千里，只要没有迷误方向／那么一息不停地划去呀再划去／这有限的途程胜利的渡过了／那时候／在胜利的歌声中／在人民的天地里／我们才得欢聚／努力吧，我们一定再见的／努力吧，我们一定再见的！"

二哥不仅有坚定的信念，更在内心深处满怀对生活的热爱和对亲人的深情。这些都体现在11月20日写给二嫂的《等待吧，我要回来的》诗中："等待吧！我要回来的／在那风雪交骤的时候／在那夜深沉沉的当儿／等待吧！耐心地等待我呀／当旁人已等待怨倦了／当人们都熟睡而你独坐灯前的时候／我便悄悄地来到你的面前／扶起你低垂的头／细微地吻你／让你在惊疑中拥入梦乡／等待吧／耐心地等待／你的所有／都寄与唯一的等待／等待。"但是，残酷的斗争使亲人重逢成为永远没有实现的梦想。

28封情书，28份民族热血儿女的人生誓言。有缠绵的爱，有不舍的情，更有坚定精神信念。28 封情书，见证了一对革命夫妻对生命、对人生价值的选择。28 封情书，也成为张学云离开后，余显容人生道路上的精神支柱。所以，对余显容来说，真正的幸福就是坚强地活下去，守护好这些书信，珍藏好这份亘古不变的爱情，沿着丈夫指引的道路继续前行。

这些承载着丈夫无限柔情的情书，是比黄金、钻石更加珍贵的无价之宝啊！余显容将它们装进那个空空的木盒。珍藏 50 多年后，余显容将它们全部捐赠给重庆红岩革命历史博物馆，成为社会的精神财富。

大爱跨越时空。1997 年 6 月，余显容在回忆文章中，给丈夫写了这样一封书信，或者说了这样一段表白：

学云安息吧，我们虽没有后代，也无家产，但你为真理、为信仰、为祖国解放而奋斗的精神财富，将永远放射光彩。你用自己的身体，堵住敌人枪眼的壮烈行为，就是你给我留下的无价遗产。心中的丰碑，我是永远不会忘记的。

你的座右铭“理想”是生活的原动力，沿着革命之航道前进，雕在歌乐山烈士陵园的碑林中，为后人敬仰，这是你内心的剖白，是你信念的写照，永远激励我前进。你不辱使命，不负重托，把个人的命运同祖国的解放事业紧紧联系在一起，在坚持真理、改造社会的伟大实践中，书写了你的人生历史，实现了你的人生价值。我为有你这样的丈夫而感到骄傲、自豪，你虽死犹存，重如泰山。

余显容 1997 年 6 月

钟奇

你一定要再结婚

钟奇（1922—1949），中共党员，湖南醴陵人。原在衡阳、桂林等地从事新闻工作。1946 年来重庆，任国民党军报《和平日报》记者，参加了党领导的进步团体“民主实践社”。他以《和平日报》记者身份为掩护，与国民党军政人员接触，搜集情报，暗中与革命同志联系。1949 年 10 月，他在和平日报报社被捕，先后关押在枣子岚垭 136 号和军统局稽查处新世界看守所，11 月 29 日牺牲于歌乐山松林坡，时年 27 岁。

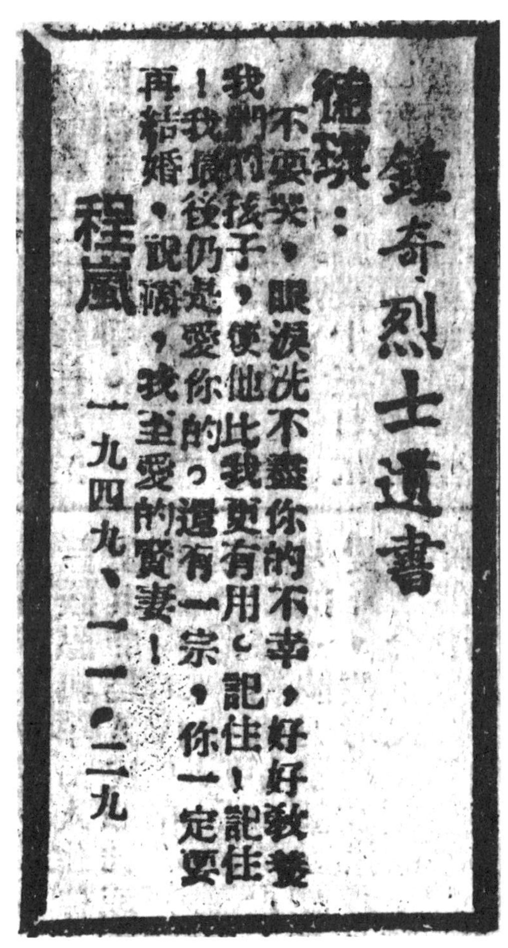

鍾奇烈士遺書

德瓊：

不要哭，眼淚洗不盡你的不幸，好好教養我們的孩子，使他比我更有用。記住！記住！我最後仍是愛你的，還有一宗，你一定要再結婚，祝福，我至愛的賢妻！

程鳳

一九四九、一一、二九

《大公报》载钟奇烈士遗书《给妻子的信》

钟奇烈士遗书

德琪：

不要哭，眼泪洗不尽你的不幸，好好教养我们的孩子，使他比我更有用。记住，记住！我最后仍是爱你的。还有一宗，你一定要再结婚。祝福，我至爱的贤妻！

程岚①

一九四九年十一月二十九日

钟奇是在听到人民解放军解放重庆的枪炮声中，由城区的“新世界”看守所押往歌乐山下的松林坡被杀害的！几个小时后，重庆就解放了。

“不要哭，眼泪洗不尽你的不幸。”1949年7月，钟奇才结婚，10月被捕，11月被杀害。结婚到被捕，只有三个月，幸福对他是那样的极端吝啬，对他妻子也是何等的残酷不幸。钟奇心疼妻子，愧对妻子，他留给妻子的幸福如此少，苦难那么多，所以他觉得妻子是不幸的，但这不幸的来源是什么？他希望妻子能明白，希望妻子不要悲伤难过，要坚强地活下去！要“好好教养我们的孩子，使他比我更有用”。

“革命本是残酷的，革命是对一个爱好民主自由的人施与的‘考验’，谁经得起这考验，谁才配做革命的人。”钟奇用短暂的生命做了一个“革命的人”。

曾在解放前云阳县云安镇私立“辅成中学”担任英文教师兼教务主任的王东生这样记载：

---

① 钟奇笔名。

钟奇同志是一位朝气蓬勃的湖南青年，也是陶行知先生在重庆创办的“社会大学”的优秀学生。解放前，他在重庆反动派的《扫荡报》当记者，深得该报总编的信任，但他对以蒋介石为首的国民党卖国政府的独裁统治和重开内战的反动政策深为不满，因此，他不顾生命危险，利用在该报社内部获得的有关全国各战场内战胜负、反动政府欺骗人民的丑恶行径等真实情况，暗中泄露给中共地下组织，以便中共及时揭穿国民党各报谎报军情的真相，不仅如此，他还将中共的《挺进报》和其他地下传单暗中散发给好友秘密传阅。

曾经在《时事新报》和《新民报》作记者的张天授在《追忆钟奇》里说：“……当时在重庆新闻界，活跃着一个采访工商金融的记者‘群体’，尽管他们不是一个报社的，政治见解也不完全一致，但他们却有一个共同点，那就是：他们都是爱国的、具有正义感的热血青年，都有作为一个新闻工作者的敬业精神，这一共同点把他们凝聚成一个群体。我从复旦毕业后，跨进新闻行业，也参加并融入了这个群体之中。但当时有一个人，却一度受到这个群体一定程度的‘孤立’，那就是《和平日报》的记者钟奇，这倒不是钟奇自己的问题，而是因为《和平日报》（其前身为国民党军队系统报纸《扫荡报》）的反共立场，所以，当时凡带有进步倾向乃至中间立场的各报记者，对钟奇都‘敬而远之’。……有一次，钟奇悄悄对我说，有个贵州来的共产党，问我愿不愿意去见见。因为当时我对钟奇《和平日报》记者身份在政治上‘戒备’之心尚存，所以婉言拒绝了……”

殉难烈士登记表记载：钟奇“出身贫苦，父亲在他十多岁时就参加了红军，一去音信杳然，他与母亲相依为命。为生活所迫，他作过釉工、刻字工人，当过报社的校对等等。后在衡阳、桂林从事新闻工作。1946 年来重庆，在《和平日报》当记者……以记者身份为掩护，从事革命活动”。

抗日战争胜利后，国民党军队大举进攻解放区，内战全面爆发。1947

年 3 月 8 日，中共中央关于在蒋管区发动农民武装问题的指示，要求各地党组织有计划、有步骤发动群众，组织农民武装，开展游击战争，建立革命根据地。12 月，中共川东临时工作委员会决定，派张立回贵州开展工作，建立中共黔北工委，在黔东北地区开展地下工作，组织游击武装，建立游击根据地，开展武装斗争。张立先后在松桃、湄潭、凤冈等地建起游击武装组织，有力牵制和打击了敌人，积极配合了中国人民解放军迅速解放黔东地区。

1947 年秋，中共川东地下组织派人到贵州松桃苗族自治县冷水乡进行革命活动，组织武装力量，开展武装斗争。1948 年春，中共黔北工委成立后，建起了中国人民解放军黔东纵队，开展反对苛捐杂税，实行减租减息和开仓济贫的斗争，后出现叛徒，纵队遭到破坏。1949 年 10 月，中国人民解放军第二野战军第三、第五兵团遵照上级命令向贵州挺进。7 日，转移到湘西的黔东纵队人员，在辰溪、凤凰等地与人民解放军第四野战军部队会师。川东地下党组织希望外围组织“民主实践社”的记者钟奇，以记者采访的身份，立即将一部电台送到贵州松桃，以便联系。

钟奇烈士的儿子钟晓岚回忆说：“父亲大概是在 1949 年 10 月中一天下午，因叛徒出卖被捕的。父亲受命携带电台一部，前往贵州松桃县去迎接解放大军，临行前被捕了。据母亲告诉我，1956 年由公安机关查实，由于松桃方面出了叛徒，致使父亲被捕。”

钟奇被关押在重庆警备司令部稽查处新世界看守所，面对酷刑拷打，拒不承认国民党对他的一切指控，坚不吐实，宁死不屈。

钟奇一生追求真理，一心向党，将个人的小我、小家自觉融入到中华民族的大我、大家之中，他就是这样的“革命的人”。但钟奇也是有情有心、懂得爱的人。在信中写道：“我最后仍是爱你的。还有一宗，你一定要再结婚。祝福，我至爱的贤妻！”希望妻子在自己牺牲后，不要活在痛苦的记忆中，要化悲痛为力量，重新组建家庭，去获得自己的幸福。结合当时的残酷现实，这样的嘱托也是真诚的。革命者愿意天下人都获得幸福，自然包括自己的爱人。如果自己牺牲了，期望年轻的爱人再去结婚，这也是一种挚爱之中的至情至理。

钟晓岚曾经告诉作者：“我父亲和母亲结婚才数月，父亲就被捕遇难了。我是父亲遇难后才出生的，只是从照片上看见父亲。我祖父也是大革命时因参加农会被国民党杀害。解放后，妈妈也是听父亲的话，重新结了婚。我觉得，父亲非常爱我妈妈，所以不要她有三从四德的旧思想，她能够享受新生活，这才是父亲最高兴和最愿意看到的。”

重庆解放后，钟奇工作的报社发消息表示悼念：

本报消息：被国民党顽固派蒋介石匪帮特务屠杀了的“扫荡报”（后改名叫《和平日报》）记者钟奇的尸骸，已经在磁器口“中美合作所”内“戴公祠”前土坑内寻获装殓了。该报留渝职工对国特的暴行异常愤慨。为哀悼这位爱国志士，除了将社方留给职工的全部生活费的一半（黄金五两，银元一百元），赠送给他的太太萧德琪女士及未来的孩子作生活、教育费外，同时决定今天上午十一时在上清寺该报内举行追悼会，该报职工会的挽联说：“两代血仇，血债必须用血偿；一门忠烈，忠贞不渝吊忠魂”。

朱世君

巾帼不畏严刑

朱世君（1921—1949），重庆开县人。1946年在开县简易师范学校教书时加入进步团体“民主联合会”，1947年在开县铁桥乡中心校作教师，在党的领导下，积极参加反饥饿反内战的民主运动，在学生中教唱进步歌曲，传播革命思想，并以多年薪金积蓄，支援川东武装起义。1948年4月被捕，旋即押送重庆警备司令部看守所，后转押渣滓洞看守所，1949年11月27日牺牲，时年28岁。

朱世君给哥哥朱世祥的信

哥哥：

请你放心。我已经作好思想准备。他们要我交出同伙，特别是化文[①]以及我所有的活动，我什么也没有说。真金不怕火烧，巾帼不畏严刑。我什么也没有说。不管他们使用什么手段，永远也莫想在我身上有所得。我多么盼望你来看我，但又不愿你来，因为他们像疯狗一样到处咬人。最后，希望你要继续我们未完成的革命事业。

这封给哥哥朱世祥的信，是朱世君被逮捕后在重庆警备司令部看守所，通过同乡同学探监的机会送出的。

1949 年 11 月 27 日，朱世君被杀害的那天正是她 28 岁生日。

“请你放心。我已经作好思想准备。”朱世君这样告诉哥哥，因为从参加革命那天起，就已经做好了为革命牺牲一切的准备。

朱世君 1921 年 11 月 27 日出生在四川开县一个农村地主家庭，她的简历非常简单，从私塾到小学、中学、师范，毕业后于 1946 年元月开始在开县太平乡中心学校作校长，1947 年 8 月在开县简易师范学校任教，又在 1948 年 4 月在开县铁桥乡中心学校任教，直到被捕。但是，短暂一生的她，却有一条明显的进步轨迹——利用学校支持革命。

她的未婚夫陈化文（地下党员）在回忆材料中写道：“她虽尚未正式入党，但确是我党忠实的积极分子。”按照陈化文的要求，她接纳地下党员到学校任教，秘密开展革命活动。比如掩护他们宣传革命道路，组织群众抗

---

① 化文：朱世君的未婚夫陈化文，此时已转移。

丁、抗粮、教唱革命歌曲等。“在1947年冬到1948年春，我党领导的游击队急需经费购买枪支弹药和纸笔、生活费用，我向她说了这一情况时，她立马将积蓄多年的黄谷八石（准备作嫁妆用费的）全部交给我，并转交党组织，当时代表组织接收的人陈仕仲同志还表扬了她。”

“他们要我交出同伙……我什么也没有说。真金不怕火烧，巾帼不畏严刑。我什么也没有说。不管他们使用什么手段，永远也莫想在我身上有所得。”面对关押、迫害，朱世君有着一种天然的决绝。作为革命者，她鄙视背叛，她宁可舍弃自己的生命也不愿出卖自己的同志。敌人不知道，想要朱世君开口，那比登天还难。因为，朱世君从来都是一个意志坚定、敢于抗争的女性。

冲破包办婚姻，是她敢于抗争的第一步。

朱世君烈士档案中记载：“朱世君烈士自幼秉性刚烈，不畏艰难困苦，勤奋致力于学习，思想要求进步。大约在初中学习阶段，朱世君就由父母包办，与临江温家沟一家大地主的儿子订了婚，她对这种以毫无感情的陌生人作为自己终身伴侣的作法极力反对，经过了不屈不挠的斗争，为时数年，终于冲破了百般阻挠，打碎了封建的精神枷锁，毁掉了这项包办的婚姻。”

抗战胜利后，在开县太平乡中心校任校长的朱世君与在学校教书的陈化文志同道合、情投意合，正式订婚了。她的哥哥在为朱世君写的传记中记录：“我们家里同胞五人的婚事，都是包办的，所谓父母之命、媒妁之言，这是天经地义的，谁敢反抗就是大逆不道。但她却独出于群，以顶天立地的力量，敢于向旧礼教开战，向旧家庭作斗争，经过许多说理反抗，在她意志坚决的情况下，终于解除了包办婚姻，自己另行订婚，这是当时的社会条件下一般妇女难以办到的。”

积极参加反饥饿、反内战的民主运动是她敢于抗争的第二步。

利用校长的合法身份，她掩护“陈化文和陈四仲、周承悉、周承于等地下党员和进步人士肖长杰，他们常聚集在学校开读书讨论会……她也经常组织教师和高年级学生，阅读进步书刊，出墙报，开读书讨论会，用以启发学生的革命思想。这些影响逐步扩大到其他方面的人士，也引起了当局的注意。如像乡长陈述尧就曾经向我说过，劝劝他们要适可而止，提高警惕，不要造成影响，弄出事来那就不好办了。据说确实引起过国民党顽固派的注意，专门与共产党为敌的反动爪牙侦缉队长鄢开春、熊鹏程，就十分注意他们的行动，但由于抓不住他们的证据，单以墙报上一栏写着很多有大、有小、有正、有反、有高、有低各种不同的‘抗战’二字形象，找不出什么岔子，也就无法下手。实际上它的含意是说明各种不同的人，有各种不同的表现，有的真抗战，有的假抗战，有的不抗战，有的反抗战，但都在喊抗战”。

把“抗战”二字有大、有小、有正、有反、有高、有低的不同书写方法，布置在墙报上，不点拨难解其意，一旦说明恰是对现在的真实描写，不可谓不是高超的革命斗争艺术。

抗战胜利后，1946 年，朱世君在开县简易师范学校教书时加入进步团体“民主联合会”，她利用学校阵地，在未婚夫的影响下，在学校“引导学生大唱进步歌曲，如《茶馆小调》《古怪歌》《五块钱》《大家唱》《苏联骑夫进行曲》等；组织读书会，开展学术讨论，出墙报等，学生的思想受到她的极大影响”。

1947 年，随着人民解放战争的不断胜利，国民党统治区的经济、政治、教育危机日益严重。在国统区反饥饿、反内战学生运动层出不穷。朱世君也在未婚夫陈化文等地下党员和进步青年影响下，利用学校阵地宣传革命思想，传唱革命歌曲，配合川东地下党开展抗丁、抗粮、抗捐活动，揭露乡村土豪劣绅的剥削行为。地方反动势力不断地唆使地痞、流氓捣乱学校教学活动。“世君作为教师代表，经常代表小学教师参加教育界活动，向反动政府当局进行斗争，同志们说她很有胆量，很有魄力，不畏强权，不怕解聘，不怕打击，真是个坚强的好同志。”

1948 年，川东地下党领导组织的武装起义遭到国民党军队的镇压，反动派疯狂搜捕地下党员和革命群众。陈化文按照上级的要求立即转移出开县。国民党特务没有抓到陈化文，便把魔爪伸向了他的未婚妻朱世君。

不幸的事终于发生了，四月十四日清晨，天刚蒙蒙亮，四野还是静悄悄的，学校多数教师尚在梦乡，特务队长鄢开春带领的一个侦缉中队，偷偷地包了铁桥中心学校，两个手持短枪的便衣特务直向朱世君的寝室冲去。（同时，朱世君家、她大伯家、叔叔家都被派人搜家。）早起后正在梳头的朱世君看到这一切心里完全明白了。她没有哀怨，没有眼泪，更没有恐惧，她表现得镇静、沉着。她从容不迫，泰然自若地把自己的头发梳理得整齐以后，方对狗特务投以轻蔑的一瞥，好像眼前所发生的一切已在她的意料之中。真是“生命诚可贵，真理价更高。为完革命志，哪怕枪和刀”。

“我多么盼望你来看我，但又不愿你来。”入狱后的朱世君不愿影响他人，也不愿意让亲人为她担忧。在渣滓洞看守所被关押期间，她给哥哥朱世祥的信中说：“请放心，我生活得很好，相信我没有过错。”在殉难前又给哥哥写第二封信说：“你知道吗？我们在这里学到了很多东西，看形势，我们还有出狱的机会！”然而，1949 年 11 月 27 日重庆解放前三天，疯狂的国民党反动特务对关押在渣滓洞看守所的革命志士实施了屠杀，朱世君烈士倒在了血泊之中。

“最后，希望你要继续我们未完成的革命事业。”朱世君有过恋爱生活，但想等到大家都可以愉快、高兴地唱歌的时候才结婚，可惜她没有等到。她很喜欢跳秧歌舞，认为双手不断跳动挥舞出的节奏，才是生命顽强向上的美丽旋律，可惜她再也没机会跳了。她把这一切想实现的美好愿望寄托在哥哥的身上，希望哥哥能将革命进行到底，建设一个美好的新中国！

“不要人夸颜色好，只留清气满乾坤”，朱世君烈士短暂的一生，犹如一朵梅花，在严寒中怒放缕缕清香，经久不息地散播在天地之间。

后记　英烈家书　家国大爱

在充盈着浓郁家国情怀的中华民族历史长河中，家书，已经蔚为大观，成为一种独具中国特色的文化现象。同样是文字书写，家书更具个体生命与情感的真切性。红岩烈士惊天地泣鬼神的英雄事迹，很多人已经耳熟能详。烈士们同样用热血和生命写就的家书，大多还鲜为人知。除了传统家书那种亲切、真诚，烈士们的家书，还有着怎么样的精神特质与价值指向？我相信，这本书能够做出回答。

从 1985 年参加工作到 2017 年办理退休，32 年间一直专致于红岩事业。在不断地收集、挖掘、整理、研究红岩历史及史料的过程中，我不断地跨越时空追寻革命先辈们的革命足迹，不断在史料中净化自己的灵魂。年复一年，日复一日，与红岩难舍难分，我始终保持着一种执着的守常追求和炽热的情绪冲动。多年来，我在各地连续不断地讲授“红岩魂——信仰的力量”等系列课程，出版了一系列红岩题材图书，并策划了一系列红岩展览项目。我始终认为，红岩的分量相当沉重，其内容有相当的精神高度与厚度。红岩史料中的一字一句都是革命先烈们用生命和鲜血凝结成的，其精神将久久笼罩在神州大地，仿佛春天常在。

红岩精神同井冈山精神、长征精神、延安精神一样，都是中国共产党人和中华民族的宝贵精神财富。红岩英烈的革命精神一直激励着人们，他们留下的家书作为红岩英烈革命精神传承的真实载体，具有非常重要的文献价值和现实意义。

车耀先家书中要求子女“能以‘谦’‘俭’‘劳’为立身之本，以‘骄’‘奢’‘逸’为终身之戒”，既是中华传统美德所系，也是一位身陷囹圄的革命父亲对子女的殷切告诫。正是这种美好品行的传承，生在新中国、长在五星红旗下的一代又一代青年，能够德智体美劳全面发展，矢志投身中华民族复兴伟业而无怨无悔。

黄显声将军狱中家书所表示的“生死存亡在所不计”，既表现了中华民族传统人格的坚强品质，也是无私无畏革命精神的时代写照。新中国成立后，那种为摆脱“一穷二白”的落后面貌而开发油田的战天斗地，每当有灾难或险情发生时的勇敢逆行，那一幕幕用生命书写奋不顾身的壮举，正是家书中“在所不计”的一次次诠释。

罗世文遗信中坚守“高扬我们的旗帜”，既是共产党人绝不屈服的大义凛然，更是绝对忠诚的人格笃定。这种红色的基因代代相传，才有今天无数热血男儿守卫边疆、世界维和，抗洪救灾、脱贫攻坚，上天揽月、下海捉鳖，为党旗增辉，为国旗添彩。

朱世君烈士遗书中告诉亲人“真金不怕火烧，巾帼不畏严刑”，既是共产党人特殊人格的表达，也是为免除下一代的苦难，愿把牢底坐穿的革命精神的表现。今天，依然面对“四大危险”“四大考验”之际，共产党人必须面对严峻的挑战、技术的封锁、资金的压力，做出铿锵有力的回答。

何柏梁烈士家书中“万忍的耐心候黎明”，既是烈士对未来充满憧憬的情感宣泄，更是他们对美好幸福的渴望。今天的中国由小到大、由弱到强，从无到有，不断地满足人民群众日益增长的物质文化需求，拿着手机看世界，互联网上的购物忙，足以告慰先烈的英灵。

蓝蒂裕烈士遗诗中要求儿子“用变秋天为春天的精神，把祖国的荒沙，耕种为美丽的园林”，既是烈士先天下之忧而忧的人生情怀，也是共产党人为人民谋幸福、为民族谋复兴的初心与使命所在。今天的中国上下齐心，尽锐出战，精准施策，破解千年贫困世界难题，让绿水青山变成金山银山，可以说，让烈士的心愿变成了现实。

……

烈士们的家书既展现出了中国共产党人的精神面貌，也体现出共产党人大无畏的革命精神和家国情怀。中国共产党领导的革命之所以能够成功，就在于有这些无数忠诚于自己的政治选择的革命战士。

一个人在政治上做出选择加入共产党，就是愿意把个人价值与党的奋斗目标结合起来，心存敬畏，严于律己，敢于担当，无私无畏，坚守信仰，绝对忠诚。

中共党员是特殊材料做成的，这个特殊主要体现在思想境界。个人服从组织，下级服从上级，全党服从中央，既是严格的政治规定，也是党性人性统一的必然。奉献，就是置党和国家荣辱于个人利益之上。这在红岩家书中，都有着生动而深刻的体现。

红岩英烈，他们忠诚于自己的政治选择，在监狱这个战场上“生当作人杰，死亦为鬼雄”，为党的利益敢于舍生取义，为国家民族的解放事业勇于奉献，这就是中共党员先进性、纯洁性的精神本质。

值此中国共产党成立一百周年之际，选编部分烈士狱中家书，结合珍贵的史料，对烈士生平事迹再次梳理，谨以此作为对党的历史的一个侧面记录，同时也借此对烈士们表达深深的缅怀和崇敬。

本书所涉书信大多取自 1996 年我与王庆华合编的由重庆大学出版社出版的《黑牢诗篇——白公馆、渣滓洞革命烈士诗文集》，以烈士在狱中所写的书信为主，也选用了部分狱中斗争中的诗文，以及烈士所写的报告和请求等，统称“家书”，是从宽泛角度讲，因为这些“家书”都是烈士们向党和亲人呈现的心迹。因各种缘由，家书影印件中存在个别字体暂无法准确识读。

本书编辑过程中得到了西南大学档案馆、校史馆、博物馆副馆长郑劲松，中共自贡市大安区委党校教师郑小林，重庆红岩联线文化发展管理中心原参观接待部谭英，瑞华事务所黎子豪等的帮助，在此一并表示感谢！

最后，我还要诚挚地感谢烈士家属们长期以来一如继往地对搜集、研究烈士史料工作给予的大力支持与帮助！

厉　华

2021 年 2 月 22 日